전통적으로 속죄론은 승리자 그리스도론, 형벌 대속론, 도덕 감화설로 지칭되는 세 가지 모델로 설명된다. 그러나 최근 수십 년 동안 영미권 학자들은 속죄론을 근본적으로 다시 다루어왔다. 전통적인 속죄론 모델들이 가진 한계들을 지적하고 보다 성경적이면서도 현대 문화 속에서도 설득력 있는 모델을 제시하기 위해서였다. 그러다 보니 지금은 속죄론의 춘추전국 시대라고 말할 수 있을 정도로 다양한 속죄론 모델들이 나온 상태다. 하지만 안타깝게도 그런 다양한 이론이 한국교회 현장에는 잘 소개되지 못했다. 이런 상황에서 속죄론이라는 주제 하나를 역사적·조직신학적·철학적으로 끈질기게 파고든 이 책이 소개된 것은 두 손 들어 환영할 일이다. 역사신학적으로 볼 때에 이 책은 교부(니사의 그레고리오스, 아우구스티누스), 중세(안셀무스, 아벨라르두스, 아퀴나스, 둔스 스코투스), 종교개혁(루터, 칼뱅), 근대(칸트, 슐라이어마허, 알브레히트 리츨), 후기 근대(박승호, 지라르, 밀뱅크, 페미니스트, 탈식민주의)의 속죄론을 흥미진진하게 다룬다. 조직신학적으로 볼 때 이 책은 어떤 점에서 형벌 대속론이 속죄론의 핵심 요소를 간취하고 있는지 보여주고, 속죄론과 하나님의 단순성 교리가 왜 깊은 연관성을 가질 수밖에 없는지 증명해낸다. 철학적으로 볼 때 이 책은 속죄론을 깊이 이해하기 위해서는 법과 정의, 질서와 도덕에 대한 논의들이 반드시 수반되어야 함을 설득력 있게 논증한다. 주제를 파고드는 저자의 엄밀함과 치열함에 박수를 보낸다. 이 책을 읽으면서 한 가지 소망을 품게 된 것이 있다. 저자는 교회가 가진 속죄론 사상이 동시대 사회의 법체계 및 이념과 상호영향을 주고받는다고 주장한다. 그렇다면 한국교회가 보다 건전한 속죄론을 이해하고 보여줌으로써 법과 정의의 의미가 퇴색된 오늘날의 한국사회에 오히려 좋은 영향을 줄 수도 있지 않을까? 적어도 그런 일이 우리의 가정, 직장, 학교, 친구 관계, SNS와 같은 작은 삶의 자리에서는 나타날 수 있지 않을까? 이러한 소망들이 현실이 되기를 바라는 믿음 어린 마음으로 이 책을 적극 추천한다.

우병훈 고신대학교 신학과 교수

이 책은 속죄와 하나님의 정의 사이의 관계를 다시 법(율법)과의 관계에서도 조망하는 야심작이다. 각각의 법 이해를 저변에 깔고 속죄를 하나님의 정의 또는 사랑의 속성으로 해명하는 여러 속죄론은 대개 행위자인 인간의 특성을 하나님께 부여함으로써 우상숭배의 위험을 안고 있다. 저자는 정의든 사랑이든 하나님의 특정한 속성을 우선시하지 않는 하나님의 단순성의 교리로 헝클어진 실타래를 푼다. 그는 이 관점에서 일의적이지 않고 유비적으로 사고하는 형벌 대속론의 정당성을 재평가하여 제시한다. 읽고 되씹는 재미가 쏠쏠한 작품이다.

유해무 고려신학대학원 교의학 교수

죄는 기독교 복음의 핵심 개념 중 하나다. 복음은 예수 그리스도의 십자가의 의미와 밀접하게 연결되기 때문이다. 하나님을 어떤 분으로 보느냐가 십자가의 의미를 결정한다. 최근 신학은 공의의 하나님보다 사랑의 하나님을 더욱 강조하는 경향을 보인다. 이는 속죄론에서 형벌 대속론이 많은 비판을 받고 있는 이유이기도 하다. 저자는 속죄론이 각 시대의 정의론과 밀접한 관계에 있음을 역사적으로 보여줌으로써 기독교의 고전적 속죄론인 형벌 대속론을 다시 되살리고자 한다. 저자에 따르면 사랑과 공의는 하나님의 서로 모순되는 속성들이 아니다. 하나님의 단순성은 하나님께서 사랑과 공의라는 속성들을 소유하시는 것이 아니라 그 속성들을 드러내심을 뜻하기 때문이다. 저자는 속죄 신학이 각 시대의 법문화와 정의문화에 영향을 준다는 점을 강조한다. 이는 신앙과 삶의 단절을 극복하고 신앙의 관점에서 삶을 바라보고 이해할 수 있는 길을 열어준다. 저자의 작업은 형벌 대속론이 과거뿐 아니라 오늘날에도 여전히 적실한 복음을 잘 드러낸다는 점을 강조한 점에서 의미 있다. 전통적인 형벌 대속론을 오늘날의 시대 문화 속에서 새롭게 이해하고자 하는 한국교회 성도들과 신학생들 그리고 목회자들에게 일독을 추천한다.

이경직 백석대학교 신학대학원 조직신학 교수

속죄론은 역사적으로 많은 반대와 비판을 받아온 교리다. 니체는 자신의 저서 『도덕의 계보』에서 신이 인간의 죄를 대신하여 고난받고 죽었다는 기독교의 속죄론은 종교적 거짓이고 위선이며 억지라고 조롱했고, 틸리히는 안셀무스의 만족론을 하나님을 피에 굶주린 몰록으로 만드는 교리라고 비판했다. 쥘레는 속죄론의 배후에 사도마조히즘적인 영아 살해의 욕망이 도사리고 있다고 비판했다. 그러나 우리가 예수 그리스도의 십자가 사건이 "우리 밖에서"(*extra nos*), "우리를 위하여"(*pro nobis*) 일어난 하나님의 구원 행동이라는 사실을 성경을 따라 믿고 고백한다면, 우리는 베르카우어와 스킬더가 정당하게 지적한 것처럼 속죄론의 중요성과 필요불가결성을 견지하지 않을 수 없다. 왜냐하면 심판자가 우리를 대신해서 심판당한 자가 되었다는 바로 이 신학적 진실에 우리의 구원뿐만 아니라 전체 신학의 생사가 걸려 있기 때문이다. 저자는 이 책에서 고대 교부 시대부터 중세와 종교 개혁 시대와 근대를 거쳐 포스트모더니즘 시대에 이르기까지 "속죄론" 내지는 "형벌 대속론"이 각 시대의 "법이론" 및 "정의론"과의 상호관계 속에서 어떠한 학제 간의 영향을 서로 주고받으면서 형성, 변증, 적용, 해석되었는지를 치밀하게 논증한다. 따라서 독자들이 이 책을 읽는다면 속죄론의 중요성과 필요불가결성에 대한 명확한 인식에 도달하게 될 것이고, 속죄론을 변증하고 해석하며 적용하면서 풍요로운 역사신학적인 지식과 정통한 조직신학적 안목을 얻게 될 것이다.

이동영 서울성경신학대학원대학교 조직신학 교수

아도니스 비두는 법과 정의의 개념과 속죄를 연결하여 속죄론의 역사에 대해 학술적이고, 사려 깊으며, 호기심을 자극하는 연구서를 출간했다. 특히 그는 신론에 대한 더 넓은 최근 논의의 상황을 염두에 두면서 하나님의 단순성 교리와 관련해 속죄를 설명하고 변론한다. 이 책은 교양 있고 신중한 비판적 독서를 즐기는 그리스도인들의 지적인 만족감을 채워줄 논증을 풍성하게 제공한다.

칼 트루먼 웨스트민스터 신학대학원(펜실베이니아) 교회사 교수

기독교의 속죄론이 어떻게 발전했는지에 대한 서술은 흥미로운 것이며 중요한 것이다. 하지만 많은 신학자가 너무나 자주 다양한 지적 맥락의 중요성에 마땅한 관심을 기울이지 않고 속죄론을 다룬다. 저자는 진부한 서술에 문제를 제기하고 어떻게 속죄의 다양한 모델이 서구의 지적 전통에 있는 다양한 법과 정의의 개념들과 관련을 맺는지를 보여준다. 이 책은 앞으로 더 많은 탐구가 진행될 수 있는 자극제가 될 것이며 세심한 연구에 보답할 것이다.

토마스H. 맥콜 트리니티 복음주의 신학교 성경신학과 조직신학 부교수

저자는 속죄 신학의 역사에 대해 주의 깊고 통찰력 있는 개관을 제공하는 이상의 일을 수행했다. 그는 우리가 중세 시대에 법과 정의가 서로 뒤엉킨 점과 근대 시대에는 그것들이 서로 분리된 점을 자세하게 살펴볼 때 이 역사를 올바로 이해할 수 있다고 주장한다. 십자가를 지신 예수 그리스도 안에서 행하신 하나님의 행위와 하나님의 단순성 교리를 연결하면서, 그는 그리스도의 죽으심을 온전하게 이해하기 위해서는 그것에 형벌의 역할을 포함시켜야 한다는 미묘한 주장을 제시한다.

한스 부르스마 리젠트 칼리지 조직신학 교수

Atonement, Law, and Justice

The Cross in Historical and Cultural Contexts

Adonis Vidu

ATONEMENT, LAW, AND JUSTICE

The Cross in Historical and Cultural Contexts

역사적·문화적·법률적 렌즈로 바라본 십자가 신학의 이해

속죄, 법, 정의

아도니스 비두 지음 | 신기성 옮김

새물결플러스

글쓰기와 가르침 그리고 우정에 감사를 드리며,

나의 박사 학위 논문 지도교수인

앤서니 티슬턴에게 이 책을 바칩니다.

목차

감사의 글

저는 고든 콘웰 신학대학원이 제게 제공한 안식년 동안에 이 책을 저술했습니다. 저에게 이 책을 저술할 수 있는 기회를 허락해주시고 안식년 프로그램을 지원해주신 이사회와 데니스 홀링거(Dennis Hollinger) 총장님, 그리고 신학교 행정 당국에 감사의 말을 전합니다. 제가 안식년 휴가를 신청할 수 있도록 지지해주신 기독교 사상 분야의 동료 교수님들께도 감사를 전하며 특히 제가 부재할 때 저의 강의 업무를 기꺼이 분담해주신 조직신학과의 동료 교수님들에게 감사를 드립니다.

조직신학자인 제가 역사신학에 대해 글을 저술한다는 것 자체가 저의 능력 밖의 일이라고 생각했습니다. 저는 교회사 분과의 고든 아이작, 그웬 페어 아담스, 프랭크 A. 제임스 3세와 같은 동료 교수님들에게 귀중한 도움과 조언을 받을 수 있어서 너무나 다행이라고 생각합니다. 조직신학 분과의 리처드 린츠, 패트릭 스미스, 돈 페어번 그리고 특히 잭 데이비스와 데이비드 웰스가 원고의 여러 부분을 읽고 꼭 필요한 의견을 개진해주셨습니다. 또한 원고의 일부분을 읽고 저와 수차례 고무적인 대화를 나눈 션 맥도너에게 감사합니다. 초고를 읽어준 젠스 지머맨과 베이커 출판사의 익명의 독자에게도 감사의 마음을 전합니다. 숙련된 솜씨와 인내로 원고를 편집해준 베이커 출판사의 편집자인 로버트 호삭, 로버트 핸드, 제프 라이머, 베다니 머피에게 진실로 감사의 말씀을 드립니다.

이 연구가 진행될 때 도움을 준 여러 학생에게도 감사합니다. 연구 조교인 로버트 프레지어와 앤드류 존슨은 저를 성실히 도와주었습니다. 졸업

생인 래리 로크와 매튜 웡도 유익한 논평을 해주었습니다.

수많은 도서관의 상호대차 서비스를 감당해주시고 속죄에 대한 추가 자료를 제안해주신 저의 동료 매러디스 클라인에게도 깊은 감사의 마음을 전합니다.

제 아내 아드리아나와 딸 안나가 보여준 단호한 지지와 격려가 없었더라면, 저는 어떤 작업도 할 수 없었을 것입니다. 지난 2년간 제 가족을 많이 생각하지 못하고 그들과 함께하지 못한 죄를 속죄할 날을 기쁘게 학수고대합니다.

노팅엄 대학교 박사 과정의 지도교수인 앤서니 티슬턴 교수님께 이 책을 바칩니다. 저의 동료들과 박사 학위를 받은 학생들이 그분의 놀라운 업적과 영향력을 기리며 기념논문집에 실을 논문들을 헌정했는데, 저는 정작 이 책과 다른 논문들을 마감하느라 그 논문집에 제 글을 실지 못한 것을 애석하게 생각합니다. 저는 눈에 보이는 것이든 보이지 않는 것이든 간에 티슬턴 교수님에게 많은 빚을 지고 있음을 계속 발견하고 있습니다.

서론

속죄론은 지난 10년 넘게 꾸준히 관심을 많이 받고 있는 주제다. 속죄론을 단일 주제로 다룬 몇몇 탁월한 논문이 발표되었지만, 속죄론의 역사를 다룬 학자는 그리 많지 않았다. 이미 다양한 저자의 논문을 모아 편집한 책이 꽤 많이 출간되었고, 또한 리츨과 딜리스톤 그리고 더 최근에는 피데스, 쉬미첸, 위버[1] 등과 같은 학자들의 신뢰할 만하고 통찰력 있는 연구서들이 이미 존재하는 것을 고려한다면, 속죄론의 역사를 다루지 않는 것은 어느 정도 이해할 수 있다.[2]

그렇지만 그런 이론의 역사들 사이에 일부 공백이 존재한다. 위버를 제외하고는 이들 학자 중 어느 누구도 지난 삼십여 년간의 대화에 참여하지 않았다. 나는 이런 이유로 인해 최근에 다양하게 제안된 속죄론을 소개하고자 이 책을 저술했다. 또 다른 공백은 이러한 연구서 중 형벌 대속론을 지지하는 입장에서 속죄론을 다루는 저서를 전혀 찾을 수 없다는 점이다.

---

1 Albrecht Ritschl, *The Christian Doctrine of Justification and Reconciliation: The Positive Development of the Doctrine,* ed. H. R. Mackintosh, Alexander Beith Macaulay (Clifton, NJ: Reference Book Publishers, 1966); F. W. Dillistone, *The Christian Understanding of Atonement* (Philadelphia: Westminster, 1968); Paul S. Fiddes, *Past Event and Present Salvation: The Christian Idea of the Atonement* (Louisville: Westminster John Knox, 1989); Peter Schmiechen, *Saving Power: Theories of Atonement and Forms of the Church* (Grand Rapids: Eerdmans, 2005); J. Denny Weaver, *The Nonviolent Atonement,* 2nd ed. (Grand Rapids: Eerdmans, 2011).

2 Charles E. Hill, Frank A. James III, eds., *The Glory of the Atonement: Biblical, Theological, and Practical Perspectives* (Downers Grove, IL: InterVarsity, 2004); Ivor Davidson, Murray Rae, eds., *God of Salvation: Soteriology in Theological Perspective* (Aldershot: Ashgate, 2011).

독자들은 내가 형벌 대속론을 지지하는 전통의 일부 특성에 대해 상당히 비판적이라는 사실을 알게 되겠지만, 나는 일반적으로 형벌 대속론의 모델에 대체로 동의한다.

그럼에도 독자들은 이 책이 속죄론의 역사를 포괄적으로 다루지 않는다는 사실을 염두에 둘 필요가 있다. 그런 임무는 철학신학과 조직신학을 전공한 신학자로서 나의 영역을 넘어서는 일이기 때문이다. 내가 의도하는 것은 아주 단순하게 독자들로 하여금 **속죄론의 역사를 비평적으로 읽는 일**에 참여할 수 있게끔 하는 것이다. 일반적인 역사 읽기와는 다르게 "비평적 읽기"는 어떤 비판적 관점을 갖고 선택된 방향, 반복되는 개념 그리고 좀 더 포괄적인 주제들을 다룬다. 나의 이런 관점은 내 신학적 입장과 상당히 관련이 있다.

나는 **속죄에 대한 사상의 역사가 법과 정의에 대한 사상의 역사와 지속적으로 대화하는 것으로 이해될 수 있음**을 제안한다. 물론 이것은 신학적으로 박식한 독자들에게 전혀 놀랄 일이 아니다. 이미 수많은 주석가가 각각의 시대적 상황에서 나온 정의론이 신학자들의 속죄론 이해에 영향을 끼쳤다고 지적했다. 하지만 내가 알고 있는 한 이 주제에 대한 연구는 아직까지 책으로 출간되지 않았다.[3] 물론 속죄와 법의 관계를 다룬 일부 연구서가 출간되었지만,[4] 대부분의 연구서는 형벌 대속론을 지지하는 변증의 내용을

---

3 그래도 일부 저서들을 언급할 만하다. Jeffrey C. Tuomala, "Christ's Atonement as a Model for Civil Justice," *American Journal of Jurisprudence* 38 (1993): 221; James E. Gregg, "Penology and Atonement," *The Biblical World* 49, no. 4 (1917): 203-8; Jerome Hall, "Biblical Atonement and Modern Criminal Law," *Journal of Law and Religion* 1, no. 2 (1983): 279-95.

4 John McLaughlin Armour, *Atonement and Law: Or, Redemption in Harmony with Law as Revealed in Nature* (Philadelphia: Christian Statesman, 1885); Albert Barnes, *Atonement in Its Relations to Law and Moral Government* (Philadelphia: Parry & McMillan, 1859).

담고 있을 뿐 다른 속죄론과의 관계는 다루지 않는다.[5]

이 책은 이러한 공백을 메우려는 시도다. 나는 책을 저술하는 과정에서 법과 정의 그리고 속죄라는 서로 다른 지적인 논의들이 상당할 정도로 상호 교류된다는 사실을 알게 되었다. 따라서 나는 이 책에서 속죄론에 대한 이야기를 법이론 및 정의론의 발달 과정과 연동해 다루고자 한다. 하지만 나는 속죄론이 어떻게 변화하는 법적 체계에 영향을 받았는지를 설명하면서 속죄론의 발달 과정을 **설명하려고** 시도하는 것이 아니라는 점을 먼저 확실히 밝혀둔다. 물론 그러한 역사적 설명이 이론상으로는 가능하겠지만, 두 이론의 발달 과정이 상호 영향을 끼쳐왔다는 점을 감안할 때 이는 상당히 위험한 시도가 될 수 있다. 내가 보여줄 것처럼 상호 영향은 두 방향에서 일어나기 때문이다. 한편으로 신학자들이 동시대의 법철학에 영향을 받지만, 다른 한편으로 신학 역시 법체계와 이념 변화에 필연적으로 영향을 끼칠 수밖에 없다.

하지만 그러한 **설명**이 이러한 비평적 읽기에서 얻을 수 있는 유일한 이점은 아니다. 이러한 이념적 교류에 대한 인식은 속죄 사상가들을 그들의 지적 배경(특히 법과 철학적 측면에서의 지적 배경)에 위치시킴으로써 더 나은 **이해**를 가져온다. 또한 속죄 신학이 법문화에 영향을 끼치는 방식을 탐구하는 것은 속죄 사상이 실생활의 중요한 양상들(정치, 법, 형벌 제도 등)에 끼친 **의미**를 조명해준다. 분명히 여기서는 대화가 이루어진다. "용법"과 "의의"에 대한 이해는—그것이 전적으로 결정적이지 않다면—적어도 "의미"의 이해에 기여하기 때문이다.

---

5 예외가 되는 저서는 Horace Bushnell의 *Forgiveness and Law: Grounded in the Principles Interpreted by Human Analogies*(New York: Scribner, Armstrong, 1874)이다. Robert C. Moberly, *Atonement and Personality* (London: John Murrays, 1901)도 주목하라.

그렇다면 이 책의 독특성은 이 책이 법과 정의와 관련한 지적 담론을 나누는 관점에서 속죄론의 발달 과정을 이해하여 학제 간의 견해를 제공한다는 점이다. 이것은 형벌 대속론을 선호하는 나 자신의 신학적 편견과 전혀 무관하지는 않다. 속죄와 법 그리고 정의의 관계를 다루는 책들이 대부분 십자가에 대한 이런 특정한 견해를 옹호한다는 사실은 우연이 아니다. 형벌 대속론은 속죄를 이해하는 데 있어 정의의 역할을 중요하게 생각하는 이론의 계열에 속한다. 안셀무스(만족론)와 칼뱅(형벌 대속론)은 하나님이 어떤 방식으로든 자신의 정의를 보상하지 않은 채 대가 없이 단순하게 우리를 용서하지는 않으신다고 주장한다.

나의 연구가 앞으로 보여줄 것처럼, 모든 속죄론은 하나님이 구원의 과정에서 자신의 정의를 유지하고 계신다는 것을 주장하고 싶어 한다. 하지만 모든 신학자가 정의에 대해 같은 견해를 취하는 것은 아니다. 정의론과 법에 대한 태도들은 끊임없이 발전하고 변한다. 나는 이 두 교차하는 궤적들을 모두 살펴볼 것을 제안한다.

하지만 이 연구는 단순히 서술적인 것은 아니며 다음과 같은 질문도 던진다. 위의 신학자들은 그리스도 안에서 하나님이 행동하시는 것을 적절하게 묘사하는가? 나는 이 연구의 건설적인 측면을 아주 간략하게 요약한 다음에 이 책이 앞으로 어떻게 전개될지에 대해 설명하고자 한다.

속죄 신학은 하나님께 어떤 특별한 행동을 부과하려고 시도한다. 이를 달리 설명하자면, 그것은 어떤 특별한 행동에 책임을 부과하려고 시도한다. 우리는 어느 정도 부활절 사건들을 안다. 하지만 문제는 다음과 같은 것이다. 하나님이 그러한 사건들에서 정확하게 어떤 역할을 하신 것인가? 그분이 예수에게 십자가를 지라고 하셨을까? 만일 그분이 예수에게 십자가를 지라고 하셨다면, 그분이 십자가를 통해 예수를 처벌하신 것인가? 아니면 예수는 하나님을 향한 자신의 사랑과 우리를 향한 하나님의 사랑을 보여주기 위해 십자가를 지신 것일까? 속죄론에서 일어나는 대립은 부활이라는 사실에 가치를 부여하는 것에서 생긴다. 다른 말로 하자면, 대립은 하나님에게 책임을 부과하려는 것에서 발생한다.

이러한 신학자들이 하는 일이 낯선 것만은 아니다. 우리는 법정에서 일상적으로 그러한 일을 목격한다. 검사와 변호사는 피고인의 어떤 특정한 행동과 관련하여 책임이 있는지 또는 없는지를 놓고 서로 법적 다툼을 벌인다. 나는 책임에 대한 철학적 논의로 들어가지는 않고 이런 대립을 불가피하게 만드는 한 가지 요소를 따로 분리시켜 살펴보고자 한다. 즉 **어떤 특정한 행위에 책임을 부과하는 것은 부분적으로 그 행위자의 특성에 대한 지식에 기초한다는 것이다.** 다른 말로 하자면, 검사와 변호사는 각각 **이** 행위자가 **이런** 행위를 행할 수 있는 개연성이 있는지 혹은 없는지를 입증하려고 시도한다. 행위와 행위자 사이에 어떤 연결점이 있어야 할 때, 우리는 우리가 알고 있는 그 행위자의 성품과 그 행위의 특징을 자연스럽게 연결한다. 범죄 사건들에서 평범한 사례를 살펴보자. 피고인은 폭력적인 사람인가? 그는 폭력 전과가 있는가? 그리고 그는 누군가를 살해할 의도가 있는가? 우리는 이것을 입증하기 위해 그에 대해 알고 있는 모든 것을 이용한다. 우리는 그가 그러한 행동을 **할 수** 있을지를 입증하기 위해 그의 전체 인격과 성품을 알려고 노력한다.

이러한 것들이 책임을 부여하는 것을 논하는 것과 관련한 고려 사항들은 분명 아니다. 하지만 그것들은 그런 논의 과정에서 필요한 측면이다. 속죄 신학자들도 이와 유사한 과정을 따른다. 말하자면 그들은 "사실들"을 갖고 있다. 하지만 이런 사실들은 어떻게 해석될 수 있을까? 이런 사건들 안에 있는 **행위들**은 무엇인가? 하나님은 이 "살해 행위"에서 무슨 일을 하셨는가? 따라서 신학자들은 다양한 행위들(하나님이 사탄을 속이신 행위, 예수를 벌하신 행위, 만족을 받아들이신 행위, 도덕적 모범 혹은 도덕적 영향을 보이신 행위, 희생제사 체계를 파괴하신 행위 등)과 잘 알려진 하나님의 성품을 서로 관련시키려고 노력한다.

따라서 속죄 신학은 신론으로 이어질 수밖에 없다. 십자가의 의미에 대한 대립은 사실 하나님의 본성과 도덕적 성품에 대한 것이다. 이것은 다시 법과 정의의 담론과 관련이 있음을 보여준다. 하나님은 정의로우신가? 어떤 종류의 정의가 그분의 존재의 특징을 보여주는가? 어떻게 그분의 정의가 그분의 사랑과 관련을 맺을 수 있을까? 정의와 사랑 중 어떤 것이 더 근본적인 것인가?

하지만 하나님과 인간 행위자들 사이에는 중요한 차이점이 있다. 인간의 특성에 대한 묘사들은 필연적으로 그 사람이 지혜에 의존하는지, 아니면 완력에 의존하는지, 사랑과 정의 중 어느 덕목을 더 추구하는지, 그리고 인내, 진리, 정직함, 지속성, 신실함, 자비 등등이 더 많은지 아니면 더 적은지를 보여주고자 노력할 것이다. 검사와 변호사는 자신들의 주장을 뒷받침하기 위해서 피의자의 특성에 대해 균형 잡힌 관점을 제시하려고 시도한다.

하지만 하나님은 그런 종류의 행위자가 아니시다. 하나님의 속성들은 더 많이 혹은 더 적게 균형 잡힐 수 있는 게 아니다. 그것들은 어떤 특정한 **결합**으로 존재할 수 없다. 그것들은 결코 결합될 수 없다. 교회가 전통적으로 주장한 것처럼, **하나님의 존재는 단순하기 때문이다**. 하나님은 속성들을 **갖고** 계시지 않는다. 그분은 그분의 속성들을 **드러내신다**. 이것은 우리가 하나님의 행위를 이해하려고 할 때 대단히 중요한 문제다. 나는 하나님은 완벽한 행위자라고 주장할 것이다. 결과적으로 우리는 인간들의 행위를 바탕으로 하여 그들을 이해하는 방식과는 (관련이 없지는 않겠지만) 완전히 다른 방식으로 하나님의 행위를 바탕으로 하여 그분을 이해하게 될 것이다. 이것을 좀 더 단순하게 표현하자면 다음과 같다. 하나님의 존재와 그분의 행위 사이의 관계는 우리의 존재와 우리의 행위 사이의 관계와 다르다는 것이다. 더욱이 하나님의 행위들은 인간의 행위들이 공유할 수 없는 특성을 가진다.

간략하게 말하자면, 나는 하나님의 단순성 교리 및 이 교리가 속죄론에 대해 갖는 독특한 의미에 대해 관심을 기울일 것이다. 따라서 이 연구의 건설적인 측면은 "하나님의 행위의 완벽함" 혹은 하나님의 단순성을 이해하는 것이 엄밀하게 우리가 하나님께 행위들을 부과할 수 있는 방식을 적합하게 하는 것임을 지적하는 데 있다. 내가 형벌 대속론을 지지하는 것과 관련해, 하나님의 단순성은 그 교리를 특정하게 우호적으로 혹은 비우호적으로 희화화하지 못하도록 한다.

마지막으로 이 책의 구조를 설명하고자 한다. 나는 속죄론의 역사를 크게 다섯 시기 혹은 다섯 패러다임, 곧 교부 시대, 중세 시대, 종교개혁 시대, 근대, 포스트모더니즘 시대로 구분했다(좀 더 좋은 용어를 발견하기 힘들어 이 용어들을 사용한다). 나는 이런 시기들이 서로 관련을 맺는 대신 완전히 독자적인, 곧 독립된 패러다임을 갖고 있다고 주장하지 않는다. 그것들 사이에는 엄청나게 많은 관련성이 존재한다. 그럼에도 우리는 자료들을 다루기 쉬운 부분들로 구분해야 한다. 따라서 나는 앞으로의 논의에서 상당한 일반화가 진행되고 있음을 기꺼이 인정한다. 나는 그러한 일반화 과정에는 독자들이 스스로 새로운 지식을 발견하는 가치가 있음을 확신하지만, 동시에 거기에는 위험이 도사리고 있다는 점도 잘 안다.

논의를 위해서, 나는 전체 시기를 개괄적으로 요약하기보다는 각 시기별로 몇몇 신학자들을 선별했다. 나는 속죄 신학에 기여한 일부 저명한 신학자들뿐 아니라 유명하지 않은 것은 아니지만 속죄와 관련해서 논의가 많이 이루어지지 않은 신학자들도 다룰 것이다. 안타깝게도, 특정한 신학자들을 깊이 다루는 것을 선택했다는 사실은 내가 이 논의에 중요한 기여를 한 모든 학자를 다룰 수 없음을 의미한다.[6] 나의 목표는 포괄적인 속죄의 역사에 대해 저술하는 것이 아니라 다양한 저자들에게서 나타나는 속죄 및 정의 그리고 법의 교류를 살펴보는 것이다.

나는 이 책이 구성신학(constructive theology)의 작업이 아니라는 것을 분명히 밝힌다. 나는 각각의 이론이 성경적 타당성을 가졌는지에 대해 구체적으로 논하지 않는다. 나는 여러 신학자들이 자신들의 이론에 성경적 토대를 제공하는 방식에 대해서도 간략히 설명은 하겠지만 나의 주된 관심사는 그들의 이론과 법적 맥락 간의 상호관계다. 이 책은 일차적으로 어떤 특정 교리의 역사를 비평적으로 읽는 것을 목표로 하기 때문에, 나는 구약성경과 신약성경에 나타난 주요 속죄 개념의 발전에 대해서는 시간을 할애하지 않는다. 나는 그것을 엄밀하게 이러한 신학자들이 자신의 문화적 전제에 비추어서 분석하고 해석하는 "자료"로 간주할 것이다.

1장은 고대의 정의 및 법 개념과 관련해서 교부들의 속죄론을 다룬다. 교부 시대와 관련해서 중요한 요인은 하나님과 이방 신들이 실정법보다 우위에 있는 존재로 간주된다는 것이다. 정의와 관련한 신들의 일차적 관심은 법을 유지하는 게 아니었다. 정의는 일차적으로 질서로 이해되었으며, 법은 훨씬 부차적인 문제였다. 이것은 니사의 그레고리오스와 아우구스티

---

6 나는 가능하면 Irenaeus, Athanasius, Faustus Socinius, Hugo Grotius, Richard Hooker, Karl Barth의 논의와 여러 기타 논의들도 여기에 포함하고 싶었다. 또한 여러 국가에서 다루는 속죄론, 특히 아프리카의 상황에서 다루어진 속죄론을 논하는 게 필요하지만 여기에는 포함하지 않았다.

누스 두 사람의 사상에 매우 잘 부합한다.

2장은 정의와 법의 이해에서 발생한 중요한 변화를 보여준다. 학자들은 이것을 12세기와 13세기의 법의 혁명이라고 말한다. 법학과 신학에서 정의는 법에 상당히 근접한 개념으로 간주된다. 법은 이제 인간과 신의 관계에 대한 틀을 정의하는 것으로 간주된다. 놀랄 것도 없이, 특히 안셀무스와 토마스 아퀴나스 같은 속죄 신학자들은 이런 법에 대한 새로운 이해를 반영한다. 이것은 법 혁명이 속죄론에 획일적인 결과를 초래했음을 말하는 것이 아니다. 그와 동일한 법 혁명의 시기에서 활동했던 페트루스 아벨라르두스와 둔스 스코투스의 작업은 정의에 대한 그들 자신의 독특한 이해를 반영한다.

종교개혁 시기는 12세기에 시작한 법 혁명을 강화하지만 다른 강조점을 갖고 그렇게 한다. 안셀무스와 아퀴나스의 속죄론이 근거하는 중세의 공로 신학은 점차 약화된다. 하지만 루터와 칼뱅은 법에 대해 서로 상반되는 태도를 보여준다. 루터는 법을 하나님의 "낯선 일"로 보는 경향이 있다. 따라서 그리스도의 사역은 법의 논리에 공헌하는 것이 아니라 오히려 그것을 초월하는 것으로 이해된다. 반대로 칼뱅은 법과 하나님의 본성을 동일시하고 고전적인 형벌 대속론으로 나아가는 경향이 있다. 따라서 3장은 십자가에 대한 루터와 칼뱅의 신학을 더 자세히 살펴볼 것이다.

4장은 세 명의 근대 신학자/철학자, 곧 임마누엘 칸트와 프리드리히 슐라이어마허 그리고 알브레히트 리츨을 다룰 것이다. 근대는 정의에 대한 중세적 이해의 틀에서 벗어나는 것처럼 보인다. 이 시기는 특히 칸트가 관심을 기울였던 인간의 도덕적 변화에 근본적인 강조점을 둔다. 슐라이어마허와 리츨은 법과 정의에 대한 칸트의 철학을 비판적으로 수용하면서 자신들의 신학적 견해를 정교하게 구축한다.

5장은 소위 포스트모더니즘을 다룬다. 우리의 주제와 매우 밀접한 관련이 있는 시기인 이 시대의 구분되는 특징은 사람들이 대체적으로 법을, 구체적으로 정의를 중재하는 법과 법률 기관의 능력을 의심한다는 것이다. 그렇다면 하나님은 인간의 정의 체계 안에서 활동하시고 그것을 합법화하신 분으로 이해되어서는 안 된다. 포스트모던 속죄론은 법에 의한 일체의 폭력을 거부하는 것을 포함해 일차적으로 비폭력과 관련이 있다. 나는 5장에서 르네 지라르와 마크 하임의 연구를 비롯해 존 밀뱅크와 아시아계 미국인 신학자(박승호)의 연구, 그리고 페미니스트와 탈식민주의 신학자들의 연구에 대해 논한다.

마지막 장인 6장은 건설적인 결론을 맺는다. 나는 신의 단순성 개념이 특히 우리의 속죄론과 관련이 있다고 주장한다. 그것은 신의 속성 중 한 가지 속성 또는 다른 속성(사랑 또는 정의든지 간에)을 우선시하는 특정한 이론들을 배제하고 우리로 하여금 그리스도 안에서 신적 행위의 통일성을 다루는 방식에 대해 조심하도록 도움을 준다. 나의 결론은 형벌 대속론에 일반적으로 공감하는 것이지만, 내가 형벌 대속론에 대해 이야기하는 방식이 항상 친숙한 것은 아니다. 다른 말로 하자면, 나는 형벌 대속론이 "다른 모든 이론을 지배하는 절대 반지"라고 주장하지 않지만, 그것이 주요한 통찰들의 필수 요소라고 주장할 것이다.

ATONEMENT,

1장

교부 사상의 정의, 법 그리고 십자가

LAW, AND JUSTICE

The Cross in Historical and Cultural Contexts

고대 그리스와 로마 시대의 정의

고대 그리스-로마 시대의 법과 정의 개념은 교부 시대의 속죄론을 이해하는 데 있어 중요한 배경 중 하나다. 그러나 서론에서 지적한 것처럼 이것은 속죄론 개념의 발달을 결정짓는 의미에서 고대 그리스-로마의 법과 도덕 철학이 특정한 속죄론의 출현을 **설명해준다**는 말이 아니다. 나는 기독교 신학자들이 이러한 상황을 무비판적으로 이해하지 않았다는 점을 언급할 것이다. 오히려 그러한 상황에 대한 이해는 우리에게 그러한 상황에서 속죄론이 형성된 **타당성**에 대한 통찰력을 제공한다.

교부 시대의 십자가 사상이 이미 충분히 발달한 형벌 대속론 혹은 도덕적 모범론 또는 도덕적 영향론의 형식을 취하지 않았다는 것은 잘 알려진 사실이다. 일부 학자들은 칼뱅(Calvin)의 저작에서 발견되는 형벌 대속론의 교리가 아타나시오스(Athanasius), 이레나이우스(Irenaeus) 혹은 아우구스티누스(Augustine)에게까지 거슬러 올라간다고 주장하지만, 그런 주장은 그들의 사상을 극도로 왜곡하는 희생의 결과로 이루어진다.[1] 교부 시대에는 그 누구도 하나님이 **용서**의 조건으로 응보적 정의(retributive justice)를 수행할 **필요**가 있다고 생각하지 않았다. 하나님이 대가 없이 용서하실 수 없다는 생각은 11세기에 안셀무스의 『하나님은 왜 인간이 되셨는가?』(*Cur Dues homo*)라는 소책자가 소개된 이후부터 속죄론의 주요 전제가 되었다. 교부 시대의 일부 신학자들은 하나님의 승리를 가로막는 일부 장애물이 있었다

---

1 예를 들어 Steve Jeffery, Michael Ovey, Andrew Sach, *Pierced for Our Transgressions: Rediscovering the Glory of Penal Substitution*(Wheaton: Crossway, 2007)을 참고하라. 우리는 형벌 대속론과 형벌 대속의 주제를 구별할 수 있다. 내가 지적할 것처럼 이러한 고대 저술가들에게는 의심할 바 없이 형벌 대속의 주제가 등장한다.

고 주장했지만, 그러한 장애물이 하나님의 용서를 가로막지는 못했다. 하나님은 자신의 사랑을 저지하려는 어떤 외부적 힘들보다도 더 강한 분이라는 의미에서 하나님의 용서는 아무런 대가 없이 주어지는 것이다(사 43:25; 롬 5:8, 20). 이것은 십자가 사건이 하나님의 응보적 정의를 충족하고자—하나님의 사랑을 완전히 증명하는 데 필요조건인—인간이 된 아들에게 가해진 하나님의 처벌로 이해되어서는 안 된다는 의미다.

기독교의 혁신?

일부 학자들은 하나님의 이런 무조건적인 사랑을 당대의 문화적·종교적 전제, 특히 눈에는 눈이라는 동해보복법(*lex talionis*, 출 21:23-24; 레 24:20; 신 19:21)에 압축되어 있는 전제로부터의 급진적 이탈로 이해한다. 범죄에 상응하는 신체적 가해를 처벌 조건으로 하는 응보적 정의는 이 시대의 문화 규범으로 간주되었기 때문이다. 원수를 사랑하라는 기독교 교리는 이런 시대적 상황에서 완전히 부적절해 보인다는 주장이 제기되었다. 그렇다면 이것은 기독교가 보인 가장 큰 차이점일 것이다. 정의의 이름으로 응보적 살해가 정당화되는 세계에서 기독교는 사랑과 평화로 이해되는 정의의 시각을 제공하기 때문이다.

니콜라스 월터스토프(Nicholas Wolterstorff)가 아주 최근에 위와 같은 견해를 피력했는데, 그는 정의에 대한 사고와 관련해 기독교가 가장 크게 기여한 점은 처벌에 대한 요구를 거부하는 것으로서의 용서가 정의와 모순되지 않으며 또한 정의를 훼손하지 않는다는 생각을 보여준 것이라고 주장한다.[2] 고대 문화에도 때때로 범죄를 처벌하는 데 있어 공정과 자비를 중요하게 칭송하는 "관대한 처벌"에 대한 기록이 있었지만, "고대 이방 문화에 사는 그 누구도 적합한 처벌을 부과하는 것을 그만두는 게 때로는 올바른 것이라고 제안하지 않았다. 어떤 이들은 적합한 처벌을 결정하는 데 있어 추상적 **정의**(*diké*) 개념을 중시한 반면 형평성에 대해서는 큰 관심을 보이지 않았다. 따라서 그 누구도 적합한 처벌을 부과하는 것을 포기하려고 하지 않았다."[3] 이러한 해석은 (때로는 형평 개념에 의해 조절된) 고대 이방 문화의 보복과—기독교가 사랑 및 용서 그리고 평화를 **선호하기 때문에** 응보적 정의를 거절한다는 함의를 가진—기독교의 사랑과 용서 사이에 드러나는 대조적 특성에 모든 관심을 집중하려는 경향이 있다.

하지만 "고대 이교 문화"를 좀 더 자세히 살펴보면, 우리는 그것이 훨씬 더 복잡하다는 사실을 알 수 있다. 이런 사실은 월터스토프의 주장을 상당히 누그러뜨린다. 나는 이번 장의 첫 번째 부분에서 월터스토프의 주장처럼 고대 이교 문화는 오직 응보적 정의만을 선호한 것이 아니라, 응보적 정의와 더불어 평화와 질서(그리고 정의)라는 이름으로 (신의) 대가 없는 용서라는 개념을 분명하게 갖고 있었음을 보여줄 것이다. 월터스토프의 주장과는 다르게, 고대 이교 문화는 서로 다른 정의 개념이 경쟁을 벌이는 모습을 보여준다. 월터스토프가 기독교와 유대교에서 출범했다고 생각하는 정의는 엄밀하게 이 서로 다른 정의 개념 중 하나다. 교부 시대의 저술가들은

2 Nicholas Wolterstorff, *Justice in Love* (Grand Rapids: Eerdmans, 2011). 『사랑과 정의』(복있는사람 역간). "Does Forgiveness Undermine Justice?," in *God and the Ethics of Belief: New Essays in Philosophy of Religion*, ed. Andrew Done, Andrew Chignell (Cambridge: Cambridge University Press, 2005)도 참고하라. Wolterstorff는 Martha Nussbaum, "Equity and Mercy," *Philosophy and Public Affairs* 22, no. 2 (1993): 83-125을 많이 인용한다.

3 Wolterstorff, *Justice in Love*, 226-27.

고대 문화가 지닌 타당성 구조 안에서 활동했기 때문에 대가 없는 신의 용서에 대해 분명하게 생각하고 있었다. 이것이 교부 시대의 저술가들이 십자가를 응보로 해석하지 않은 이유—정확히 말해 그들은 하나님이 반드시 응보적 정의를 요구할 것으로 기대하지 않았기 때문에—를 설명하는 것인지 여부는 내가 여기서 결정할 수 없는 문제다. 하지만 부정할 수 없는 사실은 하나님의 무조건적이고 공정한 용서(롬 3:26)가 고대 문화에서 전혀 생소한 개념이 아니었다는 것이다.[4] 이제부터 이러한 역사적 주장들에 대해 살펴보자.

나는 나의 입장을 진술하기 위해 서로 다른 관점을 가진 네 명의 학자 혹은 학파들—호메로스(Homer), 아이스킬로스(Aeschylus), 철학자 플라톤과 아리스토텔레스, 그리고 로마의 법철학 사상—을 집중적으로 다룰 것이다. 언급할 필요도 없이 이것이 법과 정의에 관한 고대 사회의 논의 전체를 완벽하게 혹은 훨씬 더 공정하게 보여주는 것은 아니다. 나의 목적은 훨씬 더 소박하다. 나는 한편으로는 무조건적인 용서가 고대 문화에서 부재하지 않았다는 주장을 입증하고자 한다. 다른 한편으로는 교부 시대의 저술가들이 수용하거나 거부한 법 원리와 도덕 원리들을 강조하고자 한다.

우리는 쉽게 정의를 하나님의 속성(렘 50:29; 사 45:21; 신 32:4; 골 3:25; 살후 1:6; 히 6:10) 혹은 인간, 사회 또는 행위의 속성이라고 생각한다. 연구가 진행되면서, 우리는 사실상 속죄에 관한 논쟁의 대부분이 정의가 어떻게 규정되고, 그것이 어떻게 하나님께 적용되며 그리고 그것이 어떻게 하나님의 다른 속성들과 관련을 맺는지에 대한 것임을 알게 될 것이다. 따라서 속죄

4 형벌 대속론 지지자들은 좀 더 강한 주장을 제안하고 싶어 할 수도 있다. 이를테면 기독교의 차이점과 공헌은 정확히 기독교에서 하나님이 어떻게 정의에 폭력을 행하지 않고서도(즉, 응보적 정의를 행하지 않고서도) 용서할 수 있는지를 설명하고 있다는 것이다.

론이 신의 본성에 관한 이해의 결과라고 말하는 것은 결코 과장이 아니다.

하지만 "정의"는 하나님께 적용되는 하나의 **속성**(quality)으로 간주되기 이전에는 어떤 분명한 개념이 아니었다. 고대 그리스 전문가인 에릭 A. 해블록(Eric A. Havelock)은 디카이오쉬네(*dikaiosynē*)가 고안되기 전에, 즉 그리스 문화가 성숙되기 전까지 정의는 객관화된 혹은 구체화된 어떤 개념이 아니었다고 지적한다. "디케(*Dikē*)와 디카이오스(*dikaios*)는 올바른 상호적 관계의 유지를 시사한다. 이 단어들은 '정의'(righteousness)보다는 '올바름'(right)이라는 의미를 내포하고 있다. 즉 그것들은 신들 혹은 인간의 순전히 외적인 행위를 보여주는 것이었다. 디카이오쉬네라는 개념이 등장하면서, 어떤 이들은 이러한 유형의 상호적 예의바름이 개인의 탁월함(혹은 덕)에, 즉 한 개인의 **속성**에 일치하는 것으로 간주했다."[5] 우리가 앞으로 살펴볼 논의 과정도 사실상 호메로스에서 플라톤으로, **예의바름에서 속성으로**, 질서로 이해된 정의에서 영혼의 탁월함으로 내면화된 정의로 전개된다.

호메로스의 정의

호메로스(기원전 9-8세기)는 그 당시 정의의 개념을 주로 질서로 묘사했다. 알래스데어 매킨타이어(Alasdair MacIntyre)가 다음과 같이 지적한 것처럼 말이다.[6] 정의(*dikē*)에 따라 행동하는 것은 사회에서 자신의 역할을 수행하는 것이다. 사람의 선은 단순히 적합한 행위(fitting performance)에 근거해서 결

5 Eric A. Havelock, "*Dikaiosynē*: An Essay in Greek Intellectual History," *Phoenix* 23, no. 1 (1969), 51.

6 Alasdair MacIntyre, *A Short History of Ethics: A History of Moral Philosophy from the Homeric Age to the Twentieth Century* (London: Routledge, 1998), 7. 『윤리의 역사, 도덕의 이론』(철학과현실사 역간).

정된다. 여기서는 행위의 동기가 순수한지 혹은 순수하지 않은지에는 관심이 없고 단순하게 외적 행위, 곧 그 행위의 적절함에만 관심이 있다. 어떤 이가 선한 의도를 인정해줄 것을 요구할 수 없을 뿐 아니라 용서를 간청할 수도 없다. "그대는 그대가 그렇게 행동할 수밖에 없는 불가피한 상황에 처해 있었고, 그런 잘못은 피할 수 없었다는 것을 밝힌다고 해도 비난이나 처벌을 피할 수 없다."[7]

그런 세계에서 종종 인간 행위의 원인과 동기는 단순히 본성에 의해 일어나는 것이 아니다. 신들이 인간으로 하여금 특정 행위를 하도록 자극하면서 적극적인 역할을 수행한다. 하지만 중요한 것은 신이 자극함으로써 인간이 특정 행위를 했다고 해서 인간에게 책임이 없다는 것은 아니라는 점이다. 나의 내적 충동 혹은 초자연적 충동이 내가 그렇게 행동하도록 부추겼다고 해도, 내 행동의 외적 속성에 대한 책임은 나에게 있다. 휴 로이드 존스(Hugh Lloyd-Jones)도 이와 동일한 관점을 보인다. 그는 다음과 같이 주장한다. 곧 사람들은 잘못된 행위를 저지르도록 자극한 신들을 원망할 수는 있어도, 자신들의 행위 결정에 대한 책임을 부인할 수는 없다.[8]

신들의 근본적인 특권은 질서를 유지하는 것이다. 해블록은 이와 동일한 맥락에서 다음과 같이 지적한다. "정의란 기본적으로 우주의 질서를 의미하고, 이런 종교에서는 신들이 우주의 질서를 유지한다."[9] 신들이 이 질서의 창조자는 아니지만 질서를 시행하고 보존한다. 데모스테네스(Demosthenes)와 같은 일부 저술가들은 이러한 질서를 지배하는 법은 신들

---

7 Ibid.
8 Hugh Lloyd-Jones, *The Justice of Zeus* (Berkeley: University of California Press, 1983), 161.
9 Ibid.

에게 있고, "모든 법(*nomos*)은 신들의 고안물이며 선물"[10]이라고 주장하지만, 고대 그리스인들의 일반적인 전제는 신들이 우주의 질서를 창조한 것이 아니라 그저 그것을 통치하고 시행한다는 것이다. 레미 브라그(Rémi Brague)에 따르면, "법은 신들에 의해 만들어진 것이라기보다는 그들에게 부과된 것이다."[11] 그는 다음과 같이 지적한다. "분명히 신들은 자신들이 인간들에게 맹세한 권리들을 보장해주도록 요구받으며, 또한 죄인을 처벌한다. 하지만 그들이 법의 근원은 아니다. 어떤 신도 규율을 제정하지는 않는다."[12]

이 주장은 대단히 중요하다. 왜냐하면 그의 주장은 신들 역시도 필연성의 지배를 받는다고 제시하기 때문이다. 하지만 그 필연은 법의 집행이 아니라 질서를 유지하는 것과 관련이 있다. 다시 말해 신들이 인간들 사이에서 질서를 유지하기로 "맹세했지만", 그들은 그 질서를 엄격한 법 집행으로 유지하지 않는다. 이것은 법 규정의 역사 전반에 걸쳐 (여기서는 질서로 규정된) 정의와 인간사를 지배하는 법들 사이에서 지속적인 긴장을 가져온다. 우리가 앞으로 살펴보겠지만, 신들은 질서와 평화 유지를 위해 때로는 특정 법을 무시한다. 하지만 우리는 이러한 그리스 만신전의 신들이 보여주는 법의 완화를 은총과 혼동하거나, 더욱이 사랑과는 절대로 혼동하면 안 된다. 로이드 존스(Lloyd-Jones)가 지적한 것처럼, 제우스가 죄를 처벌한다고 으스대기는 하지만, "그는 그들[인간들]의 창조자도 아니고 하늘에 계신 자비하신 아버지도 아니다.…신들은 인간의 이익이 아니라 자신들의 이익을 위해 우주를 통치할 뿐 그들의 주요 관심사는 인간의 행복이 아니다."[13]

---

10 Rémi Brague, *The Law of God: The Philosophical History of an Idea* (Chicago: University of Chicago Press, 2007), 21에서 인용.

11 Ibid., 20.

12 Ibid., 22.

13 Lloyd-Jones, *Justice of Zeus*, 161.

호메로스에 의하면, 신들은 분쟁을 해결하는 데 있어 법적 절차보다는 평화적 수단을 사용하는 것을 선호한다. 지금까지 살펴본 것처럼 응보적 정의 개념이 분명 호메로스에게 존재하지만, 그가 그 정의의 의미를 철저하게 사용한 것으로 보이지는 않는다. 범죄자가 가한 상해와 동일한 양만큼의 상해를 되돌려주는 것만이 범죄를 공정히 다루는 유일한 방식은 아니다. 범죄에 대한 그런 대응 방식이 가끔 적절할 때도 있지만, **중재와 평화적 해결이 정의의 원리 실현을 위한 최상의 방식이 되는 경우가 훨씬 많다.**

데이비드 루반(David Luban)은 호메로스의 정의 개념에 대해 아주 강경한 입장을 취한다. 『헤르메스 찬가』(*Hymn to Hermes*)에서 호메로스의 제우스는 다른 올림포스의 신들 사이에서 처벌이 아닌 조화와 우정에 최우선의 관심을 보인다. 루반은 이런 모습이 마치 정의와 평화가 서로 경쟁적인 관계에 있는 것처럼 비칠 수도 있지만, 호메로스 시대에는 정의가 법률적 행위가 아닌 평화적 해결 방법에 의해 달성되었기 때문에 이러한 딜레마가 발생하지 않는다고 주장한다.[14] 마이클 가가린(Michael Gagarin)이 지적한 것처럼, 정의란 평화적으로 분쟁을 해결하기 위한 사회 제도다. 따라서 고대 초기의 법률 행위는 바로 이런 평화적 중재 방식이다.[15]

루반은 호메로스의 정의에서뿐만 아니라 아이스킬로스와 플라톤의 정의에서도 법률 제도의 기원을 **중재의 수단으로**, 곧 **정의의 시여자에 대립하는 개념**으로 이해한다. 이런 점에서 호메로스는 철저한 응보적 정의 개념을 강조하는 대신 처벌이 부과되지 않는 해결 방식을 선호하면서 그 개념

14 David Luban, "Some Greek Trials: Order and Justice in Homer, Hesiod, Aeschylus and Plato," *Tennessee Law Review* 54 (1986): 279-326 (286).

15 Michael Gagarin, "Dikē in Archaic Greek Thought," *Classical Philosophy* 69, no. 3 (1974): 186-97.

을 상당히 약화시키고 있다. 따라서 우리는 플라톤부터 그리스 문화 전반에 걸쳐 응보주의(retributivism)를 반대하는 사상이 명백히 지배적이었음을 확인할 수 있다.

휴버트 드레이퍼스(Hubert Dreyfus)와 숀 켈리(Sean D. Kelly) 역시 다음과 같이 지적한다. "호메로스 시대의 문화는 보복에 충실하려는 인간적 성향을 억눌렀다."[16] 그렇다고 해서 그 억압된 행위가 전혀 드러나지 않는다고 말할 수는 없다. 호메로스의 『일리아스』(*Iliad*)에는 응보적 정의를 부르짖는 온갖 호소들이 가득하다. 아킬레우스는 아가멤논(Agamemnon)이 자신의 사랑하는 여인 브리세이스(Briseis)를 빼앗아 간 것에 분노한 나머지 아가멤논이 제안한 보상을 거부한 채 그 부당성에 대한 처벌을 외친다.

> 그의 선물이 바닷가 모래알보다,
> 온 세상의 티끌보다 더 많이 넘친다 해도
> 아가멤논은 나의 분노를 달랠 수 없네.
> 고통에는 고통, 치욕에는 치욕으로
> 완전하게 복수하기 전까지는 말이네.[17]

제임스 화이트(James Boyd White)는 고대 그리스의 도덕적 세상에서 이와 같은 외침은 명예를 중시하는 세상이 붕괴된 흔적을 드러내 보이는 것이라고

---

16 Hubert Dreyfus, Sean D. Kelly, *All Things Shining: Reading the Western Classics to Find Meaning in a Secular Age* (New York: Free Press, 2011), 92. 『모든 것은 빛난다』(사월의책 역간).

17 Homer, *The Iliad*, ed. Robert Fitzgerald (Oxford: Oxford University Press, 2009), 154. 『일리아스』(숲 역간).

주장한다.[18]

평화적 해결 방식에 대한 아이스킬로스의 변론

아이스킬로스의 비극 『오레스테이아』(*Oresteia*, 기원전 5세기)의 시대부터 억압된 복수의 충동이 복수와 함께 되돌아온다. 3부작(「아가멤논」, 「제주를 바치는 여인들」, 「자비로운 여신들」)으로 구성된 이 책은 모친을 살해한 오레스테스(Orestes)의 재판에 대해 이야기한다. 하지만 그 줄거리는 훨씬 더 이전에 일어난 일련의 복수 살해 사건들에서 시작한다. 앞으로 트로이와 벌일 전쟁을 준비할 때, 아가멤논은 신들에게 승리를 요구하는 대가로 자기 딸 이피게네이아(Iphigenia)를 희생제물로 바친다. 아가멤논의 부인 클리템네스트라(Clytemnestra)는 자신의 남편이 전쟁에서 귀환했을 때, 자신의 딸을 죽인 것에 대한 복수로 그를 살해한다. 그녀는 이에 그치지 않고 아가멤논이 전쟁에서 포로로 데려온 그의 정부인 미모의 카산드라(Cassandra)까지 살해한다. 아들 오레스테스가 귀환한 후 자신의 아버지가 살해된 사실을 알게 된다. 그는 이제 선택에 직면한다. 그는 혈연의 법이 요구하는 복수로서 복수의 여신들(Furies)의 이름으로 자기 어머니를 살해할 수도 있고 혹은 새로운 신들의 이름과 국왕을 살해한 것에 대한 처벌 규정이 담긴 그 신들의 우주법에 근거해 정당한 응보로 자기 어머니를 살해할 수도 있다.[19] 그는 후자를 선택한다.

---

18 James Boyd White, *When Words Lose Their Meaning: Constitutions and Reconstitutions of Language* (Chicago: University of Chicago Press, 1984), 48-49: 참고. Luban, "Some Greek Trials", 289.

19 자세한 내용은 Dreyfus, Kelly, *All Things Shining*, 94을 참고하라.

이에 대해 분노한 복수의 여신들은 모친 살해의 죄목으로 오레스테스를 처단할 방법을 강구한다. 폭력의 순환은 끊임없이 지속되는 운명을 지닌 것으로 보인다. 지혜의 여신 아테나(Athena)가 이 절체절명의 순간에 개입하고 오레스테스를 살려주기 위해 아테네 시민들을 배심원으로 삼아 의견을 물어보는데, 우연치 않게도 가부동수의 판결이 나온다. 이에 아테나 여신은 오레스테스가 어머니를 살해한 것은 명백한 범죄임에도 불구하고 자신의 캐스팅보트로 그를 살려준다.

『오레스테이아』에는 모든 종류의 담론이 들어 있다. 그중 하나가 서로 대립되는 두 가지 정의 개념의 충돌이다. 한편에서는 정의란 동해보복법처럼 복수의 원칙에 의해 실행되는 응보적 개념으로 이해한다. 복수의 여신들(혹은 에리니에스[Erynies])이 이런 원칙을 대표한다. 그녀들의 권위가 호메로스 시대에 거부된다. 그녀들은 당연히 분노한다.

> 우리는 강한 힘과 기교를 지녔네.
> 우리에게는 권위가 있고, 악으로 지배한 경험이 있지.
> 우리는 엄중하므로 인간의 간청이 우리를 굴복케 할 수 없네.

우리는 이와 관련해 각자에게 그리고 각각의 범죄에 대해 응보의 원칙이 아주 철저하게 적용되고 있음을 알 수 있다. 한편 호메로스의 신들은 평화를 유지하기 위해 기꺼이 법을 완화하는 것을 허용한다. 다른 한편 복수의 여신들은 법을 준수하기 위해 기꺼이 전 세계를 무너뜨릴 수 있다.

해블록은 이런 긴장 관계에 대해 한 가지 흥미로운 점을 지적한다. 복수의 여신들의 불만은 복수와 피의 보복을 주장하는 기존의 신들이 아닌 젊은 신들에 대한 것이다. "젊은 신들의 권력이 복수의 여신들의 정의를 넘어서고 있기"[20] 때문이다. 복수의 여신들의 불만은 그런 젊은 신들이 기꺼이 용서하고 싶고 그리고 용서하면서—즉 오레스테스가 처벌되지 않도록 그들의 요구를 부과하면서—부당하게 행동한다는 것이다. 따라서 우리는 복수의 여신들과 젊은 신들의 충돌을 신의 도덕적 본성에 대한 충돌로 말할 수 있을 것이다. 이것은 13세기에 주의주의(voluntarism)와 주지주의(intellectualism) 사이의 논쟁이 벌어지기 오래 전에 있었던 신들의 권력과 그들의 정의를 둘러싼 다툼이다.

복수의 여신들은 극장 무대에서 섬뜩한 모습으로 묘사되었다. 이를 관람한 임산부가 조산했다고 전해질 정도로 그들은 끔찍한 모습으로 나타난다. 복수의 여신들은 악마의 모습을 지니고 있는 듯하다. 한편, 그녀들은 인간도 아니고 엄밀히 말하면 신도 아니다. 하지만 그녀들은 신들마저도 인정하는 힘을 갖고 있다. 지혜의 여신 아테나는 오레스테스를 용서하고 싶지만, 복수의 여신들을 쉽게 무시할 수는 없다는 사실을 잘 알고 있다. 더욱이 복수의 여신들은 아주 냉혹하기 때문에 자신들의 임무를 수행하는 데 있어 수단과 방법을 가리지 않는다. 또한 그녀들은 신들과 사람들에게 그들이 저지른 죄를 떠올려주고 그에 대한 처벌을 요구하면서 훌륭한 고소자처럼 행동한다. 어떤 이들은 그녀들의 역할이 성경 속 사탄의 역할과 유사하다고 말하기까지 한다. 이들은 모두 고소자이고 박해자들이기 때문이다. 그러나 여기에는 양면성이 존재한다. 그녀들이 매우 두려운 존재인 동시에 정의를 대변하기 때문이다. 그녀들은 신들이 승인한 법의 이름으로 고소한다. 법이 그녀들의 권력이기 때문에, 그녀들은 그런 권력을 수행할 자격이

20 Eric A. Havelock, *The Greek Concept of Justice: From Its Shadow in Homer to Its Substance in Plato* (Cambridge: Harvard University Press, 1978), 285.

있는 것으로 간주된다. 법을 완화하려는 신들의 마음은 법을 반대하고 법을 부정하는 부정의한 행위로 간주된다. 따라서 복수의 여신들이 때때로 신들을 반대하지만, 그녀들은 신들의 이름으로 신들을 반대한다. 복수의 여신들은 자신들을 진정한 법의 수호자로 생각한다. 법의 수호는 바로 신들 자신의 의무다.

하지만 『오레스테이아』에는 이와 경합하는 또 하나의 정의 개념이 있다. 결국은 이 두 번째 개념, 즉 정의란 적절함을 의미한다고 해석한 호메로스의 견해가 지배적인 개념으로 살아남는다. 루반에 따르면, 이러한 법 개념은 "법적 분쟁과 법제도들에 관한 도구주의적(instrumentalist conception)개념"[21]이다. 법정은 법의 이름으로 법을 수호하기 위해서가 아니라 경쟁적인 이해관계를 조정하고 중재하기 위해 존재한다. 따라서 공적인 해결 방식이 사적인 복수보다 선호된다. 해블록은 『오레스테이아』는 호메로스가 주장한 상호 호혜로서의 정의를 재발견한 데 의미가 있다고 지적한다.[22] 그는 정의 개념을 『오레스테이아』의 초반에 "편협하게 응보적인"[23] 모습으로 등장하는 의인화된 정의 개념과는 반대되는 적절함과 질서로 간주한다.

> 따라서 그 드라마는 정의와 정의를 대립시킨다. 거기서 사용된 언어는 이런 대립을 확실히 보여준다. 어떤 행동의 첫 번째 부분, 곧 주요 부분은 법적 절차에서 적용된 것으로 정의를 칭송하고 그것의 효과를 극적으로 표현한다. 두 번째 부분, 곧 코러스의 노래와 연기에서 전달되는 부분은 동일한 사건들을

21 Luban, "Some Greek Trials," 312.
22 Havelock, *Greek Concept of Justice*, 288.
23 Ibid.

처리하는 과정에서 손상된, 아마도 파괴된 정의를 칭송한다.[24]

일부 주요 증거를 외면할 각오를 한 경우에만, 우리는 고대 그리스의 정의에는 용서를 수용할 공간이 없었다고 주장할 수 있다. 반대로 적어도 아이스킬로스 시대까지는 오레스테스 자신이 언급했던 것처럼 "정의는 정의와 충돌한다."[25] 그러나 신들이 (평화와 질서로서의) 정의를 유지하기 위해 법을 기꺼이 완화했다는 점은 부인할 수 없는 사실이다.

플라톤과 아리스토텔레스

철학자들의 사상과 함께 고대 그리스 문화가 성숙해짐에 따라 정의가 영혼의 덕목으로 자리를 잡는다. 플라톤(기원전 4세기)은 호메로스의 도덕성 논의와 관련해 정의가 특정 상황에서 등장했다는 주장에 동의하지 않는다. 매킨타이어가 다음과 같이 지적한 것처럼 말이다. "플라톤의 한 가지 전략은 고대 그리스 도시 국가에서 호메로스의 사상을 제거하는 것이다."[26] 해블록 역시 플라톤이 시문학, 호메로스 그리고 특히 고대 그리스 연극에 보인 강렬한 적대감을 언급한다. "사실상 플라톤은 정의가 이전의 전통이 승인한 것과는 다른 차원, 곧 공동체의 정의인 사회 윤리와 영혼의 정의인 개

24 Ibid., 286.

25 Aeschylus, *Choephori* 461. 『아이스퀼로스 비극 전집』(숲 역간). *Principalities and Powers: A Study in Pauline Theology* (Oxford: Charendon, 1956), G. B. Caird는 다음과 같이 주장한다. "아이스킬로스의 『결박당한 프로메테우스』(*Prometheus Vinctus*)와 『오레스테스3부작』(*Oresteia*)은 바울이 아테네에 오기 5세기 전부터 이미 그리스 신의 선과 정의 개념이 서로 충돌한다는 사실을 보여준다"(50).

26 Alasdair MacIntyre, *After Virtue: A Study in Moral Theory* (Notre Dame, IN: University of Notre Dame Press, 1985), 131. 『덕의 상실』(문예출판사 역간).

인 윤리라는 이중적인 의미를 계속해서 부여하는 것이 되어야 한다고 주장했다."[27] 플라톤의 위대한 발견은 도덕성이 단순히 행위의 외적 형태에 묶여 있을 수 없다는 점이다. 우리는 두려움 혹은 어떤 감추어진 목적 때문에 사회에서 의무를 행할 수 있다. 그런 동기들이 비록 대중의 눈에는 감추어져 있지만 도덕적 삶과는 관련이 있다. 해블록의 사회 윤리는 공적 정의 개념과 일치한다. 플라톤은 이런 공적 정의 개념을 여전히 질서로 이해한다. 하지만 그는 사람들이 그저 자신들의 고유한 역할을 잘 수행한다는 이유만으로 그들은 정의로운 사람이라고 간주하지는 않는다. 그는 오로지 그들이 정의의 속성을 소유하는 경우에만 정의로운 사람으로 간주할 수 있다고 주장한다.

아리스토텔레스(기원전 4세기)는 법의 시행이 정의의 이념들을 달성하는 것이므로, 이러한 이념들이 유지되도록 해야만 한다는 플라톤의 통찰을 고수한다. 그의 형법은 개인의 행위에 수반되는 태도에 따라 행위를 다시 여러 유형으로 구분한다. 그러한 태도에는 과실, 사고 혹은 불법 행위 등이 포함될 수 있다. 불법 행위들은 다시 격분에 의해 저지른 것들과 자유로운 선택에 의한 것들로 구분된다. 플라톤뿐만 아니라 아리스토텔레스에게도 이러한 요인들은 법 시행 과정에서 관용을 요구할 수 있다.

플라톤의 경우 정의는 여전히 질서와 연관된 것으로 여겨지지만, 그 질서는 내적인 동시에 외적인 것이다. 월터스토프는 이 입장을 다음과 같이 묘사한다. "정의는 올바른 질서의 사유방식으로 사회 안에 존재한다. 올바르게 질서 잡힌 사회의 기준이 무엇이든지 간에, 그 사회가 그 기준에 부합한다면 말이다. 플라톤이 남긴 그리스 전통 사상에 따르면, 그리스인들이

---

27 Havelock, *Greek Concept of Justice*, 312.

말하는 정의는 신들이 인간을 위해 만들어놓은 질서를 말한다. 부정의란 정의를 떠나는 것, 곧 우주적 질서에서 이탈하는 것이다."[28] 플라톤은 사회 질서와 외적 질서가 마음의 평안에 반드시 반영되어야 한다고 아주 강력하게 주장한다.

> 한데 사실 말이지, 아무래도 "정의"란 과연 뭔가 그런 것이지만, 그러나 그것은 자기 자신의 일을 외적으로 행하는 것에 관계하지는 않고, 오히려 내적으로 행하는 것에 그리고 참다운 의미에서 자기 자신이나 자기 자신의 일에 관계되는 것 같네. 그건 무슨 말인고 하니 "정의"로운 사람은 자기 안에 있는 서로 다른 부분들이 다른 부분의 일을 하는 것이라든가, 영혼 안에 있는 다른 부분들이 서로 방해를 하는 것을 허락하지 않네. 그는 오히려 진정한 의미에서 집안 살림살이를 잘 보살피고, 자기 자신을 스스로 지배하며, 자기 자신 안에 질서가 있게 하고, 자기 자신과 사이가 좋게 되네.[29]

정의에 대한 설명을 근본적으로 내적인 질서로 본다면, 이런 의미에서 법의 기능은 무엇인가? 플라톤이 평화와 우정을 선호하는 호메로스의 사상을 고수하는 것일까? 혹은 그는 복수의 여신들의 법적 처벌로 돌아가려는 것일까? 사실상, 플라톤과 아리스토텔레스가 법을 중요한 것으로 인식하지만, 그들은 법을 모든 사람과 상황에 보편적으로 적용하는 것으로 간주하지 않는다. 오히려 두 사람 모두 공정함을 위해 각 상황의 개별성을 이해하는 게 중요하다고 주장한다.

---

28 Nicholas Wolterstorff, *Justice: Rights and Wrongs* (Princeton: Princeton Uninversity Press, 2010), 30.

29 Plato, *Republic* 443c9, Havelock, *Greek Concept of Justice*, 322에서 인용. 『국가』(서광사 역간).

플라톤은 법의 근본적 기능을 주로 교육적인 것으로 간주한다. 실정법이 정의 개념과 충돌할 수는 없다. 법의 목적은 사람들을 선하게 만드는 데 있다. 플라톤에게 정의와 선의 개념은 질서의 개념과 관련이 있다. 칼 요아힘 프리드리히(Carl Joachim Friedrich)의 설명에 의하면, "플라톤은 이후에 도시 국가의 올바른 질서는 오로지 기본법 혹은 노모스(*nomos*)의 제정에 의해서만 보장될 수 있다는 고대 그리스의 전통 학설로 되돌아간다. 그러나 그는 이러한 노모스를 정의 개념에 대한 참여로 해석한다. 결국 노모스는 이러한 참여를 통해 선의 이데아에 참여한다."[30] 곧 "세상에 존재하는 모든 것이 그러하듯이 법이라는 것도 영원한 진리와 가치를 추구하는 현자들을 위해 놓인 환상의 다리에 불과하다는 것이다."[31]

아리스토텔레스는 이런 교육적인 기능 외에 평화를 유지하고 분쟁을 중재하는 기능을 추가한다. 따라서 법이 정의와 연결되고, 정의가 근본적으로 질서로 이해되지만, **플라톤이나 아리스토텔레스는 보편적 원리에 호소해서 옹보를 요구하는 형태의 법률 중심주의(legalism)로 나아가지는 않는다.** 법이란 덕을 성취하기 위한 수단, 곧 역사적으로 조건화된 수단에 불과하다. 이 두 철학자 중 그 누구도 법이란 단지 지배 계급의 이익에 도움을 주는 수단에 불과할 뿐(법실증주의)이라고 표현하는 데까지 나아가지 않지만, 그들 중 누구도 법이란 절대적이고 구속력 있는 규범이므로 부정의라는 비난을 감수하더라도 범죄를 즉시 처벌해야만 한다고 기술하지도 않는다.

법의 근본적 취지가 주로 교육과 때로는 중재에 있기 때문에 법은 종종 완화될 수도 있다고 간주된다. 이는 법의 완화가 이러한 목적을 달성하

---

30 Carl Joachim Friedrich, *The Philosophy of Law in Historical Perspective* (Chicago: University of Chicago Press, 1963), 17.

31 Ibid., 18.

는 데 좀 더 효율적일 것이라는 전제가 있기 때문이다. 아리스토텔레스는 다음과 같이 각 사례들의 세부적 특성들을 살펴볼 것을 요청한다.

> 인간의 약함을 용서하고, 법이 아닌 입법가를 보며, 법률의 문자가 아닌 입법가의 의도를 파악하며, 행위 자체가 아닌 도덕적 목적을 보고, 부분이 아닌 전체를 파악하며, 그 사람이 지금 가진 것이 아닌 그가 항상 혹은 일반적으로 보여준 것을 중시하고, 학대보다는 자선 그리고 상실보다는 혜택을 기억하며, 상해를 인내로 참고, 폭력보다는 합리적 판단에 기꺼이 호소하며, 재판관은 법만을 중시하는 반면에 중재자는 공평함을 잊지 않으므로, 법정보다는 중재를 선호하는 것이 공정하다.[32]

플라톤 역시 받은 대로 되갚아준다는 정의 개념을 아주 분명하게 거부한다. 플라톤의 『국가』(*The Republic*)에서 폴레마르코스(Polemarchus)가 그러한 정의 개념을 명료하게 설명한다. "친구에게는 좋은 일을 하고 적에게는 나쁜 일을 하는 것이 정의로운 일입니다."[33] 소크라테스는 이런 방식의 법 시행은 자신의 적을 훨씬 더 악하게 만들 수 있는 것이라며 그것을 반대한다. 다른 말로 하자면, 그런 정의의 적용이 엄격하게 법을 따르는 것일 수 있지만, 그것은 자신의 적의 영혼에 정의라는 덕을 함양하는 데는 크게 기여하지 못할 것이다. 소크라테스는 이에 대해 다음과 같이 답변한다. "친구 혹은 다른 누군가에게 해를 입히는 행위는 정의로운 사람의 행위가 아닌 정

---

32 Aristotle, *Rhetoric* 1.13.13 (trans. W. Rhys Roberts [New York: Dover, 2004]).『수사학/시학』(숲 역간).

33 Plato, *Republic* 1.335 (in *Dialogues of Plato*, trans. Benjamin Jowett, vol. 2 [Cambridge: Cambridge University Press, 2010]).

반대로 불의한 사람의 행위일세."[34] 친구나 적에게 해를 입히는 행위는 그 행위가 그 사람 안에 "디카이오쉬네"(*dikaiosynē*)라는 속성을 창출시켰을 경우에만 정의로운 것일 수 있다. 따라서 보편법을 적용하고자 응보를 위한 응보를 행사하는 것은 정의가 아니다. 우리는 시정과 교육이라는 더 높은 목표를 명심해야만 한다.

플라톤에 의하면, 응보적 정의는 실패한다. 왜냐하면 "이미 저지른 일은 돌이킬 수 없기 때문"이다.[35] 플라톤은 『프로타고라스』(*Protagoras*)에서 다음과 같이 주장한다. "합리적 처벌을 부과하고자 하는 사람은 되돌릴 수 없는 과거의 잘못을 처벌하는 것이 아니네. 그는 미래에 관심을 두고, 처벌받는 자와 그 처벌받는 자를 보고 있는 자가 다시 잘못을 저지르지 않도록 하는 것을 간절히 바랄 뿐이네."[36] 처벌의 유일한 목적은 시정이다. 이것을 이루기 위해서는 어떤 노력도 마다하지 말아야 한다. "우리는 범죄자가 불의를 증오하고 참된 정의를 받아들이도록 하기 위해 가능한 모든 방법을 다 사용해야 하네."[37]

플라톤과 아리스토텔레스에 관한 설명을 정리하자면, 두 철학자 모두 법률 중심주의와 응보주의를 멀리하고 있음은 분명하다. 더욱이 두 사람 모두 범죄자에 대한 공정한 대우를 주장한다. 이것은 시정적 처벌을 포함하고 때로는 용서도 포함한다. 그들은 루반이 플라톤의 "도구주의 승리"[38]

---

34 Plato, *Republic* 1. 335.

35 Plato, *Laws* 933d-34a. 『법률』(나남출판 역간).

36 Plato, *Protagoras* 324b (in *Protagoras, Philebus, and Gorgias*, trans. Benjamin Jowett [New York: Prometheus, 1996]). 『프로타고라스』(이제이북스 역간).

37 Plato, *Laws* 862d, quoted in Leslie Rubin, *Justice v. Law in Greek Political Thought* (Lanham, MD: Rowman & Littlefield, 1997). 257에서 인용.

38 Luban, "Some Greek Trials," 313-21.

라고 부를 수밖에 없는, 곧 올바른 응보보다 정의와 우정에 대한 관심을 기꺼이 우위에 두려는 것을 주저하지 않는다.

스토아 학파와 로마법

고대 그리스와 로마의 법과 정의에 대한 개념 사이에는 중요한 연관성이 존재한다. 브라그는 다음과 같은 점에 주목한다.

> 로마의 "신법"(divine law) 개념은 정서적인 면에서 고대 그리스의 개념과 유사했다. 그것은 이미 탈신성화(desacralization)와 같은 것을 전제했다. 신법은 신에 의해 계시된 법이라기보다는, 신들과 함께 예측 가능한 관계 체계를 세우고자 했던 인간의 권리였다. 로마와 헬레니즘 세계가 힘을 통합했을 때, 그들은 신들이 원칙과 모든 상황에 따라야 할 행동 지침과 준수해야 할 행위 규정들—유대교의 율법(*halakhah*) 혹은 이슬람의 율법(*sharia*)—을 직접 지시한다는 유대 사상을 부조리한 것으로 간주했다(혹은 간주했을 것이다).[39]

브라그는 고대 그리스인들과 로마인들에게 있어 법은 신들의 고안물이 아니라고 주장한다. 법은 신의 의지의 산물이 아니라 이성의 산물이다. 따라서 법은 명료하고 자연스럽게 이해될 수 있다. 브라그는 고대 그리스인들, 특히 소포클레스(Sophocles)에게 글로 쓰인 것은 신성할 수 없었다는 흥미로운 견해를 밝힌다.

로버트 셰이펀(Robert W. Shaffern)은 고대 그리스와 로마 간의 연관성에

39 Brague, *Law of God*, 22-23.

대해 다음과 같이 동일한 의미를 되풀이한다. "우리가 [로마법]에서 접하는 공식 규정들 대부분은 사실상 플라톤과 아리스토텔레스가 이미 정립한 것들이지만, 로마 법률가들의 법적 개념과 플라톤과 아리스토텔레스의 법적 개념 사이에는 중요한 차이가 존재한다."[40] 그는 계속해서 다음과 같이 말한다. "스토아 학파(대략 기원전 300년경 이후)는 플라톤과 아리스토텔레스가 고수했던 도시 국가를 반박했고 인류란 모두를 포용하는 공동체라고 선포했다."[41]

줄리어스 스톤(Julius Stone)은 다음과 같이 두 번째 차이점을 추가한다. "고대 그리스 법은 제도로 정착되기가 매우 힘들었다. 왜냐하면 고대 그리스에는 전문 법률가 계층이 존재하지 않았으며 일반 행정관들이나 상당한 규모의 재판소들을 제도권 밖에 방치해두었기 때문이다. 이와는 달리 로마법은 법률가와 법무관들의 노력을 통해 서구 사회의 영구적인 유산으로 발전되었다."[42] 우리는 고대 그리스에서 법은 철인왕들의 감독을 받았던 것처럼 도시 국가의 목적에 종속된 것이었던 반면 로마에서 법은 충분한 자율권(과 힘)을 획득했고, 그렇기 때문에 독자적인 분야로 발전되어 훌륭한 학자들이 배출되었으며, 그들이 법을 사용해 관료 체제 전체를 운영했다고 말할 수 있다. 서양은 로마 제국의 통치 아래에서 법의 지배를 받는 법치 사회로 빠르게 부상하고 있었다. 로마 제국이 팽창하면서 원시적이고 씨족 사회에 기초했던 고대 로마의 시민법은 무용지물이 되었고, 팽창 과정에서 개정되었으며 새로운 상황에 수용되었다. 스톤은 이러한 수용 과정이 모든

---

40 Robert W. Shaffern, *Law and Justice from Antiquity to Enlightenment* (Lanham, MD: Rowman & Littlefield, 2008). 27.

41 Ibid., 28.

42 Julius Stone, *Human Law and Human Justice* (Stanford, CA: Stanford University Press, 1965), 39-40.

법률에 입각해 가능한 공통의 보편적 원리들을 계발하려는 시도에 집중되었다고 지적한다. 그에 따르면, 더욱이 "이러한 실제적인 성과의 이면에는 로마가 점차 지배력을 확산하는 동시에 고대 그리스 철학 사상과 밀접하게 접촉하면서 스토아 철학이 로마인의 지적인 삶 속에 완전히 수용되었다는 사실이 놓여 있다."[43]

스토아주의는 법을 세상에 현존하며 세상에 생기를 주는 내재적 신(*logos*)의 표현으로 간주한다. 그것은 자연법 사상에 커다란 추진력을 제공해주었다. 자연법은 신의 명령에 의한 것이든 혹은 통치자의 의지에 따른 것이든지 간에 "어떤 분명한 의지의 표현으로 수행되는 게 아니라 오히려 사물의 내밀한 깊은 곳에서 유래한 것, 즉 그것들 안에 있는 가장 고유한 본성의 발산이다."[44]

고대 그리스의 공정함과 자비에 대한 개념은 로마법에도 영향을 주었다. 이는 우리가 『칙법』(*Digest*)을 대강 읽어도 금방 알 수 있는 것이다.[45] 울피아누스(Ulpian)와 파피니아누스(Papinian) 같은 법률가들은 공정함, 관대함 그리고 자유와 같은 단어들이 모든 법 절차들을 알려준다고 주장했다. 그들은 법의 글귀뿐만 아니라 법의 정신에도 마땅한 관심을 기울일 것을 주장했다. 게다가 관용은 모든 법 절차에 적용될 것으로 기대되었다. 예를 들면 "노예 해방과 관련하여 소유주의 의사를 확인하기 어려운 경우에는 해방시키는 쪽에 우선권이 주어졌다." 자유가 다른 어떤 것보다 더 바람직

---

43 Ibid., 40.

44 Brague, *Law of God*, 29

45 『칙법』은 『시민법대전』(*Corpus iuris civilis*)의 가장 긴 부분이고, 유스티니아누스 1세(527-65)가 편찬한 로마법의 집대성이며, 2세기 전통적인 법학자들을 일부 포함하고 있다. "시민법"의 다른 부분들은 『법학제요』(*Institutes*), 『학설』(*Code*) 그리고 『신법령집』(*Novels*) 등이다. 훌륭한 소개서를 보려면, Shaffern, *Law and Justice*, 68을 참고하라.

한 것이기 때문이다. 처벌과 관련해서, "처벌은 정의가 허락하는 한 최대한 관대해야 한다. 의심스러운 경우에는 더 관용적인 태도를 취하는 것이 늘 선호된다."[46]

니사의 그레고리오스(기원후 335-395) 사상에 있는 하나님의 속임의 정당성

우리가 지금까지 살펴본 것처럼, 교부 시대 기독교의 문화적 환경에는 정의 개념, 정의와 관련한 법의 역할, 그리고 신성과 인간의 정의 간의 관계 등에 대한 성찰로 가득하다. 나는 고대 그리스-로마 사상이 분명하게 응보적인 정의 규정을 수용하기는커녕 잘못된 행위에 올바르게 반응하는 것이 어떤 의미인지에 대한 경쟁적인 해석들끼리 씨름했다고 주장했다. 지금까지 논의한 저술가들에게 두드러진 정의 개념은 법이 요구하는 엄격한 응보적 상해보다는 평화적·회복적·화해적 목적을 가진 정의였다. 아이스킬로스가 복수와 즉각적인 응보라는 억압적 개념을 주로 사용하기는 했지만, 그러한 충동들은 두려움을 조장하면서도 갈등을 평화적으로 중재하는 것을 목표로 삼는 아테네의 법제도에서 합리적으로 개선된다. **고대 그리스인들은 응보에 대한 억제된 외침을 충분히 의식하고 있었지만 평화를 이루는 방식으로 법을 완화하는 것을 문제 삼지는 않았다.** 응보가 즉각적으로 일어나지 않는 이유 중 하나는 격정, 곧 도덕적 행위자의 자유의지를 강제하는

46 위의 내용은 모두 Shaffern의 *Law and Justice*, 83에서 인용한 것이며, 이것은 그가 『로마법대전』에서 인용했던 내용이다.

온갖 종류의 충동이 끼치는 영향 때문이다. 오레스테스는 아폴론의 꼬드김에 넘어가 자기 모친을 살해한다. 그의 행위는 억압에 의한 것이 아니라 자유롭게 일어난 것이고 책임은 그에게 있지만, 그는 특별한 유대(부자 간의 혈연관계, 신들에게 복종할 의무)의 억압적인 영향하에 다른 유대(모자 간의 혈연관계, 복수의 여신들에게 복종할 의무와 그녀들에 대한 두려움)에 대항해서 행동한다. 정말로 고대 그리스의 작품에서 인간은 대립하는 욕구와 이상들을 부과하는 우주적 힘들의 교착 지점에서 살아가는 것으로 묘사된다. 아이스킬로스는 (때때로 내적인) 격정, 의도 그리고 신중함을 처음으로 표현한 작가 중 한 사람이다. 아테나의 판결은 그런 인간적 감정들이 도덕적으로 적절한 것임을 입증해준다. 그렇지만 플라톤은 호메로스에서 발견한 도덕적 담론의 형태를 거부하면서도 그것의 중요한 특성을 유지하고 이런 이야기 방향을 명석판명한 생각으로 개념화한다. 정의는 평화에 반하는 것이 아니라 오히려 평화를 증진하는 일에 지속적으로 관심을 가지며, 실상은 공정함과 자비심이 정의의 중요한 구성 요소를 이룬다.

정의의 원수를 갚는 자로서의 사탄

교부 시대의 지배적인 속죄 개념, 즉 속전론(ransom theory)이 당시 문화에서 익숙했다는 사실은 전혀 놀랄 만한 일이 아니다. 몇몇 역사가들이 이러한 유사점에 대해 지적한 바 있다. 딜리스톤(F. W. Dillistone)은—느슨하게 묘사하자면, 속죄란 사탄의 지배로부터 인간을 자유롭게 하기 위해 그리스도께서 몸값을 지불하셨음(마 10:45)을 주요 내용으로 담고 있는—속전에 대한 생각을 지중해 연안에서 살던 사람들의 삶의 특징을 나타내는 불안 및 두려움과 연결한다.[47] 앨든 모스해머(Alden A. Mosshammer)는 고대 그리스의 문화적 상황에서 본 니사의 그레고리오스의 사상을 기술한 탁월한 작품에서, 고대 그리스 이전 사회에 나타난 자유와 필연 사이의 갈등, 근본적으로는 인간의 자유와 외적 필연 사이의 긴장에 주목한다. 그는 다음과 같이 지적한다. "호메로스의 서사시에서 묘사된 모든 행동은 인간의 목적과 신의 목적 사이의 상호 작용의 결과로 일어난다." 따라서 대립이 발생할 수밖에 없는데, 왜냐하면 "인간들은 자유롭고 목적 지향적인 존재임에도 불구하고 그들의 본성을 실현할 능력은 부여받지 못했기 때문이다. 따라서 이런 절망감은 고대 그리스인들이 신들조차도 운명이라는 예측불허의 명령에 지배를 받는 것으로 묘사할 정도로 아주 크다."[48]

따라서 교부 시대의 속죄론은 "이런 어두운 세상의 권력들"과 "하늘의 악한 영들의 권세"(엡 6:12)라는 무대에서 연출된다. 여기에 출현하는 배우들은 그저 죄인들과 삼위일체 하나님이 아니다. 사탄 자신이 주연 배우 중 하나로 등장한다. 이야기의 배경은 이중적이며 사탄의 역할은 매우 복잡하다. 복수의 여신들의 역할만큼이나 사탄의 역할도 양면적이다. 자신의 표현으로 속죄의 "고전적" 관점이라는 이해를 되살리는 것과 관련해 가장 큰 역할을 했던 신학자인 구스타프 아울렌(Gustaf Aulén)은 이러한 "양면성"을 고전적 견해에 본질적인 것으로 인식한다. 우리가 이겨내야만 하는 권세들은 동시에 죄인인 인간에 대한 하나님의 심판의 집행자이기도 하다(욥 1:6; 눅 4:6; 고전 5:5; 딤전 1:20).[49] 죽음과 파괴의 왕자, 반드시 패배해야만 하는

---

47 F. W. Dillistone, *The Christian Understanding of Atonement* (Philadelphia: Westminster, 1968), 92.

48 A. A. Mosshammer, "Gregory of Nissa and Christian Hellenism," *Studia patristica* 32 (1997): 170-95(본문은 173에서 인용).

49 Gustaf Aulén, *Christus Victor: An Historical Study of the Three Main Types of the Idea of the*

대적인 사탄의 존재뿐만 아니라 그의 주장도 전혀 실체가 없는 것은 아니다. 하지만 사탄에 대한 이런 양면성은 곧 하나님에 대한 양면성이다. 아울렌은 다음과 같이 결론을 내리기를 주저하지 않는다. "하나님은 화해의 창시자인 동시에 화해의 대상이 되신다. 그분은 자신과 세상의 관계를 회복하는 행위를 하시면서 회복되신다."[50] 요한네스 크리소스토모스(John Chrysostom)는 골로새서 2:14에 대한 자신의 주석에서 다음과 같이 말한다. "사탄은 하나님이 아담과 맺으신 그 증서를 갖고 있다."[51] 따라서 그는 인류를 죽음으로 처벌하는 권한과 권력을 하나님으로부터 부여받았다.

이런 측면은 굉장히 중요하다. 사실 그것은 중세와 종교개혁 시기의 화목(propitiation)에 대한 강조가 단순히 고대 기독교 신학자들이 공유한 직관에 대한 또 다른 개념화라는 것을 나타내준다.[52] 하지만 교부 시대의 신학자들은 이러한 직관을 아주 깊이 추구하는 것을 꺼려했다. 대부분의 경우에 그들은 사탄의 존재를 통해 하나님의 분노와 응보적 정의를 나타내는 것으로 만족했다. 교부 신학자들은 사탄이 "권리", 즉 어떤 점에서 파괴적 행위를 수행할 자격이 있는 권리를 복수의 여신들처럼 많이 가졌다고 주장했다. 마치 복수의 여신들이 자신들의 권리를 가졌지만 여전히 다른 신들에게 혐오의 대상이 되었던 것처럼 말이다. 제우스는 복수의 여신들에 대해 다음과 같이 말한다. "천상은 너희를 혐오하지.…어떤 신도 너희 같은

Atonement, trans. A. G. Hebert (New York: Macmillan, 1969), 56.

50 Ibid.

51 John Chrysostom, *Homily* 6, on Col. 2:6-7 (in *Nicene and Post-Nicene Fathers of the Christian Church*, series 1 ed. Philip Schaff [1885-89; repr., Peabody, MA: Hendrickson, 1994], 13:286).

52 교부 시대의 구원론적 사고의 발전에 대해 탁월하게 분석해놓은 것으로 다음의 책을 참고하라. Donald Fairbairn, "Patristic Soteriologies: Three Trajectories," *Journal of the Evangelical Theological Society* 50, no. 2 (2007): 289-310.

존재들을 사랑하지 않아."[53] 도너(I. A. Dorner) 같은 신학자들은 다음과 같이 제안하면서 좀 더 나아갔다. "대속은 모든 교부에게 일반적으로 알려진 개념이고 인간의 고통의 필요성은 직접적 혹은 간접적인 방식으로 어떻게든 하나님의 정의와 관련이 있다."[54] 정말로 죄는 사탄으로 하여금 "죽음의 권세를 가진 자로서"(히 2:14) 응보적 역할을 수행하는 것을 정당화해준다. 정의에 따라 복수하는 역할은 엄밀하게 사탄의 것이고 하나님의 것이 아니라는 사실이 매우 중요하다. 이러한 주장은 더 정확한 개념이 그것의 부적절함을 드러낼 때까지만 유지될 수 있었다. 사탄은 단지 하나님의 정의를 집행하는 자일 뿐이었고, 따라서 속죄의 근본적인 문제가 **단순하게** 사탄을 물리치는 것일 수는 없다. 마치 사탄의 역할이 하나님의 승인을 받지 못한 것처럼 말이다. 도너는 궁극적으로 하나님이 통치자이시고 사탄의 속박은 궁극적으로 죄와 죄책과 관련이 있다고 다음과 같이 주장한다. "하나님의 노여움을 초래하는 것은 개인적인 것이든 유전적인 것이든 간에 죄와 죄책뿐이다. 게다가 사탄이 인간에 대한 지배력을 갖는 것은 오직 하나님의 노여움을 통해서만 가능하다. 반면에 이 지배력은 죄의 지배 속에서뿐만 아니라 사탄이 가한 죽음에서 다시 드러난다."[55] 이런 근본적인 특징에 정의의 측면을 가미한 사람들은 아우구스티누스를 필두로 한 서구 사상가들이다. 도너가 언급했듯이, 중세까지는 인간이 벗어나야 할 파멸의 중심점은 사탄이었다.[56] 초기 교부들은 사탄의 지배와 하나님의 응보 사이의 관계를 알아차리지 못했거나 혹은 그것에 동의하는 것을 꺼려했고 그 관계를 최소화했

---

53 Aeschylus, *Eumenides* 168-98. 『아이스퀼로스 비극 전집』(숲 역간).
54 I. A. Dorner, *A System of Christian Doctrine* (Edinburgh: T&T Clark, 1890), 4:8-9.
55 Ibid., 4:10.
56 Ibid., 4:11.

다. 그들은 오로지 사탄과 죽음의 지배에만 집중했다.

도너는 이것이 고전 속죄론에 내재한 끈덕진 이원론 때문이었다고 말한다. 교부들은 형벌적 측면의 중요성을 깨달았지만 그럼에도 하나님이 직접적으로 아들을 벌하셨음을 기술하는 것을 꺼려했다. 이것은 하나님의 사랑을 위태롭게 할 수 있기 때문이다. 따라서 그들은 사탄을 대리인으로 이용했다. "하지만 응보적 정의가 하나님이 아닌 사탄에게 놓여 있는 것으로 간주될 때, 마치 정의가 하나님께 속한 객관적 본질이 아닌 것처럼 보일 수 있고, 하나님이 손쉽게 죄인들과 화해하실 수 있으며, 사탄에게 주어진 권리와 권세는 온당하지 못한 것처럼 보일 수 있다."[57]

누군가가—특히 칼뱅처럼(그리고 그를 따르는 도너처럼)—정의와 응보적 정의를 동등한 것으로 취급한다면, 결국 도너의 주장, 곧 고전적 견해에서 정의는 하나님의 비본질적 속성이 될 것이라는 주장은 옳을 수 있다. 정의에 관한 고대의 사상에 대한 우리의 묘사가 옳다면, 그것은 엄밀하게 말해서 하나님의 본성과는 관련이 없는 응보적 정의일 뿐 정의 자체는 아니다. 이 경우에 교부들은—누구나 예측할 수 있는 것처럼—평화와 용서를 전면에 내세우지만 응보를 눈에 띄지 않는 곳에 제쳐놓는 정의에 대한 일반적인 이해를 충실히 답습하고 있었다.

사탄의 패배

교부들 사이에서 가장 일반적인 견해는 사탄이 독자적인 권리들을 갖고 있었다는 것이었지만, 일부 반대 의견도 발견된다. 아우구스티누스는 그것을

57 Ibid., 4:13.

부정했고 사탄의 권세는 위임되었다고 주장했다. 또한 사탄을 강탈자로 묘사하는 견해도 있었다. 하지만 전체적으로 사탄은 인간과 관련해서 정당한 지배권을 가진 것으로 이해되었다. 아타나시오스와 이레나이우스도 이에 동의한다. 이레나이우스는 제한적이지만 사탄의 종주권을 강조했고 이것은 사탄이 패배를 당하는 방법에 대한 설명 방식을 제한하고 있음을 강조했다. 교부들은 이와 관련해서 한목소리로 인간 책임의 중요성을 강조했다. 이레나이우스는 이에 대해 확신을 갖고 다음과 같이 요약한다. "사탄은 인류가 동의하여 일으킨 인간사에 일어난 재앙으로 인해 당연히 고발당하지 않는다."[58]

이레나이우스에게 가장 중요한 것은 하나님이 사탄을 무찌르시고 승리하시는 방식이 사탄이 인간을 지배하는 이해 방식과 전혀 다르다는 것이었다. 그것은 "그[배교자]가 처음에 우리에 대한 지배권을 획득했을 때, 곧 그가 자신의 것이 아닌 것을 탐욕스럽게 강탈했을 때처럼 폭력적인 방법으로 일어나지 않고, 하나님의 조언자가 자신이 원하는 것을 획득하기 위해 폭력적인 수단을 사용하지 않는 것처럼 설득하는 방식으로 일어난다. 그래서 정의가 침해되지도 않고 하나님이 고대에 만드신 것들이 파괴되지도 않는다."[59]

폭력이 설명 방식에서 제외되면서 몇 가지 거래가 사탄과 이루어질 수밖에 없었다. 이레나이우스는 그리스도가 신분을 숨기고 나타났음을 단언했지만, 그가 사탄과의 거래를 예상했는지에 대해서는 분명하지 않다. 하지만 오리게네스는 어떤 거리낌도 없었다. 그는 죗값이 누구에게 지불되었

---

58 Dillistone, *Christian Understanding of Atonement*, 95에서 인용.

59 Irenaeus, *Haer*. 5.1.1 (*Ante-Nicene Fathers*, ed. Alexander Roberts, James Donaldson [1885-87; repr., Peabody, MA: Hendrickson, 1994], 527)에서 인용함.

는지를 질문한 후 사탄과의 거래가 있었다고 답변하면서 속전의 비유를 문자적으로 받아들인다. 오리게네스에 따르면 이 거래에서 그리스도의 신성을 알지 못했던 사탄은 그리스도의 보혈을 요구했고 궁극적으로는 자멸하는 행동을 저지르는 속임을 당한다. 오리게네스는 하나님이 그 사건에 대해 분명히 책임이 있음을 인지함에도 불구하고 그분이 속이신 행위를 정당화하기를 주저하지 않는다.

그렇다면 지금 우리는 속전론의 가장 대중적인 모티프 중 하나, 곧 하나님이 사탄을 함정에 빠트렸다는 생각과 마주한다. 딜리스톤은 다음과 같이 말한다. "바늘과 미끼의 주제(욥 40:24-41:1 [40:24-25 MT]; 시 22:6)가 교회에서 사용되는 모든 모티프 중 가장 인기 있는 것이다."[60] 교회에는 다음과 같은 묘사들, 곧 새들을 잡는 그물로서의 십자가, 쥐덫과 같은 십자가 등이 있었다. 어떤 이들은 이를 속전론의 중추라고 불렀고, 어떤 이들은 11세기에 안셀무스가 그것을 논박할 때까지 "거의 심각한 비판 없이"[61] 살아남은 이론을 위한 치장물로 간주했다. 그것은 수많은 예술가에게 근본적인 모티프를 부여했고 여러 세대의 예배자들에게 영감을 주었다.

신의 속임이라는 모티프는 니사의 그레고리오스에 의해 가장 확실한 보호를 받았다. 간단히 요약해서 말하자면 사탄은 하나님께 속아서 그리스도의 몸을 가져갔고, 그 대가로 자신의 지배를 받고 있던 인간의 영혼들을 돌려주었다. 사탄은 죄 없는 사람을 죽일 권리를 갖고 있지 않다는 사실이 분명함에도 불구하고 속전을 받아서 그를 살해한다. 그는 궁극적인 죄를 저질렀고 자신의 권리를 과도하게 사용함으로 인해 권리를 정당하게 박탈

60 Laurence William Grensted, *A Short History of the Doctrine of the Atonement* (Manchester: Manchester University Press, 1920), 34.

61 Aulén, *Christus Victor*, 48.

당했다.

하나님의 속임이 지닌 도덕성

이런 이론이 점차적으로 심각한 비판에 직면했다는 것은 이해할 만한 일이다. 그리고 그런 비판이 어디에 집중될지 예견하는 것도 어려운 일이 아니다. 도너는 다음과 같이 주장한다. "속임이라는 술책이 군사 전략으로 묘사되지만, 그것은 하나님의 거룩한 속성과 조화를 이루지 못한다."[62] 수많은 비슷한 비판이 제기되었다.[63] 보다 관대한 해석가들은 그 사상이 지닌 명백히 은유적인 측면에 주의를 기울였다. 예를 들면 콜린 건튼(Colin Gunton)은 이런 종류의 언어를 문자적으로 받아들이지만 않는다면, 거기에는 여전히 어떤 가치가 있다고 주장한다. 신의 속임이라는 생각은 문제가 있을 뿐만 아니라 그런 마력을 가진 언어도 다음과 같은 문제를 제기한다. "그렇다면 그 마력적인 힘을 가진 언어는 다양하게 결합되어 있는 심리적·사회적·우주적인 힘들에 직면한 인간의 무력함을 표현하는 데 사용된다."[64] 고전적 이론의 지지자였던 아울렌은 분명히 당황했다. 그런 언어는 우리가 "걸

---

62 Dorner, *System of Christian Doctrine*, 4:12.

63 Hastings Rashdall은 니사의 그레고리오스의 이론을 "유치하고 부도덕한" 것으로 평가한다. *The Idea of Atonement in Christian Theology* [New York: Macmillan, 1919], 364). J. A. MacCullough, *The Harrowing of Hell: A Comparative Study of an Early Christian Doctrine* (Edinburgh: T&T Clark, 1930), 205. Georges Florovsky, *The Eastern Fathers of the Fourth Century* (1933; repr., Belmont: Notable & Academic Books, 1987), 195을 보라. 좀 더 많은 목록은 다음 책을 참고하라. Nicholas P. Constas, "The Last Temptation of Satan: Divine Deception in Greek Patristic Interpretations of the Passion Narrative," *Harvard Theological Review* 97, no. 2 (April 2004): 139-63(위 내용은 145-146 참조); repr. from *Greek Orthodox Theological Review* 47, nos. 1-4 (2002): 237-74.

64 Colin Gunton, *The Actuality of the Atonement: A Study in Metaphor, Rationality, and the Christian Tradition* (New York: Continuum, 2003), 66.

으로 드러난 것 이면에 있는 것을 발견하고 그 기저에 있는 종교적 가치를 추구할 때"[65] 비로소 제대로 이해될 수 있다. 아울렌은 더 중요한 종교적 핵심에 호소하는 것 외에는 문자적 해석에 반대하는 비난에 어떻게 대처해야 하는지 알지 못했다. "외관상 환상적으로 보이는 모든 사고의 이면에는 사탄의 권세가 선한 능력, 곧 하나님 자신과 갈등을 일으킬 때 도를 지나쳐 궁극적으로 실패한다는 생각이 깔려 있다. 사탄은 승리하는 것처럼 보이는 그 순간에 전투에서 패배한다."[66] 마지막으로 한스 부르스마(Hans Boersma)는 하나님의 속임을 정당화하는 것은 하나님의 구원의 의도라고 주장한다.[67]

흥미롭게도 이런 공감을 자아내는 모든 비판가가 하나님의 승리의 과정을 올바로 정당화하는 데 어려움을 겪는 것처럼 보이고, 따라서 이 사상의 엄청난 인기와 성공을 설명하는 데도 실패하는 것처럼 보인다. 니사의 그레고리오스 같은 교부 시대 저술가들이 하나님의 정의와 거룩에 대해 관심이 없었다는 얘기는 아니다. 다른 비판가들이 지적했듯이, 사실상 이것이 그들의 주된 관심사 중 하나였다. 그래서 하나님이 사탄을 속이는 과정을 변호하기 위한 최상의 방법은 그것이 고대 그리스인들이 이해한 정의의 개념과 완전히 일치한다는 것을 보여주는 것이다. 이 이론을 정당화하기를 주저하지 않던 신학자들은 그것을 그냥 당연한 것으로 받아들여 그것이 일치한다는 점을 보여줄 필요성을 느끼지 못했을 것이다. 더욱이 니사의 그레고리오스처럼 이 이론을 정당화하려고 시도했던 신학자들은 우리가 앞서 심도 있게 논했던 바로 정의의 측면들에 호소했다.

---

65 Aulén, *Christus Victor*, 47.

66 Ibid., 55.

67 Hans Boersma, *Violence, Hospitality, and the Cross: Reappropriating the Atonement Tradition* (Grand Rapids: Baker Academic, 2004), 193. 『십자가, 폭력인가 환대인가』(CLC 역간).

니콜라스 콘스타스(Nicholas Constas)는 자신의 중요한 논문에서 신의 속임이라는 개념이 고대 그리스 문화에서는 전혀 문제가 되지 않았음을 설득력 있게 보여준다. 그는 다음과 같이 말한다. "고대 그리스-로마 시대 이후로 속임수는 수용할 만한 교육적·전략적·치료적 수단으로 용인되었다." 이것은 "진리의 세계가 현실의 세계와 다르다는 플라톤의 유명한 신념과 쉽게 조화한다"(고전 2:7; 고후 3:6). 현실 세계는 유전하며 변화하는 세계다. 그것은 본질적으로 불안정하고 모호하며, 허구적이고 변화하는 세계, 곧 그림자의 세계다. 그것은 한마디로 속이는 세계이고 그 세계에 있는 구체적인 형상은 진실을 드러내는 것만큼이나 진실을 숨기는 것처럼 보인다."[68] 콘스타스는 계속해서 다음과 같이 말한다. 플라톤이 호메로스의 진정한 영웅이 (진실하고 순전한) 아킬레우스인지 혹은 (교활하고 거짓된) 오디세우스인지에 대해 질문을 받았을 때, 그는 "오직 거짓을 말하는 자만이 진실이 무엇인지를 안다고"고 주장하면서 오디세우스에게 승리의 월계관을 씌워주었다. 게다가 "올림포스 신들의 진리 개념을 고려한다면, 그리스와 로마 신들에게 있어 속임수와 거짓말은 끝이 없었고, 위장과 기만은 전통적으로 인간의 것이 아니라 신의 전략, 곧 신의 속임수였다."[69]

콘스타스는 그레고리오스의 기독교 신학에 플라톤의 형상론을 서투르게 적용한 것 같다. 감각 세계는 정말로 끊임없이 변화하는 세계이지만, 성육신이라는 사실 역시 이런 세계가 하나님의 진리의 계시를 수용할 수 있음을 보여준다. 예수는 사탄에게 자신의 정체를 감추었지만, 자신의 제자들에게는 그것을 숨기지 않으셨다. 따라서 예수의 정체에 의도된 속임수가 있

---

68 Constas, "Last Temptation of Satan," *Greek Orthodox Theological Review* 47:241.

69 Ibid. Alsdair MacIntyre (Short History of Ethics, 4) 역시 『오디세이아』에서 교활함이 명백하게 덕으로 다뤄지고 있다고 언급한다.

다면, 그 속임은 불가피한 것이 아니라 다소간 계시의 제한된 방법에 기인한다. 그럼에도 콘스타스는 고대 세계에서 하나님의 속임의 그럴듯함과 용인할 수 있음을 지적함으로써 우리에게 상당히 유용한 설명을 제공해준다.

정의와 주권

신의 속임이 고대 그리스 문화에서는 합리적으로 문제가 되지 않는다. 그뿐 아니라 니사의 그레고리오스는 그것을 받아들여야 하는 근거를 더욱 많이 제공하고자 상당한 노력을 기울인다. 사실 앤서니 메레디스(Anthony Meredith) 같은 비판가들은 그레고리오스의 하나님을 "인간의 정의 개념에 의해 제한"받는 분으로 해석한다. 그는 계속해서 다음과 같이 말한다. "그레고리오스가 세계의 구원에 관한 자신의 설명에서 하나님의 절대 주권에 호소하지 않는다는 사실은 주목할 만하다. 그레고리오스의 하나님은 항상 네 가지 속성의 조화에 의해서, 즉 이미 잘 알려지고 추론에 의해 확정된 규칙 안에서 반드시 일하셔야만 한다."[70] 역설적으로 도너의 평가는 정반대다. 그는 속전에 대해 그레고리오스를 포함한 교부들의 설명을 지배한 것은 정의가 아니라 하나님의 권능이라고 판단한다. "이런 적용은 비록 정의에 대한 생각에서 시작하지만 최종적으로 그리스도의 승리를 결정하는 요인이 하나님의 정의가 아니라 그분의 권능과 위엄이라고 본다. 속임이라는 술책은 비록 군사 전략으로 제시될지라도 하나님의 거룩함과는 조화되지 못한다."[71]

---

70 Anthony Meredith, *Gregory of Nyssa* (London: Routledge, 2003), 84.

71 Dorner, *System of Christian Doctrine*, 4:12.

그렇다면 이 둘 중 어느 것이 맞는 것일까? 사실 그레고리오스는 속죄의 과정이 정의에 따라 진행될 필요성에 대해 명확히 밝힌다. 첫째, 그는 우리가 앞서 이레나이우스에게서 보았던 것처럼 하나님의 폭력을 제한하는 것을 되풀이한다.

> 만일 자기 스스로를 노예로 팔아넘긴 어떤 사람을 위해서 당신이 그 노예의 구매자에게 폭력을 행사한다면, 합법적으로 노예로 팔린 사람을 자의적으로 구출하기 위한 당신의 행동은 정의에 반하는 일이 될 것이다. 같은 원칙에 따라서, 지금 우리가 우리의 자유를 자발적으로 팔았기 때문에 임의적인 회복의 방식이 아니라 정의에 일치한 방식, 곧 우리를 구하기로 약속했던 선 자체이신 하나님이 마련하셔야만 하는 방법이 필요했다.[72]

따라서 원칙의 문제로서 하나님의 행위는 정의와 일치해야만 한다.

하지만 정의란 무엇인가? 그레고리오스는 그것을 다음과 같이 분명하게 정의한다. "정의와 지혜의 기본적인 특징은 그것들이 모든 것에 우선한다는 것이다. 즉 정의는 각자가 마땅히 받아야 할 몫을 받는 것이고, 지혜는 정의를 왜곡하지 않지만 동시에 인류에 대한 사랑이라는 자비로운 목적과 정의의 판단을 분리해서 생각하지 않는 것이며, 그리고 다음과 같은 필수 요건들, 곧 정의와 관련해서 마땅한 몫을 되돌려주는 것과 자비와 관련해서 인간에 대한 사랑이라는 목적에서 이탈하지 않는 것을 능숙하게 결합하는 것이다." "각자에게 마땅한 몫"이라는 생각은 플라톤의 이상적인 질서와 완벽하게 일치하는 분배적 정의론을 설명한다. 따라서 "속임수를 쓰

---

72 Gregory of Nyssa, *Oratio catechetica magna*, 22.

는 사람은 결국 그런 분명한 대우, 곧 자신의 자유의지로 뿌린 씨앗의 열매를 얻는다."[73]

콘스타스는 이 속임과 분배적 정의의 원리가 조화되는 것에 주목한다. "그레고리오스는 속임의 행위가 속임의 행위에 의해 제거되는 것, 곧 플라톤이 『국가』에서 간략하게 '시인들이 사용한 정의에 대한 수수께끼 뜻매김'과 일치하는 개념만이 옳은 것이었다고 주장한다."[74] 콘스타스는 이런 주장에 맞추어 하나님의 이런 속임이 치료 목적으로, 곧 사탄 자신도 궁극적으로 구속받도록 행해진 것이라고 주장한다. 하지만 독자들은 신의 속임을 정당화하는 것이 단순하게 "정의의 수수께끼 뜻매김", 즉 각자에게 마땅한 몫이라는 인상을 받지 않아야 한다. 앞서 언급했듯이 플라톤은 소크라테스의 입을 통해 정의에 관한 그런 식의 이해를 분명히 거부한다. 각자에게 마땅한 몫을 주는 것은 정의라는 덕을 각 사람의 영혼에 심지 못한다. 각 사람의 영혼에 정의라는 덕을 품게 하는 것이 그런 행위를 도덕적으로 정당화할 것이다. 따라서 사탄의 궁극적 구원은 단순하게 이미 (기만한 이를 속이는) 정당한 행위의 결과로 이루어진 보너스 결과가 아니라 그런 신의 속임이 도덕적으로 수용되기 위한 명백한 필요조건이다.

더욱이 하나님의 근본적인 속성 중 일부는 그분의 구원하시는 사역에 부합한다. "인간을 구원하기로 하신 그분의 선택은 그분의 선함을 증언한다. 하나님이 포로로 잡힌 자의 구원을 교환의 문제로 만드신 것은 그분의 정의를 드러낸다. 반면에 그분이 자신의 원수로 하여금 이전에 알 수 없었던 것을 이해할 수 있게 하신 것은 그분의 최고의 지혜를 보여준다."[75] 하나

---

73 Ibid., 26.

74 Constas, "Last Temptation of Satan," *Greek Orthodox Theological Review* 47:243.

75 Gregory of Nyssa, *Or. cat.* 23.

님의 지혜는 그분이 사용하신 원리에 의해 잘 드러난다. 그 원리는 두 가지, 곧 "우리와 관련한 속전이 그것을 요구한 사탄에게 쉽게 수용되는 것을 보장하기 위해"[76] 그리고 정의의 기준에 따라 수용될 수 있도록 하기 위해 필요한 것으로 보인다.

우리는 그런 견해가 위와 같은 반론을 불러일으키는 이유를 쉽사리 짐작할 수 있다. 한편으로 응보적 요소와 법적 요소를 중요하게 생각하는 도너와 같은 신학자들은 니사의 그레고리오스의 속전론에는 하나님의 응보적 요소가 결여되어 있기 때문에 만족하지 못한다. 그것은 정확하게 프란시스 영(Frances Young) 같은 페미니스트 성향을 가진 이들에게 더 호소력이 있다. "하나님의 구속적 사랑을 강조하고…그리고 그분의 진노를 합리적으로 설명하면서, [오리게네스와 니사의 그레고리오스는] 화목의 개념을 피하고 악에 대한 하나님의 승리를 강조하면서 표면적으로는 더 일관성 있는 속죄론을 전개했다."[77] 다른 한편으로 해스팅스 래쉬돌(Hastings Rashdall) 같은 "도덕적 모범론"의 지지자들은 끔찍한 결론과 불쾌한 이미지를 불러일으키는 하나님의 정의를 만족시키는 데 과도한 관심이 집중된다고 주장한다.

도덕적 모범론의 지지자들에게 니사의 그레고리오스의 이론 중 가장 불합리한 부분은 한편으로는 그가 하나님의 선/사랑에 중요성을 부여하는 것이며, 다른 한편으로는 하나님의 정의에 동등한 중요성을 부여하는 것이다. 이런 도덕적 모범론을 지지하는 자들이 볼 때[78] 하나님의 사랑과 정의 사이에—우리는 이것에 (거룩, 분노, 자비, 지혜 등) 하나님의 다른 속성들을 추

---

76 Ibid., 24.

77 Morwenna Ludlow, *Grogory of Nyssa: Ancient and (Post) Modern* (Oxford: Oxford University Press, 2007), 112에서 인용.

78 4장에서 보다 분명히 밝히겠지만 나는 도덕적 모범론을 지지하는 사람들이라는 표현을 다소 느슨하게 사용한다.

가할 수도 있다—상관관계를 부여하는 것은 궁극적으로 신학에서 반드시 제거해야 하는 플라톤의 영향을 반영한다. 사실 메레디스는 니사의 그레고리오스를 하나님에 대한 이해와 관련해서 바울보다는 플라톤에게 더 많은 영향을 받은 플라톤주의자로 묘사하려고 시도한다. 그는 신의 속성에 대해 논하면서 다음과 같은 사실의 중요성을 강조한다. 곧 "이런 문제를 논하면서 니사의 그레고리오스가 사용한 용어들은 플라톤과 플라톤을 각색한 오리게네스, 예를 들어 그의 『켈수스를 논박함』(*Contra Celsum*) 3.70에 나오는 내용에 많은 것을 빚지고 있는 신에 대한 생각에 영향을 받고 있다. 그것이 유대교의 하나님 혹은 기독교의 삼위일체 하나님에 대한 설명에 많이 영향을 받은 것처럼 말이다." 이와 반대로 메레디스는 바울과 아우구스티누스에 대해 다음과 같이 말한다. "이 둘 중 어느 누구도 하나님을 인간의 정의 개념에 의해 '제한받는' 분으로 생각하지 않는다. 예를 들어 아리스토텔레스의 『니코마코스 윤리학』(*Nicomachean Ethics*) 5권에 요약된 것과 같은 철학적으로 이해된 정의에 대한 사상은 하나님의 정의와 선택에 대한 사고와 관련해서 그들에게 영향을 끼치지 않은 것처럼 보인다."[79]

십자가에 대한 아우구스티누스의 가르침(354-430)

비응보적인 정의의 개념이 아우구스티누스에게서도 나타나는가? 동방과 서방의 전통은 종종 법률적인 부분을 더 강조하는 것으로 서방의 특징을

79 Meredith, *Gregory of Nyssa*, 75. 그레고리오스를 변호하는 주장은 Andrew Radde-Gallwitz, *Basil of Caesarea, Gregory of Nyssa, and the Transformation of Divine Simplicity*(Oxford: Oxford University Press, 2009)를 참고하라.

표현하면서 서로의 전통을 구별한다. 이는 일정 부분 분명한 사실이다. 하지만 우리가 동방 신학이 정의를 동일하게 우선시하지 않는 것으로 이해한다면, 그것은 잘못 이해하는 것이다. 대신에 우리가 알고 있는 것은 두 전통 모두 하나님을 정의로운 분으로 간주한다는 사실이다. 정말로 두 전통 모두 정의를 일반적으로 우선시한다. 하지만 그들은 정의에 대해 서로 다른 뜻매김을 사용할 뿐 아니라 이 개념에 대해 강조하는 부분도 서로 다르다. 동방에서의 법률 기관은 서방의 법률 기관과 다르다. 서방은 로마가 멸망에 이르기까지 수 세기 동안 로마의 상징처럼 전체 법률 기관과 법률가들을 발전시켰고, 궁극적으로 이것은 약 12세기에 재발견된다.

인간의 정의와 하나님의 정의

동방과 서방 전통은 모두 "하나님은 정의의 하나님"(사 30:18)이라고 주장하지만, 아우구스티누스는 하나님의 정의가 인간의 정의에서 드러난다는 가정에서 출발한다. 우리가 니사의 그레고리오스에 대해 다음과 같이, 곧 그가 하나님의 정의와 인간의 정의의 관념 사이에 연관성이 있음을 알았고, 하나님의 정의가 인간의 이성에서 드러난다는 것을 알았다고 말한다면, 아우구스티누스는 이와 관련해서 훨씬 더 신중하다. 그는 하나님과 인간의 정의 사이에 연관성이 있음을 어느 정도 인정하지만 니사의 그레고리오스의 두 번째 주장을 거부한다. 한편, 아우구스티누스는 각자가 자신에게 마땅한 몫을 반드시 받아야만 한다는 분배적 정의 개념을 주장한다. 이것은 아담의 죄의 영향 아래에 있는 모든 인류(롬 5:12)가 받아 마땅한 정당한 응보에서 드러나며 또한 회개의 실천에서, 곧 하나님은 끝까지 인내하는 자들(빌 2:12), 즉 자신들이 행하기로 한 것을 궁극적으로 수행하는 자들을 결국 구원하신다는 것에서 드러난다. 이 두 가지 신학적 명제는 정의에 대한 인간의 직관들과 연관성이 있음을 전제한다. 첫째, 우리는 우리가 저지른 범죄에 대해 처벌받아 마땅하다. 둘째, 하나님은 우리가 노력하여 우리 자신을 변혁하는 것에 근거해서 부분적으로 우리를 수용함으로써 정당화되신다. 우리 자신의 변혁은 회개의 행위를 통해 일어난다. 비록 그것이 하나님의 은혜의 우선성을 전제할지라도 말이다.

이것은 정의에 대한 인간의 개념과 불일치한다. 아우구스티누스의 선택 교리는 분명하게 이런 인간의 개념을 반대하는 의도를 지니고 있기 때문이다. 아우구스티누스는 "각자에게 마땅한 몫을" 주는 것이 정의라는 키케로의 정의 이해를 거부한다. 그는 포도원 일꾼들의 비유(마 20:1-16)를 주석하면서 하나님의 정의는 사람들의 공로에 대한 보상이 아닌 하나님의 은혜의 약속에 대한 신실함으로 이루어진 것임을 보여준다.[80]

아우구스티누스가 키케로와 결별한 것의 정치적 결과들 역시 우리의 연구에서 중요하다. 키케로는 국가를 "권리에 대한 상호 존중과 공동선을 위한 상호 협력에 의해 결속한 다수의 모임"이라고 정의한다. 키케로에게 정의는 사회가 실제적으로 질서 잡혀 있음으로써 이런 "공동의 이익"과 "권리에 대한 상호 존중"을 반영하는 것이다. 말하자면 정의는 단순하게 **법적 동의**(*iuris consensus*)라는 합리적인 인정에 의존한다. 아우구스티누스는 키케로의 정치사상을 비판하면서 정치에 대한 최초의 현실주의(realism) 비판 중 하나를 제안한다. 그는 현실 국가는 정의보다는 훨씬 덜 고결한 이상에 의해 형성될 수 있으며 또 형성되었다고 주장한다. 사실 그는 키케로가 기

80 Alister McGrath, *Iustitia Dei: A History of the Christian Doctrine of Justification*, 3rd ed. (Cambridge: Cambridge University Press, 2005), 52을 참고하라.

술한 그런 종류의 국가는 결코 없었다고 주장한다. 사람들은 이상적인 덕을 중심으로 결속할 뿐만 아니라 정의와는 아무런 상관이 없을 수 있는 공리적인 이익을 중심으로도 결속한다. 메리 클락(Mary T. Clark)은 아우구스티누스의 현실주의를 다음과 같이 표현한다.

> 하지만 철학자들은—사회에서 정의가 꼭 필요한 역할을 한다는 점을 강조해서가 아니라 사람들이 서로를 사랑하지 않고도 정의를 세울 수 있음을 순진하게 믿는다는 점에서—비현실적이다. 현실주의자로서 아우구스티누스는 사람들이 자신들이 선호하는 것들로 자연스럽게 마음이 기우는 점을 실제로 알고 있었다. 이런 극단적인 자기-선호의 성향이 사회의 이익에 기여하도록 하기 위해서는 "각자에게 마땅한 몫을 주는 것"이라는 가르침보다 더 나은 것이 필요하다.[81]

결여된 것은 사랑이다. 남녀 사이의 관계가 사랑으로 질서 잡혀 있지 않는 한, 그들의 자만심과 자기주장은 정의로운 사회를 이루는 것을 방해할 것이다.

하나님의 사랑이 우리의 영혼에 심어질 때, 우리가 우주의 질서의 기원이신 하나님께 올바르게 순종할 때, 그때에 그런 상호 간의 협력이 가능하다. 알리스터 맥그래스 (Alister McGrath)는 다음과 같이 말한다. "키케로가 정의(*iustitia*)는 법적 합의에서 나오는 법(*ius*)에 기초한 것이라고 가르쳤다면, 아우구스티누스는 법 자체가 정의에 기초한 것이어야만 한다고 주장한

---

81 Mary T. Clark, "Augustine on Justice," *Revue des études augustiniennes* 9, no. 1 (1963): 92-93.

다. 따라서 아우구스티누스에게는 공동체 내부에 진정한 정의가 없으면, 즉 신적인 목적에 일치하게끔 모든 관계가 올바르게 질서 잡히지 않고서는 국가(*res republica*)는 존재하지 않는다."[82] 따라서 그러한 올바른 질서지움은 그 자체로 하나님의 은혜로운 행위에서, 곧 그분의 은혜의 약속의 성취에서 벗어나서는 성취될 수 없다.

다시 말하지만 이것이 불일치하는 부분이다. 곧 하나님은 자신의 은혜의 약속을 통해 어떤 사람은 구원하기로 선택하셨고 다른 사람은 구원하지 않기로 선택하셨다(롬 8:30). 이 은혜는 어떤 방식으로도 선택받은 이의 업적에 의존하지 않는다. 그것은 순전히 무료다(롬 9:13-18). 하나님의 선택이 그분을 덜 정의로운 분으로 만들지 않는다. 정의는 근본적으로 이런 질서의 신적인 보존으로 정의되기 때문이다.

로버트 도다로(Robert Dodaro)의 『아우구스티누스의 사유에 나타나는 그리스도와 정의로운 사회』(*Christ and the Just Society in the Thought of Augustine*)는 아우구스티누스의 정치신학과 구원론 간의 관계를 아주 잘 설명해준다. 도다로는 아우구스티누스가 정의에 대한 철학적 개념과 펠라기우스의 신학을 반복적으로 비교한다는 사실을 알아챘다. 철학적 개념과 펠라기우스의 신학은 덕들이 하나님으로부터 온 선물이기보다는 인간 안에 그것들의 원천을 갖고 있다고 가정한다. 아우구스티누스는 로마서 10:3에 근거해서 이런 가정을 반대하고 그 대신 하나님께로부터 나온 모든 덕은 그리스도에 의해 중재된다고 주장한다. 하지만 우리의 인간성 때문에 참된 정의는 인간의 영혼에서는 결코 완전하게 나타나지 않는다.

---

82 McGrath, *Iustitia Dei*, 52.

> 참된 덕은 하나님 안에 있고 인간의 영혼에 고유한 것이 아니다. 심지어 참된 하나님의 사랑 안에 있는 덕을 구하는 그리스도인들조차도 원죄 때문에 이런 덕을 오직 불완전하게 알고 있다.…예를 들어 그들은 죽은 이후에만 알 수 있는 참된 지복으로서의 평화보다는 비참함 가운데서 받는 위로로서의 평화를 경험한다. 하나님의 도성의 순례자들을 위한 "참된 정의"는 완벽한 덕의 성취로 이루어지기보다는 다른 사람들과 죄의 용서를 공유하는 것으로 이루어진다.[83]

지금까지 논의한 것들을 요약해보자. (1) 아우구스티누스는 창조자와 피조물의 구분 그리고 인간의 정의와 하나님의 정의 사이의 차이점을 강조한다. (2) 그는 정의에 대한 키케로의 설명을 무시한다. 그는 정의가 그것을 진실로 추구하는 인간의 능력에 달려 있다고 말하기 때문이다. 그것은 너무 이상적이고 순진하며 인간 죄악의 편만성을 고려하지 않는다. (3) 진정한 정의는 하나님의 신실함을 그분의 약속과 동일시하는 것이다. 그것은 하나님의 의지에 따라서 창조 질서를 이루는 것이다. (4) 오직 영혼이 그렇게 질서를 갖추게 되면, 인간의 정의는 궁극적인 하나님의 정의와 희미하게나마 유사해질 수 있다. (5) 영혼의 질서지움은 인간의 노력을 통해 성취될 수 있는 게 아니라 하나님의 선물로서 수용되는 것이다.

우리가 속죄에 대한 아우구스티누스의 견해를 논할 때 앞의 요점들을 기억하고, 지금은 그리스도가 우리에게 그 선물을 중재하는 방법을 살펴보도록 하자.

---

83 Robert Dodaro, *Christ and the Just Society in the Thought of Augustine* (Cambridge: Cambridge University Press, 2004), 111.

정의로운 사회에서의 응보

아우구스티누스는 정의로운 사회에 대해 이중적인 이해를 보여준다. 한편 그는 세속 정부들을 긍정하는 것에 대해 조심한다. 우리가 앞으로 보게 될 것처럼 이런 정의의 체제들의 역할은 제한적이다. 다른 한편으로 은혜의 공동체로서 교회의 존재만이 정의로운 국가를 가능하게 한다. 교회는 모든 인간이 죄인이라는 것을 상기시켜주면서 국가의 권력과 우월감을 지속적으로 점검한다. 이런 아우구스티누스의 현실주의는 스토아주의의 보편 법칙의 엄격함을 완화해주고 스토아주의의 법률 중심주의를 억제하는 것으로 이해될 수 있다. 법률 중심주의는 교만에서, 곧 덕을 갖출 능력이 인간 안에 갖추어져 있고 아울러 인간은 자신들의 현재 실존에서 이런 덕을 성취할 수 있다는 가정에서 시작한다. 교회는 우리가 용서받은 이들의 공동체로서 오직 정의를 희미하게나마 반영할 수 있음을 끊임없이 상기시켜주는 사람처럼 행동한다. 도다로는 다음과 같이 말한다. "정의로운 사회는 참회한다."[84]

아우구스티누스가 특별한 법철학을 전개한 적은 없다. 하지만 프리드리히(Friedrich)는 다음과 같이 말한다. "그는 법철학의 부분을 차지하는 특별히 두드러진 경향, 즉…정의를 평화의 목적에 의해 지배되는 것으로 이해하는 경향을 보여준다. 그 근거는 정치적 질서가 평화를 유지하는 소극적 기능으로 지금 바뀌었다는 데 있다. 그것은 단순하게 신실한 사람들로 하여금 영원한 구원이라는 더 지속적인 임무에 종사하도록 하는 목적에 알

84 Ibid., 112.

맞기 때문이다."[85] 진 베스키 엘슈테인(Jean Bethke Elshtain)은 이에 대해 다음과 같이 동의한다. "아우구스티누스는 사랑과 정의에 관한 자신의 이해와 가장 부합하는 형식의 완벽한 구성을 보여주지 않는다. 하지만 그는 지상의 통치자들과 관련해서 잔인하고 변덕스러운 행위를 제한하는 정부 형태를 보여주었다고 말하는 게 안전할 것 같다."[86]

정의에 대한 기독교의 개념에서 중심 부분을 차지하는 평화와 사랑은 형벌 제도에 도입되어야 한다. 아우구스티누스가 몇몇 세속 통치자들에게 쓴 많은 편지는 법을 자비롭게 적용하고자 하는 그의 관심을 보여준다. 그는 그러한 통치자들에게 범죄자들을 너그러이 용서해주는 것은 정의에 반하는 것일 수 있음을 반복해서 언급한다. 여기서 다시 한번 우리는 자비의 요구와 정의의 요구 사이의 대립이라는 주제를 만난다. 아우구스티누스는 세속적인 권위에 대한 감독의 자비와 중재는 정의와 모순되지 않는다는 사실을 분명히 한다. 범죄자들이 처벌의 혹독함을 두려워하는 것은 좋은 일이지만(롬 13:3), "그대의 혹독함을 제한하는 우리의 중재"[87] 역시 좋은 일이다. 아우구스티누스가 마르켈리누스(Marcellinus)나 볼루시아누스(Volusianus)와 나눈 편지들은 처벌의 폭력을 완화하고자 하는 그의 관심과 용서에 대한 선호의 정도를 보여준다.

> 하지만 우리의 바람은 오히려 정의가 범죄자들의 목숨을 취하는 것 없이 또는 그들의 신체의 어느 부분을 불구로 만드는 것 없이 충족되는 것이고 강제적인

85 Friedrich, *Philosophy of Law,* 37.
86 Jean Bethke Elshtain, *Sovereignty: God, State, and Self* (New York: Basic Books, 2008). 10.
87 Augustine, *Letter* 153.16, Oliver O'Donovan, Joan Lockwood O'Donovan, eds., *From Irenaeus to Grotius: A Sourcebook in Christian Political Thought, 100-1625* (Grand Rapids: Eerdmans, 1999), 127에서 발췌.

> 조치들이 법과 일치되어 범죄자들이 미련한 광란에서 법의 건전한 판단으로 인해 인간의 고요함으로 바뀌거나 또는 유해한 폭력을 그만두거나 또는 어떤 유용한 노동을 하게 하는 것입니다. 이것이 처벌 선고라 불리는 것입니다. 하지만 야만적인 폭력의 대담함에 제재를 가하고, 그리고 참회를 만들어내는 데 적합한 교정 수단들이 철회되지 않는다면, 그 누가 이런 훈육이 보복적인 처벌보다 더 유익할 수 있음을 알 수 있을까요?[88]

처벌에 관한 사회 복귀적인 이해는 아우구스티누스의 형벌 철학의 주요 특징을 형성한다. 정의에 관한 엄격한 응보적 비전은 우주적인 죄성의 인식에 의해 완화된 것이 아니라 교만에 기초한 것이다(마 18:23-25). 게일런 콜드웰(Gaylon Caldwell)은 다음과 같이 말한다. "정의의 특성은 공공 관리들의 교만의 정도에 따라 직접적으로 다양하게 나타난다. 교만이 심판을 가혹하게 만들기 때문이다. 하지만 교만이 하나님의 조명을 가리지 않을 때", 아우구스티누스가 다음과 같이 말한 것처럼 된다. 곧 "어떤 이는 악이 악에 의해 유입된 어떤 본성 혹은 본성의 일부분을 제거함으로써가 아니라 손상되거나 부패된 것을 치료하고 바로 잡음으로써 제거된다는 것을 깨달을 것이다."[89] 콜드웰은 더 나아가 다음과 같이 결론 내린다. "인간의 정의에 대한 아우구스티누스의 비판은 법을 집행하는 사람들이 죄인들을 심판하는 죄인들이며 회복적인 판단을 내리지는 못하고 응보적인 판단을 내리는 것

---

88 Augustine, *Letter* 133.1, to Marcellinus (Schaff, *Nicene and Post-Nicene Fathers,* series 1, 1:470에서). 관용의 필요성을 옹호하는 비슷한 입장은 *Letter* 139, to Marcellinus(Schaff, *NPNF*, series 1, 1:488-90에서)도 참고하라.

89 Gaylon Caldwell, "Augustine's Critique of Human Justice," in *Augustine and Modern Law*, ed. Richard O. Brooks, James B. Murphy (Aldershot: Ashgate, 2011), 102.

을 깨닫지 못한다는 사실에 집중한다."[90]

몇몇 작가들은 그런 정치신학이 서구의 법률 제도의 발전에 끼친 영향에 주목했다. 해롤드 버만(Harold Berman)은 무엇보다도 기독교가 "법률적 권리와 의무가 일반적으로 동등하다는 개념을 소개해서 일반적인 규정의 엄격함을 완화했다"[91]고 지적한다. 또한 버만은 기독교가 이런 점에서 유일한 영향을 끼친 것은 아니었다고 인정한다. 정말로 우리는 헬레니즘 사상과 로마 가톨릭 사상에서도 비슷한 경향을 발견한다. 그럼에도 기독교는 "중요한 이념적 정당성을 제공하는 데 도움을 준다."[92] 케빈 우할데(Kevin Uhalde)는 이런 영향과 관련해 다른 점에 관심을 기울인다. 기독교는 "실제 삶에서 정의를 제공하고 감독하는 장치와 기법 그리고 절차"에 영향을 끼치지 않았다. 엘리트들이 정의를 다루는 방식과 평범한 사람들이 그것을 경험하는 방식의 변화와 관련해서 단 하나의 가장 중요한 요소는 정의론과 실천 사이에 가교를 놓은 관리로서의 감독들의 출현이었다."[93] 종종 우리가 주목했던 것처럼 이런 영향은 처벌을 자비와 용서의 방향으로 돌리는 데 큰 역할을 했다.

그렇다고 해서 아우구스티누스가 응보적 정의의 모든 측면을 거부했다고 생각해서는 안 된다. 내가 아래에서 나중에 설명하겠지만, 그에게는 정의로운 응보를 긍정하는 측면도 있다. 처벌이 시정적 정의의 내용을 모두 포함하지는 않지만 말이다. 때가 되면 나는 이 응보적 정의의 측면과 속죄의 이야기 안에서 그것이 차지하는 부분에 대해 논할 것이다.

---

90 Idid., 102-3.

91 Harold Berman, *The Interaction of Law and Religion* (Nashville: Abingdon, 1974), 54.

92 Idid.

93 Kevin Uhalde, *Expectations of Justice in the Age of Augustine* (Philadelphia: University of Pennsylvania Press, 2007), 8.

지금은 아우구스티누스가 인간의 차원에서 응보적 정의에 관해 회의적이었다고 결론을 내리는 것이 바람직하다. 이런 회의의 근본적인 이유는 우리가 동일한 죄인으로서 심판자의 절대적 위치에 있을 수 없으며 처벌적 심판을 공정하게 하실 수 있는(창 18:25) 하나님만이 그런 위치에 앉으실 수 있기 때문이다(신 32:35; 롬 12:19). 하지만 동시에 아우구스티누스가 정의의 필수 요소로서 응보를 고려했을 때 그는 그것을 시정과 회복에 이은 이차적인 것으로 간주했다. 인간은 처벌을 마땅히 받아야 하지만, 그럼에도 선택된 자들은 그리스도의 속죄의 공로 덕분에 처벌받지 않는다. 문제는 인간이 처벌받아야 할 책임을 실제로 면제해주는 속죄의 공로란 게 정확히 무엇인가 하는 것이다. 그리스도가 우리를 대신해서 벌을 받으셨다는 것인가? 혹은 그분은 하나님이 기뻐하시는 삶을 살도록 우리를 회복시키셨다는 말인가? 이 질문에 대한 논의는 아래에서 다룰 것이다.

하나님의 속성에 대한 아우구스티누스의 주장

한 가지 중요한 질문은 하나님의 사랑, 곧 우리를 끝까지 보살피겠다는 그분의 바람과 그분의 정의 사이에 어떤 대립이 있을 수 있는가, 즉 이런 사랑의 요구와 그분의 정의의 요구 사이에 어떤 깊은 긴장이 존재하는가 하는 것이다. 분명 아우구스티누스는 하나님의 정의를 인간의 정의와 같은 것으로 이해하지 않았다.

토마스 탈봇(Thomas Talbott)은 "정의와 자비를 분리시킨 아우구스티누스의 전통"(Augustinian tradition of separating justice and mercy)이라는 글에서 다음과 같이 주장한다. 밀턴(Milton)까지 이런 분리를 도입하는 것은 마치 하나님 안에서 어떤 대립을 도입하는 것과 같다. 탈봇은 그 전통에 대해 올바로 설명했지만, 그는 그 전통이 아우구스티누스에게서 시작했다고 잘못 말한다. 특히 아이스킬로스에 대한 우리의 논의는 신에 대한 본성과 하나님에 대한 정의의 주장들 사이에 오랜 논쟁이 있었음을 보여주었다. 때때로 오리게네스와 니사의 그레고리오스에게서 시작한 전통처럼, 이 긴장은 사탄이라는 인격에서 표면화되었다. 아우구스티누스는 이런 생각을 받아들이는 것을 거부했다. 우리가 앞으로 살펴보겠지만, 사탄이 일정 부분 그런 긴장의 역할을 담당하는 것은 사실이지만, 아우구스티누스는 인간의 문제는 진노하시는 하나님을 대면하는 것이라는 점, 즉 그분의 정의는 응보를 원하지만(신 32:35; 대하 6:23; 사 34:8; 59:18; 살후 1:8), 그분의 사랑은 우리의 구원을 원하는 것임을 온전히 이해했다. 이런 긴장이 아우구스티누스 안에서 전면적으로 잘 나타나지만, 그는 그것을 정말로 고안하지는 않았다. 그는 플라톤에게서 많은 영향을 받지 않았다. 반대로 내가 나중에 보여주길 바라는 것처럼 그것은 헬레니즘의 주장과 분명히 다른 주장이다.

탈봇은 정의와 자비의 분리를 주장하는 이런 전통에 대한 자신의 비판을 계속하면서 다음과 같이 주장한다. 아우구스티누스가 실제로 그러한 견해를 고수했다면, 그것은 신의 단순성 교리와 모순될 것이다. 탈봇의 이해에 의하면, 이 교리는 다음과 같은 것을 포함한다. 하나님의 "정의는 그분의 사랑이 요구하는 동일한 것, 곧 죄의 완전한 파괴를 요구한다. 그것은 죄인들이 다른 사람들에게 저지른 모든 잘못을 회개하는 것과 서로 화해하는 것을 요구한다."[94] 그렇다면 단순성의 교리는 자비와 정의가 하나님의 유일한 도덕적인 속성, 곧 그분의 사랑을 위한 두 가지 다른 이름이라고 정의한

94 Thomas Talbott, "Punishment, Forgiveness, and Divine Justice," *Religious Studies* 29, no. 2 (1993): 151-68(여기서는 168 참조).

다. 따라서 자비와 정의는 같은 의미다(시 33:5; 89:14).

아우구스티누스가 이 교리에 대해 주장한 것을 간략하게 살펴보자. 그는 『신국론』(*The City of God*, 11.10)에서 다음과 같이 말한다. "본질적이고 진정으로 신적인 것들은 단순한 것이라 불린다. 왜냐하면 그것들 안에 있는 속성과 실체는 동일하기 때문이며, 그것들은 신적이거나 혹은 지혜로운 것이거나 또는 그것들 자체가 지복을 받은 것이고, 외부의 도움이 필요 없는 것들이기 때문이다." 단순성에 관한 가장 기본적인 이해에 따르면, 하나님 안에서 존재(being)와 실존(existence)은 같은 것이다(출 3:14; 요 5:26). 하나님의 속성들은 그분의 존재이고 그것에 지나지 않는다. 그 교리는 널리 인정되는 것처럼 혼란스럽고 논란을 많이 일으킨다. 하지만 내가 마지막 6장에서 보여줄 것처럼 나는 아우구스티누스가 의도적으로 하나님의 모든 속성이 동일한 것으로 주장했다고 생각하지 않는다. 때로 아우구스티누스가 다음과 같이 말했을 때 다른 사람들보다 좀 더 신중하지 못했다는 것은 사실이다. 그는 "이런 다른 속성들이 하나의 의미를 가졌다. 이는 우리의 목적이 대상들의 다양성에 의해 주의가 산만해지지 않도록 하는 데 있다. 그리고 좋은 것이거나 지복을 받은 것은 하나님 안에서 의롭게 되는 것과 같은 것이다"라고 주장했다."[95] 이어지는 그의 문장 역시 부주의한 표현이다. "다시 말하지만, 선과 의가 그분의 사역에서 다르게 나오는 것처럼, 곧 그것들이 하나님의 두 가지 다양한 속성, 곧 하나는 선함이고 다른 하나는 정의로움인 것처럼 하나님의 본성에서 서로 다르지 않은가? 확실하게 그것들은 서로 다른 것이 아니다. 의로운 것은 선 그 자체다. 선한 것은 지복 그

---

95 Augustine, *De Trinitate* 15.5.8. 『삼위일체론』(분도출판사 역간).

자체다."[96]

아우구스티누스가 이런 성질들이 "하나의 의미를 가진다"고 진술했을 때, 그는 현대인들에게 익숙한 프레게 이후(post-Fregean)에 사용되는 개념을 **의미하지** 않았다. 오히려 그는 이런 속성들이 다른 대상들, 곧 신으로부터 떨어져 독립적으로 존재하는 플라톤의 보편자들과 같은 것을 언급하지 않는 의미로 사용한다. 그것보다는 그런 속성들이 동일한 지시체, 곧 하나님의 분명한 본성을 가진다는 것을 의미한다. 아우구스티누스가 말하려고 의도하지 않았던 것은 하나님의 선하심을 술어화하는 것이 하나님의 정의를 술어화하는 것과 같다는 것이다. 하나님의 단순성 교리는 신의 본성에 대한 모든 담론을 부정하는 부정신학과 같은 것을 의도하지 않는다. 오히려 그것은 부정신학의 유보적 진술처럼 신중을 기하고자 하는 의도였다. 누군가 그것을 그런 방식으로 표현한다면 말이다. 우리가 하나님의 속성들을 술어화할 때, 우리는 그런 술어에 의해 그분이 자신의 존재로부터 떨어져 존재하는 어떤 보편자를 창조하셨다고 말하지 않는다. 그것이 의미하는 것은 그분의 존재가 부분들로 결합되지 않았음을 말한다.

단순성의 핵심은 속성들이 동일하다는 데 있지 않고 그것들이 분리될 수 없다는 데 있다. 즉 각각의 속성은 하나님의 존재의 한 측면을 명명하고 밝히거나 드러낸다. 따라서 케빈 밴후저(Kevin Vanhoozer)는 다음과 같이 말한다.

> 우리가 하나님의 존재를 의사소통의 행위에 비추어 이해할 때, 우리는 하나님이 어떻게 단순하시면서도 복잡한지를 훨씬 더 쉽게 알 수 있다. 이것은 그분

---

96 Ibid., 15.5.7.

의 존재가 부분들로 결합되었다는 의미가 아니라 오히려 그것의 풍성함을 정당하게 다루기 위해서는 몇몇 개념을 요구한다는 의미다.…의사소통하시는 하나님의 존재를 다른 관점에서 묘사한다면, 우리는 하나님의 다양한 "부분들"을 묘사하는 게 아니다. 반대로 각각의 완벽함은 의사소통하시는 하나님의 존재 전체를 언급한다. 비록 각각의 완벽함은 그분의 한 측면만을 묘사하지만 말이다.[97]

여기서는 의사소통하시는 하나님의 행위와 그 행위의 다면적 특성에 대한 밴후저의 창의적인 제안에 대해 상세히 살펴보지는 않겠지만, 그의 제안은 정곡을 찌른다.

올리버 크리스프(Oliver Crisp)는 탈봇이 하나님의 단순성을 잘 이해하지 못했다고 비판한다. 그 개념은 모든 속성이 하나님의 사랑(요일 4:8)에 종속된다는 의미가 아니라, 그것들이 모두 동일하다는 의미다. 크리스프는 하나님의 사랑이 그분의 정의와 같다고 말한다. "아우구스티누스, 안셀무스 그리고 아퀴나스와 같은 더할 나위 없는 신학자들에게 하나님의 본성의 단순성은 **순수 현실태**(*actus purus*)로서의 하나님이 한번에 그리고 동시에 정의로우시며 자비로우신 분임을 의미한다. 하지만 그들은 용서하는 것에서가 아니라 응보하는 것에서 정의가 완벽해지는 것으로 이해하기 때문에 정의

97 Kevin Vanhoozer, *Remythologizing Theology: Divine Action, Passion, and Authorship* (Cambridge: Cambridge University Press, 2012), 275-76. 단순성을 다룬 탁월한 논의는 다음을 참고하라. Stephen Holmes, "'Something Much Too Plain to Say': Toward a Defence of the Doctrine of Divine Simplicity," *Neue Zeitsshrift für systemacische Theologie und Religionsphilosophie* 43 (2001): 137-54. 또한 단순성과 속죄의 관계에 대한 일반적인 논의를 보려면 아래 6장을 참고하라.

가 모든 예에서 용서를 요구한다고 주장하지는 않는다."[98]

우리는 신의 단순성에 관한 이런 논의에서 합리적으로 다음과 같이 결론 내릴 수 있다. 아우구스티누스가 채택한 단순성 교리가 명확하게 이해되지는 않지만, 우리는 그의 사고를 어떤 희화화하는 방식으로 설명해서는 안 된다. 탈봇은 이런 희화화에 최소한 근접해 있다. 즉 그는 하나님이 자신의 속성 중 어느 것을 선택해야 할지 모르는 분으로 묘사하는 것으로써 아우구스티누스의 입장을 때때로 희화화하여 그를 비난한다. 하나님의 정의가 어떤 것을 요구하면, 그분의 사랑은 다른 것을 요구하는 것처럼 보인다. 때때로 이와 동일한 희화화가 단순성 교리 혹은 하나님에 대해 묘사하는 술어의 의미를 신중하게 논하지 않는 형벌 대속론의 설명에 나온다. 사실 루이스 에이어스(Lewis Ayres)와 미셸 르네 바네스(Michel René Barnes)가 다음과 같이 보여준 것처럼 단순성의 언어는 정확하게 상위언어학적(metalinguistic) 신중함으로 의도되었다. "단순성의 언어와 '존재 자체'를 하나님께 적용하는 것은 어떤 이해할 수 있는 대상을 묘사하는 것으로 의도된 것이 아니다. 그런 언어는 하나님에 대한 우리의 담론을 형성하고 우리로 하여금 삼위일체 신학에 대해 계시된 원리들을 정밀하게 하도록 도움을 주지만, 하나님은 우리를 이성적 판단에서 믿음으로 대체하는 시각으로 인도하시고, 우리의 이해를 넘어 계신다."[99]

따라서 우리가 하나님 안에 있는 그분의 사랑과 자비의 긴장을 묘사할 때, 우리는 단순성의 교리가 배제하는 방식으로 그 긴장을 엄밀하게 이해

98 Oliver Crisp, "Divine Retribution: A Defense," *Sophia* 42, no. 2 (2003): 48. 비록 Crisp가 모든 속성을 같은 것이라고 주장했다고 할지라도, 그 속성들 사이에 차이가 없다고 말한 것은 아니다.

99 Lewis Ayres, Michel René Barnes, "God," in *Augustine through the Ages: An Encyclopedia*, ed. Allan D. Fitzgerald, OSA (Grand Rapids: Eerdmans, 1999), 389.

하지 않도록 조심해야 한다. 즉 사랑과 자비는 속성들이 아니며 이를테면 외부에서 하나님에게 강제하는 충동들이 아니다. 하나님은 서로 대립하는 내적 충동들에 사로잡힌 일종의 정신분열증에 걸린 신으로 간주되면 안 된다. **단순성의 개념이 분명하게 부정하는 것은 한편으로는 그런 변덕스러움이거나 다른 한편으로는 무기력함이다.**

부정신학은 확실히 우리가 더 많이 필요로 하는 어떤 교정하는 수단이라는 유익한 특징을 갖고 있다. 그것이 하나님에 대해 의미 있는 설명을 불가능하게 하지 않는 한 말이다. 부정신학이 선을 넘어서지 않도록 제어하기만 한다면, 우리는 기독교의 단순성 교리가 플라톤주의에서 사용된 단순성 교리와 달리 피조물과 창조주 사이의 존재론적 차이를 유지한다고 계속해서 주장할 수 있다.

플라톤과 스토아주의의 관점에서는 하나님의 존재가 우리의 이성에 분명히 알려지고, 따라서 우리로 하여금 우리의 정의와 하나님의 정의를 연결하는 것을 허용하지만, 기독교는 그러한 매끄러운 연결을 문제가 있는 것으로 본다.

그렇다면 신의 정의와 인간의 정의 사이에 있는 이런 차이는 헬레니즘(과 헬레니즘 이전)의 하나님 교리와 기독교 신학 사이에 있는 것이다. 고대 그리스 신들이 어떤 법을 공포하는 것은 말도 안 되는 일이다. 법은 이미 분명하게 존재하고 있기 때문이다. 신이 공포한 실정법이라는 것은 고대 그리스 신들에게는 터무니없는 개념이었을 것이다. 법(그리고 때로는 운명)이 신들보다 우위에 있었다. 따라서 어떤 신은 자신의 존재에 강제하는 것만을 시행한다. 하지만 유대인과 그리스도인의 하나님은 법을 제정하신다. 그분의 존재 위에는 법도 정의도 없다. 그분은 그저 단순하게 법과 정의를 존중할 뿐이다. 하나님의 존재는 그분의 사랑과 정의를 포함하여 그분의 속성들과 동일하다. 이런 속성들은 계시와 관련 없이 추론될 수 없다. 단순성의 교리는 정확히 이 원리를 보호하기 위해 의도된 것이다. 그것은 하나님에 대한 헬레니즘 시대의 철학적 개념을 거부한다. 비록 그 교리가 실체와 속성들이라는 헬레니즘 시대의 철학적 언어로 표현되지만 말이다.

더 나아가 아우구스티누스의 단순성 교리는 그의 유사 주의주의(quasi-voluntarism)와 일치한다. 비록 스톤(Stone)이 아우구스티누스를 "명백한 주의주의자"[100]로 간주하지만, 그는 다음과 같이 주장한다. 아우구스티누스는 "하나님의 법을 그분의 의지와 이성에 근거시킨다."[101]

따라서 하나님의 정의는 믿음과 이성 두 가지에 의해 접근할 수 있다. 아우구스티누스는 하나님을 초월적이고 완벽한 존재로 이해하며 그분의 정의가 사랑 안에 있지 않고 또한 다른 모든 속성 안에 있지 않으면 그것을 완전하지 않은 것으로 이해한다. 달리 말하자면 그분의 사랑은 그분의 정의 안에서 완벽하며 그리고 다른 모든 신적 온전함 안에서만 완벽하다. 이 존재에게는 자신의 의지 외에는 다른 강제가 없다. 그렇다면 문제는 아우구스티누스의 주의주의와 그의 응보주의 사이에 어떤 긴장이 있는지다. 우리는 이 문제를 탐구하기 위해 그의 속죄론을 살펴보고자 한다.

아우구스티누스의 형벌 대속론?

몇몇 학자들은 아우구스티누스의 속죄론을 형벌 대속론의 형태에 속하는 것으로 쉽게 분류한다. 그들은 아우구스티누스가 처벌, 화목, 하나님의 진

---

100 Stone, *Human Law and Human Justice*, 44.
101 Ibid., 45.

노 등과 같은 개념들을 사용한다고 지적하면서 그가 형벌 대속론에 필요한 중요 구성 요소를 갖고 있다고 결론 내린다.

아우구스티누스가 속죄에 대한 그런 이해에 매우 근접해 있었다는 것은 사실이다. 친숙한 표현과 개념들을 사용하는 것 이외에도, 다른 중요한 가정들도 그로 하여금 이 특별한 이론의 경향을 갖게 하는 것처럼 보인다. 그중 몇 가지를 열거해보고자 한다.

1. 아우구스티누스의 원죄 교리는 의심할 바 없이 빚과 죄책으로 죄를 무효화할 필요성을 우리에게 남겨둔다. 아우구스티누스는 죄책을 도덕적 개념으로 많이 사용하지 않는다. 그는 그것에 대해 처벌을 면하지 못하는 것으로 이야기하는 것을 선호한다. 하지만 구원은 엄밀하게 우리가 처벌을 면하지 못하는 것을 완전히 없애는 것을 수반할 필요가 있다. 비록 그것이 도덕적 변화를 포함하지만(아래 참조), 그것은 원죄의 대가로 주어지는 처벌을 삼가는 것으로써 용서를 필연적으로 포함해야만 한다.
2. 속죄는 기본적으로 하나님을 향하는 것으로 이해된다. 아우구스티누스가 사탄의 권리들에 대한 담론과 함께 속전론의 틀을 일부 고수하기는 하지만, 그에게 속죄는 무엇보다도 언어의 문제인 것으로 보인다. 사탄의 영향력이 중요하지 않은 것이 아니라 매우 중요하다. 하지만 사탄은 분명하게 종속적인 역할을 하는 것으로 여겨진다. 그의 지배력은 하나님의 통제 아래 완전히 놓여 있고, 그는 하나님이 허용하시는 정도에서만 지배력을 갖는다. 아우구스티누스는 사탄의 권위의 기초가 죄의 문제에 있는 것임을 확인하고 그 문제의 중심으로 들어간다. 따라서 악마적인 고통과 유혹, 사탄의 죽음의 위협은

궁극적으로 우리가 저지른 죄에 대해 마땅히 지불해야 하는 그런 악에 대한 우리의 빚에 의존한다. 무효화해야 할 것은 사탄이 아니라 사탄의 주장이 근거하고 있는 우리와 관련된 것이고, 그리고 엄밀하게는 하나님의 진노다. 아우구스티누스는 그 문제의 핵심이 인류와 하나님의 관계라는 것을 분명히 알고 있다. 이것은 분명하게 형벌 대속론의 요소다. 속죄에 관한 다른 어떤 이론도 십자가 위에서 이루어진 그리스도의 사역의 대상을 하나님으로 생각하지 않기 때문이다.

3. 마지막으로 그리스도의 사역의 핵심은 성육신 자체가 아니라 엄밀하게 십자가 위에서 벌어진 그분의 죽음이다. 그것은 심지어 부활 이상의 것으로 ,하나님과 우리를 화해하게 하는 적절한 희생을 나타내는 그리스도의 죽음이다.

아울렌이 고전적 이론이라고 부르는 것은 비록 첫 번째 가정은 분명히 거부하지 않지만, 나머지 두 개의 가정을 받아들이지 않는다. 하지만 고전적 이론들, 특히 동방 전통에서 후대에 발전한 고전적 이론들은 인간의 죄책과 빚으로 이해되는 죄를 하나님께 나아가는 근본적인 장애로 삼지 않는다. 러시아 신학자 블라디미르 로스키(Vladimir Lossky)는 이 차이점을 설명한다.[102] 죄의 실상은 다리를 놓아야만 건널 수 있는 깊은 골짜기라기보다는 에둘러 돌아가야 할 장애물과 같은 것이다. 죄는 그저 하나님이 자신의 교육적 방법을 바꿀 필요가 있음을 의미한다. 죄의 실재를 고려한다면 말이다. 이것

102 다른 예들 중에서는 Vladimir Lossky, *Mystical Theology of the Estern Church* (Crestwood, NY: St. Vladimir's Seminary Press, 1976), 135을 참고하라. 특히 Lossky, *Orthodox Theology: An Introduction* (Crestwood, NY: St. Vladimir's Seminary Press, 1978), 113을 참고하라.

은 모든 동방 신학자가 이런 견해를 공유하고 죄의 법적 측면을 과소평가한다는 의미가 아니다. 고대 세계에서 사탄의 세력이라는 우주적 틀이 신학자들로 하여금 죄에 대한 인간의 책임과 그것에 대한 신의 분노를 사탄에게 전가하는 것을 아주 용이하도록 만들었다.

인간 존재들은 자신들의 죄에 대한 책임을 갖고 여전히 살아가지만, 그 책임이란 것은 자유의지를 갖고 성장함에도 불구하고 그것을 현명하게 사용할 수 없는 미숙하고 무지한 어린아이가 가진 책임이다. 하지만 서방에서 법률적 사고방식의 우세는 궁극적 책임과 당면한 채무의 문제에 집중하게 만들었다.

아우구스티누스와 관련해 앞서 요약한 세 가지 가정에 근거하여 그의 이론이 형벌 대속론이라고 쉽게 결론을 내릴 수 있다. 더 나아가 이런 결론은 때때로 학자들로 하여금 그들 자신의 이론의 역사적 혈통을 지지하게 하는 유혹을 불러일으킨다. 하지만 그런 생각에 문제가 있음을 보여주는 몇 가지 요소가 아우구스티누스 사상에 담겨 있다. 이것이 아우구스티누스의 정의 개념에 대한 우리의 기초 작업이 그의 속죄 신학을 이해하는 데 어느 정도의 실마리를 던져주는 출발점이다.

첫째, 비록 아우구스티누스가 응보적 용어들을 사용할지라도—내가 나중에 아주 자세히 설명하겠지만—그의 사상에서 하나님의 정의와 인간의 정의는 분명한 차이점이 있다. 우리는 십자가에서 일어난 사건이 인간의 정의 체계를 통해 일어난 하나님의 사형 선고라고 주장하기 전에 이 차이점을 진지하게 고민해야 한다. 형벌 대속론의 옹호자들은 때때로 엄밀하게 그 두 가지를 동일한 것으로 주장한다. 하지만 이런 주장은 다시 비판가들로 하여금 종종 형벌 대속론이 부패한 정의 체계에 타당성을 부여한다고 비난하도록 만들었다. 그러한 인간 체계들이 하나님의 판단 아래에 있는 것으로 묘사하기보다는 차라리 그 두 가지를 동일시하는 것이 불행한 현재의 상황을 유지하거나 정당화하는 데 도움을 준다. 하지만 아우구스티누스는 그 두 가지 정의 사이에 있는 차이점을 분명하게 인식했다. 그는 인간의 정부들에서 일하고 계시는 하나님의 응보적인 손을 보았지만, 그럼에도 우리로 하여금 다음과 같은 것을 질문하도록 세속 정부의 한계를 충분히 보여준다. 궁극적인 하나님의 정의가 인간의 법정을 통해서 실현될 수 있는가?

그리고 더욱이 앞의 주장과 관련해서, 아우구스티누스가 인간의 정의의 응보적 요구를 상당히 약화시킨 것은—인간의 정의와 하나님의 정의 사이의 불일치를 내포하는—피조물과 창조자의 존재론적 차이점 때문이다. 그는 인간의 정의와 관련하여 응보적 개념보다는 회복적 개념을 항상 선호했다. 공정하게 말하자면, 아우구스티누스는 응보의 중요성을 계속해서 주장했지만, 그것이 정의의 필수요소라고 주장하는 데까지 나아가지는 않았다. 문제는 인간의 정의에 대한 아우구스티누스의 회복적 개념이 하나님의 정의의 일부 요소를 수반하는가 하는 점이다. 하나님의 정의는 처벌의 필요성을 전제하고 있는가? 우리는 이 문제를 간략하게 살펴보자.

아우구스티누스의 속죄론과 형벌 대속론 간의 불일치를 보여주는 두 번째 요소는 아우구스티누스가 회개의 행위에 부여한 높은 가치다. 개신교 신학자들은 이런 사실을 너무 잘 알고 있지만 그럼에도 그의 십자가 사상과 회개가 유기적으로 잘 연결되지 않는 것으로 간주한다. 그들은 그의 속죄론이 타당하지만 그의 회개의 신학은 그 이론과 모순된다고 주장한다. 아우구스티누스의 속죄론은 은혜가 우선한다는 그의 반펠라기우스적인 확언의 일부분을 차지한다. 그것들은 모두 하나님께 순종하는 일에 있어서 인간의 근본적인 무능력을 확언하며, 우리의 죄책을 용서하기 위한 그리스도의 사역의 충분함을 강조한다. 하지만 아우구스티누스는 속죄의 사역을 원죄에 대한 우리의 책임을 없애는 것에만 한정한다. 회개의 행위는 우리가 실제로 저지르고 회개 이후에도 저지른 모든 죄와 관련해서 필요하다. 하지만 아우구스티누스가 속죄를 엄밀하게 형벌 대속론의 방법으로 해석하지 않았다 하더라도, 그의 회개에 대한 이론은 근복적으로 형벌 대속론과 일치한다는 것이 밝혀질 것이다.

나는 아우구스티누스가 사실 응보의 요소를 분명하게 포함하는 대리 희생론(representative sacrifice)을 제안한다고 주장한다. 대속의 언어는 다음과 같은 아우구스티누스의 『삼위일체론』(*De trinitate*)의 인용문에서 분명하게 나타난다. "그리고 그다음에 그분은 자신의 고난, 즉 그분 자신이 빚지고 있지 않은 우리의 빚을 갚기 위한 고난으로 나아가신다."[103] 래쉬돌은 아우구스티누스가 "처벌"[104]이라는 단어를 정확하게 사용한다고 올바로 말한다.

더욱이 아우구스티누스는 분명하게 다음과 같이 주장한다. "비록 그리스도가 죄는 없으시지만, 그분은 우리의 죄를 담당하셨고, 우리의 죄책을 철회해주셨으며, 우리의 죄를 없애셨다."[105] "진정한 복음을 믿는 자는 모세가 그리스도를 저주받은 자로 묘사할 때, 그가 그리스도를 비난한 것이 아니라, 다만 그분이 자신의 신적인 위엄(majesty)이 아니라 우리를 대신해 우리의 죄를 대속하려고 나무에 달리셨다는 것을 말하고 있음을 이해할 것이다."[106]

---

103 Augustine, *Trin*. 13.14.
104 Rashdall, *Idea of Atonement*, 331.
105 Augustine, *Contra Faustum*. 14.4.
106 Ibid., 15.7; 예. 갈 3:10.

그뿐 아니라 아우구스티누스는 화해의 언어를 사용하기를 주저하지 않았다. "인간들은 원죄로 인해 진노의 상태—그들이 거기에다가 더 많은 죄와 더 극악한 죄들을 결합시킴으로써 여전히 더 무겁고 더 치명적인 것으로 바뀐 상태—에 처해 있기 때문에 중재자가 필요하다. 즉 율법에 따른 희생제사와 예언자들이 그림자로서 예표한 참되고 유일한 희생제사를 드리는 화해자가 그 진노를 누그러뜨려야만 한다."[107] 근본적인 문제는 하나님과 인간이 화해하는 것이고, 아우구스티누스는 그 화해가 두 가지 방향으로 작동하는 것으로 이해한다. "따라서 율법의 많은 희생제사가 단지 그것의 그림자였던 단 한 번의 희생제사에 의해 하늘나라는 이 땅의 나라와 평화를 이루고, 이 땅의 나라는 하늘나라와 화해한다."[108] 이것은 분명하게 형벌 대속론에서 사용하는 표현이다.

비록 아우구스티누스가 화목에 대해 이야기하지만, 그는 성자의 희생 때문에 진노에서 사랑으로 바뀌는 성부의 개념을 피하려고 조심한다.

> 성부가 이미 화를 누그러뜨린 것이 아니라면, 그분은 성자를 아껴두지 않고 우리를 위해 그를 넘겨주신 것일까? 이런 견해는 말하자면 그것과 반대되는 것 같지 않은가? 한편, 성자는 우리를 위해 죽으시고, 그리고 성부는 성자의 죽음에 의해 우리와 화해하신다. 다른 한편 성부가 처음에 우리를 사랑하셨던 것처럼, 그분은 우리 때문에 성자를 아끼지 아니하시고, 그분은 우리를 위해 성자를 죽음에 넘겨주신다. 하지만 나는 다음과 같은 것을 안다. 성부는 이전에도 우리를 사랑하셨다. 곧 그분은 성자가 우리를 위해 죽으시기 전뿐만 아

---

107 Augustine, *Enchiridion de fide, spe, et caritate*. 10.33. 『아우구스티누스: 고백록과 신앙편람』(두란노아카데미 역간).

108 Ibid., 16.62. 골 1:13-20 참고.

니라 세상을 창조하시기 전에도 우리를 사랑하셨다.…그리고 성자를 아끼지 않는 성부가 우리를 위해 마지못해 그를 넘겨주신 것도 아니다.…따라서 성부와 성자 그리고 그 성부와 성자에게서 나오신 성령이 모든 일을 동등하게 그리고 조화롭게 수행하신다. 하지만 우리는 그리스도의 보혈의 피로 의롭게 되고, 우리는 성자의 죽음에 의해 성부 하나님과 화해한다.[109]

신중한 형벌 대속론은 복수심에 불타는 분노한 성부와 사랑하고 희생하는 성자를 서로 대립시키지 않는다. 그래도 그 이론들은 이 개념을 종종 이와 동일한 문제를 가진 개념, 곧 성부가 성자를 처벌한다는 개념으로 바꾼다. 하지만 아우구스티누스는 그렇지 않다. 그는 삼위일체 하나님의 사역의 통일성을 파괴하는 개념을 피하기 위해 매우 조심한다. 따라서 예수의 처벌이 속죄에서 어떤 역할을 하는지를 분명하게 이해하는 것이 중요하다. 다음과 같은 몇 가지 문제에 답하는 것이 필요하다. 첫 번째, 그리스도의 죽음의 정당성에 대해, 두 번째, 누가 그리스도를 처벌했는지에 대해, 세 번째, 속죄의 더 큰 체계에서 처벌의 기능에 관해 답하는 것이 필요하다.

첫째, 아우구스티누스는 그리스도의 죽음이 하나님의 정의를 올바로 드러낸다는 것을 우리에게 상기시켜주는 일에 결코 지치지 않는다(롬 3:25-26). 하지만 그는 구원의 다른 방식은 하나님께 있어 가능하지 않다고 주장하는 것을 꺼린다. 아우구스티누스는 후대의 신학자인 안셀무스와는 다르고 아퀴나스와는 매우 비슷하게 그 구원의 방식의 적합성과 적절성을 다음과 같이 강조한다.

---

109 Augustine, *Trin.* 12.2.15.

그렇다면 사람들이 이야기하는 것처럼 하나님은 자신의 독생자, 곧 그분 자신과 함께 영원히 존재하는 성자 하나님이 인간의 영혼과 육체를 입으시고 사망을 이기기 위해 죽음을 겪는 인간이 되셔야만 하는 것 말고는 이런 사멸의 비참함에서 인간들을 자유롭게 하실 수 있는 다른 방법이 없으셨는가? 하나님이 황송하게도 자신과 인간 사이의 중보자, 곧 인간이신 예수 그리스도를 통해 우리를 자유롭게 하신 방식이 하나님의 위엄에 좋은 것이고 적합한 것이라고 주장하거나 논박하는 것은 충분하지 않다. 하지만 우리는 다른 방식이 하나님에게 가능하지 않다는 것이 아니라—모든 것이 동일하게 그분의 능력에 지배를 받는다—우리의 비참을 치유하기 위해 더 적절한 다른 방식이 있지 않았고 또 있을 필요가 없었다는 것을 보여줘야만 한다.[110]

아우구스티누스는 하나님이 우리를 구원하기 위해 자신의 능력을 사용하고 계실 가능성을 단순하게 암시한다. 그는 이처럼 하나님이 원리상으로 정의를 배제한 채 그분의 명령에 의해 우리를 구원하실 수 있음을 암시함으로써 신의 단순성 교리와 관련한 자신의 주장을 철회하는 것처럼 보인다. 정말로 신의 속성들이 상호적 관계를 맺는 것은 필연적인 것보다는 하나님의 즐거움과 의지의 문제인 것처럼 보인다. 아우구스티누스는 다음과 같이 하나님의 즐거움에 비추어 이런 통일성을 표현한다. "사탄의 손아귀에서 인간을 구원하기 위해 사탄을 힘이 아니라 정의로 정복하는 것이 하나님을 기쁘게 한다. 인간도 그리스도를 따라서 힘이 아닌 정의로 사탄을 정복하려고 노력해야 한다. 이는 힘 자체가 악한 것이어서 그것을 피해야 한다는 의미가 아니라, 질서를 유지해야 하며 힘보다 정의를 먼저 내세워

110 Ibid., 13.10.13.

야 한다는 의미다."[111]

아우구스티누스가 이런 방식으로 정의에 대해 이야기하는 데는 두 가지 의미가 있다. 한편으로 사탄이 강제가 아니라 일종의 속임에 의해 자신의 힘을 빼앗기는 것은 정당한 것이었다(의로움의 문제). 아우구스티누스는 속임의 은유를 사용하는 것을 부끄러운 것으로 생각하지 않는다. 다른 한편으로 그리스도의 죽음은 그리스도가 인간 본성에 의해 마땅히 받아야 하는 죽음을 정당하게 견디셨다는 의미에서 정의로운 일이었다. 아우구스티누스는 이 두 가지 생각을 서로 연결하지 않았다. 이것은 우연적인 것이 아니다. 여기에는 분명히 양립할 수 없는 것이 있기 때문이다. 한편, 사탄은 무력에 의해 자신의 힘을 빼앗길 수 있다. 다른 한편, 인간은 정당한 처벌에 대한 비용을 지불하지 않고서도 용서받을 수 있었을까? 사탄의 자격을 정당하게 박탈하는 것이 인간에게 긍정적인 교육 효과(인간들이 사탄을 정의로움으로 정복하는 것을 추구하는 것)를 가져오는 것으로 보일 수 있지만, 아우구스티누스는 하나님이 어떤 종류의 처벌을 강요하지 않고도 죄인들을 용서하는 것을 선택하실 수 있었다고 단언할 수 있었을까? 그는 확실하게 후자를 주장하는 것처럼 보이지 않는다. 그는 인류가 죄로 인해 초래된 응당한 죽음을 당연히 받아 마땅하다고 여러 차례 강조한다. 그것을 다르게 말하자면, 속죄의 기제를 움직이는 것이 무엇인지가 항상 분명하지 않다. 우리가 사탄의 영향에서 구출되었다는 것이 사실인가? 이것은 이론적으로 예방될 수 있었던 죽음을 통해서 일어난 것인가? 아니면 그것은 아우구스티누스가 다른 곳에서 다음과 같이 말한 사실을 통해서 일어난 것인가? 곧 "그리스도가 인간으로서 죽음을 견디셨을 때, 그리고 또한 그분이 하나님

111 Ibid., 13.13.17.

의 아들로서 그분 자신의 의로움 안에서 사셨지만 우리의 죄과를 위해 죽으셨고, 그분은 죽음이 동반되는 저주를 참으시기 위해 인간으로서 그리고 인간을 위해 복종하셨다"는 사실을 통해서 일어난 것인가? 분명하게 사탄은 아우구스티누스의 논증에서 지속적으로 중요한 부분을 차지하지만, 그가 죽음이라는 정당한 저주와 관련해서 이야기할 때 정의의 우위는 훨씬 더 강한 것처럼 보인다. 그리스도는 우리를 대신해서 이 죽음을 감당하셨다. 다시 말하면, 문제는 다음과 같은 것이다. 곧 하나님은 그리스도가 죽음이라는 처벌을 겪지 않고도 우리를 용서해주셨을까? 특히 아우구스티누스는 하나님이 사탄을 힘으로 가볍게 물리치실 수 있다고 주장하기 때문이다. 이 문제와 관련해서 아우구스티누스가 어떻게 답변했는지는 나에게 명확하지 않다.

올리버 크리스프가 제안한 아우구스티누스 해석에 따르면, "하나님의 정의는 그분으로 하여금 응보적 정의가 실현되지 않고서는 인간들의 죄를 용서하시는 것을 허락하지 않는다."[112] 크리스프는 이 해석을 정당화하기 위해 『신앙편람』(*Enchiridion*)에 나오는 다음 문장을 언급한다. "그는 구원받은 자들이—구원받지 못하고 전적으로 자신들의 정당한 저주로 인해 단순하게 유기된 자들의 수가 많은 것과는 대조적으로—구원받는 전체 무리가 마땅히 받을 것이 무엇인지와 하나님의 마땅한 심판이 그들을 어떤 목적으로 인도할 것인지를 **드러내기 위해 구원받아야 했다**고 이해한다."[113] 우리는 인용문과 관련해서 두 가지를 지적할 수 있다. 첫째, 크리스프가 말하는 필요성이라는 것은 예시적 역할, 혹은 달리 표현하자면 교훈적인 역할을 가

112 Crisp, "Divine Retribution," 37.
113 Augustine, *Enchir*, 25.29.

진 것으로 보인다. 하나님의 구원의 방식은 죄의 정당한 몫들이 분명하게 **드러나도록** 하는 것이었다. 따라서 엄밀하게 말해서, 이것은 하나님의 용서 자체에 필요한 것은 아니다. 이런 하나님의 용서가 어떤 특별한 교육의 기능을 갖기 위해 의도된 것일 때만 그것은 필연적으로 어떤 특별한 형태를 취할 것이다. 둘째, 우리는 우리가 마땅히 받아야 할 것이 어떤 수많은 다른 방식으로 성취될 수 있음을 알 수 있다. 하나님의 정의의 요구와 관련해서 그리스도의 죽음이 필요하다는 아우구스티누스의 설명은 충분히 명확하지 않다.

그렇다면 다음과 같은 질문으로 넘어가보자. 누가 예수를 처벌했는가? 아우구스티누스는 인류가 정당하게 죽음이라는 자신의 운명을 마땅히 받아들여야 한다고 주장하면서도 하나님이 그리스도를 처벌하셨다고 말하는 데까지는 나아가지 않는다. 그는 자신의 작품 전반에 걸쳐 하나님의 정의를 집행하는 이의 역할을 사탄의 것으로 여긴다. 동시에 그는 죽음의 정의를 주장하면서도 하나님과 죽음을 구별하려고 노력한다(지혜서 1:13). 그는 죄인의 죽음에 대해 이야기하면서 다음과 같이 말한다. "하나님 자신이 죄의 원인은 아니시다. 하지만 죽음은 죄인의 가장 정의로운 응보를 통해 그에게 영향을 주었다. 재판관이 범죄에 처벌을 내리는 것처럼 말이다. 하지만 죽음은 재판관의 정의가 아니라 죄악의 몫이다. 이것이 처벌의 원인이다."[114] 다른 말로 하자면, 죄로 인한 죽음은 인간이 스스로 자초한 일이다. 하나님이 처벌을 시행하시는 것이 아니라 우리가 우리 자신에게 처벌을 내린다.

그리스도가 인간 본성에 대한 처벌로 마땅한 죽음을 맞이하셨지만, 그

---

114 Augustine, *Trin.* 4.12.15.

분의 경우에 그것은 처벌로 간주될 수 없다. 처벌은 자신의 의지에 반하는 혹독한 대우를 요구하기 때문이다. "여기에 처벌은 영이 의지에 반해 몸을 떠나는 몸의 죽음 안에 있다. 그것이 자의적으로 하나님을 떠났기 때문이다."[115] 하지만 그리스도는 자기의 생명을 기꺼이 그리고 자유롭게 내려놓으셨다(요 10:17-18; 15:13). 따라서 중재자의 영은 죄의 처벌을 통하지 않고 그가 육신의 죽음을 어떻게 맞이하는지를 보여주었다. 그는 자신의 의지에 반해 그것(육신)을 떠난 것이 아니라 그가 원하셨기 때문에, 그가 원하셨을 때, 그가 원하신 방식으로 떠나신 것이다."[116]

이것이 중요한 점이다. 그것은 그리스도가 하나님에 의해 처벌을 받지 않았음을 함의하기 때문이다. 그리스도가 사실 하나님에 의해 처벌을 받으셨다면, 사탄 자신이 그리스도를 죽였다고 과도하게 확대하는 주장은 더 이상 유지될 수 없기 때문이다! 그리고 아우구스티누스가 『삼위일체론』 4권 전반에 걸쳐 단호하면서도 충분히 납득시키는 것이 엄밀하게 이런 주장이다. 사탄은 자신의 권한하에 있지 않은 무죄한 그리스도를 처벌함으로써 자신의 권한을 "박탈당했다." 그리고 아우구스티누스는 『삼위일체론』 13권에서 다음과 같이 말한다. "그렇다면 사탄을 정복한 의로움은 무엇인가? 예수 그리스도의 의로움을 제외한 어떤 의로움이 있단 말인가? 그리고 어떻게 사탄이 정복을 당했는가? 사탄이 그분 안에서 죽어야 할 만한 그 어떤 행위도 발견하지 못했음에도 불구하고 그분을 살해했기 때문이다. 그리고 그분이 채무자들로 소유하고 있던 우리는, 자신에게 어떤 빚도 지지 않았음에도 불구하고 사탄이 살해했던 그리스도를 믿음으로써 자유롭게 해방

115 Ibid., 4.13.16.
116 Ibid.

되는 일이 확실하게 정당하다."[117] 그리스도의 죽음은 사탄에 의해 저질러진 것이다. 사탄은 그리스도가 자신의 손아귀에 있었다고 부정의하게 생각했다(고전 2:8; 골 2:15).

그렇다면 분명하게 이 죽음은 정의의 오심이다. 그렇다면 왜 그러한 부정의한 죽음이 동시에 하나님의 정의와 하나님을 기쁘시게 하는 표현일 수 있는가?(사 53:10) 내가 생각할 때 아우구스티누스의 관점에서 간략하게 답을 하면 다음과 같다. 그리스도의 죽음은 **단순한**(*simpliciter*) 죽음으로서가 아니라, 그리스도가 부정의하고 잔인한 죽음에 직면해서조차도 아버지께 대해 순종한 정도로 하나님을 기쁘시게 한 것이다. 하나님을 기쁘시게 한 것은 일차적으로 그리스도가 죽었다는 사실이 아니라 그분이 인간을 대표해서 그리고 완전한 인간 존재로서 죽음에 직면해서조차도 자신을 희생제물로 드리셨다는 사실이다.

켈리(J. N. D. Kelly)는 아우구스티누스 안에서 "육체의 교리"에 대한 암시부터 대속론까지 속죄에 대한 다양한 주제가 있음을 발견했다. 이런 주제들이 중요하고 때로는 상당히 구체적으로, 특히 승리자 그리스도(Christus Victor)라는 주제로 연구되었지만, 그의 "중심 사상"은 "구속의 본질이 그리스도가 수난 가운데 우리를 위해 제물로 바친 자신의 속죄의 희생에 있다는 것이다."[118] 하지만 켈리는 희생과 처벌의 구분을 모호하게 하는 경향이 있다. "우리가 기대하는 것처럼 그것의 근본적인 정당화는 그리스도가 우리를 위해 대신하셨고, 그리고 무죄한 그분 자신이 우리가 받아야 할 처벌

---

117 Ibid., 13.14.18.

118 J. N. D. Kelly, *Early Christian Doctrines*, rev. ed. (San Francisco: HarperSanFrancisco, 1978), 392.

을 받으셨다는 것이다."[119] 하지만 형벌 대속이라는 이후의 논리와 이것을 혼동하지 않는 것이 중요하다. 비록 아우구스티누스가 분명하게 우리의 처벌을 담당하셨다는 것을 이야기하고 대속의 언어를 사용하지만 말이다. 그리스도의 죽음은 성자가 성부에게 처벌을 받았다는 의미에서가 아니라 모든 죽음이 형벌이라는 의미에서 확실하게 형벌이다. 하지만 아우구스티누스에게는 그런 생각의 흔적이 전혀 없다.

또한 켈리는 다음과 같이 지적한다. "아우구스티누스의 가르침은 전례가 없던 방식으로 그리스도의 사역의 모범적인 측면을 강조한다."[120] 속죄에 대한 전반적인 논의 내내, 아우구스티누스는 그리스도의 죽음이 비의무적인 본질, 즉 힘보다는 의로움에 우선을 두었음을 강조한다. 이것은 사탄의 야망과 우월감 그리고 인간의 행위와 뚜렷이 대조된다. 그리스도는 인간의 본성을 취하셨고 하나님의 자녀가 되는 것이 무엇인지를 자신의 신성-인성에서 보여주셨다. 그분은 온전한 순종을 보여주셨고, 이레나이우스의 말을 사용하자면 인간이 본래적으로 해야 할 일을 요약해 보여주셨다. 이런 방식으로 그분은 하나님을 기쁘시게 했다. 하지만 인간의 모습을 취하는 것은 죽음에 직면해서 살아야 한다는 것을 포함한다. 그분은 죽음을 피할 수 있는 능력을 가졌음에도 불구하고 죽음을 맞이하기로 선택하신다. 하나님을 만족하게 하고 화목하게 하는 것은 엄밀하게 말해서 죽음에 대한 그분의 태도다.

아우구스티누스는 육체적 죽음과 영적 죽음(계 20:6) 혹은 영혼의 죽음을 구분한다. 속죄가 회복하기로 한 것에는 죽음에 대한 인간의 병적인 태

---

119 Ibid., 393.
120 Ibid.

도도 포함된다. "인간들은 영의 죽음(곧 처벌의 몫보다 더 많은 처벌)보다 피할 수 없는 것, 즉 육체의 죽음을 피하려고 더 노력하기 때문이다(죄를 짓지 않는 문제에 대해서는 사람들이 염려하지 않거나 아주 조금 염려하지만, 죽지 않는 것은—비록 그것이 이룰 수 있는 것의 범위 안에 있지 않지만—간절히 원하는 바다).[121] 그리스도는 죽음에 대한 다른 접근 방식을 보여주신다. "생명의 중보자는 인간의 조건에서 지금 벗어날 수 없는 죽음을 두려워할 것이 아니라 믿음을 통해 경계해야 하는 불신앙을 두려워할 것이라고 분명하게 [말씀하셨다].[122]

우리가 아우구스티누스의 속죄론에서 단 하나의 논리를 찾고자 한다면, 우리가 쉽게 그것을 발견하지는 못할 것이다. 거기에는 논리적으로 항상 통합되지 않는 서로 맞물려 있는 논의들이 있다. 우리는 여기서 그와 같은 요소를 만난다. 그리스도의 죽으심이 하나님을 기쁘시게 하는 것은 정말로 그것이 인류가 받아야 마땅한 처벌을 보여준다는 사실에 있는 것이 아니라 죽음 가까이에 이른 그리스도가 모범적인 인간적 태도를 보여준다는 점에 있는 것이다. 그분은 죽음에 직면해서조차도 자신의 순종을 위해 적합하고 기쁨을 주는 희생제물이 되셨다. 이것이 하나님의 분노를 누그러뜨린 것이다.

그런 논증은 단순히 하나님을 위해 의도된 것이 아니라, 그분의 제자들의 삶에서 실제 결과를 가져온다(벧전 2:21; 4:1; 6). 이것은 우리를 도덕적 모범의 주제로 안내한다. 힘보다 정의(의로움)를 우선시한 아우구스티누스의 선택은 우리 자신의 권리를 주장하고 가능한 한 죽음에서 벗어나고자

121 Augustine, *Trin.* 14.12.15.
122 Ibid.

하는 우리의 유혹에 대해 시사하는 바가 크다.

"따라서 의로움은 비참함에서 더 수용될 만한 것이 되었다. 그분이 원하지 않으신다면, 비참함을 겪을 수 없는 매우 위대한 힘이 그분의 신성 안에 있었기 때문이다. 그리하여 죽으심을 통해 강함이 되신 그분에 의해 유한한 인간인 우리들에게 의로움이 부여되고 능력이 약속되었다."[123] 이것은 분명히 도덕적 모범에 관한 주제다. 로버트 도다로는 이것을 다음과 같이 높이 평가한다. "자기 몸의 지체들의 절망을 떠맡은 그리스도의 능력은 자신에게 고유한 미덕들을 그 지체들에게 되돌려서 전달해주는 그분의 능력과 일치한다." 그리고 "아우구스티누스는 이런 전달을 **'놀라운 교환'**(*mira commutatio*)으로 묘사한다. 그리스도는 이것에 의해 자신의 몸의 모든 지체가 경험하는 죽음의 두려움을 떠맡지만, 자신의 소망을 위로로서 그들에게 되돌려주신다."[124]

요약하자면, 아우구스티누스의 속죄론의 한 가지 중요한 요소는 그리스도의 죽으심을 특별히 하나님을 기쁘시게 하는 일로 해석한다. 이는 그것이 하나님의 처벌을 나타내기 때문이 아니다. 오히려 하나님은 인간 조건이 포함한 모든 것, 곧 무서운 죽음까지 포함한 모든 것을 떠맡은 아들이 육체의 파괴에 직면해서조차도 자신에게 완전히 순종한 것을 기뻐하셨다. 우리는 이런 속죄론을 희생 개념에 의해 대변되는 하나의 주류신학으로 해석할 수 있다. **하지만 형벌이라는 개념이 완전하게 사라진 것은 아니지만 여기서는 결정적으로 감추어졌다.** 그리스도는 인간이 되셨다. 그 결과 그분은 인간들이 항상 그렇게 하기로 의도된 것과 같은 방식으로, 곧 자기

123 Ibid., 13.14.18.
124 Dodaro, *Christ and the Just Society*, 106.

를 포기하는 순종으로써(빌 2:8) 하나님께 자신을 다시 되돌려드린다. 그리스도가 겪으신 죽음은 참으로 형벌이었다. 그것은 그리스도가 취하신 인간 조건에 상응하는 정당한 보응이기 때문이다. 이 개념은 절대적으로 필요한 것이다. 그리고 그것은 그리스도가 형벌에 대한 우리의 책임을 제거해주신다는 논리적 결론을 가져온다. 하지만 하나님은 그리스도가 형벌 받는 것을 보실 때에, 그 아들이 우리의 저주받은 처지에 대해 취하신 태도를 보시면서 기뻐하신 것처럼 기뻐하시지는 않는다.

아우구스티누스에게 응보 없이는 대표자가 없다. 십자가 없이는 성육신도 없다. 인간의 육체를 취하는 것은 죽음이라는 비참한 경험에 참여하는 것이기 때문이다. 이런 죽음은 정말로 정의로운 하나님의 응보다. 하지만 그리스도의 사역이 가진 화해의 측면은 그리스도의 고통이라기보다는 그분이 고통에 보인 반응이다. 그 결과는 의를 권하고 죽음에 대항하여 희망을 주는 삶이다.

요약

1. 정의에 관한 고대 개념의 분석은 신들이 이유 없이 용서를 베푸는 것과 관련해서 어떤 제재도 없었음을 보여준다. 정의는 일차적으로 질서로 이해된다. 신들의 의무는 범죄 행위에 대해 선호할 만한 반응으로 중재와 우호적인 타협을 통해 평화를 보존하는 것이다.
2. 고대 사상은 신들과 인류 사이의 관계를 규제하는 특별한 법을 포함하여 실정법을 의심스럽게 여겼다. 자연법 개념은 긍정적으로 수용되었다. 하지만 전반적인 태도는 하나님(혹은 신들)은 법률의 원리들

에 의해 제재를 받지 않는다는 것이다. 질서는 법률을 반드시 지키는 것에서 유지되는 것이 아니다. 공정성을 고려하는 것이 법의 엄정한 집행을 누그러뜨린다.

3. 고대 사상에 응보의 요소가 존재하기는 하지만, 당대의 많은 저술가가 이에 대해 정면으로 이의를 제기했다. 따라서 전반적인 양상은 정의와 관련하여 처벌과 보복을 요구하는 법률 중심주의와, 법의 궁극적 목적을 질서로 규정하는 도구주의 사이의 경쟁으로 요약된다.
4. 플라톤이나 아리스토텔레스도 추상적인 원리라는 명목하에 행해지는 응보를 요구하는 법률 중심주의를 옹호하지 않았다. 그들은 처벌의 회복적 기능이라는 명목으로 정당화되는 정의의 응보적 개념을 비판한다. 스토아주의와 로마법은 공정이라는 개념과 구체적인 상황에 관심을 집중하는 것의 중요성을 강조했다. 따라서 이것이 정의를 영혼의 덕목으로 마침내 내면화하는 방법을 제시했다.
5. 기독교 맥락에서, 우주적 배경으로 설정된 하나님의 응보라는 개념은 사탄이라는 인격체를 외적인 대상으로 삼는다. 따라서 하나님의 본질적인 자비는 (아우구스티누스까지) 그분의 진노로부터 분리된다. 이것은 니사의 그레고리오스가 하나님의 단순성 교리를 명백하게 지지했음에도 불구하고 그의 속죄론에서 발생하는 현상이다. 따라서 이는 그레고리오스가 하나님의 단순성 교리를 긍정하지 않음을 의미하기보다는 사랑과 진노라는 하나님의 속성들의 상관관계에 대한 중요성을 깨닫지 못했음을 의미한다. 니사의 그레고리오스는 정말로 정의가 하나님의 분명한 존재에 속했음을 긍정하지만, 자기 당대의 사람들과 마찬가지로 그 역시 진노를 하나님의 위격에 투사하는 것을 주저한다.

6. 하지만 정의는 교부 시대의 신학자들에게 지속적인 관심으로 남는다. 하나님과 사탄의 거래는 공정한 것이어야만 한다. 신적 속임수는 하나님의 임의적인 행동이 아니라 사탄의 행동에 대한 정당한 반응이다.
7. 아우구스티누스는 신적 정의가 인간의 정의 속에서 구현될 가능성을 부정한다. 그는 이런 연관성에 대한 키케로 식의 이해를 비판하는데, 결국 이것은 다시 규범이 된다. 그럼에도 아우구스티누스는 서구의 사고에서 이런 연관성을 항상 고려하게 만드는 흐름의 시초가 된다. 그것은 요한 둔스 스코투스와 마르틴 루터에 의해 계승될 것이다.
8. 하지만 아우구스티누스는 디카이오쉬네(*dikaiosynē*)를 인간의 영혼 안에 내면화시킨 플라톤에게 영향을 받은 것처럼 보인다. 따라서 그는 정의를 영혼의 올바른 질서로 이해한다. 그러나 이런 덕은 인간의 법을 통해 성취될 수 없다. 아우구스티누스는 법의 기능을 성충동을 완화하는 역할에 한정하면서 법에 관한 부정적인 견해를 갖고 있다. 법은 단지 죄악을 억제할 수 있을 뿐이며 법 자체는 덕을 갖춘 그리스도인의 본성을 야기하지 못한다. 그러한 도덕적 변혁은 하나님의 사랑이 주입되는 것을 통해서만 초자연적으로 일어날 수 있다.
9. 아우구스티누스가 사랑을 강조하는 것은 더 나아가 처벌에 대한 시정적 이해를 가져오며 그로 하여금 교회의 역할을 세속 국가의 응보주의를 완화하는 것으로 보게 한다.
10. 형벌에 관한 이런 유보적 관념들은 속죄에 대한 아우구스티누스의 이해에 반영되어 있다. 비록 그가 대속과 화목이라는 언어를 사용하지만, 그는 미끼라는 모티프를 지속적으로 사용하며 그리스도의

죽음의 필요성을 확언하는 데까지 나아가지는 않는다. 그리스도는 "대리적 희생"으로서 자신을 드린다.

11. 아우구스티누스의 도덕적 모범론은 부정할 수 없는 것이다. 그리스도는 추상적 정의(일종의 법률 중심주의)의 균형을 회복하시기보다는 사랑을 영혼에 주입해서 영혼을 다시 정돈하려고 하시는 것이다. 이것만이 하나님의 정의를 충족한다.

ATONEMENT, LAW, AND JUSTICE

The Cross in Historical and Cultural Contexts

2장

중세의 속죄와 법 혁명

법의 재등장

법은 교부 시대 이래로 속죄론에 큰 영향을 끼치지는 않았다. 하나님은 자신이 모세에게 주신 율법 위에 계신 분이기 때문에(요 1:17; 롬 10:4; 갈 3:24), 그분이 자신의 용서를 시행하시면서 법을 간과할 수 있다고 생각하는 것은 아주 자연스러운 것이었다. 어떤 규정된 인간의 실정법도 신의 정의에 근접할 수 없다. 하나님의 절대적인 초월성이 그와 같은 단편적인 비교를 불가능하게 한다. 이것은 하나님의 존재가 정의와 동일시될 수 없음(신 32:4; 살후 1:6)을 말하는 것이 아니라 정의는 하나님의 절대적인 속성 중 하나이기 때문에, 그것은 알려질 수 없고 인간 정의와는 더더욱 비교조차 될 수 없음을 말하는 것이다.

신의 초월성에 대한 플라톤의 개념과 죄의 보편성에 대한 기독교의 확신들은 인간의 정의에 대한 아우구스티누스의 이해 속으로 들어온다. 키케로의 정의 개념에 대한 아우구스티누스의 비판은 중세 초기에 영향력이 매우 컸고, 우리가 앞으로 살펴보겠지만, 키케로의 개념들은 완전히 제거된 것이 아니었다. 하지만 법에 대한 중세 초기의 태도를 분명하게 보여주는 것은 정치에 대한 아우구스티누스의 다소 회의적인 시각이다. 지상 국가는 결코 하나님의 정의에 도달할 수 없기 때문에, 그것은 기껏해야 "성욕", 권력에 대한 충동과 속임수를 완화하는 것으로서의 법의 기능을 목표로 한다. 그리스도인들은 여전히 좋은 시민이 되어야 한다. 하지만 아우구스티누스는 이것을 그리스도인들이 적법한 통치자들의 권위에 겸손하게 복종해야 한다는 의미로 말한다. 그리스도인들이 법과 정치를 통해 공적인 영역에 참여하는 것은 자신들의 목적에 도달하는 데 있어 본질적인 요소가 아니다. 본성은 지상 국가에의 정치적 참여에 의해 완전해지지 않고 오직 은혜에 의해 하나님 나라에서만 완전해진다.

법과 평화

법의 목적이 정의를 확립하는 데 있지 않다면, 그렇다면 그것은 오직 육체의 욕망들을 완화하는 역할만을 취할 수 있다. 법의 목적은 평화를 유지하는 것이다. 그것은 대부분 잘못들을 객관적으로 올바르게 하는 것과 관련이 있는 것이 아니라 평화를 재확립하고자 대립을 중재하고 단속하는 것과 관련이 있다. **로마의 평화**(*Pax Romana*)는 인간 정의의 이상으로 남아 있다. 우리는 아우구스티누스 안에서 인간의 법들을 변혁하고 구속해야 할 어떤 신학적 동기도 발견할 수 없다. 이런 것들은 타락한 인간 본성의 필요조건들이지만 그것들은 신의 어떤 계시로서 취해질 수 없는 것이다.

우정, 평화 그리고 질서라는 고대 그리스의 이상들이 동방 교부들에게는 원시적인 것으로 여겨진 반면에, 그와 유사한 로마의 이상들은 11세기까지 영향력을 끼쳤다. 내가 제안했듯이, 속전에 대한 다양한 은유들은 확실히 유용한 것으로 사용되었다. 신학은 하나님과 인류의 관계와 관련해서 최소한의 기능을 법에 부여했기 때문이다. 법은 인간들 사이에서 구속력을 갖지만, 하나님을 속박하지는 못한다. 그것은 타락한 인류에게 유감스럽지만 꼭 필요한 것이다.

서구 문화가 법, 곧 인간의 법률 안에서 보편적이고 합리적이며 신적인 특성을 재발견했을 바로 그때 속전 모델(ransom model)이 사라지기 시작한 것은 우연이 아니다. 이번 장은 중세 시대부터 속죄를 다룬 주요한 신학자들, 곧 캔터베리의 안셀무스, 페트루스 아벨라르두스, 토마스 아퀴나스, 그리고 요한 둔스 스코투스에 초점을 맞추어 11세기부터 15세기까지 법의 재등장에 관한 이야기의 단편들을 상술한다. 이 신학자들 사이에 많은 차이점이 존재함에도 불구하고, 그들은 **신법**(*lex divina*)뿐만 아니라 인간법에 높은 가치를 부여하는 데 일치한다. **신법은 신과 인간의 관계를 위한 틀을 제공한다.**

아우구스티누스는 로마가 이민족에게 점령당한(기원후 410) 이후 430년에 죽는다. 로마 제국의 점진적인 정복과 해체는 중요한 사회적 변화, 그중에서도 특히 법적인 제도와 관련해서 변화를 가져왔다. 비록 "중세 시대 동안에 로마법에 대한 연구는 완전하게 멈춘 적이 단 한 번도 없었지만", 로마 제국의 쇠퇴는 그것과 함께 법적 제도의 쇠퇴를 가져왔다. 유스티니아누스가 6세기에 체계화했던 보편법은 성문법이든 불문법이든 간에 관습법에 의해 유지되던 법적 권위의 쇠퇴와 붕괴에 자리를 내주었다. 미신과 비이성적인 관습을 가진 통속적인 법(folk law)은 유럽 전역에 걸쳐 규범적인 것이 되었다. 기독교는 (일정 기간 동안) 그런 체계를 개혁하려는 의지도 능력도 없었다. 오히려 법은 객관적이고 엄격한 구조보다는 사람들 사이에 있는 실제적인 사회적 연대에 기반을 둔 보다 인간적인 것이 되었다. 뛰어난 법률사가이고 종교역사가인 해롤드 버만은 다음과 같이 주장한다. 11세기 전에는 법이 "일반 관행으로부터 분리되지"[1] 않았다. 그때는 법이 보편적으로 적용가능하고, 합리적이며, 규범적인 신의 정의를 보여주는 일련의 규칙들과 개념이라는 인식이 없었다.

버만은 기독교가 봉건적이고 통속적인 법체계와 결탁했다고 주장한다. 기독교는 그것들에 문제를 제기하지도 않았을 뿐만 아니라 그런 체계

1 Harold J. Berman, *Law and Revolution: The Formation of the Western Legal Tradition* (Cambridge, MA: Harvard University Press, 1983), 78.

의 몇몇 관습들을 신학적으로 정당화하기까지 했다. 예를 들면 내재하는 초자연적인 힘들을 긍정하는 게르만족과 기독교 신학은 신성 재판(ordeal)과 면책 선서(compuragation)[2] 같은 게르만족의 법체계를 옹호했다. "게르만 종교, 그리고 게르만족을 처음으로 대체한 기독교는 초자연적 힘들이 자연의 영역에 내재한다는 것을 전제했다."[3] 하나님은 무죄한 사람의 편에 서 계시기 때문에, 그분은 개입하셔서 착한 사람을 변호하실 것이라고 가정되었다. 비록 이런 관행들이 이미 9세기에 인기를 잃어버렸지만, 그럼에도 그것들은 중세와 게르만족의 법체계들의 상태를 나타내준다.

캔터베리의 안셀무스는 시대에 뒤처진 것으로 여겨지던 중세 초기의 법과 11-12세기에 유럽 전역을 휩쓸었던 혁명적 사상들의 경계를 넘나들었다. 12세기의 르네상스부터 법에 관한 새로운 개념이 확고하게 자리를 잡았다.

법적 혁명

여기서는 이런 혁명으로 이어진 역사적·정치적 요소들에 대한 충분한 설명을 시도할 수 없다. 유럽은 잔인한 분열에서 서서히 벗어나기 시작했다. 11세기 중반에 인구가 현저하게 증가했고 특히 도시의 인구가 늘어났으며, 그것과 함께 원거리 무역이 회복되었다. 이런 변화는 대단히 의미심장한 것이어서 이를 가리켜 진정한 교역 혁명이라고 부르기에 손색이 없다.

---

2 이것들은 법정에서 증인의 증언의 진실성을 증명하는 방법들이다. 이것들은 일반적으로 위험하고 고통스러운 육체적 고통을 겪게 하여 증인이나 피의자를 시험하는 것을 포함했다. 몸에 난 상처가 치료된다면, 증인이나 피의자는 결백하거나 신뢰할 수 있는 사람으로 여겨졌다. 신성 재판은 물이나 불을 사용하는 것을 포함했다. 또한 결투가 사용되었다.

3 Ibid., 64.

11세기 후반에 유럽의 회복은 무어인들에게서 스페인을 되찾고 나뉘었던 프랑스를 합병하는 것과 함께 순조롭게 진행되고 있었다. 어떤 이는 클뤼니에서 일어난 수도원 개혁 또는 시토수도회를 통한 개혁을 언급할 것이다. 그것은 교회 전체를 통틀어 수도회 규율과 법을 체계화화고 통일했다. 무역과 도심지 인구의 증가는 교육을 회복하고 고대 자료들, 특히 아리스토텔레스의 작품들을 재발견하는 일을 촉발했다. 우리가 앞으로 살펴볼 것처럼, 이런 재발견이 신학적 합리성에 대한 이해와 더욱이 하나님의 정의에 대한 깊이를 성찰하는 우리의 능력에 급진적인 결과를 초래한 것이었다.

이런 모든 변화들이 결합하여 "그 당시 서방의 법률 관행보다 도시 상업 사회의 요구들에 훨씬 더 잘 맞는 법질서 구조의 필요성을 만들어냈다."[4] 마치 유럽 전역의 학자들이 고대 법률 자료들에 몰두하는 것처럼 보였다. 유스티니아누스의 『칙법』과 『학설』 전체를 당대에 사용할 수 있게 된 것은 로마법의 부흥을 촉발했다. 아리스토텔레스의 재발견과 논리학의 재탄생은 새로운 유형의 법률가들에게 법을 체계화할 수 있는 도구를 제공했다. 버만이 다음과 같이 주장하는 것처럼 말이다. "로마의 법률들이 공정하고 정확했기 때문에, 그것들은 새로운 진리와 정의를 발견하는 데 자명한 것으로 추론될 수 있었다. 하지만 그것들은 시대적 격차, 모호성 및 모순들도 포함하고 있었기 때문에, 그것들은 마찬가지로 논증을 통해 추론해야만 했다. 즉 문제들이 제기되었고 분류와 정의가 내려졌으며, 반대 의견들이 진술되었고, 갈등이 조정되었다."[5] 정치가 점점 더 중앙집권화 됨에 따라,

---

4 James Brundage, *The Medieval Origins of the Legal Profession: Canonists, Civilians, and Courts* (Chicago: University of Chicago Press, 2008), 77.

5 Berman, *Law and Revolution*, 141.

새로운 학파들과 새롭게 등장한 전문 "법률가들"이 채택하고 해석한 로마법이 봉건적이고 관습적인 법을 더디지만 확실하게 대체했다.

이 모든 변화의 주요 수혜자는 가톨릭교회일 것이다. 서임권 논쟁은—교회가 지방 영주에게서 주교의 자리를 구매하던 성직 매매를 정죄하면서 국가로부터 독립을 획득한—교회와 유럽 국가의 역사에서 중요한 분기점이 되었다. 교황은 오직 자신만이 그런 권위 있는 자리에 사람을 임명할 권한을 갖는다고 주장했다. 따라서 11세기 후반, 곧 캔터베리의 안셀무스가 저술 활동을 하기 시작했던 시기에, 교황은 봉건 영주 및 왕들과 갈등을 겪고 있었다. 안셀무스는 교회의 편에 서서 직접적으로 이 다툼에 개입했다. 국가에 대한 가톨릭교회의 승리는 궁극적으로 법의 승리를 보증했다. 레미 브라그는 다음과 같이 말한다. "법의 개념을 중세 기독교 사상의 중심에 되돌려준 중대한 지적인 사건은 11세기 후반의 '교황 혁명'(papal revolution)과 함께 시작한 교회법의 일관성 있는 체계의 발전이었다."[6]

이 역사적 사건 이후로 모든 것이 바뀌었다. 교회(와 신학)는 법과 동의어가 되었다. 저명한 중세 연구가인 질리언 에반스(Gillian Evans)가 지적했던 것처럼, 중세 중기(12-13세기)의 사상에서는 법의 종이 되는 것과 교회의 종이 되는 것 사이에 모순이 없었다. 법과 신학은 근대인들의 생각에는 너무 이질적이고 수치스러운 것처럼 보이는 방식으로 자주자주 뒤섞였다.[7]

제임스 브런디지(James Brundage)는 다음과 같이 말한다. "개혁운동의 정점에 있던 캔터베리의 영향력 있던 대주교 란프랑코(Lanfranc, 1090)와 안셀무스(Anselm, 1109)는 상당한 법률 교육을 받은 사람들이었고, 자신들이

---

6 Rémi Brague, *The Law of God: The Philosophical History of an Idea* (Chicago: University of Chicago Press, 2007), 217.

7 G. R. Evans, *Law and Theology in the Middle Ages* (London: Routledge, 2001).

섬기는 왕들이 교회법의 규정들을 준수하게끔 하도록 강력한 의지를 가졌던 것은 아마도 우연이 아니었다."[8]

이런 변화에서 중요한 점은 무엇인가? 그것은 얼마나 중요한가? 이와 관련해 의견은 급진적인 새로운 시작을 인식했고 11세기의 정의 개념과 11세기 이전의 정의의 개념 간의 불연관성을 강조했던 열정적인 버만부터 아우구스티누스의 정의에 대한 사상이 중세 전체를 거치는 동안 온전히 유지되었음을 주장했던 안톤 허만 크루스트(Anton-Hermann Chroust)에 이르기까지 다양하다.[9] 연관성과 부인할 수 없는 변화를 동시에 강조하는 것이 아마도 현명하게 처신하는 것일 것이다.

버만에 따르면, 11세기 이후에 법은 신성하고, 자존하며, 스스로 진화하는 존재로서 발전한다. 인간이 신의 정의에 근접할 수 있는 능력에 대해서 회의적이었던 플라톤과는 반대로, 11세기와 12세기의 법률가들은 법을 신의 정의와 연결할 수 있다고 믿었다. 중세 신학에서 아주 중요한 자연법 개념은 학자들에게 인식론적으로 접근할 수 있는 기준을 제공했다. 그들은 이 기준에 따라서 인간의 실정법을 비판할 수 있었다. 신의 영역과 인간의 영역을 나눈 플라톤과 아우구스티누스의 이해는 더 이상 수용되지 않았다. 대신에 중세 사상가들은 다음과 같은 몇 가지 신학적 주장들에 대해 깊은 확신을 가지고 있었다.

1. 인간의 정의는 신의 정의에 참여한다. 우리는 신의 정의의 깊이를 탐구할 수 있고 탐구해야만 한다.

---

8 Brundage, *Medieval Origins*, 80.

9 Anton-Hermann Chroust, "The Function of Law and Justice in the Ancient World and the Middle Ages," *Journal of the History of Ideas* 7 (1946): 298-320.

2. 따라서 인간의 실정법을 신의 정의와 근사하게 만드는 것이 가능하다.
3. 인간법의 권위는 자연법에 대한 충실함에서 나온다. 불일치가 드러난다면, 실정법은 법의 특성을 갖지 못할 것이고 따라서 권위를 가졌다는 법의 주장은 파기될 것이다.
4. 법은 신과 인간의 관계를 위한 틀이다. 이것은 우리가 아래에서 살펴볼 주장이다.

이런 주장들은 확실히 다양한 변화를 겪게 될 것이다. 예를 들면 하나님이 자신의 법과 맺으시는 특별한 관계에 관한 논쟁이 13세기에 대두될 것이며, 또한 같은 시기에 인간법이 갖는 권위의 기원에 대해서도 이의가 제기될 것이다. 모든 저술가가 위의 주장들에 대해 동일한 정도의 열정을 갖지는 않았지만, 그들은 신과 인간의 관계를 중재할 수 있고 인간의 목표와 선들을 성취하는 틀을 설정할 수 있는 법의 능력에 대한 새로운 확신을 대변한다고 말할 수 있을 것이다. **정의에 대한 견해는 일반적으로 화해론적 접근에서 법률기반적 접근으로 변화하고 있다. 이런 접근에서 정의는 감정 혹은 사회적 연대에서 독립된 자유로운 것으로 작동하고, 이성적으로 추론할 수 있으며, 그리고 가장 중요한 것으로 신적 정의와 부합한다.**

클레르보의 베르나르두스(Bernard of Clairvaux)가 12세기에 주장한 것처럼, 모든 사람이 정의롭게 행동할지라도 법은 여전히 존재할 것이다. 하나님의 법은 하나님 자신이 스스로 준수하시는 법이다(*quod ipse ex ea vivat*).[10]

10 Evans, *Law and Theology*, 13을 참고하라.

캔터베리의 안셀무스(1033-1109)

안셀무스는 하나님의 정의에 대해 추측하는 것을 두려워하지 않는다. 플라톤주의자이고 실재론자(이후에 어떤 중요성을 획득하는 분류)인 그는 새로운 논리적 기초 위에 자신의 신학을 견고하게 정립한다. 우리는 하나님의 속성들에 대해 추측할 수 있고 추측해야만 한다. 그분의 속성들은 궁극적으로 하나다(하나님의 단순성 교리). 그리고 정말로 우리는 실정법이 자연법에 일치하는지를 시험할 수 있다. 우리가 앞으로 보게 될 것처럼, 비록 안셀무스가 인간의 정의와 하나님의 정의가 엄격하게 구분된다고 주장하지만, 그 둘은 관련이 있다. 인간의 정의가 하나님의 정의에 참여하는 한에서만 인간의 정의라는 것이 존재한다. 더욱이 하나님의 정의는 정부의 제도를 통해 인간사에서 작동한다.

이 두 가지 개념은 새로운 것이 아니다. 사실 안셀무스의 비판가들은 속죄에 대한 그의 이해 전체가 봉건적이고 게르만적인 정의 이해에 근거했음을 빠르게 지적한다. 이런 진술이 타당성이 없는 것은 아니지만, 사실은 **안셀무스의 사상이 정의와 속죄에 대한 고대의 개념들, 당대 상황과 관련한 법률적 요인들, 그리고 법에 대해 완전히 새로워진 생각을 포괄한다**는 것이다. 과거(및 현재)와 연관성을 갖는 요인들 그리고 결정적으로 미래의 신학을 바꾸게 되는 방식으로 현재의 논의를 넘어 나아가는 안셀무스의 창조적인 방식을 모두 강조하는 것이 중요하다.

승리자 그리스도의 요소들은 응보에 대한 부분적인 강조와 함께 여전히 그의 사상 안에서 분명하게 나타난다. 정의에 대한 화해적이고 응보적인 개념들은 분명하게 구분되는 부분들을 갖고 있지만, 우리가 앞으로 살펴볼 것처럼 **안셀무스는 응보적 요소를 하나님의 계획 안에 있는 매우 엄격**

한 역할로 제한한다. 곧 궁극적으로 하나님의 구원의 행위는 처벌에 대한 것이 아니라 시정에 관한 것이다.

안셀무스, 아우구스티누스 그리고 법률 중심주의

안셀무스의 시대에 신학은 교회법의 점진적인 형성 및 공표와 관련된 법률화 과정에만 아니라 수도원의 참회 관행에도 결정적으로 관여했다. 물론 그 과정은 13세기와 14세기에 가서야 완성될 것이지만 말이다. 아돌프 폰 하르나크(Adolf von Harnack)는 많은 다른 비판가처럼 안셀무스가 참회의 행위를 자신의 새로운 신학의 원리로 만들어 자신의 신학을 순전히 법률 중심주의가 되게 했다고 비판한다.

이것은 희화적으로 묘사한 것이지만, 참회의 행위가 안셀무스 신학에서 정말로 중요한 역할을 한다. 특히 죄에 대한 분명한 참회를 규정하는 것에서 말이다. 죄와 속죄 사이의 동등성의 원리 그리고 비례의 원리는 안셀무스 신학에서 틀림없이 나타난다. 더 이상 죄가 초자연적 힘, 개인의 한계를 초월한 힘, 그리고 악마적인 힘이 아니라 거의 수량화할 수 있는 것이 된다. 다시 말하지만, 이것이 안셀무스를 관대하게 이해하는 것은 아닌데, 우리가 그에게 공감을 하길 원한다 해도 (질서로서) 법이 사람들 사이에서 그리고 인간과 하나님 사이에서 어떤 의미 있는 관계를 위한 맥락을 형성한다는 것은 사실로 남아 있다. 버만은 다음과 같이 주장한다. "『하나님은 왜 인간이 되셨는가?』에서 안셀무스의 신학은 법의 신학이다."[11] 그럼에도 처음부터 나의 결론을 말하자면, 안셀무스의 신학을 냉정한 법률 중심주의

11 Berman, *Law and Revolution*, 180.

로 말하는 것은 너무 지나친 단순화일 것이다.

사실 안셀무스는 법에 대해 그런 식으로 말한 적이 없다.[12] 그는 하나님의 의지에 대해 이야기하는 것을 선호한다. 비록 그의 서신은 그가 법과 하나님의 의지라는 용어를 동의어로 다루는 것을 보여주지만 말이다. 이와 관련해서 안셀무스는 철저하게 아우구스티누스주의자다. 하나님의 정의는 사람들이 마땅히 받아야 할 몫에 따라서 보상이 주어지는 게 아니라 하나님의 본성에 적절한 것, 하나님에게 적절한 것, 곧 최고의 선으로 생각된 것에 따라서 주어지는 것으로 보인다. 알리스터 맥그래스는 빚에 관한 안셀무스의 신학을 법률적 상황과 연결시키는 손쉬운 해석에 이의를 제기한다. "안셀무스는 몇몇 부주의한 비판가들이 주장하는 것처럼 정의에 관해 당시 만연한 세속적인 설명을 인정하기는커녕, 이미 사람들이 갖고 있는 형태의 분배적 정의 혹은 응보적 정의에서 구속에 대한 신학적 논의를 분리하는 것을 목표로 한다."[13] 따라서 안셀무스의 주요 관심은 하나님의 본성 자체와 일치하는 정의론을 형성하는 것이다. 하지만 그가 이 개념에 도달하자마자, 그것은 하나님이 자신의 본성에 따라서 법을 준수할 필요가 있다는 의미가 되어버린다. 아우구스티누스와 결별한 안셀무스에게 고유한 것은 이런 필연적인 측면이지만, 그것은 중세 시대에 결코 정통으로 받아들여지지 않은 측면이다.

크라우스(Crouse) 역시 안셀무스의 정의(*iustitia*) 개념 이면에 아우구스티누스가 있다고 지적한다. 정의에 관한 근본적인 정의는 의지의 올바름이다. 우리가 앞으로 살펴볼 것처럼, 이것은 근본적으로 정의에 대한 윤리적

12 Brague, *Law of God*, 216.
13 Alister McGrath, *Iustitia Dei: A History of the Christian Doctrine of Justification*, 3rd ed. (Cambridge: Cambridge University Press, 2005), 76.

이고 개인적인 이해다. 그럼에도 안셀무스는 자기 시대의 법적인 범주, 특히 "만족"이라는 범주에서 정의를 이해한다. 이것은 안셀무스의 전체 개념이 그런 의미에서 법률 중심주의임을 의미하는 것은 아니다. 우리는 안셀무스가 (영주의 궁정에서 사용한) 실정법에서 차용해온 비유들이 그의 논증의 궁극적인 신학적 지향을 모호하게 만들도록 허용하지 말아야 한다.

죄는 하나님의 것을 그분께 드리는 데 실패한다는 의미에서 빚이 된다. 이 빚은 그와 관련해 어떤 무상의 용서가 전혀 가능하지 않는 한 하나님에게 반드시 갚아야 한다. 이 특별한 빚을 갚을 수 없기 때문에, 죄인/범죄자에게는 두 가지 선택, 곧 **처벌 혹은 만족**(*aut poena aut satisfactio*)만이 남아 있다. 이것은 안셀무스의 논증의 첫 번째 부분을 매우 간략하게 요약한 것이다. 그다음에 안셀무스는 그리스도만이 하나님께 적합한 만족을 제공할 수 있는 유일한 분이라고 주장할 것이다. 우리는 이런 논증을 자세히 살펴볼 것이지만 지금은 그 논증의 첫 번째 부분과 관련해 두 가지 구별되는 측면을 관찰할 것이다. 첫째, 앞서 살펴본 것처럼 안셀무스는 정의가 의지의 올바름이라는 강한 개인적 개념을 바탕으로 신학을 전개한다. 아담이 지속적으로 정직한 행동을 하는 데 실패함으로써 근원적인 빚을 초래했던 것처럼, 의지의 올바름이 사라지자마자 하나님은 인류가 이 올바름을 회복하는 과정에 필연적으로 참여하신다. 둘째, 회복의 과정은 그 빚을 되갚는 순간을 무시할 수 없다. 만족이라는 봉건(혹은 로마 시대?) 개념이 논의에 등장한다. 그리고 대부분의 비판가에게는 바로 이 지점이 정의에 대한 개인적 논의가 차갑고 산술적인 추상성과 법률 중심주의의 객관성을 획득하는 지점이다. 지금 우리는 엄격한 동등성, 비례성, 무한성 등등에 대해 논하고 있다. 정말로 구원은 그리스도의 공로에 대한 유사 물리적인 (혹은 형이상학적) 참여에 의해 궁극적으로 전해진다.

반복하자면, 안셀무스의 정의에 대한 논의—이에 대한 비판가들이 분명하게 없지는 않지만—와 인간의 빚에 대한 신적인 해결책에 대한 논의 사이에는 분명한 긴장이 존재한다. 이 두 개의 논의는 고대 이론들과 안셀무스가 매우 주된 역할을 했던 새로운 시대 사이의 연속성과 불연속성의 요소들을 드러낸다.

먼저 정의에 대한 개념을 살펴보자. 안셀무스는 『왜 하나님이 인간이 되셨는가?』에서 다음과 같은 정의에 대한 몇 가지 경쟁적인 정의를 선택한다. 정의는 최고의 선을 향해 나아가는 행동이다. 맥그래스가 논평하는 것처럼, 여기서 근본적인 개념은 올바름인데, 정의는 올바름의 도덕적 측면이라고 할 수 있다.[14] 안셀무스는 『진리론』(*De veritate*)에서 그와 동일한 개념을 주장한다. 정의는 의지의 올바름(*rectitudo*) 자체를 유지하는 것이다.[15] 따라서 정의는 질서를 무반성적으로 유지하거나 혹은 심지어 아무런 의도를 갖지 않고 유지하는 것이 아니라 질서 그 자체를 자유롭게 의지하고 긍정하는 것이다. 돌들이 질서를 유지한다고 해서 그것들이 정의로운 것은 아니다(그것들은 높은 곳에서 떨어뜨렸을 때 땅 위로 떨어진다). 정의롭기 위해서는 이성적 본성을 취해야 한다. 하지만 우리가 어떤 특정한 일들을 행하는 이유는 그러한 행위들이 정의와 관련이 있기 때문이다. 이와 관련해 브라우어(Brower)는 안셀무스가 어떤 유익을 위한 행위(행복주의)가 아니라 그것들 자체를 위한 행동에 정의를 고정하는 의무론적 윤리의 창시자라고 말한다.

하지만 정의에 대한 이런 개념은 사물들에 대한 신적으로 의도된 질서라는 개념을 포함한다. 여기서 개인의 차원은 이미 어떤 형이상적 차원에

---

14 Ibid., 56.

15 Anselm, *De veritate* 12.

의해 적합하게 되었다. 정의는 지식으로부터 독립된 것이 아니라 그것을 전제한다. 올바른 질서를 자유롭게 주장하기 위해서는 사물들의 올바른 질서(자연법)를 알아야만 한다. 이와 관련해 두 가지 종류의 비판이 가능하다.

첫째, 안셀무스가—철학자들만이 형상의 세계(따라서 질서)를 알 수 있는 사람들이기 때문에 오로지 그들만이 정의와 도덕을 획득할 수 있다는 불합리한 주장을 포함하는—"플라톤적 망상"[16]에 빠져 있다는 비판이 제기되고 있다. 하지만 우리는 진정으로 플라톤의 이원론을 벗어난다. 모든 이들이 안셀무스와 함께 자연법의 지식을 소유하기 때문이다. 그들은 옳고 그름을 알고 그것들을 구분한다. 정의는 우리가 올바름 자체를 위해 옳은 것을 선택할 때를 말하는 것이다. 안셀무스의 우주는 질서정연한 구성물이고, 자유롭고 이성적인 존재들이 그 우주에 살고 있다. 그 존재들은 이상적으로 실재에 대한 최근의 질서를 자유롭게 긍정한다. 실재는 솔직하고 알려질 수 있는 질서와 구조를 갖고 있다. 그러한 존재론이 어떻게 옳음과 그름에 관한 목록을 요구하는지를 아는 것은 어렵지 않다. 법률 중심주의에 대한 비난으로 이어지는 것은 자연법의 접근성을 강조하는 것일 수 있지만, 이것이 결코 완벽한 설명이 아니라는 것을 잊어서는 안 된다. **어떤 행위의 도덕적 특성은 단순하게 그 행위로 구성된 것이 아니라 그 특별한 행위 안에 있는 의지의 경향으로 구성되어 있다.** 따라서 우리는 분명하게 객관적인 기준, 곧 법과 그 기준에 동의하는 의지의 필요성도 갖고 있다. 우리는 법률 중심주의와 멀리 떨어져 있지 않지만, 안셀무스는 확실히 법률 중심주의자가 아니다.

---

16 Sandra Visser, Thomas Williams, *Anselm*, Great Medieval Thinkers (Oxford: Oxford University Press, 2009), 202-7.

이것은 우리를 두 번째 비판으로 이끈다. 몇몇 저자들은 안셀무스의 철학이 단순하게 현실을 긍정하는 방식에 대해 개탄했다. 안셀무스는 자신의 신학에서 위계적인 봉건 질서를 사물들의 자연 질서로 단순히 재현한다. 예를 들어 죄의 심각함은 그 희생자의 사회적 신분에 비례하는 것으로 간주되었다. 콜린 건튼(Colin Gunton)은 안셀무스의 주장이 강압적이지 않았고, 안셀무스는 권리와 의무—이것이 없다면 사회는 무너진다—로 이루어진 질서를 유지하기 위해 봉건 질서의 임무를 단순하게 인정했다고 주장한다. 하지만 티모시 고린지(Timothy Gorringe)는 이런 질서 유지가 응보를 통해 일어나야만 한다는 생각을 분명하게 반대한다. 그에 따르면, 정의와 응보의 동일시는 범죄와 처벌 간의 상응관계 및 일단의 동등성을 당연한 것으로 생각하는데, 이는 그 자체가 부정의한 것이다. "정의의 필요성에 대한 추상적인 생각은 그때에도 지금처럼 항상 억압을 승인했다."[17]

이것은 확실히 강력한 비판이다. 우리가 5장에서 살펴볼 것처럼, 그와 같은 지적은 특히 오늘날에 적절하다. 하지만 그것은 안셀무스의 논증의 중요 원리—즉 사물들에는 기본적인 질서가 있다는 것—에 이르지 못했지만, 봉건 사회가 그런 질서를 유지한다는 그의 경험적인 이해에는 이른 것처럼 보인다. 게다가 안셀무스가 이런 경험적인 이해를 형성하려고 했는지조차 분명하지 않고 단지 그가 희생자의 신분과 죄의 심각성 사이의 관계를 입증하기 위해 사회적 비유를 활용했다는 것만 분명하다. 안셀무스가 실제로 자신의 논증을 펼치는 데 필요한 위계 구조는 하나님과 인간 사이의 "존재론적 차이점"이다. 따라서 비록 안셀무스가 개별적인 법에서 가져

17 Timothy Gorringe, *God's Just Vengeance: Crime, Violence and the Rhetoric of Salvation*, Cambridge Studies in Ideology and Religion (Cambridge: Cambridge University Press, 1996), 101.

온 비유를 사용하지만, 그것은 "그렇게 사용되면서 완전히 쓸모없게 되었다."[18]

정의에 대한 안셀무스의 접근은 특별히 신학적인 것임을 보여줄 뿐 아니라 (질서로서의) 법-이것은 하나님 자신에게 제약을 가한다. 물로 외부에서 그분의 본성에 제약을 가하는 것은 아니다-에 대한 그의 강조 역시 정의에 대한 로마 개념과 게르만족의 개념을 넘어서는 결정적인 변화를 나타내준다. 이것은 우리가 잊지 말아야 하는 (로마와 게르만족의) 두 가지 체계 사이의 연관성으로 우리를 다시 이끈다. 안톤 헤르만 크루스트(Anton-Hermann Chroust)에 따르면, "중세 사상가들은 본래 법과 정의는 공공의 평화와 질서를 위해 **현재 상태**의 조화로운 유지를 참된 목적으로 삼는다는 전통적인 철학적 관점의 신학적인 형태임을 공언했다."[19] 정말로 비록 11세기부터 법이 보편적이고 피할 수 없는 것이 되었지만, 중재와 화해라는 법의 주요 목적은 종교개혁 시대와 근대 국가가 형성되는 시기에 분명하게 퇴색될 때까지 지속해서 남아 있었다. 버만은 로마의 형법과 관련해서 이 점을 확증한다. 로마의 형법은 "특별히 초기에 그리고 유스티니아누스 시대에 특정 범죄의 도덕적 특성과 관련이 거의 없었다. 오히려 그것은 오늘날 이익의 보호와 정책의 집행이라고 부르는 것과 관련이 있었다."[20] 다른 말로 하자면, 죄에 대한 엄중한 반응은 없었고, 마땅한 응보를 요구하는 격노도 없었다. 내가 말하려는 요점은 때때로 주장되는 것처럼 중세 전성기에 용서에 대한 망설임이 없었다는 것이다. 어려움은 (법을 중시하는) 새로운

18 John McIntyre, *Anselm and His Critics: A Re-interpretation of the Cur Deus Homo* (Edinburgh: Oliver & Boyd, 1954), 80.

19 Chroust, "Function of Law and Justice," 320.

20 Berman, *Law and Revolution*, 192.

시대가 출범하고 정착되어가는 와중에도 (중재, 화해 그리고 평화를 중시하는) 구시대의 양상이 잔존하는 변혁의 시기의 본질을 포착하려고 시도하는 데 있다. 이 과정은 종교개혁 시기까지 완성되지 않을 것이다. 이 시기에 범죄는 단순히 개인을 적대하는 행위가 아니라 법 자체를 적대하는 행위이고, 따라서 용서를 뛰어넘는 것이다. 중세 시대에는 "용서의 금지"라는 사고가 존재했다는 쉐일러 매튜(Shailer Matthew)의 주장은 어떤 가능한 역사적 시대에 금지되었던 용서의 개념을 가정하는 것이거나, 혹은 단지 명백하게 잘못된 역사적 평가일 것이다. 봉건적 관습과 게르만족의 관습뿐만 아니라 새롭게 재발견한 로마법은 실제로는 중재를 선호했다.

안셀무스의 비범함은 객관적인 법이 불법 행위에 대해 객관적인 시정을 요구한다는 것을 (부분적으로) 파악했다는 데 있다. 그는 (일시적 죄에) 응보적 정의라는 개념을 완화하고 억제함으로써 결정적으로 중세의 여론을 넘어 나아간다.

죄, 범죄 그리고 처벌

안셀무스의 속죄 교리의 핵심은 그의 원죄 신학이다. 죄는 간단히 말해서 하나님께 마땅히 드려야 할 몫을 그분에게 드리지 않는 것이다. 하나님께 마땅히 드려야 할 것은 우리의 순종과 자연법을 통해 접근 가능한, 하나님이 지으신 질서에 대한 긍정이다. 아담의 죄는 **올바름**(*rectitudo*) 자체를 지키지 못한 것이다. 그래서 원죄의 본질은 타락한 인류의 의지에 결여된 도덕적인 올바름이 유전되는 것이다. 사람들은 더 이상 자신들의 이성적 본성을 하나님께 자유롭게 복종시킬 수 없다. 아담의 원래의 의로움은 그에게 주어졌던 것, 곧 획득될 수 없었던 것이다. 하지만 그렇게 한번 주어지면,

그 의로움을 지키는 것은 그의 책임이다.

이와 관련해서조차도, 안셀무스는 당대 게르만족의 여론을 훨씬 넘어 나아간다. 버만이 다음과 같이 지적했던 것처럼 말이다.

> 한때 죄는 소외의 상태, 곧 인간의 연약함으로 이해되었다. 하지만 지금 그것은 특정한 잘못된 행위 혹은 욕망 또는 생각으로 이해되고 있다. 이런 것은 일시적 고통으로 현세에서나 혹은 내세에서 처벌을 받아야만 한다. 특정한 잘못된 행위 혹은 욕망 혹은 생각이 처벌받는 것과 관련해서 그리고 일시적 고통과 관련해 어떤 종류로 어느 정도 처벌받는지에 대해서 첫 번째로는 하나님이 성경에서 계시해주신 도덕법에 규정되어 있고(신법), 두 번째로는 인간의 마음과 정신에 새겨져 있다(자연법). 하지만 그것은 교회의 실정법에 의해 더욱 더 명확해져야 했다.[21]

차이는 아주 분명하다. 11세기 이전의 신학(그리고 동방 신학)에서, 죄는 치료를 받아야만 하는 것이었다. 더욱이 참회는 응보가 아닌 훈육과 시정의 행위였다. 11세기부터, 참회는 이와 다르게 응보적 의미를 함축한다. 하지만 안셀무스는 응보를 현세적 죄들에 제한한다. 우리가 살면서 저지른 죄와 관련해 우리는 처벌받을 수 있기 때문이다. 하지만 원죄에 대해서는 그렇지 않다. 원죄를 완전히 무효화하는 적절한 처벌이 없기 때문이다.

버만은 안셀무스 안에 있는 죄와 범죄에 대한 모순된 이해와 지배 개념들을 강조한다.

---

21 Ibid., 171.

속죄론에 근거한 죄와 처벌에 대한 새로운 개념들은 복수에 대한 대안으로 제시된 화해라는 게르만족의 용어로, 혹은 억제와 시정이라는 플라톤의 용어로, 또는 하나님과 이스라엘 사이에 맺은 언약이라는 구약성경의 언어로 정당화되지 않는다(비록 이 세 개의 이론의 요소들이 모두 나타나지만 말이다). 안셀무스와 서구 신학에서 그를 따르던 그의 후계자들이 제시한 중요한 변론은 정의 개념 자체다. 정의는 모든 죄(범죄)가 현세적 고통으로 처벌받는 것을 요구한다. 하지만 그 고통, 곧 처벌은 죄의 행위에 적절한 것이어야만 한다. 그리고 이는 침해되었던 특정한 법이 옳았음을 입증한다(침해된 것에 복수한다).[22]

따라서 게르만족이나 봉건 시대의 용어에 비추어 안셀무스를 간단하게 설명할 수 있을 것 같지는 않다. 죄에 대한 그의 개념과 죄에 대한 적절한 반응은 문화적 예상을 넘어선다.

우리는 안셀무스의 속죄론에 대한 논의로 나아가려고 한다. 나는 지금까지 속죄론의 서론에 대해, 즉 안셀무스는 하나님의 정의를 그분의 본성에 적합한 것으로 이해했고, 또한 인간의 정의를 의지의 올바름으로 이해했다고 묘사했다. 우리는 축복을 받기 위해 창조되었다. 이런 축복은 하나님이 주신 선물이다. 타락 이후에 하나님은 더 이상 이 선물을 인류에게 주실 수 없다. 인류가 하나님에게 죄라는 빚을 지고 있는 동안은 말이다. "인간은 하나님이 그에게 주시기로 계획하셨던 것을 어떤 수단에 의해서도 그분에게 받을 수 없고 또 받지도 말아야 한다. 그가 하나님에게서 받은 모든 것을 그분께 돌려드리지 않는 한은 말이다."[23] 하지만 하나님의 목적은 실

---

22 Ibid., 183.

23 Anselm, *Cur Deus Homo* [여기서부터는 약자로 *CDH*로 표기] 1.23.246; 또한 1.24.250을 참고하라.

패할 수 없다. 어떤 것을 창조하시고 그다음에 그것이 파괴되는 것을 보거시나 혹은 그것의 죄에 대한 반응으로 그것을 그분 스스로 파괴하시는 것은 하나님의 본성에 반하는 것일 것이다. (무한한 범죄에 대한 적절한 종류의) 처벌은 안셀무스가 결코 갖고 있지 않던 선택 사항이다. 그의 창조론과 신의 목적에 관한 교리는 하나님이 그분의 계획 중 처형을 그분 자신에게 의무로 지우는 것이 하나님의 관점이라는 안셀무스의 견해를 보여준다. 하나님이 우리를 이와 같은 종류의 피조물—즉 복을 성취하기로 예정된 사람들—로 창조하셨다면, 하나님은 우리를 구원하셔야 한다. 따라서 어떤 필연성이 획득된다. 하지만 이런 필연성은 그분의 의지뿐 아니라 하나님의 본성과 관련이 있음을 이해하는 것이 중요하다. 하나님이 그런 존재들을 창조하시기를 시작하신 이상, 그분은 그들이 궁극적인 목적에 도달하는 것을 보기 위해 스스로 전념하실 것이다. 하나님이 그분의 목적을 성취하시는 것을 방해하는 것은 역사적인 인간의 빚이다. 지금 우리는 안셀무스의 속죄론의 두 번째 부분, 곧 다양한 이유로 인해 가장 불만족한 것처럼 보이는 부분을 다루고자 한다. 속죄론의 이 부분에 대한 그의 설명은 별개의 구성된 부분으로 구분할 수 있다.

하나님의 은혜로운 용서의 불가능성

안셀무스의 제자 보소(Boso)가 제안하는 것처럼, 하나님이 자신의 목적을 성취하시도록 할 수 있는 하나의 선택지는 하나님이 단순하게 용서하심으로써 죄를 없애주시는 것이다. 안셀무스는 서둘러 이런 제안을 일축한다. 앞서 말한 것이 정확하다면, 안셀무스는 단순히 용서에 대한 금지조항에 묶여 있던 시대의 자녀는 아니다. 그가 하나님의 용서를 구하는 극단적인 상황을 초래하는 것은 쉬웠을 것이다. 특히 이것은 현 상황, 곧 창조의 질서와 평화를 유지할 것이기 때문이다. 그가 이런 선택지를 거부하는 이유는 신학적이고 철학적인 것이다. 그런 선택지의 가장 큰 걸림돌은 하나님의 본성에 대한 그의 개념이다. 이 논증에서 드러나는 것은 초월적 정의와 일치하는 하나님의 본성에 대한 이해다.

하나님이 만족할 만한 보상을 받지 않고 그 죄를 간단하게 완전히 없애셨다면, 그분은 "죄의 단속자"(*ordinator peccatorum*)임을 그만두셨을 것이다. 따라서 하나님은 세상에 대한 그분의 목적을 방해하고 손상을 가할 수 있는 우발적인 사건을 경험하실 것이다. 이것은 불가능한 일이다. 안셀무스는 보소의 제안에 대해 되풀이해서 하나님에게 "적합한" 것을 주장한다. 우리는 아래에서 이 주제를 다룰 것이다. 무상의 용서를 반대하는 다른 비슷한 논증은 다음과 같은 것이다. 정의는 지금 법에 의해 규제된다(정의와 공존하는 것으로서 법에 대한 그의 호소를 주목하라). "죄가 갚아지지 않고 처벌받지도 않는다면, 그것은 법의 지배를 받지 않는 것이기 때문이다." 하지만 이것은 "부정의를 하나님처럼 만든다. 하나님이 법의 지배를 받지 않으신 것처럼, 그렇게 부정의도 법의 지배를 받지 않는다."[24] 오직 하나님만이 자신의 행위와 어떤 외적인 법에 의한 사고에서 결정되지 않거나 제약을 받지 않으신다. 부정의(하나님의 법령에서 벗어난 것에 대한 안셀무스의 용어)는 가차없이 빚을 갚는 것으로 이어지지 않고, 그것은 어떤 법에도 지배받지 않으시는 하나님과 맞먹는다.

하나님이 법에 지배받지 않으신다고 말하는 것은 하나님이—자신과 영원히 존재하는—그분 자신의 본성과 실존 밖에 있는 어떤 외적인 법에

---

24 Anselm, *CDH* 1.12.218.

지배받지 않으신다는 것을 의미한다. 안셀무스는 하나님이 그분 자신의 존재의 법, 곧 최고의 정의를 제외한 어떤 법에도 속박되지 않으신다고 동일하게 말했을 것이다. 그는 하나님이 하실 수 있는 것과 하실 수 없는 것을 결정하면서 하나님께 적합한 것 혹은 적합하지 않는 것의 원리를 예로 드는 것을 부끄러워하지 않는다. "하나님이 어떤 것을 원하신다면, 그분은 어떤 부적합하지 않는 것을 원하시는 것이 옳은 것이다."[25] 하나님이 부적합한 것을 원하신다고 주장하는 것은 모순이다. 따라서 하나님이 거짓말하는 것을 원하신다는 말이 그분께 부적합한 것처럼(그래서 그분은 거짓말을 하지 않으신다), 하나님이 빚을 갚지 않는 그런 종류의 자비를 베푸는 것은 그분에게 부적합하다. 우리가 하나님의 속성들에 대해 숙고하고 이해를 추구할 때, 우리는 그것들 각각의 관계 안에서 그것들을 살펴봐야 한다. 이 경우에 하나님의 연민은 그분의 위엄과 상충하는 것처럼 보여서는 안 된다.

> 우리는 이런 것들[하나님의 자유와 선택 그리고 연민]이 하나님의 위엄과 상충하지 않는 것처럼 해석해야만 한다. 최선의 것 혹은 적합한 것과 관련한 것을 제외하고는 거기에 어떤 제멋대로 하는 것이 없기 때문이다. 그뿐만 아니라 하나님의 성품에 부적절한 어떤 것을 하는 것이 자비라고 불려서도 안 된다. 더욱이 하나님이 바라시는 것이 정의라고 그리고 그분이 정말 원하시는 것이 부정의라고 말할 때, 우리는 다음과 같이, 곧 하나님이 부적절한 것을 바라셨다면, 단순하게 그분이 그것을 바라셨기 때문에 그것은 정의로운 것일 것이라고 이해하지 말아야 한다.[26]

---

25 Ibid., 1.12.219.

26 Ibid., 1.12.205.

이것은 그의 작품 전체에 걸쳐 일관되게 나타나는 주장이다. 그는 『프로슬로기온』(*Proslogion*)에서 그 주장과 거의 동일하게 다음과 같이 다시 진술한다. "하나님이 불쌍히 여기지 않으셔야만 한다면, 그분은 부정의하게 불쌍히 여기시는 것이다."[27] 우리는 하나님의 개별 속성들을 정의하지만, 우리는 그것들이 각각 다른 것을 적합하게 한다는 사실을 잊지 말아야 한다. "비록 어떻게 그대의 연민이 그대의 정의와 조화되지 않는지를 이해하기가 어렵지만, 우리는 그것이 조금도 정의를 적대하지 않는다는 사실을 반드시 믿어야 한다. 그것은 선에서 나오기 때문이다. 이 선은 정의가 없는 선이 아니다. 오히려 그것은 정의와 진정 조화되는 선이다."[28]

하나님과 우주에 대한 안셀무스의 통찰력은 하나님이 가장 적합한 것에 비추어 정하신 조화로운 전체에 대한 것이다. 하나님께 가장 적합한 것과 가장 적합한 것이라고 추론되어 보이는 것 사이의 모순은 없다. 믿음은 그 자체가 이성과 일치하는 것, 그리고 정의에 대한 우리의 직관과 일치하는 것을 보여준다. 안셀무스는 "그리스도와 무관하게" 이런 결론에 도달한다. 다른 말로 하자면, 그는 엄밀하게 말하자면 이교도들에게 기독교 신앙의 합리성을 진술하기 위해 성경의 증언을 의도적으로 배제한다. 인간의 질서와 하나님의 질서 사이에 연결고리를 제공하는 것이 적절성이라는 이름으로 포장된 "법"이다. 하나님은 인간과 맺는 관계에서 그분 자신의 법과 자신을 연결한다. 이 법과 정의는 다름 아닌 하나님의 존재 자체다. 안셀무스가 다른 곳에서 주장하는 것처럼 말이다.[29] 무상의 용서를 불가능하게 하는 것은 하나님의 본성이다.

---

27 Anselm, *Proslogion* 9.60. 『모놀로기온/ 프로슬로기온』(아카넷 역간).

28 Ibid., 9.62.

29 Anselm, *Monologion*, 15.26.

처벌인가 만족인가

안셀무스는 하나님에게 (직관적으로) 적절한 것이 무엇인지를 다루는 비슷한 논의에서—하나님의 계획을 망쳐버린—죄로 인한 인류의 타락은 어떤 방식에 의해 되돌려지고 시정되어야 한다고 주장한다. 하나님은 축복과 행복을 주기 위해 인류를 창조하셨다. 이 행복은 인간이 정의롭게 되는 것에 대한 보상으로 하나님이 주시는 선물이다. 하나님은 인류에게 이 선물을 주시길 바라셨지만, 우리가 하나님께 아주 큰 빚을 지고 있는 한 그분은 단순히 우리에게 그것을 주실 수 없다. 하나님이 "정의의 방식에 따라서" 행동하신다면, 선택지는 두 가지가 남아 있다. 하나님은 영원한 저주로 인류의 영혼을 처벌하시거나, 아니면 그 죄와 관련하여 적절한 만족이 제공되어야 한다.

영원한 처벌이 그 죄에 대한 유일하게 적절한 처벌이다. 그 죄는 하나님의 영원한 본성에 반하여 저질러졌기 때문이다. 여기에 자유재량권이나 협상의 여지는 없다. 하지만 이렇게 된다면, 하나님은 인간들을 제거하기 위해 그들을 창조하신 것으로 여겨질 것이다. "적합함" 논증을 고려한다면, 이것은 견지될 수 없다. 하나님이 나중에 파괴하기 위해 무엇인가를 창조하셨다는 논리는 하나님의 존재에 적합하지 않다. 하나님은 절대적으로 지혜로운 분이 아니실 것이기 때문이다.

유일한 다른 가능한 선택은 만족에 관한 것이다. 로마법이 적용되던 봉건 사회나 구약성경, 그리고 참회에 관한 교회법적 관행에서는 처벌과 동등한 것이 주어져야만 했다. 비례성에 관한 필요성은 내가 묘사한 법적 이미지에 부합한다. 중세 시대에 법체계의 목적은 여전히 최소한의 보복 수단을 추구하면서 중재하는 것이다. 만족의 개념은 그런 판례에 매우 적합하다.

공정한 만족은 희생자에게서 빼앗은 것을 다시 그에게 되돌려주는 것뿐만 아니라 좀 더 주는 것을 포함한다. 이것은 현대인들에게도 낯설지 않은 개념이다. 배상 개념은 만족 개념에서와 동일한 통찰력으로 현대에 정의를 구현하는 방식이다. 균형은 빼앗긴 것을 돌려주는 단순한 방식으로 정당화되지 않는다. 게다가 어떤 것들은 대체될 수 없다. 예를 들면 어떤 대상이 가진 정서적인 가치는 다른 대상이 가진 것으로 쉽게 대체할 수 없다. 대체할 수 없는 상실감은 정확하게 그 만족이라는 행위에 포함된 나머지 것이 해결하려는 것이다. 그렇다면 만족은 그 범죄에 비례해야만 한다.

하지만 그 범죄란 무엇이고, 그것은 어떤 종류의 만족을 요구할까? 그 범죄는 죄다. 죄란 하나님이 주신 의지의 올바름을 유지하지 못함으로써 하나님에게 마땅히 그분의 몫을 되돌려드리지 못하는 것이다. 안셀무스에 따르면, 하나님은 인간이 사탄의 유혹을 잘 견디는 것에 자신의 명예를 거셨다. 하나님의 명예는 자기 스스로 하나님께 불순종하고 타락한 사탄과 달리 이 유한한 피조물이 유혹 아래에서조차도 하나님께 신실하게 남아 있을 것임을 그분이 증명하실 수 있는지에 달려 있다. 인류는 사탄의 유혹에 굴복함으로써 하나님의 명예를 빼앗았다. 이 불명예는 하나님의 목적들이 (현재의 조건 아래에서는) 더 이상 성취될 수 없다는 사실에 기인한다. 인류가 하나님께 빚을 지고 있는 한 행복할 수 없기 때문이다. 안셀무스는 다음과 같이 요약한다. "거룩하게 창조된 인간은 낙원에 거주했다. 말하자면 그는 사탄의 유혹에 굴복하지 않음으로써 사탄을 정복하고, 하나님의 명예를 회복하는 동시에 사탄을 부끄럽게 하고자 하나님과 사탄의 사이, 곧 하나님의 처소와도 같던 곳에 거주했다. 비록 사탄이 강하고 하늘에 거주하더라도 그를 유혹하는 어떤 것 없이 죄를 지었지만, 약하고 지상에서 거주하던 인간은 악마에게 유혹을 받을지라도 죄를 짓지 않아야만 했다."[30]

인간이 하나님께로부터 취해온 것은 바로 사탄에 대한 하나님의 승리의 가능성이었다. 안셀무스가 어떻게 고대의 이해를 뒤집는지를 주목해보자. 인류는 더 이상 사탄의 영향력에서 벗어날 수 없는 나약한 의지 박약자로서 묘사되지 않는다. 사람들은 이런 상황에 처하는 것을 그들 스스로가 결정하고, 정의는 인간들 스스로가 이런 상황에서 벗어나는 것을 요구한다. 따라서 인류가 하나님과 화해하는 것은 불가능하다. "인간이 사탄에게 굴복함으로써 그분의 명예를 빼앗았던 것처럼 사탄을 정복함으로써 하나님께 영광을 돌리지 않는 한은 말이다."[31]

이것이 안셀무스의 속죄론에서 사탄이 보여주는 역할의 정도다. 이런 대립은 하나님과 인간 사이에 있다. 피조물과 인간은 하나님께 속했다. 하나님은 어느 누구의 요구에도 지배당할 수 없으시다. 안셀무스는 고대의 속죄론에 대해 공감하지 않는다. 리처드 서던(Richard Southern)은 다음과 같이 말한다. "안셀무스는 창조세계 전체에 대한 하나님의 지배에 관해 아주 단호하고 획일적인 견해를 갖고 있었기 때문에 그는 하나님의 위대하심을 약화시키는 어떤 견해도 받아들일 수 없었다."[32] 이런 전략에는 분명한 장점과 단점이 있다. 우리가 언급할 수 있는 분명한 강점 중 하나는 죄의 심각성에 마땅한 관심을 기울이게 하는 것이다. 그 이전의 속죄론은 죄의 개인적 차원이 곧 노예상태의 본질이라는 점을 적절하게 설명하지 못했고 인간의 책임을 약화시키는 경향이 있었다. 하지만 안셀무스의 속죄론에는 단

30 Anselm, *CDH* 1.22.244.

31 Ibid., 1.22.245.

32 Richard W. Southern, *Anselm: A Portrait in a Landscape* (Cambridge: Cambridge University Press, 1992), 209.

점도 있다. 안셀무스는 하나님이 우리를 구원하시는 기제에 대한 **설명**을 제안하는 데 굉장한 강수를 둔다. 인류와 하나님 사이에 어떤 가능한 거래가 발생했고, 어떻게 그것이 설명될 수 있을까? 설명에 대한 바람이 안셀무스를 필요한 지점으로 이끈다. 이런 설명이 가능하려면, 어떤 이론 체계는 하나님과 인간에게 똑같이 적용되어야만 한다. 그 이전의 견해들은 우주적 승리의 서술로 쉽게 후퇴했다. 이것은 많은 것을 설명해주지 못한다. 반대로 스콜라주의의 노력은 이 신비의 깊이에 대한 합리적인 탐구를 위한 것이었다.

죄에 대한 그리스도의 만족

안셀무스가 완전한 파멸에 대한 유일한 대안으로 만족의 필요성을 역설하자마자, 그 논증에서 필요한 다음 단계는 인간에게 만족이 필요함에도 불구하고 인간이 배상(satisfaction)을 하는 것은 불가능하다는 것을 보여주는 것이다. 인류는 하나님께 선물로 드릴 수 있는 모든 것을 그분에게 이미 빚지고 있다. 지금 필요한 것은 하나님의 영광을 만족시킬 수 있는 선물이다. 하지만 인류는 이것을 제공할 수 없다. 인간의 죄성과 "인간의 죄와 관련해서 하나님께 지불해야 할 가격이 하나님을 제외한 모든 우주보다 더 큰 것이어야만 하기"[33] 때문이다.

당연히 어떤 사람도 그러한 것을 소유하지 않았다. "하나님이 소유하신 것보다 더 가치 있는 것을 하나님께 드릴 수 있는 사람은 모든 것뿐만

33 Anselm, *CDH* 2.6.258.

아니라 그분보다 더 위대해야 하기 때문이다."[34] 인류는 그런 노력을 할 수 없는 것처럼 보인다. 오직 하나님만이 그것을 하실 수 있다. 하지만 만족시켜야만 하는 것은 엄밀하게 인류다. 이것이 안셀무스로 하여금 신-인의 필요성을 주장하게 한 것이다.

『왜 하나님이 인간이 되셨는가?』 2권 대부분은 그리스도의 만족의 필요성과 충분성을 증명하는 일에 전념한다. 신-인으로서 그리스도는 자신이 하나님께 빚지고 있지 않은 것, 즉 자신의 죽음을 하나님에게 드린다. 이 선물은 그리스도의 신성 때문에 무한한 가치를 지니고 있다. 하나님은 답례로 그리스도에게 이 선물, 곧 그리스도에게는 필요 없지만 그분이 그것을 부여하기로 선택한 사람 누구에게나 구원할 수 있는 선물을 보상하신다. 결과적으로 그리스도는 위대한 업적을 획득하셨고, 이런 업적은 성도들에게 전가할 수 있는 것이다.

그리스도는 타락한 인간 본성을 갖지 않으셨다. 따라서 그분은 사멸하는 존재로 태어나지 않으셨다. 죽음은 죄의 결과이고 그분은 아버지에게 온전히 순종하셨기 때문에 죽지 않고 죽음을 다스릴 수 있는 권세를 갖고 계셨다. 하지만 그리스도는 아버지에게 온전히 순종하기 위해 자신의 생명을 버리기로 선택하셨다. "그분의 생명이라는 선물은 인간의 모든 죄를 능가하는 것이다." 그것은 하나님의 손상된 명예를 충분히 보상한다.

하나님은 그에 대한 답례로 그리스도에게 필요 없는 보상을 부여하신다. 이 보상이 없다면, 죽기까지 하나님께 순종하신 그리스도의 모범적인 죽음은 쓸모없는 것이 될 것이다. 그리스도 말고도 다른 모범들이 있었다. 인류가 무능력해지고 그러한 어려움에 처하게 된 것은 모범이 없어서가 아

34 Ibid.

니다. 그것은 이런 수단들에 의해 구원할 수 없는 빚이었다. 따라서 안셀무스가 그리스도의 삶과 죽음의 모범적인 기능을 분명하게 자신의 설명에 포함시켰음에도 불구하고, 그는 그리스도의 모범을 속죄의 주요 기제로 만든 모든 속죄론에 치명상을 입힌다.

> 사람들이 그리스도의 보상을 받는 이들이 되지 않는다면, 확실하게 그들은 헛되이 그분을 본받는 것일 것이다. 자신의 소유가 차고 넘쳐서 이 유산이 필요 없으신 그분은 자신의 부모나 형제들보다 누구를 더 정당하게 유산의 상속자로 삼으실 수 있을까? 그분이 아주 엄청난 빚에 짓눌려 자신의 깊은 비참함 속에서 빈곤을 통해 쇠약해진 매우 많은 사람을 보셨을 때, 그분이 사람들의 죄에 의해 발생한 빚을 면제해주시고 그들의 범죄가 몰수했던 것을 그들에게 주시는 것보다 더 적합한 것이 무엇이란 말인가?[35]

페트루스 아벨라르두스(1079-1142)

극적 이론과 만족론은 속죄에 관한 객관적인 이해로서 보통 기술된다. 속죄론의 근본적인 이점은 신자들이 속죄의 전용과 상관없이 얻는 어떤 선과 관련이 있다. 극적 이론과 만족론은 속죄의 일을 완결된 것으로 묘사하고, 속죄가 신자의 삶에서 전용될 필요가 있지만 신자의 주관성에 호소할 필요가 없는 것으로 정의할 수 있다. 우리는 아벨라르두스 안에서 소위 주관주의를 만난다. 하지만 우리는 이런 구분들을 너무 엄격하게 받아들일 필요

35 Ibid., 2.19.299.

가 없다. 이런 명칭은 아벨라르두스가, 그리스도가 보여주신 도덕적 영향뿐만 아니라 모범을 강조하는 한 정당화된다. 하지만 객관적 요소들이 그의 사고에서 완전히 부재한 것은 아니다. 정말로 그의 작품에는 몇몇 전통적인 요소들이 나타나는데, 이런 요소들은 간과하지 말아야 할 것들이다. 더욱이 지금까지 논한 세 가지 속죄론은 일종의 거래를 포함하며, 이 거래는 수용하는 데 도움이 되도록 완결된 것을 요구한다. 극적 이론은 그리스도가 성취하신 승리를 보여준다. 이 승리는 신자들에게 전용되어야 한다. 반면에 만족론은 그리스도의 공로를 제안한다. 우리는 그분의 공로에 참여해야만 한다. 마지막으로 도덕적 영향론은 그리스도가 명백하게 보여주신 사랑을 제안한다. 우리는 이 사랑을 우리 안에 유입해야만 한다.

유명론과 윤리

속죄에 대한 아벨라르두스의 독특한 견해는 그의 뚜렷한 로마 가톨릭적 구원론(칭의의 이해, 사랑의 유입 그리고 성례전)과 그의 유명론 및 윤리에 의해 규정된다. 이 분야에서 그의 연구는 속죄에 대해 독특한 접근법을 제안했다.

아벨라르두스는 온건한 유명론자라고 말할 수 있다. 즉 그는 보편자들이 객관적으로 존재하는 것을 부정한다. 보편자들은 단어들(*voces*)이고, 존재하는 것들은 오직 개별자들뿐이다. 이것은 우리가 보편자들에 대해 이야기하는 것을 그만두어야 함을 의미하지 않고 논리적 엄격함은 우리로 하여금 실재하는 것들과 보편자들을 혼동하지 말고 그런 개념들에 대해 추론할 때 우리가 논하는 것을 의식할 것을 요구함을 의미한다. 이런 발전은 속죄론에 대해 약간의 흥미로운 난제를 야기한다. 한편 정의는 더 이상 인간의 정의가 참여해야 하는 보편자가 아니다. 그것은 자기 스스로 자립하는 어떤 "것"이 아니다. 인간의 본성도 우리가 인간으로서 참여하는 어떤 실체가 아니다. 오직 개별적인 인간 존재들만이 존재한다. 죄도 마찬가지다. 그것은 출생을 통해 유전되는 실체가 아니다.

이런 범주들이 신학에서 더 이상 사용되지 못하도록 사라진 것은 아니지만 그런 범주들에 대한 아벨라르두스의 설명은 그것들을 전통적인 방식으로 사용하지 못하게 한다. 따라서 인간의 본성은 추상적으로 "치유될" 수 있는 것이 아니다. 원죄 역시 우리에 대한 지배권을 갖고 있지 않을 뿐 아니라(극적이고 정교회적인 죄의 인격화를 참조하라) 우리 어머니의 모태에서 우리에게 부과된 것도 아니다. 인간의 본성 및 죄 그리고 정의는 인간의 정신이 만든 실체들이다. 우리가 그리스도의 존재에 공통적으로 참여하는 것뿐만 아니라 아담의 본성에 공통적으로 참여하는 것을 이해하는 것이 유명론자들에게는 훨씬 더 어렵다.

보편자들에 대한 부정은 결정적으로 아벨라르두스를 개인주의자의 방향으로 이끈다. 하지만 아벨라르두스가 개별자들 이외의 모든 실체를 부정하길 원하는 것은 아니다. 핵심은 이런 실체들이 존재하는 곳에서 일어나는 활동뿐만 아니라 그것들을 설명하는 우리의 방식이 논리적으로 결함을 가졌다는 것이다. 개별적인 것들을 넘어서는 관계들과 같은 것들이 있지만, 우리는 그것들에 대해 자연적이고 용인 가능하며 합리적 용어들로 이야기해야만 한다. 어떤 이는 정말로 아벨라르두스의 과제를 모종의 변증, 곧 신학이 사용하는 개념적 도구를 정화하는 것으로 이해하고자 노력할 수 있다. 보편자들과 같은 개념들, 예를 들어 인간 본성과 같은 개념은 동력이 약화된 부차적인 도구들이다. 우리는 이런 용어들이 묘사하려고 추구하던 실체들을 분명하게 설명하기 위해 새롭고 상식적인 도구들을 사용할 필요가 있다. 이와 관련해서 아벨라르두스의 비범함은 죄의 유전과 신의 사랑의 유입에 대해 자연스런 설명을 추구하는 것이다.

아벨라르두스의 유명론은 우리가 지금 설명하는 법률적 궤적과 일치한다. 추상적 정의에 대한 그의 유명론적인 검토는 법을 선호하는 것을 막지 못했다. 그것과 아주 다르게, 버만에 따르면 아벨라르두스에게 크게 영향을 받은 유명론은 "법을 체계화하는 움직임에서 없어서는 안 될 역할을 했다."[36] 버만이 덧붙이는 것처럼, 정의라는 추상적 개념은 특정한 법률 조항이나 제도들을 도출하는 것을 어렵게 만들었을 것이다. 유명론은 개념과 단어 사이의 논리적 연결을 탐구하면서 새로운 실정법과 제도를 창출하는 하부 구조를 제공했다.

만족론에 대한 아벨라르두스의 반대가 법에 대해 보편화된 다양한 전제들의 배경에 대한 반발로 이루어졌다는 사실을 주목하는 것은 흥미롭다. 우리는 법의 부흥으로 나아가는 통합된 궤적을 다른 많은 미묘한 담론에 의해 교차되는 것으로, 그리고 이 더 큰 추진력을 상황화하는 것으로 생각할 필요가 있다. 12세기는 법을 형성하는 것에 관여하는 시대였지만, 그 시기는 법과 인간의 관계에 대해서도 상세히 기술한다. 진 포터(Jean Porter)는 12세기의 전체적인 동향은 경직된 법률 중심주의를 넘어선 것이었다고 말한다.[37] 아벨라르두스는 그의 윤리학이 진술하는 것처럼 그 운동을 분명하게 대표하는 사람이었다. 그럼에도 아벨라르두스의 유명론은 법 개념 자체를 공격한 것은 아니었다. 그런 공격이 확실하게 일어날 것이지만, 우리가 그것을 목격하기 위해서는 우리 시대의 지적인 상황이 도래하기까지 기다려야만 한다.

---

36 Berman, *Law and Revolution*, 141.

37 Jean Porter, "Responsibility, Passion, and Sin: A Reassessment of Abelard's *Ethics*," *The Journal of Religious Ethics* 28, no. 3 (2000): 367-94.

아벨라르두스는 하나님의 도덕법을 분명하게 중시한다. 하나님의 법은 선한 것이이고(시 19:8; 93:5; 롬 7:13-16), 이성이 이것을 입증한다. 내 안에 또 다른 법이 있지만(롬 7:23), 즉 죄와 욕망의 법이 있지만, 하나님의 법은 거룩하고 온전하다. 진 포터는 다음과 같이 설명한다. 아벨라르두스의 유명한 논증이 죄를 (욕망, 감정, 혹은 성향이 아니라) 의지의 선택과 연결하지만, 그는 개인적인 감정으로 이루어진 대체할 수 없는 사적인 표현보다는 오히려 의무와 권리에 대한 객관적 관계를 반영하는 법의 엄격함에 비추어 죄를 생각한다. 그가 지금 염두에 두는 것은 죄와 죄책을 정념에 위치시키는 오랜 전통이다. 따라서 공로나 죄를 이루는 내적 선택은 입법가이신 하나님을 존경하거나 무시하는 행위로서 법의 객관적 성격에서 가치를 취한다.[38]

죄

윤리에 대한 아벨라르두스의 개념화는 안셀무스의 윤리 개념에서 한 걸음 더 나아간다. 브라우어가 안셀무스의 윤리를 의무론적 윤리로 분류하는 것이 옳다면, 아벨라르두스의 윤리는 상황 윤리로 묘사될 수 있을 것이다.[39] 안셀무스가 어떤 행위의 도덕적 가치를 의지의 성향—이것은 분명하게 아담의 타락 이후에 손상되었을 것이다—에 위치시켰지만, 아벨라르두스에게 도덕적으로 적합한 요소는 이런 성향에 대한 의식적 동의다.

안셀무스에게 죄란 의지가 방향 감각을 완전히 상실한 것이다. 잘못 인도되는 욕구가 보여주는 것처럼 말이다. 우리와 하나님을 중재하는 것은

38 Ibid., 389.

39 R. E. O. White, *Christian Ethics* (Macon, GA: Mercer University Press, 1994), 117을 참고하라.

일단의 도덕적으로 올바른 행동들이다. 아벨라르두스는 객관적인 도덕적 의무의 존재를 부정하지는 않았지만, 그는 하나님께 순종하거나 무시하는 것에 비추어 의무를 정의하면서 그것을 내적인 것으로 확장한다. 그는 다음과 같이 말한다. "모든 행위는 그 자체로 문제가 되지 않는다. 오직 의도만이 행위들에 도덕적 가치를 부여한다."[40]

어떤 행위의 도덕적 가치가 행위 그 자체나 혹은 정념들에 있지 않고 의도 안에 있다면, 그렇다면 원죄론은 재해석되어야 할 것이다. 그리고 아벨라르두스는 그것을 재해석하는 것을 주저하지 않았다. 우리는 아담이 저지른 죄의 책임이 아닌 그것에 대한 처벌만을 허용한다. 이것이 그의 유명론의 성격과 일치한다. 곧 죄책은 실체의 동일성이 존재하지 않는 한 유전될 수 없다. 우리는 아담의 죄에 대한 책임, 곧 일시적이고 영원한 죽음이라는 고통을 포함하는 하나님으로부터의 소외를 물려받았다. 이런 책임이 인류에 대한 하나님의 처벌이다. 또한 우리는 이성의 무질서를 물려받았다. 이성은 지금 "죄에 의해 흐려졌다." 우리의 영혼은 더 이상 우리의 열등한 본성을 통치할 수 없다. 우리의 의지는 잘못된 방향으로 나아간다.

하지만 그 자체로 죄인 것은 우리의 의지가 잘못된 방향으로 나아가는 것이 아니다. 그것은 우리가 그런 잘못된 방향으로 나아가는 것에 대해 의식적으로 동의하는 것이다. 이것이 우리가 아담의 죄책을 물려받았다고 이야기 할 수 없는 이유다. 인간 존재의 타락과 비도덕적 성향은 우리가 어떤 것을 죄가 되도록 하는 데 동의하는 것이어야 하기 때문이다. 아벨라르두

40 위의 책에서 인용. 또한 Peter Abelard, *A Dialogue of a Philosopher with a Jew, and a Christian*, trans. Pierre J. Payer (Toronto: Pontifical Institute of Medieval Studies, 1979), 111, 158을 참고하라. 또한 Abelard, *Abailard's Ethics,* trans. J. Ramsay McCallum (Oxford: Blackwell, 1935), 42을 참고하라.

스는 모든 인간은 실제로 죄를 저지르며, 죄는 인류의 보편적 조건이라는 사실을 빠르게 언급한다. 요약하자면, 우리는 아담의 죄책이 아니라 타락한 상태와 하나님이 아담의 후손들에게 형벌로 주신 죽음이라는 처벌을 물려받는다.

하나님의 사랑의 논리

따라서 아벨라르두스는 하나님 앞에서 인류의 무한한 빚을 야기한 것으로서의 원죄에 대한 안셀무스의 전통적인 이해를 재빠르게 배격했다. 또한 그는 하나님이 어떤 종류의 필연에 의해 속박될 수 있다는 안셀무스의 생각에 이의를 제기한다. 아벨라르두스는 이것을 "하나님의 본성과 관련 없는 것"이라고 말한다. 안셀무스가 하나님의 본성과 동일한 것으로 간주했던 최상의 정의는 계시된 법에서 균일하게 구현되지 않았다. 우리는 한 유명론자가 하나님과 법을 동일시하는 것을 서서히 파괴하는 것을 지금 목격하고 있다.

아벨라르두스가 하나님이 선하고 완벽한 것으로 모세에게 수여하셨던 법을 높이 평가하기는 하지만, 우리는 그 법을 그분의 본성의 완벽한 현시로 이해하지 말아야 한다. 그 법은 하나님의 본성을 사랑으로써 완전히 보여주지 못하기 때문이다. 법은 두려움의 원리에 근거해서 작동한다. 그것은 결과에 대한 두려움에 기초해서 올바른 행동을 하도록 사람들을 이끈다. 그것은 사랑에 의해 움직이지 않는다. 아벨라르두스는 구약 시대와 신약 시대를 비교한다. 구약 시대는 "노예를 위해 존재했지만, 신약 시대는 자유인을 위해 존재했다. 그리고 구약 시대는 두려움이 지배했지만, 신약 시대는 사랑이 지배했다. 구약 시대는 불완전했지만, 신약 시대는 완전하다."[41] 아벨라르두스는 율법은 불완전하고 하나님은 자신이 우리에게 주신 법에 속박되실 수 없다는 것을 주장하면서 하나님과 율법의 관계를 약화시킨다. 하나님이 우리에게 주신 그런 율법은 매우 명확한 기능을 가졌고, 율법을 성취하신 그리스도가 그것을 대체하셨다. 사랑은 하나님과 인간의 관계에 대한 토대가 된다.

하나님의 사랑이 지속적으로 구원의 필요성을 하나님에게 부과한다. 하나님은 우리를 구원하지 않으실 수 없다. 사랑하는 것이 그분의 본성이기 때문이다. 리처드 와인가트(Richard Weingart)는 이런 "신의 본성 안에 있는 내적 필연"과 안셀무스의 "외적 필연"을 대조한다.[42] 이런 대조는 설득력이 없다. 안셀무스에게 하나님의 법은 신의 단순성 교리로 인해 그분의 본성 밖에 있는 것이 아니기 때문이다. 아벨라르두스는 비슷하게 하나님이 하실 수 있는 것과 하실 수 없는 것을 제한한다. 그분의 능력은 그분의 선에 의해 제한된다. 하나님은 선하지 않는 것을 할 수 없으시거나 혹은 선한 것을 하는 데 실패하실 수 없으시다.[43]

아벨라르두스와 안셀무스 사이의 본질적 차이점은 여전히 하나님의 필연성의 문제와 관련이 있다. 율법이 하나님을 속박한다는 안셀무스의 주장은 그분에게 어떤 특별하고 필연적인 행동을 하도록 의무를 지운다(안셀무스가 목표로 하는 것은 궁극적으로 그리스도에게 어떤 의무를 지우는 것이다). 아벨라르두스의 하나님은 어떤 정해진 행동 지침에 의해 속박받지 않으시고,

---

41 Richard E. Weingart, *The Logic of Divine Love: A Critical Analysis of the Soteriology of Peter Abelard* (Oxford: Clarendon, 1970), 70에서 인용.

42 Ibid., 92.

43 Ibid., 93.

오직 그분의 사랑에 의해 속박받으신다. 하나님은 우리를 구원하실 때 이 사랑을 우리가 상상할 수 있는 다른 많은 방식으로 보여주실 수 있지만, 그 중에서 이 특별한 방식을 선택하셨다.

아벨라르두스가 안셀무스의 속죄론을 특별히 반대하는지는 분명하지 않다. 그가 안셀무스의 속죄론을 반대한다면, 그는 안셀무스를 심하게 희화화하는 것이다. 와인가트가 보여주는 것처럼 말이다.[44] 하지만 두 사상가는 **사탄의 법**(*ius diaboli*)에 대한 비판을 공유한다. 더욱이 아벨라르두스는 키케로의 정의 개념에 호소하는 것에 덧붙여 안셀무스의 추론의 주요 방식을 채택하는 것처럼 보인다.

그들의 공통점에도 불구하고, 두 체계는 좀처럼 유사할 수 없다. 아벨라르두스는 이 문제의 본질에 근본적으로 동의하지 않는다. 이것은 법률적 빚이 아니라 욕구의 방향 상실이다. 치유를 받아야만 하는 것은 인간 의지의 타락이다. 더욱이 치유의 과정은 인간적인 방법, 곧 자연적인 방법을 따라 이루어져야 한다.

아벨라르두스가 이 문제에 객관적인 측면이 있음을 부정하는 것은 아니다. 우리가 처벌을 모면하지 못하는 것은 사실이다. 주관적인 측면은 우리가 우리의 잘못된 욕구를 따르는 강한 성향을 가졌다는 것이다. 그리스도가 할 일은 엄밀하게 이런 방향 상실을 치료하시는 것이다. 해스팅스 래쉬돌(Hastings Rashdall)은 이와 관련해 다음과 같이 주장한다. "아벨라르두스는 의심할 바 없이 오리게네스에게서 영감을 얻었다." 더욱이 래쉬돌은 "용서를 자의적인 것으로 만드는 모든 것의 부도덕성"을 혹평한다. "그[아벨라르두스]는 하나님이 죄인을 더 좋은 존재로 만드시고, 그리고 그것에 의

44 Ibid., 89-91.

해서 처벌에 대한 모든 요구를 제거하심으로써 용서하실 수 있다고 생각한다."[45] 래쉬돌의 비판은 아벨라르두스의 속죄론의 (분명히 로마 가톨릭적) 특색을 파악한다. 곧 하나님의 용서는 우리 안에 다른 습관을 창조하심으로써 정당화된다. 그것은 다름 아닌 우리 안에 있는 하나님의 사랑이다.

아벨라르두스의 형벌 대속론?

속죄의 이런 주관적인 측면은 아벨라르두스 사상의 핵심이며 그가 속죄론에 가장 독창적인 기여를 한 것이지만, 그것은 아담의 범죄에 대한 우리의 책임이 용서받을 필요성을 부인하지 않는다. 아벨라르두스는 **"만족 혹은 처벌"**(*aut satisfactio aut poena*)이라는 안셀무스의 도식을 거부하지만, 그는 그리스도가 우리를 대신해 겪는 처벌에 대해서는 실제로 안셀무스보다 더 강조한다. "아벨라르두스가 형벌 대속론을 분명하게 가르친다"는 토마스 윌리엄스(Thomas Williams)의 결론은 크게 틀리지 않은 것이다. 자유주의 역사가들은 이것에 의해 다소 당황했다. 그들은 그의 사유에서 그것을 비본질적인 것, 고대 언어의 단순한 흔적 혹은 이론들을 제시하지 않는 단순한 은유로 일축했기 때문이다. 이런 해석적인 논쟁에 관여하지 않아도, 우리는 아벨라르두스가 형벌 대속론과 함께 계속 논의에서 등장하는 속죄에 대한 만족론을 필사적으로 거부한다는 사실을 지적해야 한다. 또한 그는 하나님은 그분의 아들의 죽음에 의해 진정되신다거나 진정되실 수 있다는 주장을 분명히 거부한다. 그럼에도 그는 그리스도를 죄의 속죄자라고 이야기한다.

---

45 Hastings Rashdall, *The Idea of Atonement in Christian Theology* (New York: Macmillan, 1919), 359.

"그리스도는 의로운 이들조차도 이전에 얽매여 있었던 죄의 처벌을 우리에게서 제거해주셨다." 와인가트가 언급했던 것처럼 그리스도는 죄에 대한 하나님의 진노에 자발적으로 복종하셨다. 그리스는 죄가 없으셨기 때문에, 그분은 하나님의 진노에서 우리를 구원하셨다.[46]

우리는 위와 같은 구절들을 어떻게 해석해야 할까? 한편으로 우리는 아벨라르두스가 특정한 본문들, 특히 로마서 4:25과 8:30을 주석해야만 하는 상황에서 그 본문들에 대해 논리적으로 자신의 이론과 조화를 이루지 못하는 방식으로 전통적인 견해를 받아들인 것이라고 추측할 수 있다. 다른 한편으로 그는 사실상 그리스도의 사역과 관련해 다양한 해설을 제안하는 것일 수 있다.

그리스도가 하나님의 진노에 복종하셨다는 생각과 우리를 향한 하나님의 마음이 바뀌지 않아야만 한다는 확신 사이에는 필연적인 모순이 없다. 내가 마지막 장에서 보여줄 것처럼, 다른 이미지들을 무색하게 하지 않거나 하나님을 의인화해서 희화화하지 않는 방식으로 형벌 대속을 이야기할 수 있는 방식이 있다. 그럼에도 아벨라르두스는 십자가 위에서 이루어진 그리스도의 사역은 죄인인 우리가 처벌을 받는 것을 없애는 데 초점을 두었음을 확실히 믿지 않는다. 그렇다면 십자가는 궁극적으로 무엇인가?

아벨라르두스의 긍정론

다음과 같은 잘 알려진 아벨라르두스의 로마서 주석은 그의 사상의 본질을 요약한다. "그리스도에 대한 사랑은 우리 안에서 증가한다. 우리가 그리

46 Weingart, *Logic of Divine Love*, 145.

스도와 관련해서 갖고 있는 믿음에 의해, 그리고 그리스도 안에 계신 하나님이 우리 인간의 본성을 하나로 취하셨다는 확신에 의해, 그리고 그런 인간의 본성을 갖고서 그분이 고통을 당하신 것은 우리에게 최고의 사랑을 보여주셨다는 것에 의해서 말이다."[47] 속죄에 대한 그의 모든 중심 사상은 이 주장에 표현되어 있다. 우리를 위해 죽으신 그리스도는 우리를 대신해서 대가를 치르신 것이 아니다. 예수를 죽음으로 보낸 것은 하나님이 아니라 예수 자신이다. 그분은 하나님에 대한 순종과 자신의 소명에 대한 헌신으로 인해 그 어떤 노고도 마다하지 않으셨다. 그런 사랑의 표출은 우리 안에 비슷한 사랑을 불러일으키는 능력을 갖고 있다. "각각의 사람은 그리스도가 수난을 받으시기 이전보다 이후에 더 의롭게 된다. 즉 그들은 하나님을 더 많이 사랑한다. 그 완료된 호의가 희망하는 호의보다 그들로 하여금 더 많은 사랑을 불타오르게 하기 때문이다."[48]

이 유입된 사랑의 현존이 죄인을 하나님 앞에서 궁극적으로 의롭게 하는 것이다. 아벨라르두스는 정의란 각자의 몫을 주는 것이라는 유스티니아누스의 개념을 받아들인다. 인간 존재들이 스스로 자기들 내면에서 이런 사랑을 불러일으키는 것은 불가능하다. 누군가 그들을 대신해서 그것을 성취해줘야만 한다. 그렇다면 이 이론은 단순한 모범론이 아니라 실제적인 유입을 분명하게 주장하는 것이다. 하나님의 사랑은 그리스도의 모범에 의해 우리 안에 스며들었으며, 우리 안에 유입되었다. 동시에 의지의 자유에 대한 아벨라르두스의 믿음은 그로 하여금 아우구스티누스의 이중예정론을 수용하지 못하게 만들었다. 이 사랑은 동의를 받아야만 하고, 행동으로 드

---

47 Ibid., 79. Abelard, *Romans* 162.

48 Abelard, *Romans* 168, *questia* on Rom. 3:26.

러나야만 한다. 그리스도 안에서 이용할 수 있는 하나님의 은혜는 믿음, 소망, 사랑으로 받아들여져야 한다. 선택된 이들은 하나님의 자유로운 선택에 의해 결정되었지만, 은혜의 제안을 받아들일지 여부는 여전히 그들에게 달려 있다.

그리스도의 수난은 신자의 도덕적 변혁과 직접적으로 관련이 있다. "따라서 우리의 구원은 그리스도의 수난을 통해 우리 안에 있는 그 최고의 사랑에 의해 이루어진다. 이 사랑은 죄의 노예가 된 우리를 자유롭게 해줄 뿐 아니라 하나님의 아들로 말미암는 참된 자유를 우리에게 가져다준다. 그 결과 우리는 두려움보다는 오히려 그분의 사랑에 의해 모든 것을 완전하게 할 수 있다."[49]

아벨라루두스는 이것이 단순히 펠라기우스적인 모범론이라는 비난을 거부하면서, 그리스도의 모범을 통한 이런 하나님의 사랑의 주입은 성령의 사역과 무관하게 일어나지 않는다고 주장한다. 예정된 이들이 하나님의 선행하는 은혜를 통해 이런 신적인 사랑을 얻을 수 있도록 하시는 분은 궁극적으로 성령이시다.

> 성령은 우선 믿음의 영감을 통해, 그다음에는 소망을 통해, 마지막으로는 사랑을 통해 빛을 만드신다. 그 빛에 의해 온전해진 인간은 사랑의 행위 안에서 자기 자신뿐만 아니라 다른 이들도 사랑한다. 그는 자신의 유익을 위해 선할 뿐만 아니라 자신의 행위의 모범에 의해, 제공된 은혜에 의해, 그리고 그가 가르치는 교리에 의해 다른 이들도 선하게 한다. 따라서 빛의 창조는 믿음의 조명을 의미한다. 성령은 자신이 기뻐하는 이들에게 영감을 불어넣으셔서 이 토

49 Ibid., 168.

대로부터 영혼의 영적 건축을 시작하신다.[50]

그러한 은혜는 인간으로 하여금 이 놀라운 사랑의 증거에 반응하도록 한다. 곧 그것은 그 죄인으로 하여금 사랑으로 인해 하나님을 향해 나아가게 만든다. 이 온전한 사랑은 두려움을 몰아내고 우리가 새로운 조건 위에서 하나님과 새로운 관계를 맺게 해준다.

토마스 아퀴나스(1225-1274)

11세기에 시작한 법적 혁명은 13세기에 절정에 이른다. 속죄론은 자연스럽게 합법화되는 방향으로 한걸음 더 나아간다. 아리스토텔레스의 작품들의 재발견과 복원은 이후에 기독교 교리와 (원리적으로) 양립될 수 있는 것으로 여겨져 인간 본성론을 강화하는 일과 신존재 증명에 신뢰성을 부여하는 데 기여했다. 아리스토텔레스는 법을 다루는 작품을 남기지 않았다. 하지만 토마스 아퀴나스는 자신의 생애 동안에 아리스토텔레스의 『니코마코스 윤리학』, 『대윤리학』 및 『에우데모스 윤리학』 그리고 『정치학』을 라틴어로 번역했고, 아리스토텔레스의 이 작품들은 기독교 신학의 미래 여정에 엄청난 영향을 끼쳤다. 다른 어떤 중세 기독교 신학자들보다도 아퀴나스가 아리스토텔레스를 수용하는 일뿐만 아니라 그의 사유를 교회의 신학과 종합하는 일에도 중요한 역할을 했다.

---

50 Weingart, *Logic of Divine Love*, 166. Abelard의 *Expositio in hexameron*에서 인용.

아퀴나스의 정치신학은 신학 역사에서 분수령이다. 아퀴나스가 무비판적으로 아리스토텔레스를 수용한 것은 아니지만, 아리스토텔레스의 자연학은 어느 정도 아퀴나스의 정치 철학의 토대였다고 말할 수 있다. 그럼에도 아퀴나스가 기독교 유신론을 바탕으로 아리스토텔레스의 이론을 보완한 내용에는 "토마스주의 신학의 비아리스토텔레스적 특징"[51]이 분명히 드러난다.

인류는 본성적으로 정치적이고 사회적인 존재들이다. 공동체 안에 존재하는 것은 우리의 순전한 본성과 관련이 있는 것이다. 사회적 삶은 인간 본성의 목적 중 하나를 보여주며 그것 자체가 인간 본성의 분명한 본질과 관련이 있다. 이것은 정치를 경시했던 아우구스티누스를 뛰어넘는 것이다. 아우구스티누스에게 도시와 국가는 인간 존재를 위한 긍정적인 목적을 의미하지 않는다. 아퀴나스는 인간 본성이 사회적으로 그리고 정치적으로 실현되어야 한다는 아리스토텔레스의 생각을 주저하지 않고 채택한다. 게다가 도시의 목적은 시민들의 덕을 함양하는 것이다. 어떤 도시가 이런 덕을 함양하는 데 성공한다면, 그 도시는 훌륭하고 정의로운 곳이다.

하지만 도시들은 통치를 받아야 하고, 그것들은 모종의 규칙과 같은 것을 부과하는 권력 체계를 필요로 한다. 도시의 삶에 꼭 필요한 것은 법률이다. 권력을 가진 이들이 법률을 갖고 정의롭게 통치한다. 따라서 어니스트 포틴(Ernest Fortin)은 다음과 같이 말한다. "법률은 정치 활동과 관련해

51 Ernest L. Fortin, "Thomas Aquinas," in *The History of Political Philosophy*, ed. Leo Strauss, Joseph Cropsey, 3rd ed. (Chicago: University of Chicago Press, 1987), 264.

특권을 가진 도구이며, 보편적인 것들이 개별적인 것들과 관련이 있는 것처럼 인간의 일들에 관여한다. 통치자는 다른 어떤 수단보다도 법률을 갖고서 시민들에게 정의와 도덕적 선을 장려한다. 도덕적 덕은 시민들이 법이 규정하는 행동을 반복함으로써, 그리고 좋은 법률 아래에서 교육받고 그것을 습관적으로 살아감으로써 엄밀하게 획득된다."[52]

따라서 법은 단순히 "제한하는" 역할만 하는 것이 아니라 개인들 사이에 덕을 유입하는 적극적인 역할도 한다. 사회적이고 정치적인 존재가 되는 것은 법을 준수하는 존재가 되는 것이다. 법은 아퀴나스에게—인간들 사이와 하나님과 인류 사이의 적절한 관계를 위한 맥락으로서—가장 중요한 자리를 차지할 뿐만 아니라—하나님이 인류의 도덕적 교육을 위해 수여하신 수단으로서의—긍정적인 특성을 갖춘 것이기도 하다.

아퀴나스가 아리스토텔레스의 사상에 덧붙인 신학적 조망은 인격적이고 신적인 존재가 있으며, 따라서 도시의 정의를 정당화하고 심판하는 정치를 초월한 영역이 있다는 생각이다. 이것은 아리스토텔레스의 내재적인 논리를 넘어선다. 아리스토텔레스의 논리에 따르면, 궁극적인 기준은 인간의 탁월함이다. 도시의 법률은 인간의 탁월함을 장려해야 할 뿐 아니라 "자연법", 즉 신이 자연에 부여한 질서도 반영해야 한다. 다른 말로 하자면, 도시는 인간의 본성을 실현하는 데 적합한 도움을 주어야만 한다. 인간의 법이 자연법에 충실한 이 법에서 이탈하는 것은 궁극적으로 하나님에 대한 범죄다. 이 범죄들 각각은 처벌의 빚을 진다. 우리는 잠시 후에 이것을 다룰 것이다.

---

52 Ibid., 257. 또한 다음의 것도 참고하라. Thomas Aquinas, *Summa theologiae* [여기서부터는 *ST*로 칭함] 1.2, Q 92, art. 1. "입법가들은 사람들이 좋은 일을 습관적으로 하도록 만들면서 그들을 선한 이들로 만들다." 『신학대전 제13권』(바오로딸 역간).

포틴은 이 점을 다음과 같이 잘 요약한다. "이런 상황 안에서 인간의 전체 도덕적 삶은 어떤 특별한 새로운 성향을 획득한다. 그것은 더 이상 인간의 완전성이나 성취의 측면에서만 이해되는 데 그치지 않고, 궁극적으로는 신적 권위와 무조건적 구속력을 가진 법에 대해 감사하는 마음으로 기꺼이 복종하는 문제가 된다."[53] 아퀴나스는 정의를 올바른 질서로서 이해하는 것처럼 보인다. 맥그래스가 주장하는 것처럼 아퀴나스의 정의 개념은 인간의 내적 성향 안에 있는 질서의 정직함으로 구성되어 있다.[54] 다른 말로 하자면, 정의는 영혼의 덕이다. 인간의 실정법은 그것이 올바를 때 이런 덕을 창출하는 데 도움을 준다.

법의 기능

법은 단순히 극복되어야 하는 하나님과 맺은 이전의 관계(구약)에 대한 상태만이 아니라 그리스도인이 하나님과 맺은 관계에 대한 (비록 수정되었지만) 지속적인 조건이기도 하다. 우리가 앞으로 살펴볼 것처럼, 아퀴나스에게 그리스도인의 삶은 공로를 획득하는 것으로 구성되며, 오직 이 공로만이 하나님의 정의를 만족시킨다. 인류는 일시적인 처벌과 영원한 처벌을 받는 조건으로 그러한 공로를 얻는 데 하나님의 은혜와 협력해야만 한다. 중요한 점은 법이 하나님과 인간의 관계를 위한 변함없는 틀을 형성한다는 것이다.

이것은 단 하나의 법만 있음을 의미하지 않는다. 아퀴나스는 법의 다

53 Fortin, "Thomas Aquinas," 265.
54 McGrath, *Iustitia Dei*, 158.

섯 가지 형태를 인정한다. (1) 영원법(*lex aeterna*)은 하나님이 갖고 계신 분명한 지성이고, 실재에 대한 신적 섭리이며 질서를 의미한다. (2) 자연법(*Lex naturalis*)은 이런 신적 질서가 인간의 본성 안에 흔적으로 나타난 것이다. 모든 사람이 이런 자연법의 가장 기본적인 특징들, 즉 자연법의 기본적인 가르침들에 접근할 수 있다. 비록 개별적인 행위들에 대한 그것들의 의미가 모든 이들에게 항상 분명한 것은 아니지만 말이다. (3) 인간법은 인간 권위자들이 제정하고 공포한 법을 말한다. 이 권위자들은 하나님의 계획 안에서 잘 세워진 목적을 갖고 있다. 그들은 사람들로 하여금 그들의 온전한 본성을 깨달을 수 있게 해준다. 인간의 법들이 정의로운 한, 사람들이 그것들에 복종하지 않는 것은 하나님께 불순종하는 것을 의미한다. 신법(*lex divina*)은 (4) 구약과 (5) 신약으로 구분된다. 모세의 법은 좋은 것이지만 아주 완벽하지는 않았다. 그것은 인간 본성이 궁극적 목적에 이르는 데 기여하지 못하기 때문이다. 즉 그것은 우리를 하나님께 충실하게 하는 데 기여하지 못한다. 새로운 법 혹은 그리스도의 법은 우리가 그리스도인으로 갖고 있는 현재의 권리와 의무를 결정해준다.

이런 모든 측면이 유비적으로 법이라고 불리고 있음을 이해하는 것이 중요하다. 다른 말로 하자면, 그것들은 영원법에 유비적으로 참여한다는 사실에 의해 그런 법들로 존재한다. 따라서 새로운 법은 인간의 실정법이 법이라는 것과 같은 의미에서 그런 법이 아니다. 그것은 다른 특징을 가진다. 그것이 다른 목적을 가진 것처럼 말이다. 우리는 아래에서 이것을 다시 다룰 것이다.

이 법과 관련해서 두 가지만 더 언급하고자 한다. 첫 번째는 법의 본질에 대한 것인데, 법의 모든 측면이 여기 포함된다. 아퀴나스는 법을 “이성의 규정[혹은 명령]"[55]이라고 말한다. 따라서 법은 그것의 본질에 의해 의미를 갖는다. 그것은 임의적인 지위를 갖지 않는다. 우리는 이것을 주지주의자와 주의주의자 간의 논쟁과 관련해서 이해하려고 하면 안 된다. 하지만 아퀴나스는 하나님 자신이 이성적 존재이시고 우리 자신은 이런 신적 합리성에 참여한다는 사실을 확신했다. 우리는 우리가 이해하지 못하는 명령에 단순하게 그리고 맹목적으로 복종하는 것이 아니라, 그 명령을 수용할 수 있고, 그것을 "소유"할 수 있다. 브라그는 이 "합리성" 혹은 더 잘 표현하면 법의 "합당함"의 의미에 대해 다음과 같이 깊이 숙고한다. "이 용어의 외연 내에서 하나의 생각이 변함없이 유지된다. 곧 그것은 어떤 것을 자신의 것으로 만들고, 주어진 것을 수용할 수 있다는 생각이다. 어떤 이는 모종의 법에 단순히 복종하는 데 그치는 것이 아니라 그것의 일부분이 될 수 있다. 어떤 이는 단순하게 행위 방식을 모방하는 것이 아니라 행위의 방식을 이해할 수 있다."[56] 법의 이런 합리적 특성은 다음과 같은 두 가지 의미를 더 갖고 있다. 한편으로 법의 지배를 받는 이들은 그 법이 정당한지 아니면 정당하지 않은지를 식별할 수 있는 능력을 갖고 있어 법에 대해 비판적으로 참여한다. 다른 한편으로 특정한 실천적 지혜는 특정한 상황들에 법을 적용한다. 법은 맹목적으로 복종할 수 있는 것이 아니라 그것의 분명한 본질(예를 들어 그것의 목적)과 관련해서 이해되어야 하는 것이다.

법에 대한 두 번째 고려는 응보적 기능에 대한 것이다. 아퀴나스는 다음과 같이 말한다. "법이 복종을 확보하기 위해 사용하는 방법은 처벌에 대한 두려움이다. 이런 점에서 처벌은 법의 결과다."[57] 응보적 정의론과 관련

---

55 Aquinas, *ST* 1.2, Q 92, art. 1.
56 Brague, *Law of God*, 225.
57 Aquinas, *ST* I.II. Q 92; art. 2.

한 아퀴나스의 분명한 입장은 다소 논란의 여지가 있는 문제다. 한편, 그는 현세적 처벌들은 시정의 목적을 위한 것이라고 주장한다. 그것들은 응보적이기보다는 오히려 시정을 위한 것이다.[58] 다른 한편, 어떤 경우에 처벌들은 예방적이어야 한다. 예를 들어 완고한 이단들은 처형되어야 한다. 그렇지 않으면 그들은 교회의 건강을 해치기 때문이다.

엘리노어 스텀프(Eleonore Stump)는 우선 균형의 올바름에 관심을 기울이는 안셀무스를 추종하는 신학자로 아퀴나스를 분류하는 것을 반대한다. 그녀는 처벌이 죄를 치료하는 엄격한 기능을 가졌다고 주장한다. 다른 말로 하자면, 처벌은 치료의 목적을 위해 고통을 가하는 것으로 이루어진 (회개와 고백을 포함한) 참회의 일부분이다. 그녀는 다음과 같이 주장한다. "그렇다면 아퀴나스에게 만족의 기능은 진노하신 하나님을 달래는 것이 아니라 죄인이 하나님과 조화로운 상태를 회복하게끔 하는 것이다."[59] 또한 "그렇다면 처벌은 엄격하게 목적을 위한 수단이다."[60] 그녀는 안셀무스의 만족론이 주장하는 것처럼 하나님이 각자의 이익들을 조화시키는 데 관심이 없으시다고 결론 내린다.

아퀴나스의 처벌 이론의 본질이 엄밀하게 무엇인지에 대한 논쟁이 아직 해결되지 않고 지속되고 있는 상황에서 아퀴나스의 처벌 이론을 기능주의라고 단정 짓는 스텀프의 판단은 지나치다. 우리가 이후에 살펴보겠지만, 그녀는 하나님의 진노에 관한 사고에서도 오류를 범한다. 스텀프의 목적은 아퀴나스가 응보적 정의론을 지지한다는 주장을 논박하는 것이 아니지만,

---

58 Ibid., II. II. Q 66; art. 6.

59 Eleonore Stump, "The Problem of Evil: Analytic Philosophy and Narrative," in *Analytical Theology: New Essay in the Philosophy of Theology*, ed. Oliver D. Crisp, Michael D. Rea (Oxford: Oxford University Press, 2009), 271-72.

60 Ibid., 274.

응보적 요소의 분명한 전제는 아퀴나스와 안셀무스가 서로 매우 다르다는 것을 주장하는 것이 아주 어렵다는 것을 보여준다. 안셀무스 자신은 분명하게 응보주의자가 아니지만, 아퀴나스와 안셀무스는 적어도 한 가지 요소, 즉 어떤 것(아퀴나스와 관련해서는 처벌이고 안셀무스와 관련해서는 만족이다)이 정의의 균형을 회복해야 한다는 것과 관련해서는 응보주의를 공유한다. 이런 생각은 안셀무스에게서 분명하게 나타난 것처럼 아퀴나스에게서도 분명하게 나타난다. 왜냐하면 아퀴나스는 처벌을 통해 "정의의 균형이 회복된다"[61]고 분명하게 주장하기 때문이다.

더욱이 이 두 사람은 응보주의의 또 다른 원리, 즉 비례주의(proportionalism)를 공유한다. 아퀴나스는 처벌은 범죄에 적합해야만 한다고 주장하고,[62] 그가 죄의 형태와 관련해 다른 정당화 과정들을 제안했을 때, 첫 번째 방식은 응보주의자의 것이다. "모든 것이 동일하다면, 보다 큰 죄는 더 큰 처벌을 마땅히 받아야 한다."[63]

처벌에 대한 다른 정당화 과정이 아퀴나스에게서 분명히 있지만, 앞서 진술한 것이 분명하게 보여주는 사실은 응보적 차원이 명백하다는 점이다. 하나님의 정의를 만족시키는 것은 스텀프가 기대하는 것처럼 단순하게 "완벽한 순종, 겸손, 자비에 의해 나타나는 인간의 본성과, 죄에 의해 인간성이 손상된 것이 하나님에게 모욕적인 것처럼 소중한 인간 본성의 모범을 하나님께 보여드리는 것"[64]이 아니라 응보로서 처벌의 요소를 분명하게 포함하는 것이다. 우리가 앞으로 살펴볼 것처럼 하나님의 정의는 응보로서

---

61 Aqunas, *ST* 2.2, Q 108, art. 4.

62 Ibid., 2.2, Q 99, art. 4.

63 Ibid., *ST* 1.2, Q 105, art 2. ad. 9. 『신학대전 제14권』(바오로딸 역간).

64 Stump, "Problem of Evil," 276.

처벌의 요소를 필연적으로 포함해야만 하는 것은 아니지만 실제적으로 포함하고 있으며, 이는 마땅한 것이다.

죄에 대한 하나님의 적절한 반응

아퀴나스는 인간이 죄를 지음으로써 하나님의 명예에 흠집을 냈다는 안셀무스의 가정에 근본적으로 동의하지 않는 것은 아니다. 법의 우선성은 그가 근본적으로 "영원법에 반하는 말, 행동 또는 행위"로서 아우구스티누스의 뜻매김을 차용하는 것에서 다시 표면화된다. 죄는 질서를 교란하는 것이다. 따라서 "어떤 사악한 행위는 어떤 이가 하나님의 정의의 질서를 어겼다는 사실로 인해 그 사람을 처벌한다. 그는 정의의 균형을 회복하는 어떤 응보적 보상을 해야만 그 질서를 회복한다." 이것은 사람 사이에 이루어지는 만족과 매우 유사하게 작동한다. "형벌적 보상에 의한 정의의 특성이 회복되는 것은 우리가 우리의 동료에게 가한 상해에서도 준수된다. 결과적으로, 어떤 사악한 혹은 해로운 행위가 멈춰진 후에도 거기에는 처벌의 빚이 남아 있음이 분명하다."[65]

아퀴나스가 죄에 대한 적절한 처벌을 원하는 응보적인 견해를 지지한다는 것은 의심할 여지가 없다. 하지만 이것에 반하는 해석들을 가능케 하는 것은 그가 (1) 하나님을 만족시키는 데 처벌이 필요하다는 것을 거부한다는 사실, 그리고 (2) 처벌을 구원의 유일한 수단으로 혹은 십자가에서 일어난 것에 대한 유일한 설명으로 제시하는 것을 거부한다는 점이다. 우선 처벌의 필요성에 대한 주장부터 살펴보자.

---

65 Aquinas, *ST* 1.2, Q 87, art. 6. 『신학대전 제12권』(바오로딸 역간).

법의 우선적인 성격을 강조함에도 불구하고 아퀴나스는 하나님이 법의 지배를 받지 않도록 조심한다. 그는 다음과 같이 지적한다. "필연적인 것들은 영원법에 지배받지 않는다."[66] 그는 심지어 이것보다 더 분명하게 다음과 같이 말한다. "신의 본성이나 본질에 속한 것들은 영원법에 의해 지배받지 않고 영원법 그 자체다."[67] 이것은 아퀴나스의 입장에 대해 명료하게 설명하는 것처럼 보이지 않는다. 아퀴나스는 하나님의 존재 자체가 곧 영원법이라고 주장하는 것처럼 보이기 때문이다. 사실 그는 하나님의 존재와 하나님의 실존은 하나이고 같다는 입장을 취한다. 우리는 이번 장의 다음 항목에서 이 논쟁을 살펴볼 것이다. 이 논쟁은 중세에 대한 우리 논의의 결론이 될 것이다.

아퀴나스는 『신학대전』(*Summa*) 3부에서 하나님의 정의의 필연성에 대한 안셀무스의 논증을 다룬다. 그는 하나님의 은혜로운 용서의 문제에 대해 안셀무스의 부정적인 답변을 상술한다. "그분이 자신의 정의를 부정한다면, 그분은 그 자신을 부정하는 것일 것이다. 그분은 정의 그 자체이시기 때문이다. 그렇다면 인간이 그리스도의 수난에 의한 것이 아니라 다른 것에 의해 구원을 받는 것은 불가능해 보인다." 아퀴나스는 이에 대해 다음과 같이 답변한다. "비록 이 정의가 인류가 저지른 죄에 대한 만족을 요구하시는 하나님의 의지에 의존하지만…그분이 자신을 거슬러 저지른 잘못의 형식을 취하는 죄를 용서하신다면, 그분은 그 누구도 부당하게 취급하지 않으신다. 마치 어떤 이가 개인적인 침해를 눈감아주면서 자비롭게 그리고 부정하지 않게 행동하는 것처럼 말이다."[68] 아퀴나스는 인간의 정의 개념에

---

66 Ibid., 1.2, Q, art. 4.
67 Ibid.
68 Ibid, 3, Q 46, art. 3.

서 가져온 기본적인 직관에 호소한다. 하지만 이렇게 함으로써, 그는 하나님은 인간과 완전히 다른 분이시며, 따라서 인간의 정의 개념에서 취한 직관은 필연적으로 하나님과 관련이 없다는 아우구스티누스의 사상과는 결별하는 것으로 보인다.

좀 더 자세히 살펴보면, 안셀무스와 아퀴나스는 많이 다르지 않다. 아퀴나스가 제안하는 것은 하나님은 자신의 존재를 (따라서 자신의 법을) 어떤 다른 방식으로 결정하실 수 있다는 것이다. 그럼에도 그분은 자신의 구원의 질서에서 정의를 본질적인 것으로 선택하셨다. 아퀴나스가 다음과 같이 말한 것처럼 말이다. "그리스도는 단순하게 자신의 능력에 의해서만이 아니라 정의에 의해서도 인류를 죄에서 구원하기를 바라셨다."[69] 하나님은 구원의 과정에서 정의를 따르기로 선택하면서 자신이 정의를 얼마나 귀하게 여기는지를 보여주신다.

하나님은 구원의 질서에서 자신의 정의 개념을 의지할 필요가 없으셨다. 이것은 아퀴나스의 신론에 모종의 복잡성을 야기한다. 약 반세기 이후에 주지주의와 주의주의 간의 논쟁이 보여줄 것처럼 말이다.

하나님은 정의에 따라서 행동할 필요가 없으셨지만, 그럼에도 그것은 "적합한" 행동이었다. 애덤 존슨(Adam Johnson)이 자신의 계몽적인 글[70]에서 설명한 것처럼, 아퀴나스의 적합성과 안셀무스 적합성은 서로 다르다. 안셀무스의 적합성은 하나님의 존재에 대한 타당성을 의미한다. 아퀴나스에게 그것은 단순히 어떤 개별적 행위가 또 다른 행위보다 더 선호할 만한 방식이라는 것을 의미한다. 그것은 더 많은 효과를 성취하기 때문이다. 이 더 많

---

69 Ibid, 3. Q 46, art. 6.

70 Adam Johnson, "A Fuller Account: The Role of 'Fittingness' in Thomas Aquinas' Doctrine of the Atonement," *International Journal of Systematic Theology* 12, no. 3 (2010): 302-18.

은 효과 자체가 그 행위의 목표에 기여한다. 존슨에 따르면, 안셀무스는 행위에서 그 행위자를 회고하지만, 아퀴나스는 행위에서 그 행위가 가진 다양한 결과를 기대한다. 바로 이 "목적 지향적인" 적합성이야말로 "그가 자신의 사상에 이질적으로 보이는 요소들을 예외적으로 수용할 준비가 되어 있는 이유를 설명해주는 요소다."[71]

속죄라는 어떤 특별한 수단의 필요성에 관한 우리의 요점을 반복하자면, 아퀴나스는 속죄의 방식에 형벌적 요소를 분명히 포함하지만, 그는 하나님이 마지못해 그런 방식으로 행동하셔야만 했다고 말하는 것을 거부한다. 그럼에도 하나님이 이런 방식으로 행동하셨다는 사실은 가장 적합한 것으로 진술될 수 있다. 이것은 우리를 두 번째 요점, 곧 속죄의 특별한 방식으로 안내한다.

구원의 방식

처음부터 우리의 결론을 기술하는 것이 최선일 것 같다. 곧 아퀴나스의 속죄론은 형벌 대속이라는 분명한 요소를 포함하지만, 그럼에도 그는 이 특별한 설명을 그리스도의 생애와 수난에서 발생한 사태에 대한 유일한 묘사로 받아들이는 것을 거부한다. 아돌프 폰 하르나크(Adolf von Harnack)의 결론은 너무 과장되었지만 여전히 다음과 같은 긴장을 잘 보여준다. 곧 "아퀴나스는 남을 대신한 형벌적 고난을—이 용어의 엄밀한 의미에서—정말로 인정하지 않는다. 그는 전체적으로 **하나님의 정의**(*iustitia dei*)에 제한된 범위만을

71 Ibid., 306.

허용하기 때문이다."[72] 그럼에도 그의 나중 언급은 정확히 옳다. 아퀴나스는 "객관적 구원과 주관적 구원 사이에서…망설이고 있다."[73] 하르나크가 의미하는 바는, 아퀴나스가 비유들을 뒤섞고 혼합하여 사용함으로써 안셀무스와 아벨라르두스를 통합시킬 뿐 아니라, 이후 형벌 대속론의 출현을 예기한다는 것이다. 아퀴나스는 형벌이라는 빚을 객관적으로 만족시키는 것과 우리의 마음 안에 사랑을 주관적으로 불러일으키는 것을 강조한다.

아퀴나스의 속죄론에는 정말로 두 가지 본질적인 요소가 있다. 한편으로 우리는 그리스도가 십자가 위에서 행하신 객관적 사역을 소유하고 있다. 다른 한편으로 우리는 아퀴나스의 공로의 교리, 즉 성례전을 통한 주관적 적합성도 소유하고 있다. 이 두 요소가 로마 가톨릭교회의 속죄론에 있는 특징이며, 칭의의 과정에 성화(그리스도의 공로의 지속적인 습득)를 포함하는 로마 가톨릭교회의 교리와 일치한다. 속죄의 사역은 법적인 측면뿐만 아니라 존재론적 측면과 변혁적 측면까지 포함하는데, 이것은 안셀무스와 아벨라르두스에게뿐만 아니라 아퀴나스에게도 본질적인 것이다. 하나님이 궁극적으로 정의라는 덕목을 우리의 영혼 안에 창출하시지 않은 채 단지 우리를 용서하시는 것 및 그분과 우리의 관계를 회복하시는 것만으로 정당화되실 수는 없다.

그렇다면 아주 당연하게 아퀴나스 역시 인간 영혼에 대한 주관적 전용(appropriation)을 위한 연결고리와 함께 그리스도의 객관적이고 완전한 사역에 대한 자신의 이해를 제공해야만 한다.

하르나크에게는 없지만, 아퀴나스 안에는 형벌 대속이라는 분명한 요

---

72 Adolf von Harnack, *History of Dogma*, trans. Neil Buchanan (Boston: Little, Brown, 1907), 6:193.

73 Ibid., 6:196.

소가 있다는 것은 의심할 여지 없이 분명하다. 오늘날 이것을 인정하는 이들은 아퀴나스를 지지하는 이들이 아니라 대부분 그를 비판하는 이들이다.[74] 비록 아퀴나스가 때때로 그리스도가 하나님께 드리는 것은 형벌 받음이 아니라 존중과 유사한 것이라고 제안함으로써 안셀무스의 도식으로 회귀하는 것처럼 보이기는 하지만, 그에게는 여전히 형벌적인 요소도 발견된다. 나는 아퀴나스가 고전적 의미에서 형벌 대속론의 세 가지 근본적인 요소를 간직하고 있음을 주장할 것이다. (1) 십자가에서 그리스도의 죽음은 처벌로서 묘사될 수 있다. 묘사들, 예를 들어 가장 두드러지게는 희생, 혹은 모범이라는 묘사도 가능하지만 말이다. (2) 하나님 아버지는 예수를 십자가에 보내는 일에 관여하셨다. 다른 말로 하자면, 하나님은 예수의 죽음에 대해 어떤 행위를 하신다. (3) 십자가 사건은 하나님의 진노에 인과적인 영향을 끼쳤고, 조야한 형태로라도 신인동형론적 희화화는 피한다. 아퀴나스는 이 모든 점을 확인한 후에 공로 교리를 취한다.

첫째, 그리스도의 수난은 우리가 지은 죄의 빚을 제거해주는 처벌이라는 특성을 띤다. 아퀴나스는 『신학대전』 3권에서 그리스도가 우리의 질고와 슬픔을 담당하심으로써 우리가 죄의 처벌에서 자유롭게 되었다고 주장하면서 이사야 53:4을 언급한다. 신자가 그리스도와 함께 그리고 그분 안에 참여한다(롬 5장)는 아퀴나스의 분명한 존재론적 비전은 그런 죄/죄책의 양도 또는 전가를 문제가 되지 않는 것으로 만든다. 이것은 우리가 다음과 같이 알 수 있는 것처럼 형벌 대속의 분명한 요소다. 곧 우리의 죄는 그리스도의 것으로 간주되고, 그분은 다시 우리의 죄를 위해 죽으신다. 때때로 아퀴나스가 비형벌적 형태의 만족에 대한 이야기로 급하게 물러나는 것도

74 예를 들면, Gorringe, *God's Just Vengeance*, 117을 참고하라.

사실이다. 비록 "처벌 혹은 만족"이라는 안셀무스의 체계가 잘 알려져 있지만, 아퀴나스는 그런 체계로부터 자신을 구별하려는 노력을 기울이지 않는다. 따라서 아퀴나스는 사실 **두 가지**, 곧 그리스도가 한편으로 죗값을 지불하셨**으며** 마땅히 받아야 하는 처벌의 빚을 훨씬 능가하는 무한한 가치의 경배를 하나님께 제공하셨다고 주장한다고 추론하는 게 안전하다. 아퀴나스는 우리가 어떻게 처벌의 죗값에서 구원받았는지에 대한 질문에 관해 다음과 같이 답변한다. "그리스도의 수난은 전 인류가 지은 죄에 대해 충분하고도 넘쳐나는 만족이었다. 따라서 충분한 만족이 지불되었다면, 처벌이라는 빚은 없어졌다."[75] 때때로 아퀴나스는 이 두 방식 사이에 모순이 없다고 말한다. "다른 사람이 마땅히 받아야 하는 처벌을 자신이 감수하는 것은 다른 사람을 만족시키는 적절한 방식이다."[76] 그리고 다른 경우에 그가 만족시키는 것은 엄밀하게 처벌이라고 말한다. "그분의 선함은 빛을 발한다. 사람은 어떤 처벌을 견디더라도 충분한 만족을 줄 수 없기 때문이다."[77]

안셀무스가 예수의 죽음의 특성과 관련해 보여주는 머뭇거림이 그 죽음의 작인(作因)에 대한 아퀴나스의 결정에는 영향을 끼치지 않았다. "세 가지 점에서 하나님 아버지는 그리스도가 수난을 겪는 것을 허용하신다. 첫 번째, 그분은 이런 예수의 수난이 인류의 구원의 수단임을 허용하신다. 두 번째, 하나님은 그리스도에게 자비심을 불어넣으셔서 우리를 위해 고난을 당하실 의지를 주심으로써 수난을 허용하신다. 세 번째, 그분은 예수를 보호하지 않고 박해자들에게 그분을 넘겨주심으로써 수난을 허용하신다."[78]

---

75 Aquinas, *ST* 3, Q 49, art. 3.
76 Ibid., 3, Q 50, art. 1.
77 Ibid., 3, Q 47, art. 3.
78 Ibid.

형벌 대속론 지지자는 아퀴나스의 주장에 네 번째 사항을 추가하고 싶었을 것이다. 곧 하나님은 죄에 대한 처벌로 죽음을 결정하셨다(롬 6:23을 보라). 또는 심지어 형벌 대속론의 지지자는 다음과 같은 다섯 번째 요소를 첨가하고 싶을 수 있다. 인간의 정의의 법정이 합법적으로 작동할 때 그것은 하나님의 의지의 집행자들이 된다(롬 13:4을 보라). 하지만 아퀴나스는 그렇게까지 멀리 나아가지는 않는다. 그의 주된 관심은 하나님이 자신의 아들을 학대하는 분이라는 것을 부정하는 것이 아니다. 비록 그가 이 점을 의식하고 있지만 말이다. 아퀴나스는 하나님이 단순히 그리스도가 살해당하도록 그분을 내어주신 것이 아니라고 주장한다. 그것은 "사악하고 잔인한 행동"일 것이다. 오히려 하나님은 "우리를 위해 고난 받으실 의지를 그리스도에게 불어넣으셨다."[79] 물론 오늘날 그런 주장만으로는 불충분할 것이다. 하나님은 여전히 희생을 요구하고 계시고, 비록 그리스도가 자신의 인간 본성과 자유의지를 갖고서 십자가를 지셨더라도, 하나님은 여전히 그것을 기뻐하신 것으로 보이기 때문이다.

아퀴나스는 하나님이 예수를 살해하셨다고 생각하지는 않지만, 예수가 죽기까지 순종하는 마음을 갖게 한 것은 하나님 아버지였다고 주장한다. 따라서 예수의 죽음은 하나님이 기뻐하신 것일 뿐 아니라 그분이 인간의 죄에 대한 해결책으로 결정하신 것이며 예수를 (인간 본성 안으로) "이끈" 것이다.

이것은 우리로 하여금 예수의 죽음에 대한 형벌 대속론적 설명과 관련하여 세 번째이자 마지막 요점에 이르게 한다. 곧 그리스도는 자신의 죽음에 의해 우리를 하나님과 화해시킨다. 아퀴나스는 『신학대전』 제3권, 49

79 Ibid.

문 3항에서 이런 생각의 희화화를 다음과 같이 일축한다. "마치 하나님이 우리를 새롭게 사랑하기 시작하신 것처럼"이 아니라, 이 사랑의 객관적 결정은 죄의 제거에 의해 완성되는 것이다. 아퀴나스는 인류가 하나님과 화해해야만 했다는 사실을 부인하지도 않으며, 속죄에 하나님을 향하는 측면이 존재한다는 점도 경시하지 않는다. "지금 하나님의 진노를 누그러뜨리는 것이 희생의 적합한 결과다. 어떤 이가 자신에게 가해진 위법 행위와 관련해서 누군가가 자신에게 경의를 표한 사실로 인해 기뻐서 그를 관대하게 봐준 것처럼 말이다."[80]

나는 지금까지 아퀴나스가 안셀무스와 아벨라르두스에게서 차용한 만족과 모범론에 덧붙여 제시한 형벌적 측면에서의 설명이 가지는 긍정적 기여를 제시했다. 마지막 요소는 그리스도가 획득한 공로의 양도에 관한 설명이다. 앞서 말한 것은 원죄를 포함한 과거에 저지른 죄의 문제에 관한 하나님의 해결책에 관한 것이었다. 지금은 아퀴나스가 미래의 죄와 관련한 하나님의 해결책을 설명하려고 시도하는 것이다. 그의 해결책은 성례전 교리와 공로의 교리를 결합하는 것이다.

그리스도의 자비는 모든 사람에게 은혜를 베푼다. 이것은 아퀴나스의 은총 신학과 일치한다. 사람들은 하나님의 은혜를 받기 위해 자비 안에서 어떤 일을 해야만 한다. "자비 안에서"라는 설명은 법 관념으로 되돌아간다(갈 5:14; 롬 13:8; 요이 1:5). 사랑이라는 덕은 법이라는 강제에 의한 것은 아니지만 그럼에도 법에 의해 우리의 영혼이 습성화되어서 우리의 영혼으로부터 자연스럽게 솟아나는 것이다. 하나님의 선행하는 은혜가 아니고서는 이런 자비를 베푸는 것이 불가능하다. 하지만 우리는 이런 선행하는 은혜에

---

80 Ibid., 3. Q 49, art. 4.

동의하고 협력해야만 한다. 우리는 그분의 지체로서 그리스도와의 성례전적 연합을 통해 그리스도의 차고 넘치는 공로에 접근한다. 그럼에도 이 점은 매우 중요한 것이다. 칭의는 우리의 영혼이 은혜의 도움과 협력하면서 자비라는 덕을 획득하며 계속 성장하는 과정이다. 우리가 정의라는 덕을 갖고 있다고 말하는 것은 우리의 믿음이 사랑으로 입증되는 한에서만 가능하다. 이 사랑은 다름 아닌 그리스도의 법을 내면화한 것이다.

요한 둔스 스코투스(1265-1308)

하나님, 법 그리고 필연

13세기는 하나님의 지성과 의지 사이의 관계에 대해 두 가지 사상이 중요한 신학적 갈등을 일으키던 시기였다. 도미니코 수도회 소속 수도사들은 하나님의 행동의 주요 동기가 하나님의 지성이라고 생각했던 주지주의 경향을 띠었다. 다른 한편 프란체스코 수도회의 수도사들은 소위 주의주의자들이었다. 그들은 신의 행위의 근본적 원리를 하나님의 의지라고 생각했다. 도미니코 학파가 주장하는 주지주의는 아리스토텔레스주의(와 신플라톤주의) 및 자신들의 보편적인 존재론적 경향과 일치했다. 아퀴나스는 비록 하나님이 이미 창조하신 것과 다르게 창조하실 수 있는 자유를 갖고 계셨지만, 그분이 우리가 지금 살고 있는 세계를 창조하셨다는 사실은 전적으로 우연이 아니라고 주장했다. 그는 세계가 필연적으로 존재함을 확실하게 주장하지 않았지만, 다른 이들은 그의 이런 결론을 위험한 것으로 혹은 그의 신학적 성향이 아리스토텔레스에게 기울어진 것으로 이해했다. 창조된 실재가 신적 존재에 존재론적으로 참여하는 것은 하나님과 인간 사이의 존재론적 구분을 파괴하는 것일 뿐 아니라 모든 개별자의 차별성을 제거하는 경향이 있다. 아리스토텔레스 철학의 주석가이자 아랍 철학자였던 아베로에스(Averroes)는 이 두 가지 주장을 좀 더 분명하게 주장한다. 토마스 아퀴나스는 아베로에스의 작품을 읽었고 그에게서 영향을 받았다.

파리 대학에 뿌리를 내렸던 아베로에스의 신학은 1277년에 이단으로 정죄를 받았다. 둔스 스코투스의 작업은 이런 정죄를 옹호한 것으로 가장 잘 이해된다. 하나님이라는 존재는 세상과 완전히 다른 것으로 이해해야 한다. 이러한 차이의 결과로 하나님과 세상의 관계는 필연적 존재와 우연적 존재의 관계가 된다. 이것은 아퀴나스 혹은 도미니코 수도회 수도사들이 창조의 우연성을 부정한다는 말이 아니라, 그들이 받아들인 신플라톤주의는 하나님이 이런 자연물들을 창조하실 때 자신의 지성에 따라 창조하셨음을 보여준다는 말이다. 이것은 창조된 것들의 본질이 신의 지성에 선재했음을, 곧 창조세계에 영원성에 준하는 어떤 본성을 돌리는 것처럼 보인다. 아퀴나스가 (세계의 영원성이라는) 아리스토텔레스의 특별한 학설을 강하게 거부했다는 사실에도 불구하고, 그는 어떤 부분에서는 하나님이 창조 행위를 수행하실 때 자신의 지성에 의해 제약을 받는다고 생각했다.

둔스 스코투스에게 이것은 하나님의 자유를 부정하는 것과 같다. 사물들의 본질은 하나님에 대해 필연적으로 구속력을 갖지 않는다. 하나님은 그것들에 대해 먼저 숙고하시고 그리고 그것들에 대한 그분의 지식의 결과로 그것들을 현실화하기보다는 단순히 그것들이 존재하기를 원하시기 때문이다. 하나님은 모든 가능성을 아시지만, 그분은 그것들에 있는 본질적인 것에 의해 불가피하게 그것들을 현실화하시는 것은 아니다. 이런 개별적인 존재들의 원인은 순전히 그것들을 창조하기로 하신 그분의 의지다. 그분의 의지에 선행하는 것은 아무것도 없다. 따라서 둔스 스코투스는 사물들의 최종 목적을 그것들의 원인들로 보는 아퀴나스의 존재론적 이해를 거부한다. 하나님은 사물들의 최종 목적, 즉 그것들의 본질들을 숙고하셨기 때문에 자신이 창조하신 것들을 창조하기로 "종용받지" 않으셨다. 그분은 그것들의 본질들이 존재하도록 단순히 명하셨으며 이에 대해 그분의 뜻을 제약하는 것은 아무것도 없었다.

하나님과 인간을 포함한 창조세계의 관계는 하나님의 의지 외에 다른 필연적 틀을 갖지 않는다는 결론이 도출된다. 하나님의 자유에 대한 이런 단호한 변론은 둔스 스코투스로 하여금 하나님과 인간의 관계를 중재하는 법의 능력에 대해 훨씬 더 제약적인 태도를 취하도록 이끈다. 우리는 법에 대한 그의 접근을 간략하게 논하고 그런 다음에 그러한 접근이 속죄론에 끼치는 영향을 논하고자 한다.

둔스 스코투스의 주의주의에 관해 일반적으로 인정되는 견해는 자연법과 도덕법을 포함한 법은 순전히 임의적이라는 것이다. 하나님이 완전히 다른 법을 제정할 수 있으시기 때문이다. 정말로 둔스 스코투스가 자신의 중요한 원리, 즉 "하나님이 사물들을 원하셨기 때문에 그것들이 선한 것이지, 그것들이 선하기 때문에 하나님이 그것을 원하신 것은 아니"라는 원리를 제시했을 때 그는 이런 임의성을 암시한 것이다. 다른 말로 하자면, "하나님의 의지가 선의 원인이고 따라서 그분이 어떤 것을 원하셨다는 사실에 의해 그것은 선하다."[81] 예를 들어 하나님은 살인하거나 또는 도둑질하거나 혹은 거짓말하는 것이 정의로운 것일 수 있는 세상을 창조하실 수 있었다.

---

81 Frederick Copleston, SJ, *A History of Philosophy,* vol. 2, *Medieval Philosophy: From Augustine to Duns Scotus* (1950; repr., New York: Image, 1993), 547에서 인용. 『중세철학사』(서광사 역간).

하나님이 실제로 제정하셨던 어떤 구체적인 법을 반드시 제정하실 의무가 그분에게 있는 것은 아니다. 더욱이 그분은 입법가로서 어떤 다른 목적을 성취하기 위해 자신이 제정했던 구체적인 법들을 지키지 않을 수 있는 자유를 가지셨다. 법은 하나님과 인간 사이에서 완전히 임의적인 접점처럼 보인다. 법이 그와 같은 것이라면, 우리는 인간의 본성과 인간의 법에 대한 분석을 통해 하나님의 본성에 관한 어떤 지식도 가질 수 없다. 인간의 법들은 다른 것들이고 이것은 하나님의 선이나 정의에 해롭지 않을 것이다.

우리가 앞으로 살펴볼 것처럼 둔스 스코투스가 법을 완전히 임의적인 것으로 만들었다는 주장은 과장된 것이라는 사실에도 불구하고, 그의 견해가 야기한 한 가지 분명한 역사적 결과는 우리가 이성에 의해 알 수 있는 것들과 우리가 오직 계시에 의해서만 알 수 있는 것들 사이의 구분이 명확해졌다는 것이다. 인간의 이성은 자연법을 이해하는 것에 관한 적절한 통찰을 우리에게 부여하지 않는다. 우리의 관점에서 동일하게 중요한 점이 있는데, 우리는 인간의 법들이 어떤 방식으로도, 곧 유비적으로든 유비적이지 않은 방식으로든 영원법에 참여한다고 주장할 수 없다. 사실 한네스 묄레(Hannes Möhle)가 지적했던 것처럼, 영원법에 대한 아퀴나스의 이론은 그의 체계에서 중요하지 않다.[82] 비록 폴 틸리히가 둔스 스코투스를 해석하면서 이 점을 조금 과장하기는 하지만, 그것은 이후의 사상에 끼친 둔스 스코투스의 중요성을 적절하게 포착한다. "세상은 원래 의지에 의해 창조되었고 이로 인해 비이성적이고 경험적인 것으로 여겨질 것이다. 부차적인 단계에서 이 세상은 지성적으로 질서 지워졌지만, 이 질서는 결코 최종적인

82 Hannes Möhle, "Scotus's Theory of Natural Law," in *The Cambridge Companion to Duns Scotus,* ed. Thomas Williams (Cambridge: Cambridge University Press, 2003), 315.

것이 아니고 우리가 연역적인 방식으로 그것을 이해할 수 없는 것이다."[83]

여기서 잠시 논의를 멈추고, 왜 이 주장이 속죄론에 중요한 의미를 가지는지 질문해볼 필요가 있다. 나는 역사적인 관점에서 중세의 속죄는 새롭게 발견된 법의 보편성과 영원성에 집중했다고 주장했다. 물론 다양한 신학자들이 법의 이런 개념을 다양한 방식으로 받아들였다. 하지만 그들은 모두 대개 필연이라는 틀 안에서 생각한다. 특히 안셀무스는 하나님이 구원하고자 하신다면, 그분은 만족 혹은 처벌 사이에서 **선택하셔야만 한다**고 주장했다. 다른 말로 하자면, 그분의 근본적인 목적이 우리의 영원한 행복이라는 것을 고려한다면, 그 두 가지 중 하나의 선택이 그분이 취할 수 있는 유일한 행동의 방향이다. 이것은 그분의 정의에 기인한다. 하지만 둔스 스코투스가 옳다면, 인간과 하나님 사이의 관계를 위한 조건을 설정한 것으로서의 법의 전체 틀은 무너진다. 따라서 둔스 스코투스가 법에 대해 말한 것에 주의를 기울이는 게 중요하다.

아우구스티누스주의자로서 둔스 스코투스는 안셀무스가 키케로의 정의를 비판하고 거부한 데 동의한다. 그들이 공유한 전제는 하나님과 인간의 존재론적 차이이다. 하나님과 인간은 동일하지 않고 따라서 하나님은 누구에게도 빚을 지지 않으셨다. 이것은 신의 정의에 어떤 제약도 없음을 의미하지 않는다. 둔스 스코투스에게조차도 말이다. 하나님은 창조와 관련한 행위에서 그분의 본성의 선에 의해 구속받으신다. 하나님의 행위를 결정하는 유일한 원리, 그리고 정말로 자연법의 실제 원리는 하나님의 사랑이다. 둔스 스코투스는 "법률적 정의"—즉 "다른 사람과 관계를 맺어야 하고" 모

83 Paul Tillich, *A History of Christian Thought: From Its Judaic and Hellenistic Origins to Existentialism*, ed. Carl Braaten (New York: Touchstone, 1972), 142.

든 이에게 적용되는 법의 준수로 이루어진 정의—에 대해 글을 쓰면서 하나님께조차 적용되는 이 법이 무엇인지를 분명히 한다. "자, 이것 중 첫 번째, 즉 법률적 정의는 하나님에 대해 가정할 수 있다. 그분의 의지의 결정에 선행하는 다른 법, 즉 그분 자신의 의지가 다른 '입법가와 법'에 올바르게 동의할 수 있는 것이 있다면 말이다. 정말로 그런 법, 곧 '하나님은 사랑받으셔야만 한다'는 법이 있다. 우리가 그것을 법의 실제 원리보다는 오히려 '법'이라고 불러야 한다면 말이다. 어쨌든 그것은 신의 의지가 내릴 어떤 결정보다 앞서 있는 실제 진리다."[84] 따라서 세상에 대한 하나님의 행위가 어떤 원리에 의해 제약을 받지 않는 것은 아니다. 하지만 하나님의 사랑이라는 이 원리는 수많은 다른 방식에서 준수될 수 있다. 우리가 앞으로 살펴볼 것처럼 말이다.

둔스 스코투스는 법의 다른 측면, 즉 개별적 행위들에 대한 정의 혹은 자신이 "법과 관련한 어떤 특정한 측면에 있는 정직함(uprightness)"[85]이라고 말한 것과 관련해서 두 가지 세부적인 구분, 곧 제한 없는 의미에서 다른 이를 향한 정직함과, 거의 다른 이에 준하는 자신을 향한 정직함을 구분한다. 이 두 가지 중 자신을 향한 정직함만이 하나님에게 적용된다. 이것은 하나님이 피조물들과 관련한 그분의 개별적인 행위에서 그것들에 대한 어떤 의무에도 구속받지 않으시고 오직 다른 것들을 다루실 때 자신과 관련해서 정직해야 한다는 의무에만 구속받으신다는 것을 의미한다.

우리는 중세 후기의 신학자들을 사로잡은 논쟁의 도움을 받아서 이

---

84 John Duns Scotus, *Ordinatio* 4, dist. 46, as translated by Allan B. Wolter, OFM, *Duns Scotus on the Will and Morality* (Washington, DC: Catholic University of America Press, 1986). 둔스 스코투스에 관한 모든 인용은 Wolter의 번역을 따른다.

85 Duns Scotus, *Ordinatio* 4, dist. 46.

입장을 설명할 수 있다. 이 논쟁은 소위 성경적 추문들, 즉 하나님이 자신의 법에 반하는 행동을 하라고 사람들에게 명령을 내리신 구체적인 예들, 곧 음란한 여인 고멜과 결혼하라는 명령, 전쟁에서 남녀노소를 가리지 말고 죽이라는 명령 혹은—가장 명백한 것으로—이삭을 제물로 바치라는 명령 같은 것들과 관련이 있다. 한편, 도미니크회 수도사들은 위와 같은 본문들을 정보가 불충분하고 하나님의 의도에 완전히 접근할 수 없거나 혹은 본문을 더 잘 해석해야 하는 사례들로 처리하는 데 익숙했다. 다른 한편, 둔스 스코투스는 그 본문들을 문자 그대로 받아들이고 "하나님의 명령의 가능성을 자연법 자체를 정의하기 위한 토대로 만든다."[86] 따라서 그는 자연법을 하나님의 사랑이라는 궁극적 원리에서 논리적으로 연역할 수 있는 행위 원리들에 한정한다. 하나님이 모세에게 주신 첫 번째 돌판에 있는 계명들은 이런 원리에서 직접적으로 도출할 수 있는 그런 법을 분명하게 포함한다. 두 번째 돌판에 있는 계명들은 우연적 존재인 피조물들과 관련이 있는 것이고, 따라서 그것들은 필연적으로 하나님과 관련이 있는 것일 수 없다.

다시 말하지만 하나님이 결국 어떤 것, 곧 그분의 선함과 자기사랑에 제약을 받으신다는 것을 언급하는 것이 중요하다. 그분의 선함과 자기 사랑은 그분의 행위의 목적 혹은 목표다. 둔스 스코투스는 이것을 가장 중요한 목적이라고 말한다. 하지만 이 일차 목적은 수많은 다른 방식으로 성취될 수 있다. 하나님의 행위의 이차 목적들은 하나님께 구속력을 가질 수 없지만 일차 목적은 하나님에게 구속력을 갖는다. 프레드릭 코플스톤(Frederick Copleston)이 다음과 같이 말한 것처럼 말이다. "그렇다면 하나님

86 Möhle, "Scotus's Theory of Natural Law," 315.

은 십계명의 두 번째 돌판의 계명들을 없애실 수 있다. 비록 그분은 자연법에 엄격하게 속해 있는 계명들을 없애실 수 없지만 말이다."[87] 일차 목적과 이차 목적의 구분은 겉보기에는 자신의 법에 무신경하게 접근하시는 하나님의 접근과 세상에서 드러나는 그분의 행위의 불변적인 필연 사이에 있는 긴장을 해소하는 데 도움을 준다.

반복하자면, 두 가지 가능한 종류의 정의가 있다. 첫 번째는 하나님의 선하심과 관련한 의지의 올바름이다. 두 번째는 "피조물들의 긴박한 필요가 요구하는 것들과 관련한 의지의 올바름"[88]이다. "하지만" 둔스 스코투스는 이후에 다음과 같이 말한다. "하나님에게 고유한 일차 정의(justice)는 이 두 번째 방식에서는 그것이 그분의 첫 번째 행위와 관련해 그분을 정의로운 분으로 결정하는 것과 같은 방식으로 그분을 정의로운 분으로 결정하지 않는다. [그분 자신을 향한 정의의] 첫 번째 행위는 어떤 [피조된] 대상 혹은 두 번째 행위를 고려하지 않기 때문이다. 첫 번째 행위가 두 번째 행위를 고려하게 된다면 그분의 정의는 그분의 의지를 어떤 필연적인 방식으로 경도시키는 셈이 된다. 이전에 말했던 것처럼 말이다."[89] 한 번 더 반복하자면, "피조물과 관련한 순전한 의미에서, 하나님은 첫 번째 정의와 관련해서만 정의로우시다. 피조물은 실제로 하나님의 의지에 의해 지금 존재하기 때문이다."[90]

---

87 Copleston, *Medieval Philosophy*, 549.

88 Duns Scotus, *Oradinatio* 4, dist. 46.

89 Ibid(Wolter's 설명).

90 Ibid.

공로와 속죄

우리는 이제 정의와 법에 대한 분석이 속죄론에 대해 가지는 직접적인 관계를 이해할 수 있는 위치에 있다.

중세 신학의 독특한 특징은 예수의 속죄라는 객관적 차원과 그리스도가 획득한 공로를 전유하는 주관적 차원 두 가지에 집중한 것이다. 따라서 하나님의 은혜에 대한 아우구스티누주의의 강조는 그리스도의 공로를 획득하고 그것에 참여하는 인간의 의무를 강조하는 공로 신학과 결합한다. 안셀무스의 중대한 공헌은 이 두 가지를 결합한 것이고 공로에 비추어 그리스도의 십자가를 이해한 것이다. 더욱이 중세 사상가들은 예외 없이 칭의의 과정을 위한 첫 번째 조건으로 하나님의 사랑이 유입될 필요성을 단언했다.

공로 신학은 스코투스주의의 이론에서 심각하게 약화된다. 중세 체계의 성공은 그리스도의 속죄 사역의 가치(그분의 희생의 무한한 가치)와 공로의 가치 사이에 있는 등가성에 좌우되었다. 따라서 하나님은 그리스도의 고통의 가치에 응하여 공로를 베풀 의무를 가지신다. 이와 유사하게 그분은 세례 이후의 삶과 관련해서 자비의 행위에 대한 반응으로 공로를 베푸신다. 이런 등가성을 강화하는 것은 하나님이 어떤 법적인 필연 아래에서 행동하신다는 가정이다. 참으로 우리는 이런 법의 출현 자체를 중세 속죄 신학의 중요한 요인으로 이해한다. 하지만 둔스 스코투스는 하나님이 법의 권한 아래에 있으시거나 혹은 조금이라도 어떤 권한 아래 계신다는 것을 거세게 반대한다. 하나님을 강제하는 법적 필연은 없다. 그렇다면 하나님은 무엇을 근거로 선한 이에게 보상을 주고 악한 이를 처벌하실 수 있을까? 둔스 스코투스에 의하면, "하나님의 행위"에 대한 근거를 도덕적 행위(의로움 혹은 죄)

라는 본질적 특성에서 찾을 수 없다. 이런 특성들이 하나님 자신의 존재의 외부에 있는 한, 그것들은 단순하게 우연적인 존재들이고 따라서 그것들은 어떤 방식으로도 하나님을 강제할 수 없다.

하나님이 이런 방식으로 행동하시기로 결정한 것은 전적으로 자신의 의지에 따른 것이다. 하나님 앞에서 모든 인간의 행위의 가치는 오로지 그분의 평가에 의해 결정된다. 우리의 도덕적 행위들은 하나님이 그것들을 받아들이기로 결정하셨기 때문에 가치가 있다. 하지만 그분의 인정(*acceptatio*)은 저런 행위들이 가진 가치에 대해 하나님이 이전에 갖고 계셨던 평가에 의해 결코 결정되지 않는다. (창조된 우발적 사태로서의) 그런 행위들 안에는 그 자체로 하나님을 움직일 수 있는 고유한 것이 전혀 없다.

로버트 매킨토시(Robert Mckintosh)는 **승낙**(*acceptatio*)이라는 개념뿐만 아니라 (비록 동의어는 아니지만) **채무면제**(*acceptilatio*, 결국 만족스러운 것으로 수용되는 것을 제공하는 행위)라는 개념 역시 로마법에서 발견된다고 주장한다.[91] 어떻게 이것이 둔스 스코투스의 일반적인 주의주의자의 접근법과 유사한지 살펴보자. 하나님의 **절대적인 능력**을 강제하는 단 하나의 원리가 있다. 곧 하나님의 자기애, 그리고 그 사랑에서 파생되는 것으로서 피조물이 하나님을 사랑해야만 한다는 원리다. 하지만 타락의 결과로서, 말하자면 구원과 관련해 몇 가지 가능한 경륜이 있다. 하나님이 이것 중 하나를 제정하기로 결정하셨다. 그분은 자신의 지혜에 열려 있는 많은 가능한 법 중 하나를 공표하기로 결정하셨다. 하나님이 이 법을 공표했다는 사실은 모든 다른 가능성에 대한 본질적 가치에 대해 어떤 것도 우리에게 이야기해주지 않는

91 Robert Mackintosh, *Historic Theories of Atonement* (London: Hodder & Stoughton, 1920), 110.

다. 우리에게 부과된 자연법에 대한 우리의 이해는 신적 본성에 대한 어떤 통찰도 우리에게 제공해주지 않는다. 마찬가지 이유로 하나님은 자신의 정의를 훼손하지 않고도 이차적인 법들을 없애실 수 있다.

따라서 둔스 스코투스는 루이스 벌코프(Louis Berkhof)의 평가[92]와는 다르게 정의가 속죄와 관련이 없다고 제안하지 않는다. 하지만 그는 하나님의 정의를 그분과 우연적 피조물들의 관계에까지 확대하는 것을 거부하고 오로지 하나님 자신과만 관련해서 정의한다. 하나님의 정의의 범위를 결정하는 것은 단순하게 어떤 특정한 법을 제정하시는 그분의 의지다. 하나님의 사랑이라는 행동 원리에서 직접적으로 유래하지 않고서는 그분이 제정하신 어떤 법들도 그분을 구속하지 않는다. 비록 그것들이 우리를 구속하는 것으로 남아 있지만 말이다. 따라서 하나님께서 십자가 없이도 우리를 용서하실 수 있다고 말하는 것에는 모순이 없다. 하르나크가 다음과 같이 말한 것처럼 말이다. "둔스 스코투스는 모든 것을 하나님의 '승낙'이라는 것에서 추적함으로써 (대리적인 형벌 고난이라는 생각과 구별되는 것으로) 만족론에서 논리적으로 참인 결론을 도출한다. 모든 만족과 모든 공로는 그것들을 수용하는 이의 임의적인 평가에서 그것들의 가치를 획득한다."[93] 이것이 논리적 결론일 것이다. 만족 자체라는 분명한 개념은 신의 의지 외에는 어떤 다른 논리에도 호소할 수 없기 때문이다. 즉 (주로) 안셀무스와 (그보다는 약간) 아퀴나스가 하나님 자신에 대한 속죄/만족이라는 조건적인 법에 대한 구속력을 가진 특성을 논증하는 데 성공하는 것을 제외하고는 말이다. 둔스 스코투스는 하나님이 정의에 따라서 일하지 않으신다고 주장하지 않

---

92 Louis Berkhof, *Systematic Theology* (Grand Rapids: Eerdmans, 1996), 368. 『벌코프의 조직신학』(CH북스 역간).

93 Harnack, *History of Dogma*, 6:196.

는다. 정말로 그분이 정의에 따라 일하시지 않는다고 주장하는 것은 불합리할 것이다. 하지만 그는 정의를 일차 정의와 이차 정의로 구분하는 것이 아우구스티누스의 틀 안에서는 설득력이 있다고 주장한다. 그는 안셀무스의 주장 전체를 이차 정의의 영역 안에 놓기 때문에 그것을 신의 본성과는 무관한 것으로 만든다. 따라서 "단순하게 전능성과 하나님의 의지가 정의와 진리보다 하나님의 본성 안에서 더 궁극적인 것"[94] 것은 아니다. 즉 이런 이분법은 스코투스 사상을 희화화한다. 오히려 하나님의 전능성과 자유가 특정한 방식으로 하나님의 정의를 결정한다.

그리스도의 죽으심

속죄 자체로 다시 돌아간다면, 둔스 스코투스는 하나님은 어떤 종류의 보상을 해줄 것인지에 대해 그 어떤 존재에 의해서도 강요받지 않으시기 때문에 하나님의 아들이 죽는 것은 반드시 필요한 일이 아니었다고 주장한다. 공로에 대한 하나님의 보상과 본질적으로 대등한 것이 없다는 것은 그리스도가 인간의 본성에서 고난을 받으셨다는 사실에 의해 더욱 잘 드러난다. 하지만 인간의 죽음은 유한한 가치를 가졌기 때문에 무한한 공로를 획득할 수 없다. 그럼에도 하나님은 이 유한한 공로가 무한한 가치를 가진 것으로 간주하기로 하셨다. 여기에는 만족에 대한 고대의 개념이 함의되어 있다. 로마법뿐만 아니라 게르만족의 법에도 상해를 입은 당사자는 그 상해에 대한 보상으로 어떤 특별한 제의를 **적절한 것(또는 만족)으로 간주해**

94 William G. T. Shedd, *A History of Christian Doctrine* (New York: Charles Scribner's Sons, 1890), 2:316.

야 하기 때문이다. 정말로 안셀무스 자신에게는 무한한 범죄와 희생이 가진 무한한 가치 사이에 엄격한 등가라는 개념이 요구된다. 그는 세례를 받은 죄인들이 이용할 수 있는 양적으로 무한한 공로가 필요하기 때문이다. 안셀무스에게 엄격한 등가라는 해결하기 어려운 문제를 안겨주는 것은 공로 신학에 대한 그의 강조다. 하나님의 명예를 회복하는 객관적인 관점에서는 엄격한 등가를 획득할 필요가 없다. 하나님은 단순히 그리스도의 희생을 필요한 등가로서가 아니라 어떤 적절한 것(*conveniens*)으로 받아들이기로 결정하셨다.

하나님은 어떤 다른 방법을 적절한 것으로 간주하실 수 있으셨다. 예를 들어 둔스 스코투스는 하나님은 우리를 어떤 천사 혹은 원죄에서 자유로운 어떤 이를 통해 구원하실 수 있다고 말한다. 게다가 그는 그리스도의 죽음이 하나님의 정의가 요구하는 것, 즉 처벌이라는 특성을 갖고 있음을 단호히 반대한다. 하나님이 그리스도의 사랑 때문에 받아들이기로 흔쾌히 허락하신 것은 단순하게 희생이다.

해스팅 래쉬돌의 말을 빌려 결론을 내리면 다음과 같다. "도덕에 대한 이런 태도가 속죄에 대한 정의를 확립하기 위한 정교한 시도로부터 스코투스주의자를 면제해준다."[95] 우리는 이 진술을 약간 완화해서 표현할 수 있다. 둔스 스코투스는 하나님의 자기사랑에 적합한 정의가 있는가 하면, 하나님이 인간에게 명령하셨음에도 불구하고 그에게 절대적인 구속력을 갖지는 못하는 정의가 있다고 주장하기 때문이다. 우리가 그리스도의 죽음의 신비에 대해 숙고한 것처럼, 우리는 우리가 자연법에서 발견할 수 있는 하나님의 사랑의 원리를 도출해서 어느 정도까지만 그것을 합리적으로 이

95 Rashdall, *Idea of Atonement*, 385.

해할 수 있고 그 정도로만 하나님을 구속한다. 하지만 하나님이 피조물에 대한 자신의 목적을 실현하는 특별한 방식은 우리가 자연, 본래적인 도덕성, 정의 혹은 어떤 다른 우연적인 질서에 대한 우리의 연구에서 추론할 수 없는 것이다.

둔스 스코투스의 영향

학자들은 스코투스주의 혁명이 가져온 엄청난 결과를 지적했다. 첫째, 스코투스주의가 자연신학을 약화시킨 것은 교회의 영향력을 점점 커지게 만들었다. 인간 이성이 자연을 규명할 수 없고 그것으로부터 하나님의 본성에 대한 진리를 추론할 수 없다면, 우리는 오직 믿음으로 그런 정보를 얻을 수 있다. 둔스 스코투스에게 이런 믿음은 일차적으로 로마 가톨릭교회의 교리와 권위를 우선 수용하는 것이다. 틸리히는 중세 후기의 신학에서 주의주의자와 유명론자의 변혁의 결과에 대해 다음과 같이 말한다. "중세 말기에 교회가 하나님을 어떤 개별자, 곧 마치 참주처럼 다른 개별자들에게 법을 강요하는 분으로 묘사하여 개별자들에게 권력을 과도하게 부과하는 결과로 모든 보편자가 상실되었다. 이것은 유명론이 그 자신에게 가져온 왜곡이지만, 개인을 긍정한 것은 유명론의 창조적 공헌이다."[96]

둘째, 지금 틸리히는 좀 더 긍정적인 발전으로 받아들일 법한 것을 암시한다. 둔스 스코투스는 하나님이 근본적으로 의지인 것처럼 그분의 형상을 가진 인간 존재들도 자유의지를 소유했음을 강조한다. 실재론과 유명론에 대한 그의 인식론적 견해(그는 우리가 개별자들에 대한 지식만을 가질 수

96 Tillich, *History of Christian Thought*, 144.

있다고 주장한다)와 함께, 자유의지에 대한 둔스 스코투스의 강조는 개별자의 가치에 대한 의미를 증가시켰다. 이런 경향은 오컴의 윌리엄(William of Ockham)과 가브리엘 비엘(Gabriel Biel)의 유명론에서 완전히 성숙해졌지만, 그럼에도 그것은 둔스 스코투스와 아벨라르두스에게서 그 기원을 찾을 수 있다. 중세 신학에서의 경향은 모든 개체성을 없애는 범신론의 방향으로 더 이상 이어지지 않았지만, 인간의 의지의 능력을 발견하는 방향으로 나아갔다.

셋째, 이와 같이 관심의 방향이 자유의지로 전환한 것은 법과 정치에 대한 이해에 즉각적인 결과를 가져온 것으로 나타난다. 중요한 능력은 지성보다 의지이기 때문에 법의 본질이 그에 따라 재정의된다. 따라서 인간의 실정법의 본질은 이성이 자연법에서 발견한 명령과 크게 관련이 없다. 자연법에 그런 가르침들이 있다는 것은 논쟁의 여지가 없다. 하지만 그런 가르침의 양은 하나님의 사랑의 원리에서 직접적으로 발견할 수 있는 것들보다 적다. 하지만 자연법의 범위의 제약이 인간법을 자유롭게 창조할 수 있는 여지를 열어준다. 따라서 자연법이라는 재판대 앞에서 인간의 실정법의 책임은 대단히 약화된다. 세상에 필연적인 구조가 없다면 우리가 우리의 법적·정치적·경제적 구조를 창조할 자유가 있다는 결론이 자연스럽게 도출된다. 둔스 스코투스는 인간법의 본질이 동의 개념에 있다고 주장한다. 몇 년 후에 파두아의 마르실리우스(Marsilius of Padua)는 둔스 스코투스의 사상을 따라 당대의 가장 혁명적인 정치 논문 중 하나를 저술한다. 그는 모든 권위가 사람에게 있다고 주장한다. 더욱이 그는 시민들과 그들의 지도자들은 필요할 때 교회를 바로잡을 권한을 가진다고 말한다.[97] 또한 헤이코 오

97 William C. Placher, *A History of Christian Theology: An Introduction* (Louisville: Westminster

버만(Heiko Oberman)은 일부 학자들이 다음과 같이 주장하는 방법에 주목한다. 곧 둔스 스코투스가 자연법과 신법의 영역을 "최소한 잠재적으로" 분리했기 때문에 그는 법실증주의자로 묘사될 수 있다.

요약

1. 12세기와 13세기의 법 혁명은 고대의 여명에서 기원한 법을 사회적 관계와 종교적 관계의 보편적인 맥락과 같은 것으로 단호하게 확언한다. 관습과 사회적 연대에 기초한 평화적 중재라는 게르만적이고 봉건적인 이상들은 응보적 요구들을 포함하는 법의 보편성에 의해 대체된다. 인간의 정의와 신의 정의는 다시 한번 서로 분명하게 연관된 것으로 생각된다.
2. 안셀무스는 법률 중심주의자는 아니지만, "시정적 정의"라는 그의 이해는 처벌 혹은 만족이 범죄의 결과로 반드시 있어야 한다고 주장한다. 객관적이고 보편적인 법은 잘못에 대한 객관적인 시정을 요구한다. 만족이 인간의 측면에서 제공되지 않는다면, 하나님은 더 이상 축복을 주실 수 없다. 대가 없는 하나님의 용서는 불가능하다. 법과 정의는 지금 하나님의 본성과 관련해서 동의어다.
3. 아벨라르두스의 유명론은 동일한 법 혁명과 긴밀하게 연결되어 있지만, 그것은 법률 중심주와는 관련이 없다. 법이 중요한 것으로 남아 있지만, 그것은 안셀무스가 주장한 것과 같은 정도로 하나님에게

John Knox, 1983), 167을 참고하라.

적용되지는 않는다. 또한 유명론은 원죄가 없기 때문에 인간의 무한한 빚도 없다고 주장한다. 실제 죄는 처벌의 책임을 지지만, 도덕적 빚과 같은 것은 유전되지 않고 욕구의 방향 상실만 유전된다.

4. 결과적으로, 속죄의 임무는 욕구를 수정하는 것이다.
5. 아퀴나스는 법을 인간 존재의 본래적 목적과 관련해서 분명하게 긍정적인 역할을 가진 것으로 이해한다. 그럼에도 그는 하나님의 존재와 법의 관계를 필연적인 것으로 만드는 것을 분명하게 미룬다. 그는 분명 자신의 이론에서 응보적 측면을 포함하지만, 그것은 필연적인 것으로서가 아니라 적절한 것으로 간주된다.
6. 둔스 스코투스는 국가와 교회의 관계에서 국가의 자율권을 확보함으로써 근대를 위한 길을 결정적으로 열어둔다. 인간의 법들은 근본적으로 동의의 문제다. 그것들에는 본래적인 합리성이 없다. 신법 자체는 필연적인 것이 아니라 하나님의 임의적인 의지를 반영한 것이다. 정의는 둔스 스코투스에게 중요하지 않은 것이 아니다. 그가 수용한 주의주의는 그로 하여금 (안셀무스처럼) 하나님 자신과 관련해서 정의를 뜻매김하도록 하는 게 아니라 특별히 그분의 의지와 관련해서 뜻매김하도록 한다.
7. 따라서 그리스도의 죽으심은 인간의 죄로 인해 필연적으로 받아야 하는 것과 같은 처벌이 아니다. 하나님은 자신의 사랑과 일치하는 어떤 다른 방식으로 우리를 구원하실 수 있다.

ATONEMENT, LAW, AND JUSTICE

The Cross in Historical and Cultural Contexts

3장

종교개혁

루터, 칼뱅 그리고 형벌 대속론의 전통

종교개혁 시대의 정치사상과 법사상

16세기의 법철학과 중세 시대의 법철학 사이의 연관성은 부정할 여지가 없다. 종교개혁가들은 11세기와 12세기의 법 혁명 기간 동안에 형성된 많은 개념과 관행들을 물려받았다. 더 직접적으로 말하자면, 그들은 1517년 이전에도 순조롭게 진행되던 법적이고 종교적인 중요한 조짐(foment)을 표현했다. 존 위티(John Witte)는 올바르게 다음과 같이 주장한다. "종교개혁은… 교회 내에서 두 세기 이상에 걸쳐 성례신학, 예전신학, 교회법 그리고 교회 권한의 일부에 대해 이의를 제기해오던 것의 절정이었다."[1] 종종 그 대립은 지상적인 권위뿐만 아니라 영적인 권위 모두를 포괄하는 교회의 권위로부터 해방을 원했던 군주들과 교회 간에 벌어진 것이었다. 교회와 국가 통치자들 사이의 투쟁은 종교개혁의 법철학과 정치철학의 발전을 위한 결정적인 맥락 중 하나였음을 증명할 것이다.

잘 알려진 것처럼 이런 대립의 원인은 주의주의와 유명론이라는 중세 후기의 경향에서, 그리고 특히 요한 둔스 스코투스와 오컴의 윌리엄의 작품에서 찾을 수 있다. 루터와 칼뱅은 모두 유명론과 주의주의의 영향 아래에 있었다. 비록 그들이 그 두 선생을 맹종하는 해석가들이 아니었지만 말이다. 우리의 주제와 관련해서 둔스 스코투스와 오컴의 윌리엄이 중세의 공로 신학을 약화시켰고, 거의 파괴하는 데까지 나아갔다는 사실을 기억하는 것이 중요하다. 인간의 도덕적 행위에는 하나님이 보시기에 칭찬할 만한 어떤 고유한 것이 들어 있지 않다. 도덕적 행위가 갖는 공로는 하나님이

1 John Witte Jr., *God's Joust, God's Justice: Law and Religion in the Western Tradition* (Grand Rapids: Eerdmans, 2006), 15.

그 행위를 공로로서 고려하기로 선택하시는 방식과 관련이 있다. 자연에서 은혜를 분리하는 것은 신앙과 이성 간의 관계도 약화시켰다. 교회의 신뢰도는 이성이 경시되는 순간부터 고양되기 시작했다. 동시에 이성에 대한 경시는 신흥 국가에 상대적인 자율권의 영역을 창출했다. 이후에 신흥 국가는 자신의 법을 자신들에게 알맞은 것으로 만들 수 있는 자유를 얻었다. 따라서 역설적으로 유명론은 (계시를 소유한) 교회의 권위를 강화했고 신흥 국가의 경계를 명확히 구분했으며 국가의 자율권을 확대했다. 영적 권위는 지상 정부의 권위와 분명하게 구분되었다. 비록 그것이 여전히 정부의 권위보다 우월한 것으로 간주되었지만 말이다.

이런 절충은 본질적으로 불안정한 것이었다. 개혁의 기운이 감돌고 있었다. 교회 내에서 지배층의 부패에 대해 점점 커지는 불만은 비텐베르크의 논제들에서 그것의 배출구를 발견했다. 교회 밖에서는 독일의 혁명이 교회의 성직 제도에 사망 선고를 내렸다.

통일된 가톨릭 국가들에 의해 붕괴될 수 있었던 개신교를 보호해준 것으로는 민족 국가의 성장 이외에도[2] 종교개혁의 신학적 틀을 형성하는 데 어느 정도 영향을 준 다른 요인들이 있었다. 공로 신학에 대한 중세 후기의 비판은 화폐 경제의 발전과 동시에 일어났다. 화폐의 고안은 상품의 가치를 상대화하는 것으로 이어졌다. 각자의 노동의 결과는 구매자가 그것에 대해 지불하기를 바라는 것만큼 가치가 있었다.[3] 동시에 예술 세계에서도 사회적 연대를 칭송하고 명예를 중시하던 봉건주의에서 개인과 자기 성찰

2 Timothy Gorringe, *God's Just Vengeance: Crime, Violence and the Rhetoric of Salvation*, Cambridge Studies in Ideology and Religion (Cambridge: Cambridge University Press, 1996), 127.

3 Philip Goodchild, *Theology of Money* (Durham, NC: Duke University Press, 2009)을 참고하라.

을 강조하는 것으로의 변화가 한동안 일어났다. 르네상스의 초상화와 고대 명예 사회에 대한 셰익스피어(Shakespeare)나 세르반테스(Cervantes)의 풍자는 다른 많은 문화적 변화와 함께 새로운 패러다임의 시작을 암시했다.

종교개혁이 봉건주의에서 벗어나 **법치국가**(Rechtsstaat)의 경향을 다양한 방식으로 강화했다는 것, 그리고 그것이 도입한 모든 법적 혁신들이 그 이전의 로마법이나 혹은 중세의 법 혁명에 기원을 두고 있다는 것은 사실이지만, 그럼에도 새로운 법문화는 새로운 것이었다. 이것은 종교개혁의 법철학과 관련해서도 사실이며, 위티는 그것을 "서구 법률 전통의 세 번째 분수령"[4]이라고 명명하기까지 한다.

종교개혁의 법철학의 진정한 독창성은 교회의 영적인 권위와 관련해서 세속적 권리에 특별한 지위를 부여했다는 점에 있다. 나는 두 영역 혹은 루터가 표현한 두 왕국의 법적인 권력의 분산이 종교개혁의 속죄론에 대한 우리의 이해를 밝힐 것이라고 주장한다. 이 책의 주장은 하나님의 구원 행위에 대한 신학적 묘사와 설명이 정의와 법에 대한 당대의 이해를 필연적으로 수용한다(더 나아가 형성한다)는 것이다. 이것은 16세기의 종교개혁과 관련해서도 마찬가지다. 종교개혁의 가장 중요한 법적 공헌은 영적인 왕국과 관련해서 제후들의 세속적 권위를 확립하고 합법화하는 것이기 때문에, 종교개혁가들의 정치신학과 철학은 속죄론에 적합한 통찰력을 포함하고 있음을 보여줄 것이다.

더욱이 루터와 칼뱅은 서로 정치신학과 법철학에 대한 이해가 달랐기 때문에, 이런 차이점들은 속죄론에 대한 그들의 서로 다른 이해와도 관련이 있을 것으로 예상된다.

---

4 Witte, *God's Joust*, 15.

그들 사이에는 부정할 수 없는 일치점도 있다. 그들은 법에 의해 통치되는 국가의 필요성을 강조하는 데 중요한 역할을 했다. 다시 말해 이것은 11세기와 12세기의 법 혁명에서 기대했던 것이지만, 중세 신학자와 법학자들은 자연법에 기초해서 세속법을 형성했다. 이것은 다시 세속법을 이해하는 자연 이성의 능력과 (일단 이해하면) 그 법을 준수하는 의지의 능력을 낙관적으로 전제했다. 자연법에 대한 강조는 바람직한 보편성을 세속법에 부여했지만, 그것은 모호한 종류의 보편성이었다. 점점 복잡해지는 경제적 상황이 훨씬 더 명확한 입법을 요구했고, 이것은 오로지 자연법에 기초해서만 확립하기는 어려운 것이었다. 유명론으로 나아가는 경향은 그 시기의 변화하는 법적 필요에 상응하는 것과 관련해서 살펴볼 수도 있다. 하지만 유명론에 대한 이런 의존은 법의 근간을 흔드는 위기도 초래했다. 자연법이 더 이상 유용하지 않다면, 실정법의 근거가 될 만한 것으로는 어떤 것이 있을까?

루터의 "획기적인 법 이해"[5]는 실정법을 위한 새로운 객관적인 근거를 발견하는 것이었다. F. W. 딜리스톤은 이 객관적 근거를 위한 역사적 필요성을 다음과 같이 파악한다. "유럽에서 16-18세기는 선동, 전쟁, 혁명적 경향, 승인과 관용을 위한 소수 집단의 투쟁의 시대로 간주된다. 철저한 무질서에 빠지지 않는 하나의 안전장치는 개인의 변덕이나 소수 집단의 음모가 미치지 못하는 법체계의 존재였다. 법은 참주의 폭정에서 소수와 약자를 보호할 수 있다. 동시에 그것은 광신도들의 격렬한 격동으로부터 질서와 제도를 보호할 수 있다."[6]

---

5 Karl H. Hertz, "Luther and the Law," *Hastings Law Journal* 29 (1977-78): 1508.

6 F. W. Dillistone, *The Christian Understanding of Atonement* (Philadelphia: Westminster, 1968), 203.

핵심을 다시 반복하면 다음과 같다. 종교개혁가들이 법에 대해 보여준 독창성은 단순히 법의 우선성을 확립한 데 있지 않고(그들은 이것을 전통에서 물려받았다), 그들이 자연법이라는 중세의 근거에서 벗어나 새로운 근거를 발견한 데 있다. **그 새로운 근거는 하나님과 법의 관계를 재구성하는 것에 있다.** 이 새로운 재구성은 종교개혁가들이 속죄에 대한 이해와 관련하여 취한 선택을 결정하거나 혹은 상당한 영향을 끼친다.

나는 종교개혁가들의 속죄론을 실제로 다루기 전에 다음과 같은 세 가지 질문을 살펴볼 것이다. 곧 하나님과 법의 관계는 무엇인가? 법의 유용성은 무엇인가? 인간의 정의와 하나님의 정의 사이에는 어떤 일관성이 있는가?

법과 하나님의 본성

때때로 일반화에서 시작하고 그다음에 그것을 점진적으로 개선하는 것이 유용하다. 위험한 것은 사람들이 일반화만을 기억한다는 점이며, 무엇보다 일반화는 일단 언급되고 나면 곧바로 수정을 요한다는 점이다. 나는 그런 위험을 감수하고 법과 하나님의 본성의 관계에 대한 첫 번째 질문과 관련해 칼뱅과 루터의 특징을 일반화할 것이다. 루터는 하나님의 의지의 이차적인 측면에 법을 귀속시키는 경향이 있지만, 칼뱅에게서는 법이 하나님의 존재에 훨씬 더 중심을 차지하는 경향을 보인다. 그렇다면 일반적으로 말해서 칼뱅은 루터보다 법에 대해 훨씬 더 긍정적인 태도를 보인다. 이런 차이는 속죄에 대한 그들의 이해에 영향을 끼친다. 우리가 너무 늦기 전에 이런 일반화를 보다 더 정교하게 개선해보자.

이 두 명의 종교개혁가가 주의주의와 관련이 있다는 것은 놀라운 일이 아니다. 특히 루터는 가브리엘 비엘과 공부했고 중세 후기의 유명론과 주의주의에 영향 아래에 있었다. 따라서 알래스데어 매킨타이어는 루터의 윤리학에 대해 다음과 같이 말한다. "유일하게 참된 도덕적 규칙들은 하나님의 계명들이다. 하나님의 계명들은 오컴주의자의 관점에서 이해된다. 즉 그것들은 하나님의 명령들이라는 것 이외의 합리성이나 정당화가 필요 없다."[7] 매킨타이어에 따르면 이것은 그들이 하나님의 전능성을 "임의적인 전능성"[8]으로 간주했음을 의미한다. 그는 이 점에 대해서는 칼뱅과 루터를 동일선상에서 취급한다.

이런 평가는 비판을 받았고 그럴 만한 이유가 있다. 존 헤셀링크(John Hesselink)는 칼뱅의 법 이해에 관한 학술 논문을 썼고 그것은 제네바의 개혁가에 대한 우리의 이해에 중요한 기여를 했다. 그는 비록 칼뱅과 후기 유명론의 의견 사이에 유사점이 있지만, 그럼에도 그들의 신학적 견해는 매우 다르다고 주장한다.[9] 그의 판단은 칼뱅의 전체적인 신학적 견해에 대해서뿐만 아니라 특히 **하나님의 절대 권능**(*potenti dei absoluta*)의 교리에 대한 칼뱅의 특별한 거부에 대해서도 옳다.

> 그러므로 하나님은 우리에게 알려지지 않은 우주 통치의 권리를 쥐고 계시기 때문에, 우리는 마땅히 이를 견실과 겸손의 율법으로 삼아 그분의 최고의 권위에 복종하는 동시에 그분의 의지를 의의 유일한 법칙이며 만물의 가장 공의로운 원인으로 간주해야 한다. 실로 우리가 여기서 말하는 것은 궤변 철학

---

7 Alasdair MacIntyre, *A Short History of Ethics: A History of Moral Philosophy from the Homeric Age to the Twentieth Century* (London: Routledge, 1998), 121.

8 Ibid., 123.

9 I. John Hesselink, *Calvin's Concept of Law, Princeton Theological Monographs* (Eugene, OR: Wipf & Stock, 1992).

자들이 지껄이는 절대적 의지, 즉 불경하게 또는 모독적으로 하나님의 정의와 권능을 분리해놓은 그런 절대적 의지가 아니라 만물의 결정적 원리가 되는 섭리다. 그것의 이유가 우리에게 감추어져 있지만 이 섭리에서는 옳은 것 이외에는 아무것도 나오지 않는다.[10]

여기서 칼뱅은 정의에 반하여 작동할 수 있는 하나님의 절대 권능에 대한 스코투스의 교리를 분명하게 거부한다. 칼뱅은 둔스 스코투스를 거부하면서도 아퀴나스의 주지주의로 되돌아가지 않는다. 주지주의에 따르면 신의 합리성은 인간의 합리성과 같고 인간의 목적과도 부합한다. **칼뱅과 루터는 모두—자연 이성이 파악한 것처럼—인간의 목적과 하나님의 정의 사이의 어떤 직접적인 합리적 연결을 단호하게 거부한다**. 하나님의 정의와 능력은 일치하지만, 그것들의 일치는 아퀴나스가 설명하는 것처럼 인간 존재들에게 고유한 목적과 우리가 자연 이성을 통해 알 수 있는 목적에 대한 하나님의 지식에서 주어진 것이 아니다. 칼뱅은 하나님은 그분이 행하시는 방식으로 행동하실 수 있는 이유를 갖고 계신다고 주장한다. 비록 그런 이유들이 우리에게 알려지지 않았지만 말이다. 하지만 그것은 그분이 단순히 임의적으로 행동하신다는 것을 의미하는 것은 결코 아니다.

칼뱅은 하나님이 법 없이 존재하실 수 있다는 생각을 거부한다. "그럼에도 나는 그분이 **법 없이**(*ex lex*) 존재하실 수 있다고 가정하지 않는다. 비록 그분의 권능이 모든 법을 능가하지만, 그분의 의지는 완벽하게 공정함에 대한 가장 확실한 법칙이기 때문에, 그분이 하시는 모든 일은 완벽하게 옳아야만 한다. 그러므로 그분은 **법으로부터 자유로운**(*legibus solutus*) 존재

---

10 John Calvin, *Institutes of the Christian Religion*, 1.17.2. 『기독교강요』(CH북스 역간).

시다. 그분은 자신에게 그리고 모든 것에 법이 되시기 때문이다."[11] 따라서 "법은 그분 자신의 본성에 일치하는 내적 필연성"[12]을 나타낸다. 하지만 헤셀링크는 칼뱅은 하나님이 법을 중지하시고 벗어나실 자유가 있는 것으로 이해한다고 말한다. 하나님은 우리의 선을 위해 자기 자신의 법을 벗어나신다. 하지만 헤셀링크에 따르면 칼뱅은 다음과 같이 주장한다. "법을 벗어난 분으로 하나님을 상정하는 것이 그분의 영광의 가장 위대한 부분을 강탈하는 것이다. 그것은 그분의 정직함과 공의를 파괴하는 것이기 때문이다. 하나님은 자신이 법 자체이실 뿐이지 법의 지배를 받지는 않으신다."[13] 이 주장의 논리적 일관성은 즉각적으로 명확하지 않다. 한편, 하나님은 자기 자신이 법이라고 말씀하신다. 다른 한편, 그분은 자신의 법을 지키지 않을 자유도 갖고 계신다. 정말로 둔스 스코투스의 견해는 그가 하나님을 본질적으로 사랑이신 분으로 주장하고, 그리고 하나님이 수많은 가능한 정의로운 방식으로 이런 사랑을 성취하신다는 것을 묘사하는 데 훨씬 더 지적으로 확고해 보인다. 하지만 칼뱅은 법 자체가 하나님에게 중심적인 것이라고 주장할 뿐만 아니라 하나님은 자신의 법을 철회하신다고 (일관되지 않게) 주장하기도 한다. 이런 주장은 법이 하나님의 존재에 본질적인 특성을 갖고 있지 않음을 논리적으로 도출한다. 칼뱅은 두 마리 토끼를 모두 잡고 싶은 것 같다.

루터는 하나님의 본성과 법의 중요성을 주장하는 데 있어 덜 단호하다. 그는 법을 은혜와 사랑에 의해 대변되는 하나님의 고유한 행위가 아니

---

11 Calvin, *Comm. Exod.* 3:22; 『칼빈의 성경주석 1: 창세기』(성서원 역간). 또한 Hesselink, *Calvin's Concept of Law*, 22을 참고하라.

12 Hesselink, *Calvin's Concept of Law*, 23.

13 Ibid..

라 그분의 **낯선 행위**에 속한 것으로 간주한다. 따라서 루터는 칼뱅의 주장과는 다르게 하나님은 **법 없이**(*ex lex*) 존재하실 수 있다고 주장한다. 그는 법을 죄라는 실체와 그것을 다루는 필요에 의해 결정되는 2차적인 지위로 분류한다. 따라서 하나님 안에는 두 가지 의지 혹은 두 가지 행위가 있다. 하나님의 고유한 일은 은혜를 베푸는 것이다. 루터에 따르면, 여전히 하나님은 대가 없이, 즉 자신의 (심판과 처벌이라는) **낯선 행위**(*opus alienum*)를 수행하지 않고 자신의 고유한 일을 할 자유가 없으시다. 알브레히트 리츨(Albrecht Ritschl)이 지적하는 것처럼, 비록 루터가 법을 하나님의 진노와 함께 2차적인 지위로 분류하지만, 법의 이런 측면은 여전히 다루어져야만 한다. 따라서 루터조차도 "하나님께 대립하는 하나님"에 대해 이야기한다. 리츨에게 이것은 한편으로 하나님은 법의 구속을 받지 않으신다는 생각과 다른 한편으로 (율법이 요구하는) 희생이 구원에 필요한 것이라는 생각 사이의 모순을 나타낸다. 게다가 리츨은 루터가 주의주의를 예정론(롬 9:18)에 적용하지만, 속죄에 대해 이야기할 때 "그는 법을 하나님의 의지의 영원하고 불변하는 표현으로 분명하게 묘사한다고"[14]고 주장하다. 리츨은 다시 한번 다음과 같이 올바르게 주장한다. "한마디로 루터는 하나님 안의 사랑과 진노라는 두 개념을 협력적인 것으로, 따라서 서로 대립하며 심지어 (특정한 상황에서는) 서로 모순되는 힘으로 제시한다. 비록 그가 진노를 사랑에 종속시키기는 하지만 말이다. 하나님 자신 안에서 그 두 가지를 조화롭게 하기 위해서는 중재자가 처벌을 받는 고난이 필요하다."[15]

---

14 Albrecht Ritschl, *The Christian Doctrine of Justification and Reconciliation: The Positive Development of the Doctrine*, ed. H. R. Mackintosh, Alexander Beith Macaulay (Clifton, NJ: Reference Book Publishers, 1966), 199.

15 Ibid., 202.

따라서 우리는 하나님의 자유와 그분의 불변성의 경계를 넘나드는 곡예를 하는 것 같다. 루터와 칼뱅은 그런 경계를 다른 방식으로 넘나든다. 루터는 진노를 사랑에 종속시키고 법을 은혜에 종속시키지만, 그럼에도 법의 필요성에 대해 주장한다. 하지만 이런 필요는 하나님의 본성에 고유하게 속하지 않는다. 하지만 어떤 외적 필요가 그런 방식으로 하나님의 존재에 대해 강제력을 구사할 수 있을까? 칼뱅은 하나님의 사랑과 (죄의 시작과 함께 진노가 되는) 율법을 동등하게 여기지만 하나님이 자신의 법에서 벗어날 가능성을 주장한다. 여기서의 질문은 칼뱅이 불쾌한 스코투스주의에서 자신을 성공적으로 구분하는 데 성공했는지, 곧 그가 정말로 임의적인 하나님을 주장하는 신론에 빠지지 않았는지다. 더욱이 거기에는 실제로 "내적 필요"가 없다면, 왜 그리스도의 처벌을 강조하는가?

분명 루터나 칼뱅 모두 하나님의 본성과 그분의 속성들의 관계에 대한 질문을 처리하는 데 성공하지 못했다. 그들을 단순히 형이상학에 많은 관심을 보이지 않은 실천가로 묘사하는 것은 불공정한 일이지만, 그들이 형이상학적인 것보다는 구원론적인 것에 더 많은 관심을 기울였다는 주장은 여전히 사실이다. 예를 들어 『기독교강요』는 충분히 발달한 신론을 포함하지 않는다. 이런 조직적인 성찰의 부재는 그들이 이런 문제에 대한 견해가 없었음을 의미하지도 않고 그들의 이론적 견해들은 형이상학적 혹은 존재론적 가정이나 함의들과 함께 무르익지 않았음을 의미하지도 않는다. 하지만 그들은 이런 존재론적 관계들을 명확하게 전달하는 일에 전념하지 않았다. 그들이 아퀴나스의 주지주의를 거부했을 때, 그들은 결국 변형된 스코투스의 주의주의를 긍정한다. 그 반대도 사실이다. 곧 그들이 스코투스주의를 "충격적이고 악마적인 모독"이라고 비난할 때마다, 그들은 아퀴나스의 주지주의보다 더 넓게 수용되는 유사 주지주의의 이름으로 그런 비난을 가했다. 그들은 결코 아퀴나스적인 주지주의를 명시적으로 언급하고 싶어 하지 않았다.

이것은 리츨이 "모든 이론적 질문 중 최고의 질문"[16]이라고 말한 것에 대한 해답이 없음을 말하는 게 아니다. 칼뱅이 어떻게 하나님과 법이 관계를 맺는지를 설명하는지를 간략하게 살펴보자. 내가 지적했던 것처럼 법은 루터의 존재론보다 칼뱅의 존재론에서 훨씬 더 많이 중심을 차지한다.[17] 법은 피조물에 대한 하나님의 의지를 간략하게 표현한 것으로 받아들일 수 있다. 말하자면, 법은 죄보다 우선한다(창 2:16). 아담은 하나님의 법을 준수할 것을 명령받은 존재로서 창조되었다. 헤셀링크가 다음과 같이 주장하는 것처럼 말이다. "피조물을 향한 하나님의 질서정연한 의지는 규범적인 특성을 띠고 있다. 이런 의미에서 법은 삶의 본질적인 요소이며 불순종이나 죄와는 아무런 관련이 없다."[18] 다른 말로 하자면, 법은 그것의 필요를 타락에 의존하지 않지만 하나님의 질서정연한 의지를 나타낸다. 그것은 인류가 타락하기 훨씬 이전의 인류와 하나님의 관계를 보여주는 분명한 방식이다.

이 법과 관련해 외적인 것이 전혀 없지만, 그것은 법의 "담론적" 개념이라고 말할 수 있다. 그것은 개념적이며 논리적 관계를 포함하고 말하자면 이성의 영역에 속하기 때문이다. 다른 말로 하자면, 이 최초의 (자연?) 법은 동물의 본능처럼 인간 본성에 대한 비인지적, 곧 유사 물리적 성향을 의

16 Ibid., 198-199.

17 나는 두 사람이 법에 대해 약간 다른 개념을 갖고 신학 작업을 했음을 알고 있다. 칼뱅에게 법은 논리적인 구분을 포함해서 훨씬 더 "개념적인 것"으로 묘사될 수 있다. 반면에 루터에게 법은 "자연주의적" 의미로 이해될 수 있지만, 그가 받은 플라톤주의의 영향을 고려할 때 훨씬 더 신령주의적 의미로 이해될 수도 있다. 따라서 루터는 그리스도의 법, 곧 새로운 법을 중시하지만 그것을 전적으로 신령주의적인 것, 곧 내적인 것으로 만든다. 칼뱅에게 법은 외재성(그것의 담론성)을 담지하지만, 법의 참된 본질은 그리스도 안에서만 발견된다.

18 Hesselink, *Calvin's Concept of Law*, 54.

미하지 않는 대신 이해하고 순종할 수 있는 하나님의 명령을 의미한다. 따라서 법은 돌판 위에 새겨지지 않았지만, 그럼에도 그것은 담론적으로 양심에 새겨졌다(롬 2:15; 고후 3:3). 우리가 앞으로 살펴보겠지만, 루터는 법의 개념을 긍정할 뿐만 아니라 인식적 내용을 상실하는 위험을 감수하는 데까지 그 개념을 신령주의화하며, 그것은 영혼의 단순한 본능적인 움직임이 된다.

칼뱅에게 있어 (담론을 통해 형성된) 성문법과 (우리가 계시를 통해 아는) 인간 존재들을 위해 계획된 목적들 사이에는 상호 배타적인 것이 없다. 칼뱅은 이런 상호 배타적이지 않은 법의 형태를 마음에 품고 있다. 헤셀링크가 말했던 것처럼, 루터파 비판가들은 이것이 새로운 형태의 율법주의(legalism)라며 칼뱅을 비판한다. 하지만 에드워드 다우이(Edward Dowey)는 다음과 같이 말한다. "칼뱅과 칼뱅주의자들에게, 루터의 견해는 하나님이 창조와 구속에서 법의 고유한 기능이 될 것이라고 여기셨던 것을 희생하여 우연적인 것, 곧 죄에 야기된 법의 기능을 모든 것을 포괄하는 기능으로 향상시킨다."[19] 다른 말로 하자면, 루터는 타락에 의해 강조된 법의 측면 중 하나의 측면에서 법의 본질에 대한 자신의 의견을 형성한다. 칼뱅은 죄가 법의 정죄의 측면을 가져왔지만(고후 3:7) 이것은 확실히 법의 본질이 아니라고 주장한다. 법은 그것의 본질에서 담론적이고, 창조를 위한 하나님의 질서정연한 의지, 곧 죄가 있는 곳에서 진노하는 의지다. 이 법은 본질적으로 하나님의 성품과 연결되어 있다. "하나님은 우리에게 자기 자신을 법에서 계시하시고 그분이 우리에게 원하는 것과 우리에게 요구하는 것을, 간

19 Edward A. Dowey, "Law in Luther and Calvin," *Theology Today* 41 (1984): 153.

단히 말해서 우리가 알아야 하는 모든 것을 선언하신다."[20]

칼뱅과 루터에게 각각 질문할 것이 남아 있다. 칼뱅은 바울이 율법과 은혜를 대립시킨 것과 관련한 질문에 직면해야 한다. "율법 조문은 죽이는 것이요 영은 살리는 것이니라"(고후 3:6). 루터도 바울처럼 "계명도 거룩하고 의로우며 선하도다"(롬 7:12)라는 사실과 씨름해야만 한다. 칼뱅의 유혹은 율법주의다. 반면에 루터의 유혹은 율법폐기론이다. 칼뱅과 루터는 율법의 용도에 대한 풍성한 설명을 제시함으로써 자신들의 관련 질문에 답할 것이다. 바울이 다른 곳에서 다음과 같이 이야기했던 것처럼 말이다. "율법은 사람이 그것을 적법하게만 쓰면 선한 것임을 우리는 아노라"(딤전 1:8). 이런 논의는 그 두 사람의 신학적 차별성을 더 강조할 것이며 우리로 하여금 그들의 십자가 신학을 좀 더 잘 이해하도록 도움을 줄 것이다.

율법의 용도

칼뱅과 루터 모두 율법의 두 가지 용도에 대해서는 동의한다. 이 두 사람이 말하는 두 가지 용도는 모두 율법의 진노적 측면과 관련이 있다.

율법의 첫 번째 용도는 **시민적인** 혹은 정치적인 것이다. 율법은 처벌이라는 위협을 통해 범죄를 예방한다. 칼뱅은 『기독교강요』 초판에서 이것을 율법의 두 번째 용도로 언급했다. 위티가 주목한 것처럼 비록 칼뱅이 말하는 율법의 세 가지 용도의 초점이 자연법 혹은 도덕법에 맞추어진 것이라고 해도 이 시민적 기능은 예식법뿐만 아니라 자연법과 시민법 두 가지에도 적합한 것이다. 이런 용도들은 모두 인류를 위한 하나님의 질서정연한

20 John Calvin, *Comm. Isa*. 8:20. 『존 칼빈 성경주석: 7』(성서원 역간).

의지의 여러 모습이다.

루터는 율법의 이런 기능이 인간의 본성을 바로잡을 수 없다는 사실을 강조한다(롬 8:3). 사실 그것은 그 상황을 복잡하게 할 뿐이다. 그것은 인간이 율법을 반대하도록 이끌기 때문이다(롬 7:8, 13).

> 본성은 충동에 반발한다. 어떤 인간도 노예상태에 사로잡히는 것을 좋아하지 않는다. 어떤 이도 처벌이라는 매에 자발적으로 굴복하거나 사형 집행인의 검에 자발적으로 굴복하지 않는다. 오히려 이런 것들 때문에, 율법에 대한 그의 분노가 증가했지만 그는 계속해서 다음과 같이 생각한다. "아마도 나는 도둑질, 강도질, 횡령, 나의 욕망을 만족시키는 일 등에 대해 방해받지 않을 것이다." 그리고 힘에 의해 제지당할 때, 그에게는 율법도 하나님도 없을 것이다.[21]

비록 칼뱅이 율법은 구원론적으로 불충분하다고 말한 루터에게 동의하지만, 그는 율법의 긍정적인 목적을 인정한다.

> 심지어 하나님의 자녀들까지도 부르심을 받기 전에, 또 성결의 영을 받기 전에 어리석은 육의 욕심대로 날뛰는 동안은 이런 감독을 받는 것이 유익하다. 그들이 하나님의 보복에 대한 두려움으로, 비록 심적으로 굴복한 것이 아니기 때문에 실질적인 유익은 없을지라도 외면적인 욕심의 폭발을 삼간다면, 그들은 여전히 어느 정도는 의의 멍에를 지기 위해 훈련받은 것이다. 그 결과로, 부르심을 받을 때에 그들은 전혀 규율에 대한 지식이 없는 초보자들은 아니다.[22]

---

21 Martin Luther, *Assorted Sermons* (Grand Rapids: Christian Classics Ethereal Library, 2000), 236.

22 Calvin, *Institutes* 2.7.10.

율법의 두 번째 용도는 **신학적인** 것이다. 율법은 인간의 죄를 깨닫게 하고 구세주의 필요성을 알려준다(갈 3:23-24). 율법은 이런 능력으로 우리에게 우리의 죄를 보여주고 하나님께 순종하는 무능력한 존재임을 보여주면서 거울의 역할을 한다. 루터와 칼뱅은 율법의 이런 기능을 강조한다. 그들은 이런 율법이 치유를 제공하지는 못하지만 처방을 제공한다는 것에는 동의했다. 칼뱅은 의학적 은유로 이것을 설명한다. "그렇다면 율법의 기능은 질병을 폭로하는 것이다. 그것은 그 질병을 치료하는 것에 대해서는 희망을 주지 않는다. 희망이 없는 이들에게 치유를 가져다주는 것은 복음의 기능이다."[23]

율법의 이런 기능 자체는 치료를 제공하지 못한다. 루터에게 율법의 무능력은 그 조문으로서 그것의 성격에 있어 본질적인 것이다(신 30:6; 렘 9:25; 롬 2:29; 7:6; 고후 3:6).

> 설명하자면 다음과 같다. 한 도시의 군주나 권력자들이 공표한 법은 강제되지 않는다면 단순히 공개서한으로 남는다. 그것은 정말로 어떤 것을 요구하지만 효과가 전혀 없다. 비슷하게 하나님의 율법은, 비록 그것이 최고의 권위자의 가르침이고 하나님의 영원한 의지이지만, 단순히 빈 편지나 빈껍데기가 되고 만다. 기운을 돋우는 심장이 없고 열매를 맺지 못하는 율법은 생명과 구원을 실현하는 힘을 갖고 있지 않다. 즉 그것은 아마도 태만의 진정한 목록(Lasstafel)이라고 불릴 것이다. 세속의 언어로 말하자면, 그것은 준수되지 않고 수행되지 않고 남아 있는 칙령이다.[24]

---

23 John Calvin, *Com. 2 Cor.* 3:7. 『존 칼빈 성경주석: 20』(성서원 역간).

24 Luther, *Assorted Sermons*, 237.

스콜라주의가 율법이 구원에서 모종의 역할을 한다고 주장함에도 불구하고, 율법은 구원에서 어떤 역할을 하는 것을 전혀 부여받지 않았다(갈 3장). 그것은 단지 하나님의 진노만을 보여준다(롬 4:15). 루터가 『탁상 담화』(*Table Talk*)에서 다음과 같이 주장하는 것처럼 말이다. "의를 가진 율법은 비를 내리지 못하는 구름과 같다. 구름은 비를 약속하지만 비를 내리게 하지는 못한다. 비록 율법이 구원을 약속했지만 그것을 주지는 못한다. 바울이 갈라디아서 3장에서 말하는 것처럼 율법은 그런 목적을 부여받지 않았기 때문이다."[25]

칼뱅과 루터의 신학적 차이는 우리가 율법에 대한 칼뱅의 세 번째 용도를 살펴볼 때 가장 분명해진다. 내가 보여주려는 것처럼 칼뱅과 루터는 그리스도인의 삶에서 율법의 긍정적인 용도에 대해 서로 매우 다른 개념을 가졌다. 루터는 율법의 긍정적 용도를 지상적 정의와 천상적 정의(혹은 하늘의 공의)를 근본적으로 구분하는 것으로 이해한다.

칼뱅이 하나님의 본성에서 율법을 중심적인 것으로 표현한 것은 자연스럽게 그가 율법의 역할은 그리스도의 도래와 함께 중단되지 않았다고 주장하는 것으로 이어진다. 정말로 "세 번째로 율법의 가장 타당한 용도"[26]는 선택받은 이들을 향한다. 칼뱅은 루터 못지않게 율법은 그리스도 안에서만 이해된다고 주장하지만, 율법은 엄밀하게 담론적인 것으로 그리스도인의 삶에서 긍정적인 역할을 유지한다. 개인의 영적인 변혁은 율법과 무관하게 일어나는 것이 아니다. 칼뱅은 다음과 같이 말한다. "비록 성령이 그들의 마음에 율법을 기록하고 새겨넣으셨지만, 우리가 율법으로부터 유익을

---

25 Martin Luther, *Table Talk*, 282. 『루터의 탁상 담화』(CH북스 역간).

26 Calvin, *Institutes* 2.7.12.

얻는 두 가지 방식이 있다."[27] 그렇다면 마음의 변혁은 하나님에 대한 직접적이고 중재되지 않는 지식[28]으로 이루어지는 것이 아니라 인간 지성의 적극적인 참여를 요구한다. 그리스도인이 율법에서 유익을 계속해서 얻는 두 번째 방식은 다음과 같은 것이다. 곧 "그가 율법을 자주 묵상함으로써 순종하겠다는 열망이 일어나고, 그것을 확증하며, 그 결과 교활한 죄의 길에서 벗어난다."[29] 헤셀링크가 말했던 것처럼, 율법은 "하나님의 형상으로 지음받은 사람들을 새롭게 하고 변혁하기 위한 성령의 특별한 도구가 된다."[30]

율법과 복음의 대조가 루터에게 그렇게 분명하지 않은 것처럼 칼뱅에게서도 분명하지 않다. "하지만 복음은 구원의 다른 방법을 제시하는 것과 같은 의미에서 전체 율법을 대체하지 않았다. 오히려 그것은 율법을 확증하고, 약속된 모든 것이 성취되었음을 입증한다. 그것은 그림자였던 율법에 실체를 주었다."[31] 칼뱅에게는 율법에서 나타난 하나님의 뜻과 은혜의 복음에서 나타난 하나님의 뜻 사이에 훨씬 더 큰 연관성이 존재한다. 이런 것들은 두 가지 근본적으로 다른 뜻과 행위가 아니고, 그것들의 **관계**(*ratio*)는 우리에게 알려지지 않았다. 그리스도는 자기 자신을 율법의 참된 본질로 계시하신다. 하지만 계시가 주어진 이후에, 율법은 그것에 의해 무효화되는 것이 아니다. 오히려 율법은 그리스도를 지향하고 그분 안에 단단히 고정됨으로써 자신의 궁극적이고 가장 중요한 임무를 마침내 성취할 수 있다.

은혜는 안내인으로서가 아니라 저자로서 율법을 폐기한다(마 11:30). 율법 자체는 세상에서 하나님의 은혜로운 행위의 일부분으로 이해될 수 있

27 Ibid.
28 루터는 이 용어를 가끔씩 사용하는 경향이 있다.
29 Calvin, *Institutes* 2.7.12.
30 Hesselink, *Calvin's Concept of Law*, 250.
31 Calvin, *Institutes* 2.904.

다. 비록 죄가 세상에 저주와 형벌의 측면을 가져오지만 말이다. 율법적 저주가 제거된 이후에, 율법은 하나님이 그분과 인간의 관계를 위해 정하신 수단으로서의 원래 기능으로 되돌아갈 수 있다. 따라서 율법은 하나님과 인간 사이에 적의 모습을 취하지 않고 인간의 죄가 초래한 형벌적 짐의 형태를 취한다.

루터는 율법의 이 세 번째 용도를 수용하는 데 매우 주저한다. 그는 "새로운 법"(요 13:34; 요일 2:8), "그리스도의 법"(고전 9:21; 갈 6:2)에 대해 계속 언급한다. 하지만 그의 새로운 언약과 관련한 "율법"의 용도는 뜻이 모호하다.

루터에게 율법의 본질은 자연 이성을 통해 이해될 수 없다. 오직 회심한 정신만이 율법의 참된 본질을 분별할 능력을 가진다. 그것은 외적인 규율이 아니라 하나님에 의해서 변화된 심령에 의해 율법의 뜻을 따를 수 있기 때문이다.

일단 변화가 일어나면, 율법은 그리스도인들에게는 더 이상 필요가 없다(롬 6:14-15; 갈 4:18). 하지만 율법은 지상의 영역에서는 권위를 가진 것으로 남는다. 가끔 루터는 신실한 신자들은 어떤 종류의 율법도 필요 없다는 견해를 내비치기도 한다. 하지만 그의 더 신중한 입장은 그리스도의 왕국에서 타당한 율법은 복음의 법이라는 것이다. 율법은 지상 왕국에서 여전히 유효하고, 비록 하나님이 그 왕국에서도 통치자로서 통치하시지만, 우리는 그분의 통치를 진노로써 경험한다.

루터가 묘사하는 대조는 내가 두 개의 경쟁적인 통치적 권위라고 말하는 것과 유사한 것처럼 보인다. 한편, 세속 왕국에서 법은 행위의 외적 기준으로 기능한다. 그것은 담론적인 특성을 가진다. 그것의 권위는 인식론적, 곧 그것에 복종하는 조건은 우리가 그것에 복종하고 **있음을 아는** 것이고,

그리고 그것에 복종하는 것이 무엇을 의미하는지를 안다는 의미에서 인식론적이다. 그것은 해석을 필요로 한다. 정말로 루터의 신학은 율법의 의미를 유지하고 분명히 하는 데 필요한 집행관의 역할을 조성한다. 하지만 율법의 역할은 인간 존재의 궁극적 목적, 곧 하늘의 목적에 항상 못 미친다. 더욱이 그것은 그 목적으로 올라가는 데 필요한 단계로도 이어지지 않는다. 그것은 은혜와 함께 지속되지 않는다. 그것의 유일한 기능은 정죄하는 것, 심판하고 사람들을 위협하는 것이며, 범죄를 억제하는 것이다.

때때로 루터는 율법의 중요성을 조문 혹은 담론으로서의 특성과 연결한다. 조문으로서의 율법은 인간의 마음에 들어갈 수 없고 그것을 변혁할 수도 없다(고후 3:6). 따라서 사람은 율법을 준수함으로써 새로운 사람으로 바뀌지 않는다. 사람이 하나님의 법이든 혹은 실정법이든 간에 율법을 준수한다고 해도 그것이 사람들을 하나님께 가까이 가게 하지 않는다. 그러한 변혁은 오직 전혀 예상하지 못하는 방식으로 일어난다.

> 따라서 하나님은 성령의 능력이 지속적으로 증가하는 결과와 함께 인간이 자신의 상태를 이해하고 그분의 위대한 은혜와 사랑하시는 친절함을 기억하도록 그의 마음을 일깨우는 수단으로 끊임없이 권고하는 그분의 복음의 메시지를 갖고 계신다. 법의 영향도 없고, 인간의 어떤 공로도 여기에 나타나지 않음을 주목하라. 그 힘은 새로운 것이며 하늘의 것, 곧 성령의 능력이다. 성경은 사람의 마음을 단순한 조문과 글자의 조각으로 이루어진 책이 아니라 참된 삶과 행위로 구성되어 있는 책으로 만들면서 그곳에 그리스도와 그분의 사역을 새겨준다.[32]

32 Luther, *Assorted Sermons*, 237. 굵은 글씨는 Vidu의 것이다.

이것은 우리를 두 번째 경쟁적인 통치적 권위, 곧 성령의 권위로 우리를 이끈다. 우리는 속죄로 대변되는 놀라운 교환을 통해 성령의 권위 아래로 들어간다. 하지만 이 권위의 원리는 율법의 담론적이고 인식론적인 권위와는 철저히 다르다. 그리스도는 제자들의 영혼을 직접적으로, 말하자면 중재되지 않는 방식으로 다스리신다. 이 통치는 정말로 "율법"이지만 영적인 율법이다. 요한네스 헤켈(Johannes Heckel)은 다음과 같이 주장한다. 이런 "근본적인 신령주의는 루터의 법이론에 대한 고유한 특성"[33]이다. 따라서 믿는 이들에 대한 그리스도의 권위는 영적이고, 거룩하며, 내적이고 보이지 않는다. 정말로 루터는 모호한 표현을 사용해 이 새로운 권위를 "새로운" 것이라고 계속해서 말한다.

두 왕국에서 인간의 정의와 하나님의 정의

율법을 준수하는 게 인간의 궁극적인 운명에 어떤 유용함도 주지 못한다면, 지상 왕국에서 율법을 준수하는 목적은 무엇인가? 루터의 두 왕국론은 세속 영역의 자율성을 확립한다. 루터의 정치신학과 보다 폭넓은 그의 신학적인 견해 사이에는 근본적인 연관성이 있다. 나는 다소 개괄적으로 묘사하는 위험을 감수하면서도 그 연관성을 도출하려고 시도하고자 한다. 중세 전성기의 스콜라 세계관을 기억해보자. 토마스 아퀴나스 같은 신학자들은 비록 유비적이지만 하나님의 영역과 인간의 영역들의 기본적인 연관성을 주장했다. 인간의 운명을 성취한다는 것의 의미 중 일부는 도시에서 우

---

33 Johannes Heckel, *Lex Charitatis: A Juristic Disquisition on Law in the Theology of Martin Luther*, trans. 그리고 ed. Gottfried G. Krodel (Grand Rapids: Eerdmans, 2010), 45; 또한 20도 참하라.

리의 삶을 살아가는 것으로 이루어진다. 좋은 시민으로 사는 것과 좋은 그리스도인이 되는 것 사이에는 괴리가 없다. 이 체계에 의하면, 은혜의 기능은 인간 본성의 부족함을 보완하는 것이다. 하지만 그것은 **칭의의 과정**(*processus iujstificationis*)에서 필연적으로 인간의 능력에 의지한다. 은혜는 인간의 의지가 그것의 목적을 성취하도록 돕는 것처럼 인간의 의지와 협력한다. 은혜는 인간의 본성에 적합한 것을 갖고 그것을 완전하게 한다. 속죄 신학의 용어로 말하자면, 이것은 **자질대로**(*quod in se est*)라는 원리를 산출한다. 인간이 자신의 의무들을 성취하기 위해서는 자신 안에 있는 것을 행해야만 한다. 그리스도의 희생이 우리로 하여금 공로를 이용할 수 있게 하지만, 그 공로를 획득하는 것은 우리 자신에게 달려 있다.

이 체계가 중세 전성기의 정치신학에 끼친 결과들은 교회의 지배권을 조장하는 것이었다. 로마서 13장에서 정부에 대한 바울의 주장은 교회의 특권에 대한 변론으로 받아들여졌다. 교황 혁명 그 자체는 유익한 결과들, 특히 법의 통치로 돌아가는 유익을 가져왔지만, 영적인 "권력"은 지금 현세의 권력보다 우월한 것으로 간주되었다. 교회는 국가의 정점으로서, 국가보다 우월한 지위를 차지한다. 하지만 하나님이 인간 정의의 원리(로마의 정의 혹은 키케로의 정의)를 궁극적으로 확증하신다. 그분이 이 정의의 적용을 위해 의지력을 공급하시기 때문이다. 헤르츠가 다음과 같이 주장하는 것처럼 말이다. "다양한 방식에서, 로마서 13장의 해석과 관련해서 자연법 이론을 집대성한 것은 중세 시대를 위한 꽤 완전한 정치신학을 제공했다."[34]

종교개혁가들은 이런 중세의 연관성을 파괴했다. 유명론자들이 자연신학이 가진 낙관론에 가한 공격을 통해 분열의 과정이 시작되었다. 우리

---

34 Hertz, "Luther and the Law," 1512.

가 지금까지 살펴보았던 것처럼 이런 공격은 파두아의 마르실리우스 같은 철학자들 및 초기의 세속적 자율권과 법실증주의에 영향을 끼쳤다. 루터는 중세의 합의를 무너뜨리는 데 신학적인 근거를 제공했을 뿐만 아니라 "두 개의 권력" 사이에 공존에 대한 새로운 모델의 토대를 세우는 데 성공했다. 그의 궁극적 해결책은 그것들이 서로에 대해 상대적인 자율권이 있음을 인정하는 것이었다. 이것은 이후의 법사상과 정치사상의 발전에 중대한 결과를 가져왔다.

당대의 정치신학에 대한 종교개혁의 비판 중 하나는 인간의 정의와 하나님의 정의 사이의 연관성에 대한 비판이었다. 자연 이성은 인간의 능력이 부패했기 때문에 자엽법의 원리를 만들 수 없다. 법의 본질은 특별계시를 통해서만 접근할 수 있다. 루터는 **하나님의 정의**(*iustitia Dei*)가 **인간의 정의**(*iustitia hominum*)의 근거가 된다는 점에서 후자가 전자에 근접한 것으로 이해한 아우구스티누스의 이해를 비판한다. 오히려 하나님의 정의는 십자가에서 계시되고 "그것은 정의에 대한 인간의 개념과 모순된다."[35] 인간의 정의—우리가 도시에서 작동하는 것으로 보고 있는 종류의 정의, 곧 집행관이 강제로 집행하는 그런 종류의 정의—는 지상 왕국의 정부에서 그 자신의 고유한 역할을 한다. 하지만 그것은 하나님의 정의에 대한 궁극적 특성을 이해하는 데 도움을 주지 않는다. 하나님의 정의는 인간의 정의에 대한 모든 이해를 부정한다.

이것은 중요한 의미를 갖고 있으며, 어쩌면 루터의 속죄 신학을 분명히 설명한다. 하나님의 정의가 인간의 정의와 모순된다면, 우리는 하나님의 구원 행위가 정의로운 것에 대한 인간의 개념과 일치할 것으로 기대하면

---

35 McGrath, *Iustitia Dei*, 232.

안 된다. 지금 나는 다음과 같은 논의를 예상할 수밖에 없다. 하나님은 그리스도의 희생을 통해 우리를 용서하는 것에 대해 **정당화되실** 수 없다. 그분은 그리스도의 수난 **속에서** 우리의 죄를 면제해주셨지만, 그 수난과 그에 수반하는 하나님의 용서는 논리적으로 연결되지 않는다. 이것은 루터와 칼뱅 사이에 있는 한 가지 중요한 차이점이다. 칼뱅은 그리스도가 우리를 대신해서 벌을 받았기 **때문에** 하나님이 우리를 용서하시는 것은 정당하다고 생각한다. 칼뱅이 볼 때 이것은 형법(응보적 특성)이라는 지배적인 개념과 일치하지만, 루터가 볼 때 그런 법의 개념은 궁극적으로 신비스러운 하나님의 정의를 설명해주지 못하는 것일 수 있다. 그리스도는 우리의 죄를 위한 처벌을 받으셨지만, **이것이 우리를 용서하시는 하나님을 정당화해주지는 않는다.** 어떤 인간적 정의 체계(이 경우에는 응보적 정의)도 하나님의 정의의 핵심이 될 수 없다.

우리는 훨씬 더 많은 것을 기대했다. 특히 하나님의 정의와 인간의 정의에 대한 루터파의 반대 주장으로 되돌아가 보자. 비텐베르크의 개혁가는 두 영역에 대한 중세의 연관성을 율법과 복음 간의 혼동으로 이해했다. 교회는 하나의 기관으로서 세상의 일에 관여하지 말아야 한다. 비록 개별적인 그리스도인들이 세속적 직업을 자유롭게 가질 수 있지만 말이다. 1520년대에 일어난 슈바벤 반란(the Swabian revolts)에 대한 루터의 태도는 이런 분리적인 모습을 보여준다. 루터는 복음의 명분에 호소했던 농민들을 도와줄 것에 대한 요구를 받았을 때, 다음과 같이 답변했다. "복음은 이 세상의 일에 관여하지 않습니다. 하지만 그것은 고통, 부정의, 십자가, 인내 그리고 이 세상의 삶과 부에 대한 경멸과 관련하여 이 세상에서 살아가는 우리의 삶에 대해서만 이야기합니다."[36]

이런 종류의 신학이 어떻게 세속적인 영주들의 눈에 루터가 매혹적인 인물로 보이게 만들었는지를 아는 것은 그렇게 어렵지 않다. "루터파 신학과 영주들의 권력 사이의 친밀한 관계"[37]에도 불구하고, 루터파 신학은 영주의 권력에 엄격한 제약을 부여한다.

두 영역, 곧 두 권력은 서로 대립한다. 하나는 물리적인 것이고 물질적인 것이며 "조문"이지만, 다른 하나는 내적인 것이고 영적인 것이며 감추어진 것이다. 하지만 이것은 루터에게 거의 몸과 정신 사이의 이분법적인 것이 되었다. 여기서 성령은 그가 필요로 하고 그것과 함께 통일체를 이루는 어떤 대상에 대해 영향을 끼치는 방식으로 몸에 대해 영향을 끼치지는 못한다. 정말로 루터는 마르키온주의라는 비난을 피할 수 없었다. 이런 비난은 설득력이 없지만, 몸과 조문에서 벗어나 영적인 것과 내적인 것으로 향하라고 주장하는 것이 루터파 신학의 방식이고 동력이다. 루터에게 있어 인간 존재의 궁극적 목적은 십자가에서 계시되었다. 율법의 궁극적 목적은 사랑이다. 일단 사랑이 이루어지면, 율법은 더 이상 필요가 없다. 다른 한편으로 칼뱅에게 있어 사랑은 그리스도와 함께 율법의 본질이지만, 정의(와 율법)는 사랑을 하는 데 필요한 도구로 남는다.

---

36 Hertz, "Luther and the Law," 1520.

37 Harold J. Berman, *Law and Revolution: The Formation of the Western Legal Tradition* (Cambridge, MA: Harvard University Press, 1983), 64.

루터와 속죄

법의 신학과 존재론에 대한 이런 다른 이해가 어떻게 루터의 속죄론을 이해하는 데 기여할 수 있었을까? 이번 단락은 루터의 십자가 신학과, 구원의 경륜에서 십자가의 역할에 대한 그의 견해를 소개하고자 한다.

서론: 루터와 고전적 견해

속죄 문제와 관련해 루터파와 정통 개혁파 간에 분명한 유사점이 있음에도 불구하고, 루터 자신의 신학이 소위 형벌 대속론으로 분류될 수 있는지는 분명하지 않다. 정통 루터파는 속죄에 관한 필립 멜란히톤(Philipp Melanchthon)의 견해—이것은 기본적으로 칼뱅의 견해와 같은 것이다—를 따르지만, 루터에 관한 최근의 연구는 루터를 다른 종교개혁가들의 견해에 너무 단순하게 동화시키는 것에 이의를 제기한다.

간단하게 말하자면, 루터는 두 개의 경쟁적인 모델, 곧 만족론과 고전적 또는 극적 이론의 모델을 따르는 것으로 언급되고 있다. 이 두 경쟁적인 견해 사이에 무슨 문제가 있는 것인가?

전통적인 견해와 개신교 종교개혁 역사가들의 일치된 견해는 칼뱅과 더불어 루터가 안셀무스의 만족 개념에서 기원한 속죄에 대한 "로마 가톨릭" 견해의 기본적인 논리를 수용했다는 것이다. 비록 그가 몇 가지 중요한 수정을 가하긴 했지만 말이다. 여기서 말하는 기본적인 논리란 무엇인가? 첫째, 만족론은 이 세상에서 하나님의 행위는 그분의 정의와 관련해서 항상 결정된다고 주장한다. 따라서 이것은 기본적으로 법의 틀이다. 더 나아가 이 정의는 인간의 이성이 분석할 수 있고 또 알 수 있는 것이다. 죄는 우주적 차원과 내적 차원에서 이런 정의의 질서를 붕괴시키는 것이다. 말하자면 구원은 인간의 측면에서 어떤 종류의 행동을 하여 정의의 질서를 회복하는 것이다. 속죄의 사역에서 인간 행위에 대한 강조는 로마 가톨릭 신학의 형태에서 가장 중요하다. 하지만 그렇다면 질문은 "어떻게 어떤 특별한 인간의 노력이 가진 유익들―그것들 자체는 유한한 유익들―이 그것보다 더 큰 전체 인류에게 영향을 끼칠 수 있는가?" 하는 것이다. 로마 가톨릭의 이론이 가진 독특한 접근은 하나님과 인간 사이에 교환을 상정하는 것이다. 인간 예수는 자신에게 전적으로 요구되지 않은 의무 이상의 공로(supererogation)의 일을 제공하신다. 하나님은 (예수 역시 무한하신 하나님이시기 때문에) 그 일을 무한한 공로로 고려해서 만족으로 간주하기로 결정하신다. 그분은 답례로써 그리스도의 무한한 공로를 인간들에게 적용할 수 있는 것으로 간주하신다. 로마 가톨릭 견해의 가장 큰 어려움은 인간들이 회개와 도덕적 순종이라는 행위를 통해 그리스도의 공로를 지속적으로 획득해야 한다는 점이다. 그것에는 이중 교환이 있다. 첫째, 그리스도의 삶과 죽음은 많은 이들의 죄를 위한 충분한 만족으로 간주되었다. 둘째, 세례를 받은 이후 회개의 행위는 일시적인 죄에 대한 만족으로 간주된다. 이런 "교환체계"를 지배하는 것은 하나님의 응보적 정의다. 루터파 신학자인 게르하르트 포드(Gerhard O. Forde)가 "보상 계획"(scheme of recompense)이라고 말한 것이 하나님과 인간 사이에 존재한다.

이렇게 설명하면, 전체 과정이 보다 법률을 엄격히 따르고, 차갑고, 계산적인 것처럼 들린다. 많은 비평가들이 지적했던 것처럼 죄에는 "산술적 사고"가 있다. 그것은 저지른 죄의 "양"과 제안한 보상의 크기 사이에 등가를 가능하게 한다. 이 모델은 하나님의 명예를 과도하게 만족시키는 것처럼 보인다. 하나님의 구원이 더 이상 은혜로운 용서가 아니라 인간의 권리,[38] 즉 인간 편에서 지불한 상응하는 보상에 의해 절실히 요구되는 정도로 말이다. 나는 아래서 로마 가톨릭의 법 형태에 대한 이런 비판들로 되돌아가고자 한다.

경쟁적인 근본 은유는 악한 권세들에 맞서 싸우는 그리스도의 승리의 극적인 이미지다. 그것은 중세의 법률 부흥기 이전에 인기가 있었고—우리가 앞으로 보게 될 것처럼—우리가 순전한 법 개념의 해체, 분열 그리고 상대화를 목격하는 오늘날에도 인기가 있다. 이 고전적 견해는 하나님과 인류 사이에 있는 가장 중요한 법적 체계의 가정을 공유하지 않는다. 하나님은 모종의 (자연)법을 인류에게 부과하지 않으시는 것이 아니라 그분 자신이 그것을 준수하도록 강요받지 않으신다는 것이다. 자연법의 응보적 원리들은 하나님께 적용될 필요가 없다. 게다가 이 법은 의로운 사람을 만들라는 불가능한 일을 요구하면서도 그 요구를 들어주지 못함으로써 하나님께 접근하는 것을 막는 적으로 여겨질 수 있다. 구원하시는 하나님이 그러한 "법"에 의존하는 것으로 여겨질 수 없다. 그분의 행위는 순전히 은혜로운 것, 전능한 것, 그리고 신속한 것으로 여겨져야만 한다. 그것은 인간이 행한 것에 대한 조건으로 생각될 수 없다. 인간의 행위와 하나님의 공로를 교환하는 계획은 없기 때문이다. 결과적으로 극적인 견해는 속죄와 관련해서 인간에게 어떤 조건도 요구하지 않고 오로지 하나님의 행동을 단일한 행위로 묘사한다. 구원은 어떤 것을 교환해서 일어나는 것이 아니라 순전히 무료로 일어나는 것이다. 그것은 우리를 속박하고 있던 악한 세력에서 우리를 구원하는 것이다.

---

38 예를 들어 I. A. Dorner, *A System of Christian Doctrine* (Edinburgh: T&T Clark, 1890), 4:29를 참고하라.

우리가 이미 살펴보았던 것처럼, 이 견해는 서술이 간결하고, 하나님의 권능과 자유에 대한 우리의 직관을 충족시켜주며, 권세들로부터 자유롭게 되기를 바라는 깊은 종교적 열망에 응답을 해주지만, 그럼에도 특정한 결점들에 시달린다. 첫째, 하나님은 율법에서 자유로운 분이시지만, 그 분은 권세들에게 뭔가 빚을 지고 있는 것처럼 보인다. 고전적 견해는 정확히 권세들에게 권한을 주는 것이 무엇인지 설명하지 못한다. 또 다른 어려움은 첫 번째 어려움에서 직접 유래한 것이다. 죽음 혹은 부활이 어떻게 권세들을 격퇴한 것인지를 정말로 이해하기 어렵다. 게다가 권세들이 자신들의 힘들을 잃어버리지 않은 것처럼 보이기 때문이다. 이것을 질문의 형태로 표현하면 다음과 같다. 이 패배의 실존적 가치는 무엇인가? 그것은 내가 최근에 권세들과 싸움하는 것에 어떻게 도움을 줄 수 있을까? 둘째, 우리는 그리스도의 승리의 **방식**(그분의 "무기"는 정확하게 무엇인가?)에 대해 실제로 명확히 알지 못하기 때문에, 권세들과 우리 자신의 싸움은 그리스도의 승리와 연결되어 있지 않다. 우리는 (비록 우리가 그 승리가 실존적으로 무엇을 의미하는지 알지 못하지만) 추상적인 승리에 호소할 것이다. 하지만 우리는 우리에게 승리를 안겨준 바로 그것을 사용하는 데 거부당했다. 극적 이론이 그리스도의 죽음의 필연성을 궁극적으로 설명하지 못하고 따라서 부활과 관련해서 그리스도의 죽음을 경시하고 격하하는 것은 우연이 아니다.

율법에 대한 루터 자신의 양면성은 그가 주저하지 않고 로마 가톨릭의 견해를 지지하지 않는다는 첫 번째 암시가 되어야 한다. 하지만 이것은 구스타프 아울렌이 묘사한 것처럼 루터가 고전적 견해를 좀 더 발전시킨 의견을 제안한 것으로 이해할 수 있지 않을까? 루터가 자신의 모든 저작에서 속죄를 체계적으로 다루지 않았다는 것은 분명하다. 그의 주요 관심은 목회적인 것이다(이것은 그의 진술이 신학적이지 않았음을 의미하지 않는다). 하지만 그것은 명쾌한 형이상학적 구분에는 덜 몰두하는 대신 신자와 신학자들의 실존적 경험을 다루는 토대에 더 많이 몰두하는 신학이다. 그는 주로 칭의 신학을 강조한다. 해석가들은 루터의 이 주변적인 주제들로부터 함축적인 이론들을 재구성하는 일에 좀 더 많은 노력을 기울여야 할 것이다. 하지만 그 임무가 훨씬 더 어렵다. 래쉬돌이 다음과 같이 주장하는 것처럼 말이다. "그는 구속의 체계를 합리화하거나 도덕화하기보다는 그것의 비합리성을 좋아한다."[39] 따라서 우리는 그의 작업 전반에 걸쳐 분명하게 대립되고 모순되는 이미지를 발견하더라도 놀라지 말아야 한다. 루터 연구에서 아주 오랫동안 격렬하게 논의되는 해석적 논쟁은 루터가 갖고 있는 어떤 견해라도 고유하게 그의 것이 될 것임을 보여준다.

아울렌은 『승리자 그리스도: 속죄 사상의 세 가지 주요 유형에 대한 역사적 연구』에서 자신이 로마 가톨릭 유형이라고 부르는 그룹에 속한 것으로 루터를 해석하는 전통적인 루터파 해석에 이의를 제기한다. 그는 루터가 "속죄에 대한 고전적 사상의 기본 특징이 되는 이미지와 표현"[40]의 형태를 사용하는 것을 지적한다. 루터는 그 이론이 한참 절정일 때에도 문제가 있는 것으로, 그리고 스콜라 사상가들이 분명하게 포기한 것으로 여겨진 속임 모티프를 복원한다. 루터는 십자가에 못 박히신 분이 하나님 자신, 곧 영광의 주님이시며, 이 사실이 사탄에게 숨겨져 있었으며, 그것이 숨겨지지 않았다면 사탄이 그분을 감히 죽일 수 없었을 것임을 보여준다.

하지만 그러한 비유적 묘사를 사용한 것이 루터가 로마 가톨릭 유형에

---

39 Hastings Rashdall, *The Idea of Atonement in Christian Theology* (New York: Macmillan, 1919), 398.

40 Gustaf Aulén, *Christus Victor: An Historical Study of the Three Main Types of the Idea of the Atonement*, trans. A. G. Hebert (New York: Macmillan, 1969), 103.

속하지 않았음을 충분히 명백하게 보여주지는 못한다. 아울렌은 이것을 알고 있었고 다음과 같은 세 가지 "결정적 논증"을 제시한다.

> 첫째, 그[루터]는 가능한 한 가장 큰 관심과 가능한 한 최고의 정확함을 갖고서 자신의 생각을 표현해야 하는 곳에서, 예를 들어 교리문답에서 항상 극적 이론으로 되돌아간다. 둘째, 그는 모든 가능한 명료함을 갖고서 우리에게 극적 이론의 개념을 사용해 속죄의 의미를 진술하는 것은 기독교 신앙의 분명한 본질을 제시한다고 반복적으로 확언한다. 그런 진술들은 **우리 신학의 가장 중요한 것들**(*capitalia nostrae theologiae*)이다. 셋째, 그리고 가장 중요하게 그리스도의 사역에 관한 극적인 견해는 전체적으로 루터의 신학적 관점과 유기적인 관계를 맺고 있다.[41]

아울렌은 루터의 『갈라디아서 주석』 3:13에 있는, 속죄에 대해 가장 정교하게 논의하는 부분에서 이런 분명한 극적인 견해가 들어 있는 함의들을 가져온다. 나는 다음과 같이 루터가 자신을 변호할 수 있도록 하고자 한다.

> 그분 자신이 세상의 죄, 죽음 및 저주 그리고 하나님의 진노를 정복하기 위해 하신 일은 어떤 피조된 존재의 일이 아니라 전능하신 하나님의 사역이다. 따라서 이런 것들을 자기 스스로 정복한 존재는 자신의 본성이 실제로 하나님이셔야만 한다. 세상과 모든 피조 세계를 지배하는 이런 아주 강력한 권세들, 죄, 죽음 그리고 저주에 맞서서 또 다른 더 높은 지배자가 반드시 나타나야만 하기 때문이다. 그 지배자는 다름 아닌 하나님이시다. 죄를 파괴하고, 죽음을 없

---

41 Ibid, 104.

애며, 그분이 내리신 저주를 없애고, 의를 부여하며, 생명에 빛을 가져오고, 축복을 주며, 앞의 세 가지를 절멸하고 뒤의 세 가지를 창조하는 것은 오로지 전능하신 하나님만이 하실 수 있는 일이다. 하지만 성경이 그리스도가 이 모든 것을 한 것으로 여긴다면, 그렇다면 그분 자신이 생명이고, 의이며, 축복이시다. 즉 그분은 자신의 본성과 본질에서 하나님 자신이시다. 따라서 그리스도의 신성을 부정하는 이들은 기독교의 모든 것을 잃어버리고 다만 이교도이자 오스만 투르크인들이 되는 것이다. 내가 계속해서 말하는 것처럼 칭의에 관한 조항을 정확하게 이해해야만 한다. 이 조항 안에 우리 신앙에 관한 모든 다른 조항이 포함되기 때문에, 이것이 온전하면 다른 모든 것도 온전하다. 따라서 우리가 사람들은 그리스도를 통해 의롭게 된다고 가르칠 때, 그리스도는 죄, 사망 및 영원한 저주의 정복자가 되시고, 동시에 우리는 그분이 그분의 본성에서 하나님이시라는 사실을 증언한다.[42]

아울렌의 요점은 루터가 칭의를 그리스도가 권세들로부터 우리를 구원하신 것으로 묘사한다는 것이다. 나는 루터가 완전히 다른 모델, 곧 더 신비적이고 존재론적인 모델에서 가져온 요소를 갖고서 자신의 법적인 묘사를 복잡하게 했다고 믿을 만한 이유가 있음을 보여줄 것이다. 이것은 그의 속죄론에서 중요한 긴장을 조성하는 것으로 드러날 것이다. 우리가 앞으로 살펴볼 것처럼, "행복한 교환"이라는 루터의 이론은 아울렌의 해석에 신빙성을 부여하는 것처럼 보인다.

아울렌은 다음과 같이 말한다. "그리스도의 사역에 대한 루터의 해석

---

42 Ibid, 106-7. 원문은 루터의 *Commentary on Galatians,* 3:13을 참고하라.

은 속죄에 대한 고전적 견해의 모든 전형적인 특징을 갖고 있다."[43] 첫째, 그의 견해에는 지속적인 하나님의 행하심이 있다. 아울렌은 "그 폭군들을 물리칠 수 있는 힘은 하나님의 전능성"[44]이라고 주장한다. 그에 따르면, 루터는 인간 예수가 행한 속죄의 사역을 강조하지 않는다. 하나님이 그의 행위에 대해 구원으로 보답하신다. 아울렌은 정말로 중요한 점을 지적한다. **속성들의 교류**(*communicatio idiomatum*) 혹은 그리스도의 신적 본성과 인간적 본성들 사이에서의 속성의 교류라는 루터의 교리는 그가 속죄를 이해하는 데 중요한 공헌을 한다. 그러한 모델의 두 번째 전형적인 특징은 속죄가 성육신과 다시 밀접한 관련이 있다는 것이다. 앞서 길게 인용한 것처럼, 그것은 모두 신의 본성과 권세들 사이에서 벌어지는 전투에 의존한다. 셋째, "그 전체 견해는 이원론적이고 극적이다."[45] 이것 역시 부정할 수 없는 것이다. 아울렌이 언급하지 않았지만 추가로 지적할 것은 루터가 죄를 단순히 갚아야 할 빚이라기보다는 오히려 파괴해야 하는 것으로 이야기하는 방식을 선호한다는 것이다. 루터는 우리의 속박을 강조한다. 하지만 칼뱅과 다른 종교개혁가들의 신학처럼 루터에게 이런 의지의 속박은 하나님 앞에서 인간의 죄책의 실체를 배제하지 않는다.

이런 해석과 관련해서 몇 가지 질문이 즉각적으로 제기된다. 아울렌이 주장하는 것처럼 고전적 견해가 정말로 루터가 가장 중요하게 계획한 체계라면, 우리는 루터가 다음과 같은 각각의 질문을 다루는 방법의 일관성을 발견할 수 있을 것이다.

첫째, 권세들을 물리치는 것이 하나님의 전능성이었다면, 그리고 "거

43 Aulén, *Christus Victor*, 107.
44 Ibid.
45 Ibid, 108.

기에는 그리스도가 단순히 인간으로서, 즉 그분의 인간 본성으로만 하나님께 드린 희생이라는 관념이 없다"[46]면, 그리스도의 죽음에 어떤 필요성을 부여하는 게 가능할까? 이 죽음의 특징을 보여주는 어떤 필요성도 속죄의 동인은 오직 하나님의 전능성뿐이라는 생각과 대립할 수 있다.

둘째, 루터는 그리스도의 죽음을 어떻게 다루는가? 그것은 어떤 종류의 죽음인가? 이 죽음은 어떤 점에서 권세들을 굴복시켰는가? 루터가 정말로 낚시의 은유를 사용하는 것을 좋아하지만, 그가 그리스도의 죽음의 특성을 묘사할 때 그 은유는 그가 묘사한 것을 철저하게 규명하는가?

셋째, 극적인 이론들이 속죄가 권세들을 향하도록 설명하는 것은 한편으로는 자명한 이치다. 인류는 사탄에게 속박되어 있다. 그리스도의 사역은 이런 권세들과 관련한 것을 성취하는 것을 목표한다. 다른 한편, 로마 가톨릭의 유형은 하나님을 향해 초점을 맞춘다. 하나님은 만족하셔야만 한다. 다시 말해 화해자가 되셔야만 한다. 루터가 정말로 고전적 형태의 대표자라면, 왜 하나님의 진노와 저주는 패배해야만 하는 적들처럼 중요한 역할을 할까? 루터와 로마 가톨릭의 이론 사이에는 "사유의 실제적 유사성"이 있다. 아울렌이 다음과 같이 말하는 것처럼 말이다.

> 하지만 이런 자기모순에 대한 두 가지 해결책은 완전히 상반된다. 로마 가톨릭의 이론에서, 그리스도가 제공한 만족은 일차적으로 처벌에 대한 요구와 처벌에 대한 용서 사이에 합리적으로 타협된 것이다. 하나님의 정의에 대한 요구는 인간의 측면에서 그리스도가 지불하신 보상에 의해 만족된다. 하지만 루터와 관련해서 이 합리성의 모든 흔적은 사라진다. 그가 이분법적인 견해를

46 Ibid.

유지하는 데다가 저주와 진노에 대한 승리는 완전한 의미에서 하나님의 승리이기 때문에 그런 흔적은 사라진다.[47]

그렇지만 남아 있는 문제는 "하나님께 대립하는 하나님"이라는 루터의 모티프가 어떻게 극적인 견해와 일치하는가다. 대립하는 하나님이라는 루터의 완전히 새로운 개념은 그 틀을 깨뜨린 게 아닌가? 내가 보여줄 것처럼 아울렌은 다음과 같이 올바르게 말한다. 루터에 따르면 "하나님의 사랑이 진노를 없앤다."[48] 하지만 그러한 대립이 분명하게 나타나는 것은 이 신학을 극적인 유형으로 쉽게 동화시킬 수 있음을 경고하기에 충분할 것이다.

마지막으로 예수의 생애에 대한 루터의 묘사가 어떻게 일반적으로 부활을 선호함으로써 그리스도의 수난과 삶을 일반적으로 경시하는 고전적 모델에 부합할까? 나는 앞으로 이러한 질문들 각각에 대해 순차적으로 답변할 생각은 없다. 나는 단지 그것들을 루터의 속죄론에 대한 고전적/극적 이해에 대한 중요한 문제로서 지적할 뿐이다. 나는 궁극적으로 루터가 종종 이런 질문들에 대해 극적인 견해와 양립할 수 없는 방식으로 대답한다고 생각한다.

놀라운 교환

이제 그 문제에 대한 루터 자신의 생각을 살펴보고 그런 생각의 중요한 특징 중 일부를 주목해보자. 루터가 계속적으로 회귀하는 사상 중 하나는 소

47 Ibid., 115.
48 Ibid., 131.

위 **감탄할 만한 교환**(*admirabile commercium*)이라고 불리는 것이다. 아울렌은 이미 이것을 바로 칭의의 뜻매김으로 암시했다. 그 감탄할 만한 교환에 의해 나의 죄가 그리스도에게 던져지고 그분의 의는 나의 것이 되는 교환이 일어난다. 루터는 『그리스도인의 자유』(*The Freedom of Christian*)에서 이 교환이 믿음에 의해 일어난다고 다음과 같이 묘사한다. "그리스도는 은혜와 생명 및 구원으로 가득하다. 하지만 우리의 영혼은 죄와 죽음 그리고 저주로 가득 차 있다. 지금 믿음이 이 둘 사이에 중개자로 등장한다. 따라서 죄와 죽음 그리고 저주는 그리스도에게 귀속되지만, 은혜와 생명 및 구원은 영혼들에게 귀속될 것이다. 그리스도가 신랑이라면, 그분은 자신의 신부에게 있는 것을 자기 것으로 취해야 하며, 그분은 다시 자신에게 있는 모든 것을 신부에게 되돌려주기 때문이다."[49] 루터는 계속해서 이 교환을 극적인 용어로 설명한다.

> 결과는 하나 됨뿐만 아니라 승리, 구원 및 구속으로 이어지는 축복된 전투라는 기쁨의 광경이 펼쳐지는 것이다. 그리스도는 한 인격 안에서 하나님이시고 사람이시기 때문이다. 그분은 죄를 지은 적도 없으시고, 죽지도 않으시며, 정죄를 받지도 않으신다. 그뿐 아니라 그분은 죄를 지을 수도 없으시고, 죽을 수도 없으시며 정죄를 받을 수도 없으시다. 그분이 소유하신 의와 생명 및 구원은 난공불락이다. 그분은 영원하시고 전능하시기 때문이다. 하지만 그분은 믿음의 결혼반지에 의해 자기 신부의 죄와 죽음 및 지옥에 참여하신다. 사실 그분은 그것들을 자신의 것으로 취하고 마치 그것들이 자신의 것인 것처럼 행동

49 Martin Luther, T*he Freedom of a Christian*, 62. 『그리스도인의 자유/루터 생명의 말』(동서문화동판 역간).

> 하신다. 마치 그분이 그것들을 모두 극복하기 위해 죄를 지으셨고, 고통을 받았으며, 죽으셨고, 그리고 지옥에 내려가신 것 같다. 하지만 죄, 죽음 그리고 지옥은 그분을 집어삼킬 수 없었다. 사실, 그것들이 엄청난 전투와 결투에서 그분에게 삼켜졌다. 그분의 의는 모든 죄보다 크고, 그분의 생명은 죽음보다 강하며 그리고 그분의 구원이 지옥보다 더 강력하기 때문이다.[50]

이것은 놀라운 묘사다. 루터는 예수의 성육신에서 정점에 이르는 전투에 대해 말하는 것 같다. 『갈라디아서 주석』에서 승리는 예수의 순전한 신성에 기인한 것으로 보인다. 따라서 구원의 궁극적 행위는 전능하신 하나님이라는 아울렌의 명제를 지지하는 것처럼 보인다.

> 그리스도가 어떻게 우리의 적들에게 승리하셨는지를 살펴보자. 전 세계, 과거, 현재 그리고 미래의 죄들은 그리스도에게 돌려졌고, 그분을 정죄했다. 하지만 그리스도는 하나님이시기 때문에 그분은 영원하고 정복될 수 없는 의를 갖고 계셨다. 세상의 죄와 하나님의 의는 죽음의 전투에서 조우했다. 세상의 죄는 맹렬하게 하나님의 의를 공격했다. 의는 불멸하고 패할 수 없다. 다른 한편 죄는 모든 인간을 지배하는 강한 폭군이 되었다. 이 폭군은 그리스도에게 덤벼들었다. 하지만 그리스도의 의는 패하지 않았다. 죄는 격퇴되었고, 의는 승리하며 영원히 다스린다.[51]

위에 인용한 내용만으로 판단한다면, 루터는 분명히 극적 모델의 체계 안

---

50 Ibid, 62-63.
51 Luther, *Commentary on Galatians* 3:13.

에 깊이 빠져 있을 뿐 아니라 승리는 순전히 그분의 패할 수 없는 의에 기초해서 이루어진 것처럼 보인다. 이것은 또 다른 종류의 질문을 제기한다. 첫째, 신자는 그리스도의 본질적인 의, 즉 그분이 자신의 신성에 의해 갖고 있는 의에 연합하는가? 아니면 소위 그분이 획득한 의에 연합하는가? 이 질문에 대한 답변이 예수의 생명, 즉 그분의 "적극적인 순종"이 속죄론에서 모종의 역할을 하는지 혹은 속죄가 오직 성육신에 의해서만 일어나는지를 결정한다.[52]

여기서 다시 경쟁적인 학파들의 해석이 다른 해결책을 제시한다. 이 지점에서 그 경쟁적인 학파들을 구분하는 것이 유용하겠다. 나는 첫 번째 학파를 신비적·존재론적 학파라고 말할 것이다. 그것은 루터에 대한 아울렌의 고전적 해석에서 많은 지지를 얻지만, 루터의 구원론에 대한 신핀란드 학파에서도 많은 지지를 얻는다. 그 이후에 나온 학파는 루터파와 정통주의 간의 대화에서 성장했고, 그것은 하나님을 지향하는 접근을 선호하기 때문에 자연스럽게 루터의 구원론의 법적인 측면을 약화시키고자 한다. 신핀란드 학파는 속죄론을 직접적으로 다루지 않고 루터의 칭의론에만 집중하는 경향이 있기 때문에, 여기서 그것을 다룰 필요는 없다. 하지만 신핀란드 학파의 루터 연구뿐만 아니라 아울렌 역시 루터의 근본적인 구원론적 사상은 법적인 것보다는 오히려 존재론적인 것이라고 주장한다. 루터파 전체는 칭의의 본질이 신자들 안에 거주하는 그리스도의 본질적 의에 있다는 오시안더(Osiander)의 가르침을 재건하는 데 기여한다.

루터파의 다른 신학자들은 법적인 측면을 좀 더 약화시켰다. 게르하르

52 나는 루터가 성육신을 속죄의 중심으로 다시 가져왔다고 하는 Aulén의 주장이 옳지만, 이는 단순한 성육신이 아니라 하나님 자신이 응보적 고난을 포함해 인간 조건이 포함하는 모든 것을 취하신 특별한 성육신을 의미한다는 것을 보여줄 것이다.

트 포드는 다음과 같은 것을 인정한다. "하지만 지불 혹은 만족은 하나님에게 어떤 보상적인 갚음이라는 기제에서 일어나지 않고 오히려 율법과 죄가 그분을 공격하고 그분을 저주하지만 성공하지 못하고 다시 그분의 패할 수 없는 의에 의해 정복된다는 사실에 기초하여 발생한다."[53] 포드는 **감탄할 만한 교환**이라는 주제를 중심으로 삼는다. 하지만 그는 고전적 유형이나 혹은 로마 가톨릭의 유형은 루터의 고유한 사고를 적절하게 나타내지 못한다고 주장한다. 다소 논란의 여지가 있지만, 그는 고전적 견해와 로마 가톨릭의 사상, 곧 만족에 기초한 모든 모델은 본질적으로 종교개혁 이전의 것이었다고 주장한다. 그 모델들의 기본 구조는 "탈출하여, 하나님께로 올라가는 것"이다. 이 일이 법이나 도덕적 향상을 통해 일어나든, 혹은 폭군들에 대한 승리를 통해 일어나는 간에 말이다. 포드는 하나님을 향한 상승이 성공할 때 속죄가 일어난다고 주장한다.[54]

하지만 포드는 루터가 어떻게 안셀무스와 다른지를 다음과 같이 더 분명하게 밝힌다. "안셀무스와 관련해서는 만족이 처벌을 대신할 수 없다. 그리스도는 우리에게 자신의 본성을 주기 위해 우리의 처지, 곧 우리의 본성에서 죽음의 벌과 파멸을 겪으셨다. 그분은 우리의 죄를 담당하시고 그것을 파괴하시며, 그것을 집어삼키셔야만 한다."[55] 하지만 이것은 그리스도가 우리의 처벌을 겪으셨다는 점에서 매우 법적이고 응보적인 것처럼 들린다. 하지만 포드는 그리스도가 정말로 우리의 처벌을 받으셨지만, 이것은 하나님이 우리의 응보적 빚을 탕감하는 조건이 아니라고 주장할 것이다. 더욱

53 Gerhard O. Forde, "The Work of Christ," in *Christian Dogmatics*, ed. Carl E. Braaten, Robert W. Jenson (Philadelphia: Fortress, 1984), 54.

54 Ibid., 47.

55 Ibid., 52.

이 속죄에 있는 처벌의 기능에 대해 최근 루터파 신학에서는 매우 모호한 표현이 등장한다. 말하자면, 응보적 측면이 지속적으로 수용되지만 바뀌는 것은 없다. 그것은 단지 쓸모없는 것이다. 실제로 속죄의 사건에서 중요한 것은 존재론적 변화다. 사람들이 말하는 것처럼 처벌은 성육신의 부작용처럼 속죄의 사건에 놓여 있다.

우리는 루터 자신의 양면성이 법과 인간 정의의 체계에 대해 어떻게 이런 우유부단한 이중적 태도를 알려주는지를 충분히 엿볼 수 있다. 포드에 의하면 "배상의 체계"가 존재하지 않기 때문에, 인간 편에서 만족시키는 어떤 조건도 하나님으로 하여금 우리를 용서하시게 할 수 없다. 그것은 그 문제를 해결하는 데 있어 잘못된 방식이다. 그것은 오래된 "하늘을 향하는 도상의 교통 체증"에 갇힌 채로 있는 것이다. 인류는 하나님과 인류 사이에 맺어진 모종의 율법에 기초해서 하나님께 나아가는 것을 추구하지만 말이다. 하지만 속죄가 하는 일은 그와 같은 중재의 도식을 문제 삼는 것이다. 하지만 그런 도식이 없기 때문에, 확실한 결과도 있을 수 없다. 포드는 다음과 같이 말하는 것을 꺼리지 않는다. 예수가 관여하는 대립은 "처음부터 정해져 있는 결론이 아니다. 그리스도는 죽으실 수도 있고 또 실제로 죽으셨다. 하지만 부활에서 하나님의 능력이 죽음까지도 정복하고, 따라서 사망, 죄, 저주, 율법 그리고 모든 폭군을 물리치고, 죽이며, 집어삼키고, 파괴하며, 매장하고, 폐지한다."[56]

포드가 강조하고 싶어 하는 것은 하나님의 승리가 교환에 대한 반응으로 일어나는 것이 아니라는 사실이다. 부활은 그것에 앞서 일어난 어떤 일에 의해 보증되지 않는다. 하나님은 예수를 부활시키도록 강요당하지 않으

56 Ibid., 56.

셨음에도 그분을 부활시키셨다. 이것은 오래된 고전 이론의 진보를 틀림없이 보여준다. 한편 루터와 포드는 그 대립을 한층 더 강화시킨다. 그들은 그 싸움의 실체뿐만 아니라 더 중요하게는 하나님의 아들이 인간의 죄를 자기와 동일시하는 것의 실체와 중요성도 알고 있다. 그리스도는 "거짓말쟁이인 베드로, 박해자인 바울, 간음한 다윗, 불순종한 아담, 십자가 위에 있던 강도"[57]와 단순히 관련이 있으실 뿐 아니라 실제로 그들이 되셔야만 했다. 루터는 그것뿐만 아니라 십자가 위에서 발생한 예수의 실제 고난에 대해 경시하지 않아야 할 필요성에 대해서도 강조한다. 예수는 우리가 경험한 것, 우리의 불안과 하나님에 대한 우리의 두려움, 인간 조건에 있는 모든 것을 경험하셔야만 한다. 이것이 정말로 예수가 당하신 형벌이다.

하지만 형벌 대속과의 중요한 차이점은 그리스도가 그 모든 것을 하나님이 우리를 용서하시는 것을 위한 필요조건으로가 아니라 그가 인간으로 오셔서 우리의 모든 상황에 처하고 그와 관련한 모든 것을 겪는 것에 수반되는 것을 요구하신 것으로 경험하셨다는 것이다. 궁극적으로 일어난 용서, 곧 하나님의 승리는 처음부터 정해져 있는 결론이 아니다. 그리스도는 하나님과 인류를 중재하는 율법을 만족시킨 것이 아니라 하나님의 진노를 유발하는 율법을 무효화한 것이다. 이런 해석의 진짜 강점은 십자가에 대한 심한 공포감을 회피하지 않는 것이고, 성자가 인간 본성의 고난과 자신의 신성을 분리해서 묘사하는 것을 거부한다는 것이다. 이것은 하나님이 위험을 전혀 감수하시지 않는 안전한 처벌이 아니며, 오히려 하나님 자신이 엉망진창인 인간의 상태에 들어오셔서 그것을 극복하시고 구원하신다는 의미다. 다시 말하자면 그 중요한 차이점은 그 승리가 전적으로 은혜라는 것이다.

---

57 Luther, *Commentary on Galatians* 3:13.

다른 한편으로는 "하나님께 대립하는 하나님"이라는 개념이 이해될 수 있을까? 게다가 루터는 율법 자체를 폭군으로 만들고 있지는 않은가?

루터의 법률주의에 대한 재고

나는 루터를 비 법률주의적으로 해석하는 증거 가운데 다루기 어려운 몇 가지를 지금 살펴보고자 한다. 내가 보여주고 싶은 것은 루터가 순수한 형벌 대속론을 지지한 것으로 분류될 수 있다는 것이 아니다. 나는 그것이 사실이라고 생각하지 않는다. 하지만 루터에게는 분명히 형벌적 측면과 대속적 측면이 있다. 이것들은 우리에게 그 자체의 도전들을 제시하는 이야기 구조의 일부분의 역할을 한다. 최소한 우리는 루터가 자신의 체계에 형벌 대속 논리의 측면을 받아들인다고 말할 수 있다. 최대한 우리는 루터가 형벌 대속의 이야기를 독특하고 매우 자극적인 방식으로 이야기한다고 말할 수도 있을 것이다.[58]

루터는 속죄와 관련해서 로마 가톨릭 신학자로 해석될 수 있다는 것이 루터 연구에 관한 규범적인 견해였다. 따라서 도너는 다음과 같이 말한다. 루터는 안셀무스와 아퀴나스처럼 "하나님의 정의를 고려한다."[59] 도너는 정의와 율법에 대한 강조가 멜란히톤에게서 더 강하게 나타난다고 인정한다. 그럼에도 그는 하나님의 정의는 루터에게 있어서 가장 두드러진 주제라고 주장한다. 로렌스 윌리엄 그렌스테드(Laurence William Grensted)는 루터

58 내가 보여주길 바라는 것처럼 단 하나의 형벌 대속론은 없지만, 몇몇 관계는 다른 관계보다 더 나아 보이는 다른 관계에서 분류될 수 있는 수많은 주요 개념이 있다. N. T. Wright, "The Cross and the Caricatures," *Fulcrum: Renewing the Evangelical Centre*, 〈http://www.fulcrum-anglican.org.uk/news/2007/20070423wright.cfm?doc=205〉을 참고하라.

59 Dorners, *A System of Christian Doctrine*, 4:22.

가 철저히 객관적이고 외적인 "맹목적 정의"에 호소한다고 확신한다.[60] 그리스도의 죽음은 분명히 죄에 대한 처벌로 보인다. 래쉬돌은 아마도 예상할 수 있는 것처럼 루터 혹은 칼뱅이 희생의 대속적 특성을 주장하는 것과 관련해서 의심의 여지가 없다고 단언한다.[61]

루터의 비판가들이 이런 법적 토대를 지적할 뿐만 아니라 루터의 사상에서 법적인 측면을 제거한 아울렌에 대해 냉혹하게 비판한 파울 알트하우스(Paul Althaus) 같은 루터파 학자들도 다음과 같이 말한다. "그리스도가 다 투셨던 권세들은 자신들의 힘과 권위를 오직 하나님의 진노를 통해서만 가질 수 있었다"(고전 5:5).[62] 더욱이 그들은 죄인에게 가해지는 하나님의 진노의 도구들이다. 이런 권세들에게서 자유롭게 되는 것은 하나님의 진노에서 우리가 자유롭게 되는 결과를 낳는다. 따라서 그리스도의 사역은 그분의 죽으심이 우리를 대신해 받은 우리의 처벌이라는 의미에서 분명히 법적이다. 권세들은 죄와 죄책의 관점에서 인류를 지배한다. 따라서 알트하우스에 따르면, 속죄는 정의라는 체계 안에서 하나님을 향해 나아가는 것이다.

나는 루터에게서 중심이 되는 두 가지 법적인 개념, 곧 화해와 만족이라는 개념에 집중하고자 한다. 이것들은 동일한 법적인 차원을 갖는 동전의 양면이다. 이 두 면 중 첫 번째 측면은 그리스도의 사역이 하나님에게 끼친 영향에 관한 것이다. 두 번째 측면은 예수의 행위의 특성에 관한 것이다. 같은 행위가 그것의 결과에 대한 설명을 포함해 다양한 방식으로 묘사될 수 있기 때문에, 이 두 개념 사이에 엄청 양의 중첩이 있을 것이라는 점

60 Laurence William Grensted, *A Short History of the Doctrine of the Atonement* (Manchester: Manchester University Press, 1920), 201.

61 Rashdall, *Idea of Atonement*, 399.

62 Paul Althaus, *The Theology of Martin Luther* (Philadelphia: Fortress, 1966), 220.

은 이해할 수 있다.

알트하우스는 다음과 같이 주장한다. "하나님은 자신의 진노에 대해 쉽게 잊으실 수 없고 자신의 의가 만족되지 않으신다면, 그분은 죄인들에게 자비를 보여주실 수 없다."[63] 하나님의 은혜를 경험하기 위해 반드시 충족해야만 하는 하나님의 내적 조건이 있다. 하나님을 오로지 사랑이라고 묘사하는 아벨라르두스적인 모범론자의 생각은 수용될 수 없다. 하나님의 진노는 그냥 일축될 수 없고, 해소되어야만 한다. 구원은 거저 주어지지만, 대가 없이 제공되는 것은 아니다. 알트하우스는 다음과 같이 루터를 인용한다. "이 모든 것은 무료로 혹은 하나님의 의를 만족시키지 않고서 일어나지 않는다. 자비와 은혜는 하나님의 의가 그 전에 완전하게 만족되지 않는 한 우리에 대해 혹은 우리 안에서 효과가 있는 것으로 또는 영원한 축복과 구원으로 우리를 인도하는 것으로 생각될 수 없기 때문이다. 그 누구도 하나님의 계명을 절대적으로 그리고 온전하게 만족시키지 않는 한 하나님의 풍성한 은혜로 나아갈 수 없기 때문이다."[64] 이것은 즉각적으로 루터의 속죄론과 관련해 인간의 측면에서 줄 수 있다고 생각할 수 있는 게 아무것도 없다는 아울렌의 자신 있는 주장에 의문을 제기한다. 게다가 이런 질문이 제기되어야만 하는 이유는 하나님 자신의 본성에 대한 내적인 요구와 관련이 있다.

문제는 어떻게 그런 요구를 설명할 것인가 하는 점이고, 더 중요한 것은 하나님의 본질적인 사랑이라는 속성과 그것을 어떻게 연결시키는가 하는 점이다. 루터의 선택은 "하나님께 대립하는 하나님"에 대해 이야기하는

63 그의 논의에 대해서는 Ibid, 202을 참고하라.
64 Ibid., 202n4.

것이다. 이미 지적했던 것처럼, 리츨은 한편으로 하나님은 **법의 구속을 받지 않으신다**(*ex lex*)라는 생각과, 그리고 다른 한편으로 희생은 구원을 위해 지불되어야 한다는 내적 필연성과 관련해서 루터 안에는 모순이 있음을 인정한다.[65] 루터가 진노보다 사랑을 더 높이지만, "전체적으로 그는—진노가 사랑에 종속됨에도 불구하고—사랑과 진노가 하나님 안에서 공존하는 것으로 보이게 만들었고, 따라서 서로 반대되고 때로는 (특정한 상황들에서) 서로 모순되는 힘들조차도 하나님 안에서 조화되게 만들기 위해서는 처벌을 받는 중재자에게 인내심이 필요하다."[66]

우리가 아무리 루터파 신학에 내재한 이런 난제를 이해할 수 있다고 할지라도, 하나님의 은혜는 인간의 측면에서 줄 수 있는 것을 조건으로 하지 않는다는 아울렌의 제안은 지지될 수 없다. 하나님의 사랑과 진노는 엄밀하게는 대립한다. 그분의 사랑이 구원하기 원하는 것은 죄로 인해 하나님의 현존으로 들어갈 수 없기 때문이다. 따라서 하나님의 은혜는 조건적인 것으로 남지만 덜 은혜로운 것은 아니다. 그것은 하나님 자신이 만족시키실 조건이기 때문이다.[67]

하나님은 어떻게 화해를 이루시는가? 알트하우스는 그리스도가 만족을 제공하는 것에는 두 가지 방식이 있다고 주장한다. "그분은 율법에 제시된 하나님의 뜻을 완수하신다. 그리고 그분은 죄의 처벌, 곧 하나님의 진노를 겪으신다. 그리스도가 하나님의 뜻을 완수하시고 그분의 진노를 겪으시

---

65 Ritschl, *Christian Doctrine*, 199-200.

66 Ibid., 202.

67 Forde에 따르면("Work of Christ", 56), 하나님은 이런 조건을 만족시키시지만, 그 조건의 만족이 궁극적 승리를 보장하지는 못한다. 궁극적 승리는 죽음에 의해서가 아니라 부활에 의해 확증된다.

는 것은 인간의 위치에서 그리고 인간의 유익을 위한 것이다."[68] 루터는 만족 및 처벌과 관련해서 안셀무스적인 해결책을 거부한다. 그는 만족과 처벌은 하나의 동일한 것이라는 아퀴나스의 견해를 수용한다. 그리스도는 우리를 대신해서 우리의 처벌을 받으심으로써 하나님의 정의를 만족시키신다.

루터가 만족이라는 중세적 개념을 비판할 때마다 취하는 근거는 중세 사람들이 그가 보기에 그리스도를 우리의 죄로부터 분리시켜버림으로써 문제의 핵심에 충분히 깊게 도달하지 못했다는 점이다. 그들은 죄와 그리스도를 최대한 동일시하는 것에 대한 고려를 그만두고 그리스도가 행한 의무 이상의 공로 사역에 집중했다. 바울이 고린도후서 5:21에서 말한 것처럼 그리스도가 죄를 대신 지셨다. 이것은 문자적으로 받아들여져야 한다. 물론 루터가 우려하는 것은 그리스도의 순종을 공로로 강조하는 구원론이 공로 행위가 지속적으로 필요하다고 강조하는 그리스도인의 삶의 교리를 낳았다는 것이다. 하지만 그것은 엄밀하게는 인류를 절망의 나락으로 떨어뜨리는 것이다. 우리가 그리스도는 인간의 절망과 자기 자신을 동일시했고 죄책을 제거함으로써 그것을 정복했다는 것을 깨달을 때에야 그분의 죽음은 실존적으로 의미 있고 참된 위로를 가져다줄 수 있다.

따라서 중세의 만족 개념과 그에 수반하는 공로 교리의 문제(및 그와 관련한 회개의 행위의 문제)는—루터의 영적 시련(Anfechtungen)에서 무용한 것으로 드러났다는 사실에도 불과하고—예수와 우리의 죄가 동일시되는 정도와 중요성을 이해하는 데 실패했다는 것이다. 루터의 두려움을 없앤 것은 엄밀하게 그 감탄할 만한 교환이라는 개념이 포착한 이런 동일시였다. 그리스도의 승리는 정확히 이런 동일시에서 이루어졌기 때문에 죄와 죽음이

---

68 Althaus, *Theology of Martin Luther*, 205.

패배했다.

따라서 루터는 안셀무스가 생각했던 것 이상으로 만족의 개념을 확장했다고 주목한 알트하우스가 옳다. 래쉬돌은 대속 개념과 관련해 비슷한 점을 지적한다. 그에 따르면, 루터는 당대에 주장되었던 것보다 더 나아가 그리스도가 첫 번째 고통 받은 이로서 지옥까지 내려가셨다고 주장한다. 그리스도는 자신의 수난 가운데서 하나님의 진노의 극한을 경험하신다. 그분은 하나님의 진노를 경험하는 것을 하나님이 요구하신 만족의 구성 요소로 만듦으로써 만족의 언어를 새로운 목적으로 전환하신다. 고린지는 이것을 중세의 패러다임을 넘어서는 움직임이라고 평한다.[69]

그리스도는 루터가 갈라디아서 주석에서 주장한 것처럼 실제로 죄인이 되셨다. 그 결과 우리의 죄는 다시 우리에게 되돌아오지 않을 것이다. 이것이 바로 죄책의 비 전가다. 그리스도가 우리의 죄책을 자신에게 전가하셨기 때문이다.

결론과 비판적 논평

나는 루터의 전반적인 구원론이 갖는 복잡성과 독특성에도 불구하고 거기에는 형벌 대속론의 체계에 적절히 속하는 개념이 있음을 보여주기 위해 노력했다. 그것을 매우 조잡하게 표현하자면, 하나님은 인간 편에서 바친 제물을 통해 진노에서 사랑으로 옮겨 가신다. 그리스도의 죽음은 분명 형벌적이고 동시에 대속적이다. 이런 요소들이 나타나는 것은 루터가 단순히 로마 가톨릭교회의 모델을 발전시켰고 확장시켰음을 함의하지 않는다. 하

69 Gorringe, *God's Just Vengeance*, 135.

지만 이런 개념들이 그에게 나타난다는 사실을 무시하는 것은 잘못이다.

남아 있는 문제는 이런 입장의 전반적인 일관성과 관련이 있다. 루터는 이런 다양한 특성을 하나의 통일된 개념으로 엮을 수 있을까? 티모시 조지는 우리가 승리자 그리스도와 만족을 너무 명확하게 구분하지 말아야 한다고 주장한다. 참으로 "이것은 루터가 속죄 신학에 크게 기여한 바일 것이다." 루터는 "그리스도의 십자가야말로 사탄의 최종적 패배를 상징하는 장면인 동시에 오직 믿음으로만 얻는 칭의의 객관적인 토대라고 생각했다."[70] 나는 우리가 여기서 조금 더 나아갈 수 있다고 믿는다. 칭의의 토대로서의 십자가와 우주적 승리의 장면으로서의 십자가 사이의 관계는 단지 우발적인 것 이상의 무엇이 있다. 그 두 가지가 논리적으로 관련이 있다고 주장한 알트하우스의 견해는 옳다. 그리스도는 우리의 죄책을 제거하셨다는 점에서 권세들을 물리치셨다.

훨씬 더 곤란한 문제는 법적인 측면과 존재론적인 측면의 관계다. 나는 그 문제를 간단하게 설명하고자 한다. 속죄에 관한 루터의 사상에는 두 가지 가능한 요소가 있다. 한편, 내가 법적인 방식이라고 부르는 것은 화목, 만족, 처벌 등과 같은 개념을 상세히 검토한다. 이런 개념들은 법적인 개념들이고 법적인 체계의 형성을 전제한다. 이런 방식은 로마 가톨릭의 유산을 아주 많이 포함한다. 앞서 언급한 법적인 개념들의 등장은 우리가 분명히 이런 전통에 서 있음을 보여준다. 알트하우스, 에크하르트 그리고 다른 학자들은 의심할 여지 없이 우리가 이 전통에 서 있음을 인정한다. 이 논리에 의하면, 하나님은 자신의 용서를 확대하심으로써 그리스도가 제공한 만

70 Timothy George, "The Atonement in Martin Luther's Theology," in *The Glory of the Atonement: Biblical, Theological and Practical Perspectives*, ed. Charles E. Hill, Frank A. James III (Downers Grove, IL: InterVarsity, 2004), 275.

족에 보상을 하신다. 이것은 여전히 하나님과 인간 사이에 있는 법적 체계의 적용을 전제하는 교환의 논리다.

문제는 루터가 기회가 주어질 때마다 그 체계를 반대하는 것처럼 보인다는 것이다. 특히 율법에 대한 그의 신학은 그런 해석을 문제 삼는다. 우리가 지금까지 살펴본 것처럼, 루터는 법에 대해 매우 이중적인 태도를 취한다. 우리는 티모시 조지처럼 이것을 "변증법적"이라고 말할 수 있다. 그 용어가 심각한 긴장과 심지어 대립의 생각을 담고 있는 한은 말이다. 더욱이 하나님의 진노 그 자체는 하나의 적이다. 따라서 율법과 하나님의 진노는 인간의 곤경에서 단순히 자비로운 요소 혹은 중립적인 요소가 아니라 반드시 파괴되어야만 하는 적으로 간주된다. 우리가 루터가 얼마나 분명하게 이런 요소들을 부정적으로 제시하는지를 이해할 때, 우리는 모범적인 로마 가톨릭의 이론을 따르지 않게 된다.

또 다른 가능한 방식은 신비적·존재론적인 것이다. 여기서 하나님의 구원은 충족되어야 할 어떤 제약도 없이 주어진다. 하나님은 일방적으로 그리고 자신의 사랑에 의해 우리의 처지와 자신을 하나가 되게 하시고 권세들을 물리치신다. 이런 해석도 곤란에 처한다. 루터는 하나님을 대립하는 분으로, 그래서 고전적 이론과 통일되지 않는 분으로 묘사하기 때문이다. 게다가 루터는 그리스도의 순종의 두 측면, 곧 적극적 순종과 소극적 순종을 강조한다. 이것들은 **일부** 동방 교부들의 모델이 제안하는 것처럼 구원이 전적으로 성육신의 능력을 통해서 일어나지 않는다고 제안한다.

이 두 가지 방식을 결합할 수 있는 어떤 실마리가 있을까? 속죄에 관한 루터의 입장은 그리스도의 죽으심은 분명히 형벌적이고 대속적인 특성을 가졌다는 생각과, 그러한 죽으심은 속죄의 충분조건은 아니지만 필요조건이라는 생각에 의해 가장 잘 포착된다. 그러한 죽으심은 하나님이 모종의 만족 없이 무료로 용서하지 않으신다는 점에서 필요조건이다. 루터에게는 하나님이 그렇게 하셨는지에 대한 고찰은 없다. 그의 신학은 십자가라는 역사적 실체에서 시작하고, 우리는 하나님이 우리를 구원하시기 위해 희생하신 것을 십자가에서 본다. 따라서 그 조건은 충분조건은 아니다. 그 죽으심 자체는 우리의 죄책을 제거하지만, 그것은 부활에 의해 시작된 은혜의 새로운 차원이 가진 새로움을 설명하지 못한다. 우리는 그리스도의 형벌대속적 죽음이 속죄의 법적인 차원을 나타내지만, 부활은 그리스도의 사역의 존재론적 차원을 나타낸다고 주장할 수 있다. 속죄는 죄책을 용서하는 단순히 법적인 차원보다 훨씬 더 넓은 것이다. 그것은 새로운 실체를 포함한다. 죽음, 권세들, 죄 그리고 율법이 이 실체에서 패배한다. 하지만 이 새로운 차원을 루터의 용어로 이해하기 위해서, 우리는 율법의 관점을 기대하지 않아야 한다는 것을 이해해야만 한다.

하나님은 율법에 따라 그리스도의 수난 속에서 행동하신다. 율법은 인간의 조건에 속하기 때문이다. 그리스도는 이런 인간의 조건 및 고난과 죽음을 포함해 그 조건이 포괄하는 모든 것을 그 자신과 동일시하신다. 하지만 그분은 단순히 대가를 지불하시기 위해서가 아니라 (비록 그분이 치러야 할 것보다 적게 지불하지는 않으셨지만) 인간을 구원하시기 위해서, 그리고 인간의 본성을 치료하시기 위해서 그 모든 것을 자신과 동일시하신 것이다. 이것은 전적으로 감탄할 만한 교환의 은유가 의미하는 존재론적 차원이다. 하지만 이런 존재론적 차원은 그리스도의 수난의 법적인 차원을 **수반할 뿐 아니라 그것에 예속된다**.

따라서 그리스도가 십자가 위에서 받으시는 형벌은 그분이 온전한 인간성과 자신을 동일시하는 것에 포함된 것이다. 이런 형벌은 궁극적 승리의 조건이지만, 그 궁극적 승리가 이런 처벌에 의해서만 성취되지는 않는다.

지금 율법과 관련해서 루터의 상반된 마음은 속죄에 대한 그의 이해에 영향을 끼친다. 당대에 완전하게 영향력을 행사하던 새로운 응보적 정의 체계를 포함해서 하나님의 정의와 인간의 정의 체계 사이에는 일치점이 없기 때문에, 하나님의 구원하시는 행위는 전적으로 그런 체계에 의존하지 않는다. 그것은 인간 조건의 한가운데서 전개된 역사적 행위이기 때문에, 하나님의 구원하시는 행위는 이런 법적인 신적 진노를 똑바로 직면하고 그것을 만족시켜야 한다. 그런 대립은 예수가 십자가에서 죽으신 정점에서 가장 잘 드러난다. 하지만 부활과 승귀는 구시대의 틀에서는 완전히 이해될 수 없다. 올스왈드 베이어(Oswald Bayer)는 이런 대화를 다음과 같이 가장 잘 포착한다.

> 하나님의 자비는 하나님의 진노에 대립한다. 루터는 이 새로운 시작을 불가해하게 만드는 요인을 충분히 고려한다. 그는 복음이 작동하고 그것이 선언하는 방식을 전하기 위해 율법이 작동하는 방식과 그것이 죄를 한 사람에게 돌리고, 그 사람을 파괴로 몰아가면서 지옥이라는 하나님의 처벌로 선언하는 방식을 사용하지 않는다. 그는 그런 불화가 유지되게 한다. 그런 불화의 다른 면에서, 복음은 하나님이 전하신 두 번째, 곧 새로운 최종 메시지에서 다시 시작한다.[71]

따라서 루터의 생각에는 명백하게 법적인 요소가 있지만, 법적인 요소는 부활이 보여주는 존재론적 승리에 궁극적으로 포괄된다. 그 승리가 법적

---

71 Oswald Bayer, *Martin Luther's Theology: A Contemporary Interpretation*, trans. Thomas H. Trapp (Grand Rapids: Eerdmans, 2008), 228.

요소를 초월하는 것은 아니지만 말이다.

칼뱅의 형벌 대속론에 나타난 하나님의 진노와 사랑

서론

우리는 칼뱅에게서 형벌 대속론 그 자체를 접한다. 안셀무스도 루터도 칼뱅이 지지하는 것처럼 형벌 대속의 온전한 논리를 제시하지 않는다. 그 두 사람은 율법과 정의의 중요성을 회복시키고 유지하지만, 그 누구도 칼뱅의 사유에서 차지하는 정도까지 하나님의 정의를 높이지는 않는다.

벌코프는 안셀무스의 사상에 기원을 둔 네 가지 특징을 요약한다. 첫째, 만족론은 하나님의 정의보다 그분의 영광과 존엄에 집중한다. 그 배경은 공적인 법보다는 사적인 것이다. 하나님과 인간의 관계가 회복되는 것은 오로지 절대자이신 주님의 고유하고 자유로운 결정에 달려 있다. 궁극적으로 **만족스러운** 속죄가 무엇인지에 대한 결정은 전적으로 그분과 관련이 있고 정말로 경우에 따라 달라질 수 있다. 둘째, 그리스도가 우리를 대신해서 우리의 형벌을 받으셨다는 성경적인 내용이 안셀무스의 사상에는 없다. 오히려 그분은 우리가 벌을 받는 대신에 용인될 수 있다고 여겨지는 희생으로 자신을 바치신다(사 53:10). 칼뱅은 **만족**이라는 중심 생각을 유지하지만, 요구된 특별한 행위는 더 이상 자유롭게 드린 생명이 아니라 형벌적 죽음이다. 셋째, 벌코프는 안셀무스의 사상에는 그리스도의 적극적인 순종이 없다고 주장한다. 이것은 혼란스럽게 보일 수 있지만,[72] 안셀무스에게 속죄를 효과적으로 전달해주는 것은 죽음이 아니라 무한하게 가치 있는 그리스도의 생명이 제공되는 것이다. 벌코프는 이 사실을 강조하지 않지만 안셀무스의 합리적인 속죄론에는 결정적으로 무역사적인 태도가 들어 있다. 완벽한 희생의 조건으로서 그리스도의 순결함은 언약적인 맥락, 곧 법적인 맥락에서 구체적으로 이해되기보다는 하나님을 향하는 질서 있는 의지로서 추상적으로 이해된다. 칼뱅과 특히 이후의 개혁파 신학자들은—추상적인 의지의 순결함으로서가 아니라 율법에 대한 구체적인 순종으로—하나님께 순종하는 그리스도의 삶에 구원의 의미를 부여할 것이다. 마지막으로 종교개혁가들이 느낀 네 번째 약점은 로마 가톨릭교회의 만족론이 순전히 공로의 외적인 양도를 중심으로 한다는 것이다. 신자가 그리스도가 획득한 의무 이상의 공로를 지속적으로 얻는 것은 자신의 의지에 달려 있다. 믿음에 의한 칭의라는 종교개혁의 교리는 만족론의 이런 측면을 절대로 지지하지 못하고, 대신에 그리스도의 의를 수용하는 것으로써 믿음을 강조한다(롬 3:22, 4:24, 5:1; 갈 2:16, 3:24; 빌 3:9). 로마 가톨릭교회의 속죄 이론에서 그리스도의 사역은 인간이 유익을 얻기 위해 지속적으로 노력해야 한다는 것과 양립할 수 있는 방식으로 이해되는 것으로 여겨졌다(고후 7:15). 우리가 앞으로 살펴볼 것처럼 교환이라는 경륜은 속죄에 대한 개혁파의 이해의 특징을 지속적으로 보여주지만, 하나님의 만족은 구원자만이 성취할 수 있을 뿐 신자들이 구원을 받기 위해 추구하는 노력에 의해 대체될 수는 없는 것으로 이해된다. 그리스도의 사역은 최종적이며(히 7:27; 9:28; 벧전 3:18) 반복될 수 없다.

---

72 Louis Berkhof, *Systematic Theology* (Edinburgh: Banner of Truth, 1958), 385-86.

루터와 칼뱅은 이런 교리적인 요점에 대한 비판을 공유한다. 믿음에 의한 칭의라는 그들의 공통 교리는 속죄에 대한 그들의 이해를 지배했던 것처럼 그들로 하여금 그리스도의 사역을 최종적인 것으로, 그리고 회개와 같은 더 많은 행위가 필요 없고 오직 믿음에 의해 화목할 수 있는 것으로 이해하는 입장으로 나아가게 한다. 하지만 그들은 그리스도의 최종 사역을 이룬 것이 무엇인지와 관련해서는 의견이 갈린다. 그들의 차이점은 즉각적으로 드러나지 않는다. 그들의 신학에 대한 경쟁적인 해석에서 그 차이점을 엿보는 것이 더 쉬울 수 있다. 이것은 특히 루터와 관련해서 사실이다. 뒤에서 살펴보겠지만, 그의 속죄론에 대해 경쟁적인 이해들이 있고, 특히 법적인 요소의 의미와 관련해서 그렇다. 나는 법적인 요소가 루터에게서 분명하게 나타나지만, 하나님의 구원은 다소 그런 요소에 **수반하여 일어난다고** 결론을 내렸다. 루터는 하나님의 정의와 인간의 정의 사이의 관계를 연관성이 있는 것으로 이해하지 않는다. 하나님의 정의는 인간의 법적 도구에 **의해** 확립되지 않는다. 루터에게도 응보적인 요소가 있지만, 그것은 구속의 **원인**이 아니다. 은혜는 응보적 대립이 궁극적 승리를 보장하지도 심지어 예상하지도 않는다는 의미에서 루터에게 핵심으로 남는다. 그리스도가 형벌을 겪으신 것은 속죄의 기제에서 근본적인 요인은 아니지만 그럼에도 구원의 승리에 선행하는 것이다. 하나님은 그리스도가 죽으심에도 **불구하고** 궁극적으로 승리하신다. 그 승리는 그리스도의 죽으심 **때문은** 아니다(행 2:23-24). 그리스도가 구원을 **받을 만했다**는 것은 루터에게 훨씬 덜 분명하다. 아울렌은 루터의 사유의 극적이고 심지어 신비적인 분위기로 우리의 관심을 이끌었다는 점에서 추천받을 만하다. 곧 구원은 사망, 죄, 진노 그리고 율법의 패배로 이루어진다.

칼뱅은 하나님의 구원의 계획에서 율법적인 측면을 훨씬 더 중심적인 것으로 그리고 정말로 효과적인 것으로 만든다. 그는 율법을 반드시 폐기해져야 할 적으로 이해하기보다는 오히려 궁극적 승리를 획득하는 수단으로 이해한다. 칼뱅의 신학에서 율법의 중심적인 역할은 이미 앞부분에서 약술되었다. 그렇다면 문제는 그것이 하나님의 사랑과 긴장관계에 있는지, 그렇지 않은지다.

하나님의 진노와 사랑

칼뱅이 자신의 속죄론에서 사용한 법적인 체계에 대해 두 가지를 언급할 필요가 있다. 독자들은 이미 이런 요점에 익숙하겠지만, 그것들을 다시 언급하는 것이 유용할 것 같다. 첫째, 칼뱅은 16세기 초에 이미 일어났던 변화, 곧 정의에 관한 응보적인 관점을 받아들인다. 처벌의 필요성은 사적인 법에서 공적인 법으로 전환하는 데 있어 필수 요소로 간주되었다. 응보는 법의 분명한 본질에 속한다. 곧 그것은 법의 침해에 대한 필연적 결과로서 일어난다. 딜리스톤은 그 달라진 법적인 분위기를 전달한다.

> 칼뱅 저작의 일반적인 분위기는 현저하게 다르다.…안셀무스(그리고 후기 스콜라 신학자)가 사용한 핵심 용어들—빚, 책임, 보상, 만족, 명예, 가격, 지불, 공로—은 로마 시민법과 중세 봉건법에 들어 있던 것들이다.…[하지만] 우리는 칼뱅의 저작에서 처벌, 죽음, 저주, 진노, 대속, 보증, 공로, 전가와 같은 용어들, 곧 다른 말로 하자면 율법, 죄 그리고 죽음에 대한 성경적 가르침에 비추어 재해석된 형법과 관련된 용어들을 지속적으로 발견한다.[73]

---

73 Dillistone, *Christian Understanding of Atonement*, 195.

칼뱅은 당대의 형법과 "피흘림이 없으니 [죄의] 사함이 없느니라"(히 9:22)라는 성경적 원리 사이에 중요한 연관성이 있음을 발견한다. 이것은 정의를 응보적인 차원으로 축소하는 것이 아니라 응보의 필요성을 주장하는 것이다.

두 번째 요점은 첫 번째 요점과 관련이 있다. 정의가 최소한 부분적으로 처벌을 통해 구현된다면, 그리고 이것이 (루터가 불신하는 경향이 있는) 인간 정의의 단순한 원리가 아니라 영원한 하나님의 정의의 긍정적인 원리라면, 그러한 동일한 연관성은 그 정의가 실현되는 기관들의 차원에서 확실하게 나타날 것이며, 이어서 인간 정의의 법정은 하나님의 정의의 법정과 연결되고 상응할 것이다(롬 13:4). 칼뱅은 이런 결론을 도출하는 것을 주저하지 않는다. 이런 이유로 그리스도가 겪을 죽으심은 인간의 법정에서 그분이 받으시는 정죄 곧 "재판관의 공식적인 판결에 의해 범죄자 중 하나가 되는"[74] 것의 필연적 결과다(사 53:12; 눅 22:37). 인간의 법정은 하나님의 정의를 실행한다. 칼뱅은 이런 연관성을 고려하면서 인간 정의의 기제의 원동력과 추진력이 하나님의 구원에 효과적으로 영향을 끼친다고 확증한다. 하나님은 이런 기제에도 불구하고가 아니라 **그것 안에서 그리고 그것을 통해** 구원하신다.

칼뱅이 다른 곳에서 아주 분명하게 강조했던 하나님의 자유롭고 무조건적인 사랑은 그분의 응보적 정의의 분명한 필요성에 어떻게 일치할까? 칼뱅은 하나님의 사랑을 그분의 정의의 포로로 만드는 데 성공했는가? 확실히 하나님의 진노/정의와 그분의 자비/사랑의 관계는 로마 가톨릭의 속죄론 유형에서 중요한 걸림돌이 되었다. 칼뱅은 루터 못지않게 그 문제와

---

74 Calvin, *Institutes* 2.16.5.

씨름해야 한다. 중요한 것은 그가 이 문제에 대해 만족스러운 해결책을 제공하는 데 성공했는지 여부다.

지각없는 비판가들은 사랑하고 용서하는 성자와 자기 아들에 의해 화가 가라앉기를 기다리는 복수심 가득하고 진노하시는 성부 사이의 긴장을 제안하는 것으로 칼뱅의 이론을 조급하게 희화화한다. 동일한 맥락에서의 희화화 중 하나는 하나님이 자기 아들의 희생의 공로에 감동받아 진노에서 사랑으로 변하신다는 것이다. 이런 묘사 중 어느 것도 칼뱅이 설명한 것에 부합하지 않는다.

법과 정의를 중심에 두고 있음에도 불구하고, 칼뱅은 구원이 하나님의 사랑과 함께 시작한다고 강조한다. 그는 에베소서 1:3-4을 충실히 반영하면서 하나님은 세상을 창조하시기 전에 그리스도 안에서 우리를 선택하셨다고 주장한다.[75] 최근 다수의 학자가 구원의 여정에서 하나님의 사랑의 우선성을 강조한다.[76] 정말로 하나님의 사랑이 가장 중요하다. 우리를 하나님과 유사하게 만들 수 있는 것이 우리에게는 없기 때문이다. 하나님의 선택은 영원 전에 결정되었고, 그것은 그분의 자유의지에 근거한다(딤후 1:9).

칼뱅은 하나님이 진노에서 자비로 "바뀌실" 수 있음을 받아들이지 않는다. 그가 하나님의 불변성 교리에 근거해서 이것을 분명하게 결정하지는 않았지만, 그는 그러한 교리를 지지한다. 그는 성육신에 근거해서 그런 결론을 도출한다. 하나님이 이미 우리에게 사랑의 마음을 품고 계시지 않으셨다면, 왜 그분이 자기 아들을 보내 우리를 위해 죽게 하셨을까? 그는 『로

---

75 Ibid., 2.16.4.

76 Robert A. Peterson, *Calvin and the Atonement* (Fearn, UK: Mentor, 1999); Paul Helm, *John Calvin's Ideas* (New York: Oxford University Press, 2006); idem, *Calvin at the Centre* (Oxford: Oxfore University Press, 2010); Charles Partee, *The Theology of John Calvin* (Grand Rapids: Eerdmans, 2008).

마서 주석』에서 다음과 같이 말한다. "그리스도가 아버지를 달래기 위한 목적으로 개입하셨을 때, 우리는 원수였다. 우리는 이런 화해를 통해 지금 친구가 되었다.…하지만 사도 바울은 모순되는 말을 하는 것처럼 보인다. 그리스도의 죽음이 우리를 향한 하나님의 사랑의 보증이었다면, 우리는 이미 그분에게 받아들여졌지만, 그는 지금 우리가 그분의 적이라고 말하고 있기 때문이다."[77] 형벌 대속에 대한 근대 후기의 비판들은 그것이 그리스도의 일시적이고 역사적인 죽으심이 하나님의 성향(disposition)에 일시적이고 역사적인 결과를 초래했음을 지지하는 이론이라고 확실히 오해한다. 칼뱅은 결코 그런 견해를 주장하지 않았다.

하지만 성경적 언어의 문제는 여전히 고려되어야 한다. 성경은 왜 하나님이 자기 아들의 희생에 의해 진노에서 사랑으로 마음이 바뀌신 것처럼 우리에게 이야기할까?(골 1:20) 왜 하나님은 우리와 원수가 된 것으로 묘사될까?(롬 5:10) 칼뱅의 해결책은 적응(accommodation) 교리에 의존하는 것이다. 하나님은 스스로 진노에서 사랑으로 마음을 바꾸신 것처럼 보여주신다. 그분의 최종 목적은 죄인이 회개하도록 만드는 것이기 때문이다. 칼뱅은 다음과 같이 질문한다. "이런 생각들이 더 철저하게 그(죄인)를 움직이게 하지 않을까? 그것들이 그가 헤어나온 그 비참함의 심각함을 훨씬 더 강력하게 보여주지 않을까?"[78] 우리가 그런 원리는 계시의 신빙성을 파괴하는 위험이 있다고 반박하는 기회를 갖기 전에, 칼뱅은 다음과 같이 부연한다. "비록 이것이 우리 능력의 약점에 적응한 것이지만, 거짓을 말한 것은 아니다."[79] 지금 그는 "하나님으로 하여금 우리를 호의로 받아들이시도록 자극

---

77 Calvin, *Comm. Rom.* 5:10. 『존 칼빈 성경주석: 19』(성서원 역간).
78 Calvin, *Institutes* 2.16.2.
79 Ibid., 2.16.3.

하는, 단순히 무상으로 주어지는 사랑"과 우리가 "최종적 사랑"이라고 말하는 것을 구분한다. 칼뱅에 따르면, 전자의 사랑은 우리의 피조성에 기반한 것이다. 우리는 하나님의 형상을 여전히 갖고 있고, 하나님이 우리를 사랑하실 수 있는 것이 우리 안에 여전히 있다. 하지만 그러한 사랑은 우리의 죄 때문에 최종적인 것일 수 없다. "의와 불의 사이에 영원하고 화해할 수 없는 반목이 있다면, 우리가 죄인으로 남아 있는 한 우리는 전적으로 받아들여질 수 없다."[80]

이것은 정말로 놀라운 견해다.[81] 그것은 죄인들을 향한 하나님의 사랑을 그들 안에 있는 것, 곧 그들이 하나님의 형상으로서 갖고 있는 것에 근거시키기 때문이다. 이것이 중요하다. 칼뱅은 대체로 인간 존재들의 본래적 가치를 훨씬 더 많이 비난하기 때문이다. 하나님이 우리 안에서 그분의 사랑을 받을 만한 가치 있는 것을 발견하실 수 있다면, 왜 그 이상의 단계가 필요했을까? 게다가 이런 경우에 하나님의 성품에서, 곧 두 가지 종류의 사랑 사이에 어떤 변화가 일어난 것처럼 보인다. 칼뱅은 이 입장을 더 상세히 다루지 않지만, (최소한 일시적으로) 선물의 요소, 곧 정의에 의해 제한되지 않는 사랑의 논리를 소개하면서 자신의 입장을 갑자기 드러내는 것처럼 보인다.[82]

로버트 피터슨(Robert Peterson)은 적응 교리에 호소하는 위험에 대해 다음과 같이 지적한다. "적응은 하나님의 진노가 모든 실재를 없애는 지점에

80 Ibid.

81 Helm, *John Calvin's Ideas*를 참고하라.

82 Ritschl은 전적으로 대가 없는 칼뱅의 선택론과 정의에 의해 제한되는 그의 섭리론 사이에 또 다른 불일치가 있다고 지적한다. Albrecht Ritschl, *A Critical History of the Christian Doctrine of Justification and Reconciliation,* trans. John S. Black (Edinburgh: Edmonston and Douglas, 1872), 208.

서 강조될 수 있다."[83] 칼뱅은 확실히 그렇게 되기를 바라지 않았다. 하지만 무엇보다 하나님의 불변성 교리는 하나님 안에 있는 성품의 상태가 변하는 것을 허용하지 않는다.

폴 헬름(Paul Helm)은 적응의 원리가 칼뱅으로 하여금 구원의 근원은 하나님의 사랑임을 입증하는 데 도움을 준다고 주장하기 위해 이 교리에 분명하게 호소한다. 하나님은 우리를 항상 사랑하셨으며, 그분은 진노에서 사랑으로 변하신 것이 아니다. 진노에서 사랑으로 마음을 바꾸신 것은 구원에 대한 **우리의 경험**의 특징을 나타내는 것이다. 따라서 피터슨이 적응은 이런 논의에 대한 답변의 일부분이라고 주장하지만, 헬름은 그것이 충분한 해결책이라고 역설한다. 헬름은 프랑수아 방델(François Wendel)에 찬성하여 그의 말을 다음과 같이 인용한다.

> 그리스도가 적기에 드린 희생은 적어도 인간의 관점에서 생각하면, 인류를 향한 하나님 자신의 태도를 바꾸시게 한다. 실제로 그분의 태도는 변하지 않고 불변한다. 따라서 그것은 그리스도의 사역의 결과로 영향 받을 수 없다. 그 사역은 하나님의 사랑이 인간에게 향하는 것을 막는 장애물을 제거하는 데 한정된다. 그것의 주도권은 여전히 하나님에게 있고, 죄에 의해 야기된 장벽을 제거하는 것과 죄의 결과인 하나님의 진노를 없애는 것은 예수 그리스도가 제공하신 만족을 받아들이기로 결정하신 인류를 향한 그분의 사랑이다.[84]

헬름은 확실히 하나님의 사랑의 우선성을 강조하고 싶어 한다. 진노와 사

83 Peterson, *Calvin and the Atonement*, 22.
84 Helm, *John Calvin's Ideas*, chap. 13.

랑의 갈등 혹은 대화는 불가능하다. 하나님은 항상 우리를 사랑하셨다. 하지만 우리가 지금 보고 있는 것처럼 칼뱅은 이 중요한 지점에서 머뭇거린다. 하나님의 성향과 관련해서 객관적인 것은 아직 나타나지 않은 채로 여전히 남아 있다. 곧 하나님의 의를 어긴 인간의 사악함이 제거되지 않는 한 하나님의 사랑은 최종적일 수 없다. 지금 이것은 단순히 하나님을 향한 우리의 태도와만 관련이 있는 것이 아니라 그분의 현존에서 그분이 우리를 받아들이시는 것과도 관련이 있다. 따라서 문제는 칼뱅의 불변성 교리가 (대가 없는 사랑에서 최종 사랑으로 바뀌는 것에 의해) 문제 제기를 당하든지 아니면 그가 속죄를 주관적인 교리로 바꾸는 위험, 곧 헬름이 더 심하게 나아가는 것처럼 보이는 위험을 무릅쓰는 것이다.

따라서 진짜 질문은 하나님의 진노와 사랑이 그분 자신 안에서 어떻게 서로 관련이 있는가 하는 것이다. 이와 관련해 브루스 맥코맥(Bruce McCormack)은 다음과 같이 보고한다. "이 부분에서 칼뱅의 어려움은 그가 하나님의 속성들이라는 고전적 문제에 거의 주목하지 않았다는 데 기인한다. 하나님의 실존과 속성들에 대한 그의 작업은 냉정하게 말해 빈약했다."[85] 맥코맥은 칼뱅 이론의 최종 결과는 그가 하나님의 자비를 그분의 공의의 포로로 만들었다는 것이라고 지적한다. 우리는 두 가지 사랑의 대화로 돌아감으로써 이것을 가장 잘 설명할 수 있다. 곧 하나님은 이유 없이 우리를 사랑하시지만, 그분은 자신의 공의가 만족되지 않는 한 최종적으로 우리를 사랑하실 수 없다. 하나님의 진노는 달래져야만 한다. 비록 이런 필요가 여전히 자유로운 하나님의 사랑에서 생기는 것이지만, 그것은 그분

85 Bruce McCormack, "For Us and Our Salvation: Incarnation and Atonement in the Reformed Theology," *Greek Orthodox Theological Review* 43 (1998): 281-316(여기서는 303).

의 정의가 제약을 가하는 방식을 따라야 한다. 따라서 이유 없는 사랑과 그런 진노를 달래야 하는 것 사이에 갈등이 다시 생긴다. 무엇보다도 맥코맥은 하나님의 사랑을 속죄의 기원으로 생각하는 피터슨의 견해에 만족하지 않는다. "하나님의 아들의 화해하시는 사역이 하나님의 사랑 안에 그 근거를 갖고 있다고 말하는 것으로 충분하지 않다. 우리가 일관된 방식으로 그 사랑이 우리의 구원을 성취하는 과정의 모든 단계에서 작동한다고 주장하지 않는다면 말이다."[86] 맥코맥이 칼뱅이 이런 실수를 한다고 생각한 이유를 이해하기 위해서, 우리는 그리스도의 생명이 가진 구원의 의미에 관심을 돌릴 필요가 있다.

그리스도의 적극적인 순종

칼뱅주의자의 형벌 대속론을 비판하는 이들은 그 이론의 전체적인 힘이 그리스도의 죽음에 있다고 주장한다. 예를 들어 폴 피데스(Paul Fiddes)는 다음과 같은 사실을 슬퍼한다. 루터와 칼뱅과 관련해 말하자면 그리스도의 적극적인 순종은 속죄 안에서 기능하지 않았고 그저 "속죄 이후의 도덕적 삶에 영감을 주었다. 즉 속죄 자체의 행위는 그리스도의 '소극적 순종' 혹은 형벌을 인내하는 것에서만 발견된다."[87] 피데스는 다음과 같이 부연한다. "칼뱅을 따르는 개신교 신학자들은 그리스도의 적극적인 순종이 구원의 체계 안에 있다는 근거에서 흥미를 느꼈지만, 그들이 형벌 대속론을 고수하

86 Ibid., 302.
87 Paul S. Fiddes, *Past Event and Present Salvation: The Christian Idea of the Atonement* (Louisville: Westminster John Knox, 1989), 100.

는 한 그들은 그것에 대해 당황했고 혼란스러워 했다."[88] 피데스는 여기서 몇 가지 점을 지적한다. 첫째, 그리스도의 적극적인 순종은 칼뱅의 속죄론에서 아무런 자리도 차지하지 않는다. 둘째, 그리스도의 적극적인 순종에 대한 강조는 속죄론을 더 주관적인 방향으로 이끌 수 있고 형벌 대속과 어느 정도 양립하지 못하는 것으로 이끌 수 있다.

피데스의 입장이 칼뱅 연구와 관련하여 합의된 의견을 대변하지는 않는다. 정말로 리츨은 그리스도의 적극적인 순종과 소극적인 순종이 서로 독립해서 기능하지 않는다고 주장한다. 이것들은 "서로 관련해서, 곧 적극적 순종과 고난, 즉 무죄한 삶을 지속적으로 보여주고 점차적으로 커지는 고난에 가치를 부여하는 보편적 토대가 되는 완벽하게 거룩한 삶과 관련해서 고려되어야 한다."[89] 칼뱅의 사상에서 그리스도의 형벌적 죽음은 그분의 적극적인 순종이 없다면 가치가 없다. 원하지 않는 희생은 도움을 주지 못할 것이다. 수많은 저자들이 최근에 지적했던 것처럼 속죄에 관한 칼뱅의 **총괄갱신**(*recapitulatio*) 이론에는 중요한 요소들이 정말로 많이 들어 있다. 아담을 대체하고 새롭게 구성된 인류의 대표자로서 그리스도가 율법에 순종한 것은 엄밀하게 하나님을 만족시키는 것이다.

그렇다면 예수의 삶의 구원적 의미는 무엇인가? 맥코맥은 칼뱅을 완전히 율법(주의?)적으로 이해한다는 사실이 문제가 되지 않는 것만큼이나 그리스도의 적극적 순종이 속죄에서 아무런 역할도 하지 않는다는 사실은 그리 큰 문제가 되지 않는다고 주장한다. 맥코맥의 근본적인 실수는 율법에 비추어 그리고 은혜에 반대되는 것으로서 공로에 비추어 구원자의 삶의

---

88 Ibid.

89 Albrecht Ritschl, *A Critical History of the Christian Doctrine of Justification and Reconciliation*, trans. John S. Black (Edinburgh: Edmonston & Douglas, 1872), 214.

의미를 이해했다는 데 있다.

칼뱅은 그리스도가 세세한 부분까지 율법에 복종했다고 아주 분명하게 주장한다(갈 4:4). 더욱이 그리스도가 율법에 순종하신 것은 우리의 칭의의 근거가 되며, 그 칭의에서 우리에게 전가된 것은 엄밀하게 그분이 획득하신 의다.

게다가 칼뱅은 그리스도의 수동적인 순종, 즉 그분의 죽으심과 이런 적극적인 순종 간의 통일성을 하나님께 드리는 만족의 한 요소로 강조한다. 그는 로마서 5:19을 주석하면서 다음과 같이 말한다. "그분이 종의 형태를 취하신 그 순간부터, 그분은 우리를 구원하시기 위해 구원의 대가를 지불하기 시작하셨다."[90] 이런 입장은 순종이라는 표제 아래에 그리스도의 생명을 그분의 죽음과 멋지게 연결하지만(빌 2:8), 그것은 엄격하게 율법적인 용어로 그 순종을 설명한다.

그러한 입장이 맥코맥에게 의심스러운 것처럼 보이는 이유는 다시 말해 그 입장이 하나님의 사랑을 율법적 조건들의 성취에 좌우되는 것으로 만들기 때문이다. 이것은 구원이 하나님의 사랑에서 정말로 시작하지만, 하나님의 정의가 부과한 조건들을 만족하는 조건으로 이루어짐을 의미한다. 맥코맥이 볼 때, 이것은 하나님의 사랑의 우선성이라는 생각을 유지하는 것을 불가능하게 한다. 우리는 칼뱅이 사실상 "하나님께 대립하는 하나님" 이라는 루터의 신학—긴장은 산술적으로, 곧 엄밀하게 동등한 가치를 가진 것과의 교환을 통해 해결된다—으로 회귀할 것을 강요받는다고 덧붙여 말할 수 있다. 나는 예수의 죽으심이 구속에서 갖는 의미를 논한 이후에 이런

90 Calvin, *Institutes* 2.16.5. John Stott, *The Cross of Christ*(Leicester, UK: Inter-Varsity, 1986)도 참고하라. 『그리스도의 십자가』(IVP 역간).

비판들을 살펴볼 것이다.

그리스도의 죽으심

지금 나는 두 개의 표제를 다룰 것이다. 첫 번째 표제는 예수의 죽으심의 특성에 관한 것이다. 이 문제와 관련해서 칼뱅의 견해는 분명하다. 곧 이것은 형벌적 죽음, 곧 하나님이 버리신 죽음(마 27:46; 막 15:34), 우리는 당연히 겪어야 하지만 그리스도는 우리를 대신해 겪으신 그런 종류의 죽음이다(롬 5:8-9; 8:34; 살전 5:10). 두 번째 표제는 이 죽음의 효과에 대해 질문한다. 왜 형벌적 죽음은 구원의 의미를 갖고 있는가? 칼뱅의 입장은 그리스도의 죽으심은 하나님이 버리신 우리가 당할 죽음과 동등하다는 것, 그리고 그것이 우리의 죗값을 치렀고, 하나님과 화목하게 했으며 우리로 하여금 구원을 **받을 만하게 만들어주었기** 때문에 효과가 있음을 보여줄 것이다.

죄책의 개념은 로마 가톨릭교회의 속죄론에서 잃어버린 고리다. 그것은 그리스도의 십자가에 대한 개혁파의 이해에서 중요한 주제다. 칼뱅은 다음과 같이 말한다. "하나님의 진노와 저주는 죄인들이 죄책에서 사면될 때까지 그들의 머리 위에 항상 머무를 것이다. 그분은 공의로운 재판관이시기 때문에, 그분은 처벌하지 않고 자신의 법을 무효화하는 것을 허용하지 않으시고 그것에 보복할 준비를 하고 계신다."[91] 에밀 브룬너가 설명한 것처럼, 우리의 조건을 결정하고 우리와 하나님 사이에 서서 하나의 저주로서 우리와 함께 영원히 머무는 것이 죄책이다. 정말로 칼뱅은 다음과 같이 말한다. "우리에 대한 무죄 선고는 우리가 처벌을 받아야 할 죄가 하나

91 Calvin, *Institutes* 2.16.1.

님의 아들의 머리로 옮겨졌다는 것을 의미한다(사 53:12). 우리는 하나님의 아들이 스스로에게 양도하신 공의로운 복수가 아직도 우리에게 닥칠 것처럼, 즉 우리의 전체 삶이 두려움과 공포가 되지 않도록 하기 위해 이 대속을 특별히 기억해야만 한다."[92] 로마 가톨릭 이론은 이 깊은 불안(왕상 8:46; 전 7:20; 롬 3:9)을 경감시켜주지 못하고, 사실상 더 악화시킨다. 그리스도의 대속적 죽음에 대한 종교개혁가들의 강조는 죄책에 대한 법적인 근거를 제거함으로써 그 두려움을 경감시켜준다(롬 8:1).

죄책이 제거된 이유는 죄에 대한 처벌이 그리스도의 몸에서 지불되었기 때문이다. 칼뱅은 그리스도가 드린 두 가지 만족에 대해 이야기한다. 첫째, 그분은 자신의 적극적인 순종을 통해 적극적으로 율법을 성취하셨다(빌 2:8). 둘째, 그분은 우리에게 부과된 처벌을 자신의 죽음 안에서 담당하셨다.

칼뱅은 단순히 육체적 죽음으로 충분하지 않다고 주장한다. 그리스도는 하나님의 복수의 온전한 압박을 느끼셔야 했다. 그분의 영혼은 하나님과 분리되는 근심과 지옥의 고통을 경험하셔야 했다.[93] "그분의 영혼이 확실하게 그 처벌을 함께 받지 않으셨다면, 그분은 그저 육체들의 구원자만 되셨을 것이다."[94]

그분의 죽음에 있는 형벌적 특징은 그분이 법정에서 선고를 받으시고 사형을 당하셨다는 사실에 의해 더욱 강화된다. 그분이 (우리와) 함께 정죄를 받으신 것은 우연이 아니다. "우리의 저주를 제거하기 위해서는 어떤 종

92 Ibid., 2.16.5.
93 Ibid., 2.16.8-10.
94 Ibid., 2.16.2.

류의 죽음을 견디는 것으로도 충분치 않았기 때문이다."[95]

요약하자면, 그리스도는 요람에서 무덤에 이르는 삶의 전체 과정에 걸쳐 순종하면서 우리를 구원하셨다. 비록 성경이 구원의 방식을 "고유하게 그리고 특별하게 그리스도의 죽으심에"[96] 부여하지만 말이다. 따라서 그분의 죽으심은 "구원의 효과적인 완성이다. 그분의 죽으심에 의해 우리가 하나님과 화목되었고, 그분의 죽으심에 의해 하나님의 정의가 충족되었으며, 그분의 죽으심에 의해 저주가 제거되었고, 죗값이 지불되었다. 하지만 우리가 살아 있는 소망으로 다시 태어났다고 말해지는 것은 그분의 죽으심이 아니라 그분의 부활에 의한 것이다(벧전 1:3)."[97] 그리스도의 죽으심이 그리스도의 순종과 법적 만족의 최고 정점이지만, 그것은 속죄에서 얻을 수 있는 유일한 것이 분명히 아니다. "전자[죽음]에 의해 죄가 폐지되었고 사망이 무효화되었다. 하지만 후자[부활]에 의해 의가 회복되었고 생명이 소생되었다."[98] 따라서 그렌스테드(Grensted)가 다음과 같이 주장하는 것은 솔직하지 못한 것이다. "칼뱅의 논의는 죄와 죄책의 동등성, 곧 본질적인 부패로서 죄에 대한 자신의 개념과도 일치하지 않는 동등성에 근거한다."[99] 칼뱅의 속죄론에는 죄책과 그 죄책을 없애는 법적인 수단에 대한 강조보다 훨씬 더 많은 것이 들어 있다.[100]

두 번째 표제, 곧 그리스도의 죽으심의 효과라는 표제로 돌아가서, 나

95 Ibid., 2.16.5.
96 Ibid.
97 Ibid., 2.16.13.
98 Ibid.
99 Grensted, *Short History*, 216.
100 속죄의 모든 다른 은유에 대해서는 Peterson을 참고하라. 비록 그가 다음과 같이 주장할 때 매우 주저하지만 말이다. "세 가지 속죄 주제 중 어떤 것이 칼뱅의 사고에서 가장 중요한 역할을 하는지는 결정하기 어렵다"(*Calvin and the Atonement*, 79).

는 그것이 죄인들의 죄책을 제거한다는 사실을 이미 강조했다. 하지만 그리스도의 죽으심의 효과는 무엇에 근거해서 죄인들의 죄책을 제거하는 것을 가능하게 할까?

이런 질문들을 탐구하기 위한 조건으로서 속죄의 필요성에 대해 어떤 의견이 제시되어야 한다. 하나님은 대가 없이 용서하실 수 없으신가? 우세한 의견은 칼뱅이 그런 질문을 적절한 것으로 생각하지 않는다는 것이다. 그는 하나님의 뜻과 관련한 역사적 계시가 중재자 안에 나타났다는 사실을 고려하지 않은 채 하나님의 자유에 대해 생각하는 소키누스의 사변이 위험하다고 생각한다. 우리는 계시에 기초해서만 하나님이 우리의 구원을 이루시려고 얼마나 많은 대가를 치렀는지에 대해 알 수 있다. 따라서 일치된 견해는 칼뱅이 하나님의 정의를 그분의 구원의 성취를 위해 필요한 틀로 만든다는 것이다.

하지만 폴 헬름이 유용하게 설명하는 것처럼 이런 필요를 한 가지 이상의 방식으로 이해하는 게 가능하다. 그는 화해라는 사실과 그것이 이루어지는 방식을 구분한다. "절대적 견해"는 다음과 같은 것이다. "반드시 우리가 죄라는 사실을 고려한다면 화해는 신-인의 방식으로 이루어져야만 한다."[101] 이것은 성육신이 꼭 필요하다고 주장한 안셀무스와 아우구스티누스의 견해다. "필연적 견해"는 다음과 같다. 곧 "반드시 우리가 죄라는 사실을 고려할 때, **화해가 이루어져야만 한다면**, 그 화해는 신-인을 통해 이루어질 것이다."[102] 구원하시겠다는 하나님의 작정이 결정되면, 이런 작정이 실행될 수 있는 단 하나의 유일한 방식은 화해라는 사실이다. 마지막으로 "가

101 Helm, *Calvin at the Centre*, 166.
102 Ibid.

설적 견해"는 다음과 같이 규정한다. "우리가 죄라는 사실을 고려할 때 화해가 이루어져야한다면, 그렇다면 아마도 화해는 신-인을 통해 이루어질 수 있을 것이다."[103] 헬름은 칼뱅이 세 번째 입장, 곧 가설적 견해를 지지했다고 계속해서 주장한다. 비록 칼뱅이 『기독교강요』에서 두 번째 견해, 곧 필연적 견해를 지지하는 것처럼 보이지만 말이다. 하지만 그는 칼뱅의 주석과 설교에서 다음과 같은 몇 가지를 인용하여 우리로 하여금 잠시 멈추어 생각하게 만든다. "하나님은 단 한마디의 말씀이나 그분의 의지의 단순한 행위에 의해 우리를 구원하실 수도 있다. 그분이 우리의 유익을 위해 다른 일을 하는 것이 더 낫다고 생각하지 않으셨다면, 그분은 자기가 가장 사랑하는 아들의 목숨을 아끼지 않으심으로써 우리의 구원에 얼마나 많이 관심을 갖고 계시는지 그 아들의 위격을 통해 증거하셨을 것이다."[104] 칼뱅은 마태복음 26:36-39의 설교에서 다음과 같이 말한다. "그분은 정말로 다른 방식으로 우리를 사망의 음부에서 구할 수 있으셨다. 하지만 그분은 자신의 아들을 아끼지 않으셨을 때 자신의 무한한 선의 보물을 보여주길 원하셨다. 이것은 우리 주 예수 그리스도가 우리에게 관심이 아주 많으시다는 더할 나위 없는 표식, 즉 기꺼이 우리를 위해 죽음에 자신을 내어주시기로 선택하셨음을 의미한다."[105] 역설적으로 칼뱅은 동일한 설교 후반부에서 자신의 입장을 바꾸는 것처럼 보인다. "즉 그것이 그분이 죽음에 자신을 내어주신 이유다. 우리는 어떤 다른 방식으로, 곧 그분의 순종 이외에는 하나님과 화해할 수 없고, 죄에 의해 야기된 하나님의 진노를 달랠 수 없기 때문

103 Ibid.
104 Ibid., 104. Calvin, *Comm. John* 15:13에서 인용. 『존 칼빈 성경주석: 17』(성서원 역간).
105 Helm, *Calvin at the Centre*, 172.

이다."[106] 이것은 칼뱅의 후기 견해가 아니라 그의 전체적인 개념에 통합되는 방식으로 이해될 필요가 있다.

하지만 정말로 그것은 하나님이 자신의 정의에 따라 구원하실 것을 분명하게 요구하는 것과 충돌하지 않는가? 헬름은 그렇게 생각하지 않는다. 칼뱅은 속죄를 추상적으로 생각하지 않기 때문이다. 그는 다음과 같이 말한다. "그에게는 같은 목적, 곧 구원에 이르는 두 가지 동등한 다른 수단은 없지만 다른 목적들에 이르는 다른 수단들은 있다. 우리가 가장 바람직한 용어로, 곧 죄인을 향한 하나님의 사랑과 은혜를 최대한 드러낼 수 있는 용어로 그 목적을 숙고한다면, 칼뱅에게는 그 목적에 이르는 단 하나의 가능한 수단, 즉 성육신한 로고스의 속죄와 신-인에 의한 만족이라는 수단만 있다."[107] 게다가 헬름은 대부분의 칼뱅 연구가들의 의견에 반대해서 다음과 같이 말한다. "하나님의 정의를 고려한다면 속죄가 반드시 필요한 것은 아니다. 내가 아는 한 칼뱅은 결코 혹은 좀처럼 『기독교강요』에서 이것을 제안하지 않는다. 하나님이 우리를 용서하시면서 우리를 향한 그분의 위대한 사랑을 보여주시고자 원하실 때에만 오히려 속죄가 필요하거나 요구된다."[108]

따라서 헬름에 의하면 화해의 방식에 수반되는 필요는 어떤 특정한 목적을 추구하느냐에 따라 달라진다. **이것은 단순한 용서가 아니다**. 칼뱅이 주장한 것처럼 그것을 위해서는 "단 한마디의 말"로 충분할 수도 있다. 오히려 하나님은 그저 용서하시는 것이 아니라 "최상으로 유익한 용서"[109]를

106 Ibid., 173.
107 Ibid., 178.
108 Ibid., 180.
109 Ibid.

하기를 바라신다. 그것은 신자들이 행동으로 실천하는 것을 포함한다. 이것은 칼뱅의 이론을 현저하게 도덕적 모범론에 가깝게 만든다. 헬름은 그가 다른 곳에서 다음과 같이 말할 때 도덕적 모범론의 개념을 강조하는 것처럼 보인다. 곧 그리스도의 사역은 "하나님의 사랑이 인간에게 나아가는 것을 방해하는 장애물을 제거하는 데 국한된다." 순수한 도덕적 모범론은 인류가 하나님의 그 사랑을 발견하는 데 장애물이 놓여 있다고 주장할 것이다. 이런 차이점은 그저 표면적이다. 하나님 안에 어떤 성향의 변화가 있음을 부정하기 위해 하나님의 불변성 교리가 도입되었고, 이것은 따라서 그 장애물을 완전히 주관적인 것으로 만들기 때문이다.

헬름이 칼뱅에게 너무 많은 것을 요구하는 것일 수 있다. 칼뱅은 단순한 용서가 아니라 훨씬 더 포괄적인 화해 개념을 확실하게 갖고 있지만, 그리고 그리스도의 죽으심은 서로 맞물려 있는 아주 많은 일을 처리하는 역할을 하지만, 그럼에도 그분의 죽으심에 주어진 중요한 역할은 우리의 처벌을 감당하는 것이라는 사실이 나에게는 분명해 보인다. 하나님의 불변성 교리에 대한 헬름의 견해는 그로 하여금 속죄를 주관성에 매어 놓도록, 곧 하나님을 향하는 차원이 기본적으로 부정되는 지점까지 나아가도록 강요한다.

하지만 나는 헬름의 견해를 완전히 폐기하고 싶지는 않다. 한편으로 그 견해가 인류를 향한 하나님의 성향에 일시적으로 영향을 끼친다는 의미에서 속죄가 하나님을 향하는 것일 수 있음을 부정한다면, 거기에는 어떤 잘못도 없다. 다른 한편으로 그 견해가 죄는 어떤 차이도 만들지 않고, 하나님과 우리 사이에 어떤 실제적인 장애물도 만들지 않으며, 적극적으로 제거될 필요가 없다고 말한다면, 그렇다면 그것은 분명히 정통 신학을 포기한 것이다. 나는 헬름이 정말로 이렇게 말하고 싶어 하는 것인지에 대해 매우 의심스럽다. 하지만 그리스도의 죽으심은 단순히 우리에게 하나님 사랑의 크기를 드러내는 기능만을 할 수 없다는 것, 곧 훨씬 더 많은 "객관적인" 효과를 나타낸다는 것을 배제할 수 없다는 것은 사실로 남는다. 헬름이 소위 객관적 효과라는 것을 하나님의 태도에 영향을 끼치는 것으로 이해하기를 거부하는 것은 올바르지만, 그는 죄책의 객관성과 그것의 제거를 훨씬 더 명시적으로 의미하는 것 같다. 그리고 이것은 확실하게 그가 묘사한 유사 모범론 그 이상을 보여준다.

신-인에 의한 속죄의 필요성에 대한 나의 입장을 요약하자면, 그것은 칼뱅이 무엇보다도 (충분하지는 않지만 반드시) 응보적 용어로 이해된 하나님의 정의 때문에 필요한 화해의 방식을 주장했다는 것이다.

마지막으로 효과에 대한 질문을 살펴보자. 어떻게 이 대속적 형벌(substitutionary penalty)이 우리의 구원을 획득하는 데 성공하는가? 종교개혁 후기 신학자들, 곧 루터파와 개혁파 신학자들은 그리스도의 형벌적 고난은 인류 전체에게 의무로 지워진 형벌과 동등한 것이라고 주장한다. 문제는 아주 간단하다. 곧 한 사람에게 일시적으로 주어진 제한된 고난이 어떻게 인류 전체에게 주어진 영원한 저주 및 고난과 동등한 것일 수 있을까? 루터파와 개혁파의 해결책은 하나님의 본성과 인간의 본성이 하나가 되는 것에 호소하는 것이다. 성자가 인간의 본성에서 고통을 받는 것이 무한한 가치를 얻는 것은 하나님의 본성과 하나가 된다는 데 있다.

하지만 맥코맥은 이것이 해결책이 되지 않는다고 주장한다. 그리스도 안에서 인간의 본성과 하나님의 본성 사이에 실제적인 속성의 교환이 일어나지 않기 때문이다. 하나님의 무감정(impassibility)이라는 훌륭한 전통을 따라서 고난이 그리스도의 인성에 국한된다면, 그리고 인성에서 신성으로 이어지는 교환이 없다면(즉 루터파에 의하면 신성에서 인성으로만 교환이 이루어진다), 그렇다면 이런 고난이 무한한 가치를 획득할 수 있는 방식은 전혀 없다. 따라서 이것은 해결책이 아니다.

결과적으로 맥코맥이 볼 때 공로라는 전체 체계는 마찬가지로 포기되어야 한다. 그것은 은혜의 사역을 불가능하게 만들 뿐만 아니라(정확한 동등성이 가능하지 않다), 은혜를 불필요한 것으로 만든다. 그리스도가 인간 존재로서 하나님이 우리를 구원하시도록 어느 정도 강제하는 고난을 경험하신다면, 은혜와 관련해서 남아 있는 것은 아무것도 없다. 구원과 용서는 전적으로 당연한 것이다.

맥코맥은 공로라는 체계가 칼뱅의 속죄론의 발상지임을 부정하지 않는다. 그는 옳다. 칼뱅은 『기독교강요』 2권 17장 전체에서 공로와 은혜의 관계에 대해 논한다. 그는 그리스도가 우리를 위해 구원을 얻으셨다는 사실이 자비로운 하나님이라는 생각을 공허하게 만든다는 것을 부정한다. 하나님의 은혜는 구원의 제일 원인으로 남지만 그리스도의 공로는 도구적 원인으로 남는다. 여기에는 모순이 전혀 없다. "하나님의 자비에 종속되어 있는 그리스도의 공로가 개입하는 것을 방해하는 것은 아무것도 없기 때문이다."[110] 칼뱅은 하나님의 은혜가 없었다면, 그리스도의 행위를 포함해 인간의 행위가 본래적으로 가치가 없다고 강조한다. 그는 다음과 같이 말한다. "나는 그리스도가 스스로 하나님의 정의를 반대했다면, 공로가 들어설 자리가 없음을 인정한다. 하나님을 빚쟁이로 만들 수 있는 가치를 인간 안에서 발견할 수 없기 때문이다."[111]

우리가 그리스도의 공로를 통해 구원을 얻었다는 생각은 은혜의 우선

---

110 Calvin, *Institutes* 2.17.1.
111 Ibid.

성과 충돌하는가? 칼뱅은 충돌한다고 생각하지 않는 것 같다. 그는 하나님의 은혜를 미리 정해진 활동 과정을 따르는 것으로 다룬다. 그리스도가 이 과정에서 구원을 위한 공로를 이루신다고 적절하게 말할 수 있다. 칼뱅의 근거는 성경적이며, 그는 그리스도가 우리를 위해 구원을 이루셨다는 것을 보여주는 성경 구절을 인정한다. "하지만 그리스도는 순종에 의해 아버지 앞에서 우리를 위한 은혜를 획득하셨다. 성경의 많은 구절이 확실하게 그리고 견고하게 이것을 증언한다. 나는 그리스도가 우리의 죄를 갚아주신다면, 그분이 우리가 받아야 할 벌을 대신 받으신다면, 그분이 순종함으로써 하나님의 진노를 가라앉히신다면—간단히 말해, 의인이신 그분이 불의한 인간들을 위해 고난을 받으신다면—그렇다면 그분은 구원을 얻을 만한 동등한 가치를 가진 자신의 공의에 의해 우리를 위한 구원을 획득하셨다는 것이 상식이라고 생각한다."[112]

따라서 칼뱅은 교환이라는 경륜에 깊이 몰두하고 있다. "그리스도는 자신이 획득한 것의 일부를 우리에게 수여하신다. 그렇지 않다면 그가 이런 칭송을 아버지께 돌리는 것이 아니라 자신에게 돌리는 것, 즉 그 은혜는 자신의 것이며 자신에게서 나왔다고 말하는 것은 적절하지 않을 것이다."[113]

더 많은 문제가 형벌 대속론에 남아 있다. 그것이 칼뱅의 견해이든 혹은 다른 종교개혁 이후 신학자들의 견해이든 간에 말이다. 나는 마지막 장에서 그런 비판들에 대해 다룰 것이다. 칼뱅에 대해 기억해야 할 중요한 것은 구원이 그리스도의 형벌적 죽으심을 통해 일어난다는 것이다(비록 이것

112 Ibid., 2.17.3.
113 Ibid., 2.17.2.

이 철저하게 규명되지는 않았지만 말이다). 그리스도의 죽으심은 하나님을 만족시키고 그분과 우리를 화해시키며 따라서 우리의 죄를 용서해준다. 이 모든 것은 응분의 상벌, 공로 그리고 권리와 관련이 있는 율법적 체계 안에서 일어난다. 이런 율법적 수단은 하나님의 은혜 안에 그 기원을 두고 있지만, 그것은 동시에 그분의 분명한 존재 및 속성과 똑같다. 그럼에도 존재와 실존은 하나님 안에서 똑같기 때문에, 적어도 칼뱅에게서는 어떤 받아들일 수 없는 긴장이 발생하지 않는다.[114]

요약

1. 종교개혁가들은 교회의 권력을 뛰어넘는 세속 권세들의 권위를 인정했다. 세속적인 자율과 실정법은 유명론의 결과로서 더 많은 자율성을 얻는다.
2. 루터와 칼뱅은 율법의 기능과 하나님의 섭리에서 율법의 지위를 평가하는 것과 관련해 차이를 보인다. 이것은 다시 속죄의 논리에 대한 그들의 이해에 영향을 끼친다.
3. 루터는 율법을 죄와 연결하며, 율법의 기능을 사람들을 그리스도께로 인도하며 죽음의 위협 아래 악한 행위를 억제하는 것에 제한한다. 하지만 그리스도인은 율법의 문자적 영역에서 벗어나서 율법의 정신의 왕국으로 들어간다. 그리스도의 승리는 율법의 조항을 제정하는 것을 통해 일어나지 않고 오히려 율법을 초월하는 것을 통해

114 우리는 이 책 6장에서 단순성 개념이 속죄론에서 얼마나 중요한지 자세히 살펴볼 것이다.

일어난다. 루터가 때때로 형벌 대속론에 거의 근접하지만, 율법에 대한 그의 의구심은 궁극적으로 속죄의 논리를 완전히 받아들이지 못하게 한다.

4. 칼뱅에 대해 말하자면, 은혜는 율법을 안내자로 생각하지 않고 저주로 폐기한다. 율법은 죄에 대한 하나님의 반응이 아니라 타락 이전에 존재한 것이다. 그것은 그리스도인의 삶에 대한 방식을 계속 알려준다. 그리스도는 엄밀히 말하자면 율법에 따라서, 곧 우리를 대신하여 형벌을 받으심으로써 우리를 구원하신다.

4장

근대

속죄와 영혼의 치유

ATONEMENT, LAW, AND JUSTICE

The Cross in Historical and Cultural Contexts

근대, 법 그리고 정의

레미 브라그는 근대가 그 시대까지는 통합을 이루었던 율법의 두 축을 분리시킨 것으로 간주한다. 두 개의 축은 권고(counsel)와 계명의 구분을 나타낸다. 권고는 자연법, 곧 인간 본성의 분명한 방향과 성향을 보여준다. 계명은 본성에 반하는 율법의 외적인 측면을 나타낸다. 우리는 중세의 법을 논하면서 이런 변증법적인 성격 중 일부를 살펴보았다. 브라그는 근대 이전의 시대에는 이 둘 사이의 대화가 있었다고 주장한다. 실정법 혹은 계명은 자연법의 이해에 근거했다. 비록 실정법이 자연법과 완전히 동일하지는 않았지만, 그것은 적법성을 위해 자연법에서 자신의 근거를 마련했다. 브라그는 다음과 같이 말한다. "권고는 자기에게 기초를 두고 있는 법보다 선행하지만, 그것에 더 많은 것을 덧붙이면서 법을 능가한다. 한편, 법은 그러한 사실, 곧 권고가 원하는 것을 실현하는 본성의 충분한 전개를 보장하기 위해 준수되어야 했던 것이다. 다른 한편, 권고는 복음의 조언의 형태로 법에 진술된 최소한의 요구를 넘어서 완전을 얻으려고 분투하는 데까지 나아간다."[1] 아리스토텔레스의 언어로 표현하자면, 실정법의 임무는 인간 본성이 완전해지도록 돕는 것이다. 인간은 정치적 동물이며, 우리 인간 본성의 완전함은 도시 국가 혹은 공동체에서 실현된다. 따라서 법은 공동체의 삶을 규제하는 형태로서 우리의 최고의 선과 직접적으로 관련이 있다. 비록 이런 실정법이 최고의 선과 같은 것으로 결코 동일시될 수는 없지만, 그 두 가지가 서로 연결이 안 될 수는 없다. 법과 정의가 연관이 있다는 주장이

1 Rémi Brague, *The Law of God: The Philosophical History of an Idea* (Chicago: University of Chicago Press, 2007), 232.

강하게 제기되고 있다. 중세의 법률가들과 신학자들은 보편법과 지역의 관습을 보다 분명하게 구별했지만, 법은 결코 자연과 분리되지 않았다.

하지만 주의주의적 사유의 흐름과 유명론적 사유의 흐름은 근대의 토대에서 궁극적으로 절정에 이른다. 법은 사람들의 **의지**에 기초해서 점점 더 규정된다. 그 의지의 취지가 적법성을 갖추고 있는지와 상관없이 말이다. 분명히 근대성의 씨앗은 프랑스 혁명이 발발하기 오래 전에 이미 유럽인들의 의식에 심겨 있었다. 이런 구체적인 계보학적 문제는 옆으로 제쳐두고, 법에 대한 근대의 독특한 접근법은 계명으로서의 법을 권고에서 분리하는 것으로 구성된다. 브라그는 그것을 다음과 같이 말한다. "따라서 법은 권고의 반대 방향을 취할 때 온전한 순수성을 드러낸다."[2] 근대에는 특히 홉스에게서 비롯된 암묵적인 가정이 있다. 그것은 법의 기능은 인간의 본성이 완벽함에 이르도록 도움을 주는 것이기보다는 그것을 제약하는 것이라는 것이다. 따라서 법의 기능은 순전히 부정적인 것, 곧 자기 파괴적인 본성에 부과된 제약에서 출발한다.

칸트는 이런 권고와 계명 혹은 자연과 정신을 분리하는 것의 정점으로 이해될 수 있다. 그는 법의 신적인 권위를 순전히 인간적이고 합리적인 적법성으로 대체하여 법을 자율적인 것으로 만들었고, 동시에 그것을 형식화했다. 법은—이런 순수한 형식화에 의해—본성에서 나오는 충동, 감정, 관심, 정념 혹은 정말로 자연적 연대와 사회적 연대에서 나오는 온갖 충동을 억제한다.

우리는 이번 장에서 칸트를 깊이 있게 논할 것이다. 그가 근대의 법체계의 발전과 관련해서 가장 중요한 지식인이기 때문이 아니라 그가 속죄와

2 Ibid., 234.

관련해 두 명의 영향력 있는 신학자, 곧 프리드리히 슐라이어마허(Friedrich Schleiermacher)와 알브레히트 리츨에게 특별히 사상적으로 영향을 끼쳤기 때문이다. 그리스도의 속죄 사역에 대한 그들의 복잡한 견해는 그들의 윤리적이고 법적인 이론들의 배경과 관련해서 이해될 수 있다는 게 나의 주장이다. 다시 말해 그들의 견해는 특히 근대의 법의 기획에 깊이 뿌리를 내리고 있다. 따라서 이번 장은 법과 그런 법이 속죄 신학에 끼친 직접적이고 간접적인 영향들에 대해 근대의 통합적인 접근을 살펴볼 것이다.

근대의 "법"은 속죄 연구와 관련해 서로 연관된 두 가지 중요한 기여를 한다. 첫째, 법의 명확한 본질에 대한 이해의 변화들이 신학자들로 하여금 속죄론에서 법적인, 곧 법정주의적인 체계에 호소하는 것을 단념시켰다. 이것을 간단하게 설명하자면, 법은 근대에서 실증적으로 바뀌었다. 그것의 권위는 순전히 인간적·실용적·정치적인 것이 되었다. 그것은 신적인 인정 혹은 인간의 본질과 관련이 없다. 그것은 좋든 싫든 그저 인간의 의지를 나타낸다. 결과적으로 실정법과 도덕 (그리고 정의) 사이의 관련성은 약화되었다. 따라서 슐라이어마허와 리츨 같은 신학자들은 법적인 체계의 열등함이라는 전제에서 시작할 것이고 도덕적이고 개인적인 구상에 따라서 신학을 재구성할 것이다.

두 번째 기여는 처벌의 본질을 이해하는 데 변화를 가져온 것이다. 18세기 후반과 19세기 초반은 유럽 전역에 걸쳐 일단의 형벌 개혁을 초래한다. 이것은 처벌의 대한 이해와 그것이 구원이라는 신적인 경륜에서 담당하는 역할에 영향을 끼칠 것이다. 나는 칸트에 대해 논하기 전에 이런 기여들을 살펴볼 것이다.

자연에서 영의 분리

근대의 본질을 설명하는 간단하고 대표적인 표현들이 많이 있을 수 있지만, 자연과 영의 "분리"라는 표현이 적절한 것인데, 그 이유는 내가 슐라이어마허와 리츨을 논할 때 좀 더 분명해질 것이다. 충분히 엄밀하지는 않지만 좀 더 적절하게 표현하자면, "자연"은 자연 과학의 연구의 대상이 되지만, 근대의 기획은 특별히 정신의 영역에서 인간을 위한 공간을 (물론 부분적으로) 만들어낸 것으로 이루어진다고 말할 수 있다. 인간 존재들은 부분적으로 물질적이고 부분적으로 영적이며, 그들의 본성은 이런 두 가지 측면이 항상 신비적인 관계를 맺고 있다. 자연과학의 엄청난 진보는 어떤 이들이 특히 인간 정신, 곧 이성이라고 생각한 것에 위협을 초래했다. 칸트는 인간 됨을 자유의 영역으로 정의하면서 인간을 규명하는 이런 임무를 완수했다. 자연의 제약에서 벗어나는 자유는 우리 인간의 고유한 정체성을 이루는 것이다. 아주 많은 것이 이런 자유의 행사에 달려 있다. 칸트는 초기에 쓴 도덕적 저작물에서 이런 자유를 적절한 방식으로 사용하지 못하는 것은 속박으로 이어지고, 따라서 완전한 인간성의 상실이 일어난다고 생각했다. 그 차이점은 분명하다. 한편 자연은 원인과 결과의 영역, 곧 자연 법칙의 영역이고, 정신은 자유의 영역이며, 그런 이유로 인해 정신은 "자연적인" 것에 의해 결정되기보다는 합리적이고 자율적인 것에 의해 결정되는 도덕 법칙의 영역이다. 봉건법은 공동체를 통합하는 지역 관습과 사회적 연대에 깊이 뿌리를 내리고 있고, 근대의 법은 그러한 연대를 자연적인 것이 아니라 단순히 규약적인 것으로 엄밀하게 재정의함으로써 그 자체를 드러낸다. 법사회학자들(Sociologists of law)은 사회적 연대의 해체와 주관주의로의 전환은 심화되는 도시화와 노동 관계의 변화에 의해 결정된다고 주장한다. 예를 들어

로베르토 웅거(Roberto Unger)는 다음과 같이 주장한다. "공동체 연대의 약화는 특별한 의식 상태를 조성하고 다시금 그것에 의해 조성된다. 이 견해는 행위의 규약들이 역사에 의해 형성된다는 통찰과 함께 시작한다. 그것은 이러한 규약들의 본래적 선을 부정하는 데까지 나아간다. 그것은 결국 그런 규약들이 사람들이 대립하는 궁극적 가치들 사이에서 선택하는 꾸밈없는 의지의 행위에 기초해 있다는 확신으로 끝난다."[3] 따라서 새로 등장한 역사적인 자각은 최고선과 관련된 이전의 합의를 서서히 파괴했다. 최고선은 민주적으로 결정될 수 있고 자연적인 것과의 관련성을 반드시 고려할 필요는 없는 문제가 되었다.

결과적으로 꾸밈없는 의지가 궁극적인 선, 곧 유일하게 합당한 선의 좌소가 되었다. 근대의 기획은 부분적으로 보편적인 도덕성을 고립시키는 것이다. 알래스데어 매킨타이어는 근대 윤리학의 임무가 도덕의 선험적이고 불변적인 요소들을 분리시키는 것이라고 주장한다. 하지만 이것은 우리가 앞으로 살펴볼 것처럼 결과적으로 순전히 형식적이고, 거의 내용이 없는 도덕성이 될 것이다. 우리는 이 계획의 자체적인 제약, 곧 도덕성의 선험적인 조건의 분리를 고려할 때 이런 결과가 불가피하다고 주장할 것이다. 결론적으로 우리는 의지가 선의 유일한 좌소임을 재확증할 것이다.

따라서 "법의 적법성"(legality of the law)은 사람들의 공통의 의지의 적절한 체결에 의해 결정된다. 법에 복종할 우리의 의무는 법의 본래적 선에서 나오는 것이 아니라 그저 그것을 권위 있는 것으로 인정하는 합의에서 나오는 것이다. 우리는 법이 옳고 도덕적이기 때문에 법에 복종하는 것이

3 Roberto Unger, *Law in Modern Society: Toward a Criticism of Social Theory* (New York: Simon & Schuster, 1977), 169.

아니라 단순히 그런 의지를 부과하는 권력을 가지 통치자가 그렇게 지시했기 때문에 법에 복종하는 것이다. 법의 가치는 엄격하게 통치자의 의지와 관련이 있다. 비록 중세 유명론자들과 근대의 계몽주의 철학자들은 실정법을 같은 방식으로 정의하지만, 중세인들에게 통치자는 역사적인 실존 인물이다. 하지만 근대인들에게 민주적 과정을 통해 그 스스로 자신의 법을 부과하는 것은 주권자 자신들이다. 근대인들에게 중세의 역사적 지배자는 국가라는 유용한 상징에 의해 대체된다. 그것은 주권자 자신들의 이상적인 합의를 의미한다.

자연에서 영의 분리라는 사고로 되돌아가면, 근대인들은 동등성이라는 정신적인 측면을 방해받지 않는 자유로운 의지로 생각한다. 하지만 의지는 외적인 어떤 것, 곧 자연적인 속박, 감정, 욕구들, 사회적 연대 등과 같은 것에 의해 방해를 받지 않는다는 의미에서 자유롭다.

그렇게 근대의 법은 실증적인 것이 되었다. 이런 형태의 법이 가진 한 가지 특징은 그것이 사회와 점차적으로 구별되었다는 점이다. 브렌단 에지워스(Brendan Edgeworth)는 다음과 같이 통찰력 있는 주장을 펼친다. "봉건법의 구조에 있는 중요한 요소를 보여주는 전통법 혹은 관습법은 사회의 틈새에 감추어져 있었다. [근대 이전의] 법은 결코 사회를 변화시킨다고 여겨지지 않았다. 오히려 사회가 변화될 때, 법도 조금씩 변화되었다."[4] 다른 한편으로 근대의 주권은 사회적 변화의 과정이 요구할 수 있는 것, 외부에서 사회에 부과할 수 있는 것, 말하자면, 법의 외재성을 고려할 수 있는 것을 포함한다.

---

4 Brendan Edgeworth, *Law, Modernity, and Postmodernity: Legal Change in the Contracting State* (Aldershot: Ashgate, 2003), 71-72.

이런 변화의 결과들은 엄청나고 아주 멀리까지 영향을 끼친다. 도덕에서 법을 분리하는 것은 세 가지 형태의 질문을 제기한다. 첫 번째 질문은 도덕과 관련이 없는 법에 대한 대응으로 적절한 행위 방침에 대한 것이다. 법을 준수하는 의무는 도덕성과 관련이 있는 것인가? 두 번째 종류의 질문들은 의지의 자유에 대한 과대평가의 가능성과 관련이 있다. 추정적으로 자유롭고 민주적인 의지가 실제로 일단의 이익을 숨길 수 있지 않을까? 법이 실증적이라면, 어떤 종류의 주장이 시민들의 민주적 의지를 행사하도록 결정할 수 있는가? 셋째, 법이 구체적인 도덕적 체계나 전통들과 구별될 만큼 충분히 형식적일 수 있을까? 처벌에 대한 논의가 요구될 때, 국가는 재소자들에게 무엇을 해야 하는가? 그것이 범죄자의 도덕적 개선의 과정을 승인해야 하는가? 만일 그렇다면, 대부분의 사람이 동의할 수 있는 것처럼 대다수의 치안 판사들이 도덕과 관련이 없는 것으로 가정된다면, 국가의 어느 행정 부서가 그런 사업을 결정해야 하는가?

한편, 이런 질문들은 최소한 도덕에서 법을 분리하는 과제와 자유로운 것으로 간주되는 민주적 의지에 도덕을 재결합하는 과제에 내재되어 있는 복잡성을 드러낸다. 다른 한편, 법의 실증적인 본성에 대한 새로운 강조는 인간의 지혜와 정의의 범위에 대한 새로워진 현실주의를 초래했다. 우리의 법은 인간이 만든 것이고, 우리는 그것의 본래적 한계를 인지해야만 한다. 공통된 인간성의 번영과 위기에 대한 이런 새로운 이해는 18-19세기의 형벌 개혁에서 주된 역할을 한다.

형벌 개혁과 "형벌의 완화"

법의 인간애(humanity)와 목적에 대한 강조는—법을 때때로 강화하는 법실증주의와 함께—일반적으로 처벌에 대한 다른 평가로 이어졌다. 그것을 간단한 형태로 설명하자면, 처벌은 응보에서 억제나 갱생으로 전환된다. 다양한 방식으로 이것은 자연적인 것과 영적인 것을 분리하는 데서 나오는 자연스러운 결과다. 응보적 정의에서 처벌은 자연의 깨진 균형을 바로잡는 방식으로 여겨진다. 범죄는 자연의 분배적 질서, 곧 정의로운 질서를 방해한다. 처벌은 질서를 바로잡는다는 점에서 범죄에 대한 반응으로 정당화된다. 하지만 근대가 (자신이 고안한 법적 체계를 포함해) 자연과 정신 사이의 모든 연관성을 부정한 이래로, 처벌의 기능은 자연에 반하는 정신의 내적인 면에서 이해되어야 한다. 간단히 말해, 처벌은 자연의 질서를 회복하는 것을 포함해서 더 이상 자연과 어떤 관련도 없다.

실증주의에 의해 동기화된 처벌의 억제는 신학적 가정들에 의해 더욱 더 지지를 얻었다. 영국의 대표적인 형벌 개혁가 중 한 사람인 윌리엄 블랙스톤(Wiiliam Blacstone)은 이 새로워진 형별 현실주의를 다음과 같이 피력한다. "인간의 처벌에 대한 목적 혹은 목적인과 관련해서, 이것은 저질러진 범죄에 대한 속죄 혹은 보상의 방식이 아니다. 그것은 절대적인 존재의 정의로운 결정에 맡겨져야만 하기 때문이다."[5] 비슷하게 윌리엄 페일리(William Paley)는 1785년의 저술에서 억제를 처벌의 목적이라고 명명한다. 오직 하나님만이 그 처벌을 그 범죄에 적합한 것으로 처리할 수 있는 위치에 계시기 때문이다.[6] 응보적 정의는 범죄로 야기된 분열 상태를 이해할 수 있는 인간의 능력에 기초한다. 하지만 이런 이해는 더 이상 가능한 것으로

---

5 William Blackstone, *Commentaries on the Laws of England: A Facsimile of the First Edition of 1765-1769* (Chicago: University of Chicago Press, 1979), 4:11.

6 Timothy Gorringe, *God's Just Vengeance: Crime, Violence and the Rhetoric of Salvation, Cambridge Studies in Ideology and Religion* (Cambridge: Cambridge University Press, 1996), 164을 참고하라.

생각되지 않는다. 따라서 처벌에 대한 새로운 기능을 찾아야만 했다. 페일리 역시 우리 인류가 인간의 법의 성공 여부에 끼치는 영향을 다음과 같이 강조한다. "모든 숨겨진 것을 꿰뚫는 지식을 가지신 하나님은 죄와 형벌을 적합하게 처리할 수 있는 법을 제정할 수 있으시다. 하지만 공공의 안전에 관한 염려가 인간들에게 맡겨졌을 때, 곧 자기 동료 피조물들에 대한 인간의 권위가 능력과 지식에 결함과 제약이 있는 인간들에게 맡겨졌을 때,… 새로 나오는 규정은 그들의 능력에 있는 바로 그 불완전함에서 비롯된다."[7]

처벌의 기능이 개선되었을 뿐만 아니라 처벌의 가혹함도 철저한 조사를 거쳤다. 특히 매우 보편화된 사형은 인간의 법적 권한이 과도하게 확장된 것이라고 여겨졌다. 블랙스톤은 다음과 같이 이것을 신학적 문제로 본다. "우리 동료 피조물들의 피를 흘리는 것은 가장 많은 신중함과 우리 자신의 권위에 대해 가장 완전한 확신을 필요로 하는 문제다. 생명은 하나님이 인간에게 직접 주신 선물이다. 그 선물을 주신 분의 명령과 허락 없이 생명을 가진 자가 스스로 그것을 포기할 수 없을 뿐 아니라 누군가가 그에게서 그것을 빼앗을 수도 없다. 이는 분명하게 계시되었거나 혹은 분명하고 확실하게 진술된 것으로 자연법 또는 사회법에서 가져온 것이다."[8] 이탈리아에서 가장 중요한 형벌 개혁가인 체사레 베카리아(Cesare Beccaria)는 처벌의 억제 기능에 기초해서 사형 제도를 반대한다. 따라서 "사형은 어떤 권리에 의해서도 권한을 부여받지 못했다." 한 국가의 법률이 시행되고 준수되는 한, "처벌은 그저 다른 이들을 억제하는 데 충분한 정도의 엄격함만 있으면 된다."[9] 그러나 사형 제도는 오직 "무정부 상태의 시대에 처할 때

7 Ibid.

8 Blackstone, *Commentaries*, 4:11.

9 Basil Montagu, ed., *The Opinions of Different Authors upon the Punishment of Death* (London:

만", 곧 법의 규정이 더 이상 존중받지 못하는 시기에 시행될 수 있는 선택 사항으로 남는다.[10] 사형 제도의 반대가 미국으로 유입되었다. 미국에서 윌리엄 브래드퍼드(William Bradford)는 오로지 처벌의 억제 기능만을 수용했다. "인간을 처벌하는 유일한 목적은 범죄를 예방하는 것이다."[11] 더욱이 브래드퍼드는 사형 제도의 대안, 곧 감금을 제시한 선구자 중 한 사람이며, 그가 제시한 감금은 40년(1780-1820)이라는 짧은 기간 내에 서구 세계 전체에서 처벌의 전형이 된다. 그는 "종신형"의 가능한 이점 중 몇 가지를 다음과 같이 열거한다. "때때로 피해자에게도 보상이 이루어질 것이다.…시간이 흐르고 가해자가 겸허해지고 개선된다면, 사회는 시민을 잃기보다는 얻는다."[12]

따라서 우리는 대규모로 다음과 같은 특징들을 발견한다. (1) 처벌의 응보적 기능은 다른 권한, 곧 신적인 지배권에 속한 것으로 분류된다. (2) 처벌의 지배적인 기능은 범죄를 억제하거나 개선하는 것이다. 마지막으로 (3) 사형은 전반적으로 비난받았고 일반적인 상황에서 거부되었다.

이런 이론적인 접근은 유럽 전역에 걸쳐 실제로 형벌 개혁에 반영되었다. 이 "개혁"에 앞서서 사형은 매우 다양한 범죄에 가해진 다소 무차별적인 대응이었다. 절도와 동성애부터 주술에 이르기까지 온갖 종류의 행위들이 범죄로 취급받아 교수형을 당할 수 있었다. 사형은 성인 범죄자에게만 내려진 것이 아니었다. 사형을 당하는 최소한의 연령은 7살이었고, 티모시 고린지는 14살 정도의 어린이들이 실제로 처형을 당했다고 보고한다. 미국

Longman, Hurst, Rees, Orme & Brown, 1812), 13.

10 Ibid.

11 Ibid., 252.

12 Ibid., 253.

식민지의 상황도 다르지 않았다. 모든 연령의 사람이 온갖 종류의 범죄로 인해 처형을 당했다.

개혁은 형사 소송 절차와 관련해서 이루어진다. 형사 소송 절차들은 더 이상 공개적으로 진행되지 않았다. 정당한 법 절차는 피의자에게 편견을 갖고 이루어져서는 안 된다. 자백을 받아내는 수단인 고문은 폐지되어야 한다. 선고는 엄밀하게 형성된 형법에 따라서 내려져야 하며 재판관의 변덕스러운 생각에 더 이상 좌우되어서는 안 된다.

우리가 지금까지 살펴본 것처럼, 이런 많은 개혁은 12세기의 법 개혁에서 실제로 시작되었다. 하지만 중세의 변혁이 법의 보편적 특징을 확립하는 데는 성공했지만, 우리가 정의는 분명하게 응보적인 것으로 남아 있었다고 말할 수 있는 법의 규정은 자연법과 견고하게 연결되어 있었다. 그런 연결이 손상되거나 적어도 약해지면, 응보는 억제나 갱생에 여지를 주었다.

낙관적인 견해는 이런 발전을 야만적이고 트집 잡기 좋아하는 문화에서 "인문주의적인" 근대로 변화한 것으로 설명할 것이다. 하지만 우리의 역사적 연구가 그 안에서 어떤 진실을 발견할 수 있다면, 그것은 인문주의적 전환이 신학적 동기 없이는 일어날 수 없었다는 것이다. 예를 들어 수감자들에 대한 인도적인 대우는 "인문주의적인 근대"의 결과만큼이나 **하나님의 형상**(*imago Dei*)이라는 기독교 교리의 결과였다. 그럼에도 근대는 정의에 대한 인간의 능력에 대한 의구심과 함께 우리의 공통의 인간성에 대한 존중을 결합시킨 것이 분명하다. 범죄자들은 처형대로 나아가기 전에 존중을 받았을 뿐만 아니라 더 이상 죽지도 않았다. 이것은 참으로 유익한 발전이다.

범죄자들은 더 이상 사형당하지 않았으며, 범죄에 대한 지배적인 조치는 감금이었다. 미셸 푸코(Michel Foucault)는 대략 1810년에 일어났던 "즉

각적인 대체"를 논한다. 그가 "18세기에 일어난 형벌의 완화"라고 명명한 것은 응보로서의 처벌에서 모범(억제)으로서의 처벌로 점차 변화되는 것으로 이루어지고 마침내 아주 단기간에 갱생 혹은 교정으로서의 처벌로 변화되는 것으로 구성된다. 푸코는 보통 낙관적인 인문주의적인 서술에 문제를 제기하면서 이런 변화의 동기를 비판적으로 바라본다. 그 개혁은 효율성을 더 많이 증대하고, 허점을 척결하며, 더 많이 지속하고 이익을 더 많이 증대하는 것을 목표로 삼고서, 체제의 외부에서 이상적인 운동의 결과로 이루어지지 않고 그 체제 자체의 자기 전환에 의해 이루어진다. 그는 이 과정을 다음과 같이 요약한다. "덜 처벌하는 데 주안점이 있지 않았고 오히려 보다 더 효과적으로 처벌하는 데 주안점이 있었다. 인간의 신체를 구타하는 물리적 가혹성은 감소되었을지 모르지만 법과 규율을 어기면 반드시 처벌하고야 만다는 보편성과 필연성을 증가시켰으며 사회 제도 안에 처벌하는 권력을 보다 깊숙이 확산시키는 결과를 낳았다."[13]

나는 푸코가 내가 앞서 언급했던 모순 중 일부에 대해 간접적으로 지적했다고 생각한다. 설명하자면, 푸코의 요점은 처벌이 빠르게 "교정", 곧 범죄자들에게 적용되는 도덕적 변혁과 진보를 가져오는 방법이 되었다는 것이다. 하지만 우리는 법을 도덕으로부터 분리시킨 그 새로운 법철학의 모순을 목격한다. 자연을 교정하거나 고치는 것(응보)이 법의 테두리 안에 없다면, 어떻게 인간의 본성을 고치는 것이 법의 테두리 안에 있을 수 있을까? 우리가 앞서 살펴보았던 것처럼 윌리엄 페일리는 처벌이 가질 수 있는 유일한 기능은 엄밀하게 말해서 억제하는 것이라고 이해했다. 그 자신

13 Michel Foucault, *Discipline and Punish: The Birth of the Prison,* trans. Alan Sheridan, 2nd ed. (New York: Vintage, 1995), 82. 『감시와 처벌』(나남출판 역간).

을 회복하는 것이 인간의 능력 안에 없기 때문이다. 우리가 얼마나 많이 얼마나 심하게 처벌을 하는지는 문제가 되지 않는다. 우리는 다른 사람 안에서 도덕적 향상을 이루어낼 수 없고, 범죄자들을 파격적으로 줄일 수도 없다. 하지만 감옥의 시작과 함께 도덕적 갱생이라는 전체 산업이 법과 도덕의 분리라는 근본적 원리에 반대하면서 창출되었다. 푸코는 감옥이라는 제도가 도덕을 전제한다는 점을 이해한다. 물론 그는 도덕을 규정하는 모든 시도를 비판하지만 정확히 경험을 통해 그런 모순을 감지한다. 재판관들이 이런 갱생의 과정이 어떤 형태를 취해야 하는지를 결정하기보다는, 수용자의 도덕적 발전을 담당하는 감옥과 관련한 새로운 전문기술자 계급이 출현한다. "자연적인" 것과 아무런 상관이 없는 법은 인간의 본성을 바꾸고, 어떤 특정한 도덕적 통찰력에 따라서 인간의 본성을 형성하는 과정에 지금 관련을 맺는다. 푸코는 이 연구에서 법의 순수한 형식 체계가 가진 경험적 어려움을 드러내고자 한다. 어느 시점에 도덕적 의지는 본 모습을 감춘 채 그 체계 속으로 다시 스며들게 될 것이다. 그럼에도 근대의 도덕적 기획은 엄밀하게 이런 괴리에 기초한다.

칸트의 공헌을 다루기 전에 지금까지 살펴본 것의 결론을 정리해보자. (1) 근대의 법률 과제는 법의 실증성, 즉 법은 인간의 고안물이라는 것을 강조하는 데 있다. (2) 결과적으로 법은 구체적인 도덕성에서 벗어났고 얽매이지 않는 의지의 자유와 훨씬 더 관련을 맺었다. (3) 실증적인 법은 훨씬 더 제한된 범위를 가진다. 그것은 주권자들의 이익을 보호하는 것을 목표로 하는 만큼 완전한 정의를 행하는 것을 목표로 하지 않는다. (4) 18세기 후반과 19세기 초반의 형벌 개혁을 대표하는 처벌의 완화는 범죄에 대한 주된 조치로서 감금을 초래한다. (5) 그럼에도 감금은 억제뿐만 아니라 갱생과 교정으로도 정당화되었다(역설적으로 갱생과 교정은 엄밀히 도덕적 개념이다). 따라서 법과 도덕의 이상적인 분리는 모순으로 가득하다.

도덕법과 임마누엘 칸트(1724-1804)

칸트는 다음과 같은 이유로 우리의 논의에서 중요하다. (1) 칸트는 자유라는 개념에 기초해서 주권이라는 근대의 개념에 대해 상당한 정도의 정당화를 제공하지만, 자유라는 그의 특별한 개념은 마이클 샌델(Michael Sandel)이 말하는 것처럼[14] "요구하는" 것이다. 우리가 앞으로 살펴볼 것처럼 칸트는 자유를 사람들이 원하는 것은 무엇이든지 할 수 있는 능력을 의미하는 것으로 이해하지 않았지만, 그는 그것을 **도덕법** 및 책임과 연결한다(약 1:25; 2:12). (2) 칸트는 당대 계몽주의의 낙관론에 반대하여 자아와 죄라는 아우구스티누스의 개념과 거의 유사한 **근본악**이라는 개념을 상정한다. (3) 또한 그는 당대의 풍조에 반대하여 **응보적 정의**의 개념을 옹호한다. (4) 그는 **자연과 정신의 분리**를 유지하고 강화한다. 마지막으로 (5) 그는 인간의 **죄**의 실재와 **속죄**의 필요성을 매우 강조한다.

칸트가 행복론(eudaemonism)을 거부했다는 사실에서 논의를 시작해보자. 행복론은 최고선이 나의 성향과 즐거움에 따라 행동하는 나의 능력에 존재한다고 제안한다. 칸트는 이런 선택을 반대한다. 그것은 의지의 타율성으로 이루어지기 때문이다. 내가 나의 성향에 따라서 행동할 때마다, 나는 내가 나 자신을 위해 선택하지 않는 목적에 따라서 행동한다. 그러나 참된

14 Michael J. Sandel, *Justice: What's the Right Thing to Do?* (New York: Macmillan, 2009), 108. 『정의란 무엇인가』(와이즈베리 역간).

자유는 자유롭게 선택하는 능력을 포함한다. 하지만 나는 나의 성향을 선택하지 못한다. 그것은 나의 본성에 속한다. 최고선은 나의 성향에 따라서 행동하는 것에 존재할 수 없다.

근대에 시작된 자연과 정신의 분리가 칸트의 윤리에서 어떻게 발현되는지를 살펴보자. 나의 자연적 성향에 따라 행동하는 것은 자유롭지 못한 방법으로 행동하는 것이다. 칸트는 내가 자연적 성향에 따라 행동할 때마다 나 자신의 자유를 방해하는 것이라고 주장한다. 내가 나 자신의 자유를 방해할 때마다, 즉 내가 선택하지 않은 혹은 내가 올바른 판단으로 선택하지 않은 목적과 준칙에 따라 행동하는 것을 선택할 때마다, 존 실버(John Silber)가 말하는 것처럼 나의 "인격은 쇠퇴한다."[15]

하지만 내가 자유롭다면 나는 무엇에 따라서 행동해야 할까? 칸트의 유명한 대답은 어떤 이가 자기 자신에게 부여한 법칙에 따라 행동할 때 그는 자율적으로 행동한다는 것이다. 칸트는 이것을 도덕법이라고 말한다. 내가 의무에 따라 행동하고 나의 성향에 반응해서 행동하지 않기로 선택했을 때, 나는 자율적인 사람이 된다.

이 도덕법의 내용은 이성에 의해서 이해될 수 있고 보편적으로 적용될 수도 있는 일단의 계율이다. 따라서 자율적으로 행동하는 것은 가언명령(hypothetical imperative)에 반대되는 정언명령(categorical imperative)에 따라서 행동하는 것이다. (내가 전문적인 피아노 연주가가 되고자 한다면, 나는 하루에 8시간씩 피아노 연습을 해야 한다.) 한편 가언명령은 어떤 특별한 목적에 일치하는 행동 방식을 규정한다. 하지만 그 특별한 목적은 정당화되지 않고 남아 있

15 John R. Silber, "The Ethical Significance of Kant's Religion," in Immaneul Kant, *Religion within the Limits of Reason Alone*, trans. T. M. Greene, H. H. Hudson (New York: Harper & Row, 1960), xciv. 『이성의 한계 안에서의 종교』(아카넷 역간).

고 따라서 보편화되지 않는다. (모든 사람이 전문적인 피아노 연주가가 되어야 하는 것은 아니다.) 다른 한편 정언명령은 보편적이다. 그것은 이성적인 사람이 되기 위해서는 반드시 따라야 하는 절대적이고 보편적 요구를 의미한다.

도덕법의 권위는 그것의 합리성에 있다. 도덕법은 이성에게 명백하게 드러난다. 줄리어스 스톤(Julius Stone)이 다음과 같이 말하는 것처럼 말이다. "칸트의 '자연법'은 경험과 관련 없는 그의 초월적인 방법과 경험에 내재되어 있다고 간주된 가치들의 직관의 방식에 의해 발견된다."[16] 도덕법의 권위는 하나님 자신이 창조하신 것에 의존하지 않는다. 이것은 중요한 특징이다. 따라서 칸트는 이성에 주어진, 곧 타율적인 권위의 원천과 자연적인 성향과 구분되는 법에 따르는 인간 주권의 개념을 설명한다.

법은 특히 내가 나 자신에게 부여한 명령으로 기능한다. 칸트는 **병적인 사랑**과 **명령을 받을 수 있는 사랑**을 구분한다. 병적인 사랑은 우리가 특정한 사람들에게 느끼는 자발적이고 자연스런 감정이다. 내가 나의 딸이나 아내를 사랑하는 것은 도덕적으로 가치 있는 행위가 아니다. 나는 나의 자연스런 성향에 따라 행동하기 때문이다. 다른 한편, 내가 나의 의무에 따라서 나의 이웃이나 적을 사랑하는 것은 도덕적으로 가치 있는 것이다(마 5:43-44). 예수가 나에게 나의 이웃을 사랑하라고 명령했다 치자(눅 6:27; 참조. 롬 12:20). 하지만 내가 예수의 말에 순종하여 나의 이웃을 사랑한다면, 나는 타율적으로 행동하는 것이다. 나의 행동은 도덕적이지 않을 것이다. 비록 그것이 도덕법의 내용("네 이웃을 사랑하라")에 부합하지만 말이다. 나는 잘못된 이유로 도덕법에 복종하는 것이기 때문이다.

---

16 Julius Stone, *Human Law and Human Justice* (Stanford, CA: Stanford University Press, 1965), 84.

따라서 칸트에게는 어떤 행동이 도덕법에 부합하거나 도덕적으로 가치 있는 것으로 간주되는 것에 관심(눅 6:35)을 갖고 행동한 것만으로는 충분하지 않다. 우리는 도덕법 자체 때문에 혹은—칸트가 즐겨 표현하는 것을 따른다면—의무를 따라서 도덕법에 복종해야만 한다.

이것은 칸트의 자유 개념이 왜 그렇게 많은 것을 요구하는지를 설명해준다. 역설적으로 사람들은 법에 따라 행동할 때 자유롭다. 사실, 이것은 우리가 우리 자신에게 부여하는 법이지만 그럼에도 법으로 남는다.

칸트가 최고선은 행복에 있지 않다고 주장하지만, 우리가 지금 존재하는 그런 종류의 실존 때문에 최고선은 이런 행복을 어느 정도 포함해야 한다. 칸트는 의무가 결국 행복으로 완성되지 않는다면 그것은 견딜 수 없는 것이 되고 말 것이라고 주장한다.[17] 하지만 덕이 이 생애에서 행복으로 보상받지 않는다는 것은 경험적으로 분명하다(전 7:15; 마 5:45). 이것은 칸트로 하여금 불멸성을 가정하게 한다. 개인의 실존은 행복이 마침내 덕을 수반할 수 있도록 죽음을 넘어서까지 확대되어야만 한다. 칸트는 심지어 하나님은 이런 일이 일어날 수 있는 그런 방식으로 세상을 창조하셨다고 주장한다. 이것은 자연적으로 일어나지 않는다. 비록 행복이 덕의 자연스런 결과가 되지만 말이다. 영(덕)과 자연(감각적인 행복)의 관련성이 훨씬 약해졌다는 것은 이미 주장되었기 때문이다. 오히려 하나님은 행복을 덕스러운 삶을 위한 **외적 보상**으로 정하셨다.

완전한 연합이 이루어지는지에 대해서는 논란이 되고 있지만, 제레미 월드론(Jeremy Waldron)이 주장하는 것처럼 이 개념과 법실증주의 사이에는

---

17 Alasdair MacIntyre, *A Short History of Ethics: A History of Moral Philosophy from the Homeric Age to the Twentieth Century* (London: Routledge, 1998), 196.

어떤 유사점이 있다. 특히 그런 연합을 제안하는 것이 자연에 대한 칸트의 흐릿한 견해다. 월드론은 다음과 같이 말한다. "자연 상태에서 가장 큰 문제는 스스로 옳음과 정의를 찾으려는 인간이다.…그리고 사실 인간의 근본적인 의무는 가능한 한 빨리 자연의 상태를 벗어나는 것이며 시민법이라는 단연 타율적인 의무들로 보이는 것을 수용하는 것이다."[18] 또한 월드론은 칸트가 홉스처럼 자연 상태, 곧 "권력을 부여받은 외적인 법률이 등장하기 전"[19]의 상황을 폭력의 상황으로 생각한다고 지적한다.

칸트의 근본악, 죄 그리고 처벌

칸트에게 도덕이란 의무를 위한 의무를 행하는 문제다. 도덕법은 타율적인 기준이 아니라 자아의 분명한 도덕적 구조 안에 내재되어 있다. 하지만 이런 자아는 다른 자아들에서 경험적으로 볼 수 있는 "현상적" 자아가 아니라 이상적, 곧 "초월적"(noumenal) 자아다. 도덕적 진보는 현상적이고 감각적인 자아에서 초월적 자아로 점차 변화하는 것으로 이루어진다. 이런 변화는 항상 어렵다. 우리는 우리의 욕구와 성향들의 영향 아래 항상 있기 때문이다. 도덕은 이런 타율적인 성향들을 극복하고 의무를 위한 의무를 선택하는 것으로 이루어진다.

한편 도덕법은 타율적이지 않고 외적인 것이다. 다른 한편 시민법은 타율적이다. 시민법을 창출하는 논의들은 언제나 순전히 도덕적이고 합리적이지 않고 실용적인 (그리고 보편적인 것에 반대되는 상황적인) 생각들을 포함

18 Jeremy Waldron, "Kant's Legal Positivism," *Harvard Law Review* 109, no. 7 (1996): 1535-66(여기서는 1544).

19 Ibid., 1546(인용은 Kant의 것이다).

하기 때문이다.

칸트는 우리의 자연적인 성향에도 불구하고 우리는 여전히 도덕을 위한 도덕을 선택할 수 있다고 매우 확신한다. 다른 말로 하자면, 우리는 우리가 가장 자연스럽게 생각하는 자아와 우리의 정념과 욕구들을 지속해서 부정할 수 있고, 도덕법 자체에 복종할 수 있다. 자아는 의무의 방향으로 자신의 의지를 행사할 자유가 있다. 이런 자아에는 하나님과 비슷한 요소가 많이 있다. 진 베스키 엘슈테인이 다음과 같이 진술하는 것처럼 말이다. "초월적인 의지, 곧 자율적인 의지는 우리가 도달하려고 하는 만큼 하나님께 가까운 곳으로 우리를 이끌어 갈 수 있다. 하나님은 의지의 행위로 가장 먼저 도덕을 창조하셨기 때문이다. 사랑에 대한 아우구스티누스의 강조는 시계처럼 일하는 자율적 주권을 가진 자아들이 합리적인 도덕법을 따를 때 소멸된다. 인간의 나약함을 위해 만들어진 경고나 예외는 없으며, 어떤 것도 허용되지 않는다."[20]

그럼에도 엘슈테인의 견해는 부주의한 독자들에게 칸트에 대해 잘못된 인상을 심어줄 수 있다. 칸트가 자유 의지는 인간 본성이 가진 구심력에도 불구하고 의무를 위한 의무를 선택할 수 있다고 주장했다는 점에서 도덕적 낙관론자였다는 것은 사실이지만, 그는 근본악과 심지어 죄에 대한 강한 개념을 주장함으로써 당대의 풍조를 반대했다. 슐라이어마허와 리츨 두 사람은 칸트의 이런 생각을 수용하는데, 나는 이런 측면을 이후에 간략하게 설명할 것이다.

도덕법은 자유롭고 합리적인 자아들에 보편적 의무를 부과한다. 하지만 어떤 단호한 자유주의(libertarianism)의 이면에는 동일하게 단호한 엄숙

20 Jean Bethke Elshtain, *Sovereignty: God, State, and Self* (New York: Basic Books,2008), 177.

주의(rigorism)가 있다. 의무의 준칙에 따라 행동하지 못하는 것은 빚을 지기 때문이다. 칸트는 무한한 자유를 옹호하는 것이 아니라 도덕법 자체를 선택하는 것을 보호하는 자유를 옹호한다. 칸트는 자신의 초기 철학, 즉 주로 『실천이성비판』에서 그러한 무한한 자유의 오용은 자기 파괴적이라고 주장한다. 존 실버는 칸트의 입장을 다음과 같이 설명한다.

> 초월적으로 자유로운 인간 존재는—자신의 자유를 표출하는 것과 관련해 그것을 부정하고 싶은 유혹을 받는다면—자유로운 본성을 정언적으로 실현할 의무가 있다. 그는 자율적이고, 자발적인 존재가 되며, 타율에서 자기 부정을 회피할 의무가 있다. 그의 인격이 자기 본성의 법칙으로 약해지고 그것의 성취 조건이 부정되었기 때문에, 그 법칙은 그에게 피할 수 없는 권한을 가진다. 그는 그 법칙을 거부할 자유가 있지만 그는 자신의 인격이 파괴되는 것과 관련해 법칙의 비난과 처벌을 벗어날 수 없다.[21]

칸트는 당대의 다른 철학자들과 다르게 죄책의 초래를 피할 수 없다고 생각한다. 죄책은 피할 수 없을 뿐 아니라 그것은 떨쳐버릴 수도 없는 종류의 빚이다. 이것은 어떤 종교적인 법 규정과 타율적인 법 규정이기 때문이 아니라 우리의 자유로운 자아를 구성하고 있는 분명한 도덕법이기 때문이다. 자아라는 분명한 개념은 오직 시간과 다양한 행동의 연속성이 확인될 수 있을 때만 가능하다. 칸트가 『도덕 형이상학의 정초』(*Groundwork for the Metaphysic of Morals*)에서 설명했던 것처럼, 자아는 자신의 행위가 비난받을 수 있는 주체다. 자아에는 나 자신과 나의 과거의 행동을 포함한 모든 행동

21 Silber, "Ethical Significance," xciv.

사이의 직접적인 연결이 있어야 한다. 이것이 죄책을 쉽게 떨쳐버릴 수 없는 이유다. 내가 나의 자아와 나 자신의 행동 사이의 관련성을 없앤다면, 나는 시간이 흐르면서 나 자신의 자아라는 분명한 연속성을 훼손할 것이기 때문이다.

레노(R. R. Reno)는 두 개의 근본 원리가 자신이 칸트와 관련해서 "우리는-인문주의를 가장-중시한다"(we-matter-most humanism)고 명명한 것의 이면에 있는 추진력을 나타낸다고 주장한다. 첫 번째 원리는 "개인의 가능성"(personal potency)이다. 이것에 의해서 도덕적 변화가 가능해진다. 비록 우리가 선천적으로 악하지만, 우리는 본성에 의해 선을 향하는 능력을 갖고 있다.[22] 두 번째 원리는 "자아의 연속성"(personal continuity)이다. 이것에 의해 우리 영혼의 사연은 어떻게 악한 사람이 자신이 되고자 하는 좋은 자아와 연결되어 있는지를 설명한다.[23] 칸트는 이 두 원리에 기초해서 죄책의 문제를 설명한다. 레노는 칸트가 어떻게 후대의 신학적 체계, 곧 합리주의 체계 안에서 죄책을 맛보게 하는 데 성공했는지를 다음과 같이 설명한다. "그렇다면 우리는 칸트가 사용하는 빚과 상환이라는 개념이 어떤 좁은 의미에서도 '법률 중심적'(legalistic)이지 않다는 것을 분명히 해야 한다. '빚'과 '상환', '처벌'과 '만족'은 우리의 삶이 결과적이라는 인문주의적 확신을 표현한다. 그것들은 도덕적 변화가 가져오는 단절의 위험에 대한 우리의 실존적 불안들, 곧 (도덕적 변화를 추구하는 사람들처럼) 지금의 우리는 공의의 지배를 기대하는 것에서 아무런 역할을 하지 못할 것이라는 우려를 표면화하는 것

22 R. R. Reno, *Redemptive Change: Atonement and the Christian Cure of the Soul* (New York: Continuum, 2002), 161.
23 Ibid., 169.

을 돕는 추상적 개념들이다."[24] 이런 단어들은 다소 모호한 것을 말하는 것처럼 들릴 수 있지만 그것들은 칸트의 속죄론에서 곧 분명해질 것이다.

내가 빚지고 있는 죄책은 무한하다. 하지만 그것의 무한성은 범죄에 의해 피해를 입은 이의 지위와 관련이 없다. 그가 하나님이든지 혹은 다른 인간 존재이든지 아니면 자기 자신이든지 말이다. 지금 우리는 이것이 안셀무스가 죄를 하나님에 대한 무한한 범죄라고 이해한 것에 대한 비판임을 쉽게 알아볼 수 있다. 그러나 칸트는 죄책의 만연성과 심각성을 인정하고 싶어 하지만, 신학적이고 타율적인 개념들을 사용하고 싶어 하지는 않는다. 죄책감은 자유로운 주체에 비추어 엄격하게 규정되어야 한다. 칸트 자신이 죄책감의 무한성을 위한 보편적인 토대를 찾았다고 생각한 것이 엄밀히 말해 이것이다. 죄책은 "이런 도덕적 악이 개별적인 범죄들 안에 있다는 보편적인 기본 원리들 안에, 곧 성향과 보편 준칙들 안에 있다는 사실"[25] 때문에 무한하다. 이것은 죄책의 무한성은 악이 우리의 분명한 성향과 준칙들이 갖고 있는 특징이라는 사실에서 나온다는 것을 의미한다.

칸트는 다음과 같이 계속해서 주장한다. "이런 무한한 죄책 때문에, 전 인류가 끝없는 처벌과 하나님 나라에서의 추방을 기다려야만 한다."[26] 따라서 죄가 일으킨 무한한 빚과 함께 죄의 만연성과 심각성이 인정될 뿐만 아니라 응보의 필요성도 인정된다. 하나님조차도 처벌을 철회하실 수 없는 것이 이런 필요성이다. 속죄는 어떤 특정한 방식으로 이루어져야 한다.

칸트는 처벌을 물리적인 해로 정의한다. 그러한 해는 범죄의 본질, 즉 도덕법에 대한 침해에 의해 요구된다. 그는 『도덕 형이상학의 정초』에서 다

---

24 Ibid., 174.
25 Kant, *Religion*, 66.
26 Ibid.

음과 같이 주장한다. "처벌의 법률은 정언적인 명령이다." 처벌은 보편적으로 적용되어야 하며 하나님은 그것을 보편적으로 적용하신다. 칸트가 다음과 같이 잘 알려진 주장을 한 것은 그가 이런 원리를 확신했기 때문이었다.

> 비록 시민 사회가 그 사회의 모든 구성원의 동의를 받고 해체되었다고 할지라도(예를 들어 어떤 섬에 거주하는 사람들이 그 섬을 해체하고 다른 세상 전역으로 흩어지기로 결정했다 하더라도), 감옥에 남아 있는 마지막 살인자가 먼저 처형되어야만 할 것이다. 그것은 누구든 자신이 저지른 행위와 관련해서 마땅한 것을 당하고, 살인죄가 이러한 처벌을 촉구하지 않았던 시민에게 돌아가지 않도록 하기 위한 것이다. 그를 처벌하지 않을 경우 시민은 정의를 공적으로 침해하는 데 참여한 자로 간주될 수 있기 때문이다.[27]

흥미롭게도 톰 브룩스(Thom Brooks)가 언급한 것처럼 칸트는 처벌에 대해 결과론자의 견해를 수용한다. 이런 견해와 칸트의 응보주의 사이에 모순이 없는 이유를 아는 것은 우리의 논의에 더 많은 해결의 실마리를 줄 수 있다. 칸트는 국가가 억제로서의 처벌을 시행할 수 있는 능력을 갖고 있다고 주장한다. 하지만 그것은 국가가 정의의 문제보다는 실용적인 문제에 주로 관심을 갖고 있기 때문이다. 따라서 우리가 이미 주목했던 것처럼 도덕법과 시민법이 구분되어 있다. 비록 도덕법이 역사적으로 어느 국가에도 적용된 적이 없다 하더라도, 그것은 존재한다. 도덕법은 우리의 자유로운 본성의 초월적인 영역으로 존재한다. 실증적인 시민법은 항상 이런 도덕법을

---

27 Thom Brooks, "Kant's Theory of Punishment," *Utilitas* 15, no. 2 (2003): 206-26에서 인용(여기서는 210-11).

따라가는 과정 중에 있다.

칸트는 요한 벤야민 에르하르트(Johann Benjamin Erhard)에게 보낸 자신의 편지에서 다음과 같이 밝히는 것처럼 정부가 정의를 실현하는 데 제한적인 역할을 하는 것으로 이해하는 현실주의자의 모습을 보여준다. "하나님이 다스리시는 도덕 원리의 세계에서, 처벌은 (범죄가 발생하는 경우에) 정언적으로 필요하다. 하지만 사람들이 다스리는 도덕 원리의 세계에서 처벌의 필요는 단지 가언적이고, 마땅히 받아야 할 처벌의 개념을 범죄의 개념에 직접적으로 결합하는 것은 무엇을 해야 하는지에 대한 규정을 통치자에게 제공한다."[28]

도덕법, 죄책 그리고 처벌에 대해 엄격주의는 신적인 용서를 불가능하게 만드는 것처럼 보인다. 저명한 교리사가인 이삭 도너(Isaak Dorner)가 지적했던 것처럼 칸트의 사유는 이런 방향으로 발전되었다. 플랫(Flatt)과 엘더(Elder) 같은 칸트주의자는 죄의 용서가 불가능하다는 결론을 도출했다. 하지만 그들은 개선이 필요하지 않다고 주장했다. 쥐스킨트(Süskind) 같은 학자들은 처벌의 집행은 해로운 도덕적 효과를 가져올 수 있고 따라서 용서가 실제적으로 필요하다고 주장했다. 그런 용서가 없다면 어떤 참된 개선이 가능하지 않기 때문이다(즉 내적인 기쁨과 쾌활함이 없다).[29] 따라서 도너는 칸트가 벗어나려고 하는 이율배반(antinomy)은 한편으로 처벌은 도덕적으로 필요하다는 것이고, 다른 한편 그것은 도덕적으로 유해하다는 것이라고 주장한다. 그러한 모순은 속죄 문제의 이면에 있는 동기다. 더욱이 인간의 자율과 도덕법을 모두 침해하지 않고 어떻게 속죄가 가능할까?

---

28 Ibid., 217에서 인용.

29 I. A. Dorner, *A System of Christian Doctrine* (Edinburgh: T&T Clark, 1890), 4:43.

칸트의 속죄론

우리가 지금까지 살펴보았던 칸트에 관한 주요 요점들을 정리해보자. (1) 도덕법은 보편적으로 구속력을 갖고 있으며 (타율적인 조건이기보다는) 인간의 도덕적 자아의 조건이다. (2) 최고선은 행복을 덕에 걸맞게 하는 데 있다. (3) 하지만 덕은 행복 자체를 추구하는 데 있지 않고 자신의 의무를 행하되 그것이 단지 의무이기 때문에 행하는 데 있다. 다른 말로 하자면, 윤리의 전체 목표는 인간이 자유로운 정신으로서 자신의 현상적인 본성을 극복하여 자신의 궁극적인 인간 본성에 도달하는 것이다. (4) 도덕법을 따르는 데 실패하는 것(이것은 악이다)은 덕을 성취하는 데 실패하는 것과 같고, 불가피하고 양도할 수 없는 빚을 초래한다. (5) 정의는 근본악에 대한 대응으로 영원한 처벌을 요구한다. (6) 물론 그러한 영원한 처벌은 우리의 최고선을 성취하는 데, 즉 도덕적 진보를 이루는 데 해롭다.

따라서 속죄가 어느 정도 가능하다는 결론이 도출된다. 이런 논의를 준비하기 위해서는 몇몇 다른 중요한 요점을 설명할 필요가 있다. 첫째, 칸트는 죄의 만연함을 인정한다. 근본악은 법을 실제로 위반하는 것에서 나타날 뿐 아니라 부패한 준칙들과 충동들에도 내재해 있다는 점에서 영원하다(롬 7:15, 19). 하지만 둘째, 칸트는 도덕적 진보가 가능하다면, 그것은 오직 자율성에 기초해서 가능해야만 한다고 생각한다. 다른 말로 하자면 도덕적 진보가 있다면, 진보 그 자체는 나에게 전가될 수 있어야만 한다. 이것은 진보가 나의 의지의 자유로운 행위에서 나와야만 함을 의미한다. 이것은 나 자신 밖에 있는 어떤 다른 원리에 의해 **일어날** 수 없음을 의미한다. 도덕적 진보가 나 자신 밖에 있는 어떤 것에 의해 일어난다면, 그것은 더 이상 **나 자신의** 도덕적 발전이 아니라 다른 누군가의 것으로 인정될 것이다. 그러한 것은 어떤 신적인 도움도 배제하는 것처럼 보이는 "자아의 가능성"이라는 칸트의 원리가 가진 강점이다. 따라서 우리는 지금 이율배반을 마주하고 있거나 더 엄밀하게는 레노가 "인정론"(anthropodicy)이라고 말한 것을 마주하고 있다. "고전 유신론은 하나님의 능력과 선을 악과 조화시켜야만 하지만, 근대 인문주의는 최고선에 도달하려는 개인이 충분한 능력을 갖고 있다는 확언과 악이 실재한다는 것을 조화시켜야만 한다."[30] 더 간단하게 말하자면, 우리가 우리의 근본 동기의 원리에 이르기까지 매우 악하다면, 우리는 도덕적 향상을 위한 힘을 어디서 가져올 수 있을까? 그리고 우리는 어떻게 우리의 마음을 깨끗하게 할 수 있을까?(렘 4:14)

칸트는 우리가 그런 능력을 갖고 있다고, 곧 도덕적 진보와 도덕적 회심과 같은 것은 가능하다고 단순하게 가정한다. 이에 대한 근거는 그가 의지를 형식적 능력(formal ability)으로, 즉 절대적인 의미에서 자유로운 것으로, 곧 본성의 준칙도 아니고 본성에 거부할 수 없는 의무의 압박과 같은 것도 아닌 그런 방식으로 이해한다는 사실에 있다.

하지만 도덕적 진보와 변화가 가능하다고 간주할 때조차도, 어떤 문제가 여전히 남아 있다. 첫째, 우리는 죄책의 지속적인 실재에 대해 무엇을 할 수 있을까? 둘째, 하나님이 우리를 용서하시는 것이 어떻게 정당화될 수 있을까? 이런 질문들의 타당성은 엄밀하게 칸트가 도덕법, 죄책 그리고 처벌을 해석하는 방식에서 파생된다. 하지만 우선 도덕적 변화에 대한 칸트의 설명을 살펴보자.

도덕적 변화는 인류 안에 우월한 성향이 있다는 것에 기초해서 묘사된

30 Reno, *Redemptive Change*, 155.

다. 이 성향은 "그 본성상 초감성적이다."[31] 이것은 그 성향이 그 자체로 실현되어 있지 않고 실현되는 과정 가운데 있음을 의미한다. 따라서 칸트는 개인의 정체성에서 갑작스러운 변혁에 의해 일어나는 변화와 도덕법에 경험적으로 일치하고, 자연스럽게 점진적으로 일어나는 성품의 변화를 구분한다. 그러므로 도덕적 변화는 개인의 정체성의 변화와 같다. 변화된 사람은 도덕적으로 다른 사람이며, 그 변화는 "성향의 변혁"[32]에 의한 것이다. 그는 옛 자아에서 새로운 자아로 바뀐다(고후 5:17; 갈 6:15; 엡 4:24).

칸트는 이 도덕적 변화를 "하나님의 아들의 성향을 취한 새로운 사람"(갈 2:20)이라는 말로 표현한다.[33] 이것은 어떤 상황에서도 타율적인 것으로 이해될 수 없다. 칸트는 그리스도를 전형, 즉 새로운 인류의 상징으로 묘사한다. 이런 전형이 역사적으로 그리고 경험적으로 존재했는지는 구원을 위해 중요하지 않다. 그것이 하나의 이상으로 존재하는 것만으로 충분하다(고전 2:16; 빌 2:5). 그리스도는 도덕적 완전함을 보여주는 전형, 곧 우리가 구현하고자 하는 **원형**(Urbild)이다. 도덕법의 존재, 그리고 그에 수반되는 복종의 의무가 그 자체로서 존재한다는 사실은 도덕적 진보가 가능하다는 것을 함의한다. 칸트에게 **당위**(ought)는 **가능성**(can)을 함의한다.

하지만 여기에도 문제, 곧 죄책의 문제가 있다. 비록 내가 도덕적으로 다른 사람이 되었지만, 죄책의 객관적인 실체는 여전히 남아 있다. 이것은 도덕적 진보 자체를 훼손한다. 죄책이 지속되는 한 덕은 행복으로 치장될 수 없다(롬 8:34, 39). 칸트는 그것을 다음과 같이 말한다. "어떤 사람이 선의 성향을 채택하는 방식으로 무엇을 했든지 간에, 그리고 정말로 그가 그러

31 Kant, *Religion*, 60.
32 Ibid., 68.
33 Ibid.

한 성향에 적합한 행위를 꾸준하게 행한다고 할지라도, 그럼에도 그는 악에서 출발했고, 그가 이런 빚을 없애는 것은 전혀 불가능하다."[34]

칸트의 해결책은 옛 자아와 새로운 자아를 도덕적으로 구분하는 데 기초한다. 옛 자아가 마땅히 받아야 하는 처벌들은 사실 새로운 자아가 의무로 받아들인다. 하지만 이것 자체가 부당하게 보인다.

> 하지만 이런 마음의 변화가 이루어진 이후에 내려지는 처벌은 (하나님을 아주 기쁘게 해드리는) 그 사람의 새로운 특성에 적절한 것으로 간주될 수 없다. 그는 지금 새로운 삶을 살고 있고 도덕적으로 완전히 다른 사람이 되었기 때문이다. 대법관을 만족시켜야만 한다. 그가 보기에 비난받을 만한 사람은 죄가 없는 사람이 될 수 없기 때문이다. 처벌이 신의 지혜와 일치해서 마음이 변혁되기 전이나 혹은 변혁된 이후에도 가해지지 않았지만 그럼에도 그것이 필요하기 때문에, 우리는 마음이 변혁되는 동안에 처벌이 적합하게 집행된 것으로 생각해야만 한다.

따라서 우리는 "이런 분명한 변화의 행위에서 그 새로운 사람—이 사람의 성향은 지금 선하다—이 (다른 상태에서) 자기 스스로 야기하고, 결국 처벌을 당하여 그것에 의해 신적인 정의가 만족된 것으로 간주될 수 있는 고초"[35]를 발견할 수 있다. 죄가 마땅히 받아야 할 처벌은 희생을 나타내는 변화 그 자체에서 시작한 것처럼 보인다. "부패한 성향에서 새로운 성향으로 발전하는 것은 ('옛 사람은 죽고', '나의 육체를 십자가에 못 박는 것'처럼) 그것 자체

34 Ibid., 66.
35 Ibid., 67.

가 희생이고 인생의 온갖 고초를 겪는 고난의 훈련의 시작이다. 이런 새로운 사람들은 하나님의 아들의 성향(롬 6:8; 고후 5:14), 즉 단순하게 선 자체를 떠맡는다. 비록 실제로 그들이 다른 사람, 즉 옛 자아에 처벌을 마땅히 내려야 하지만 말이다."[36]

따라서 죄책은 한 사람의 분명한 과정에서 사라진다. 새로운 자아가 계속해서 인내하는 삶의 고초는 다름 아닌 간접적인 고난이다. 하나님은 나를 용서하시는 것에 대해 정당화되신다. 비록 그 새로운 성향이 지금의 삶에서는 불완전하게 실현되었지만 그분이 그것을 완전하게 획득된 것으로 간주하시기 때문이다. 하나님은 인류가 그분을 매우 기쁘시게 해드리는 데 적합하게 된 것처럼 대우하신다. 마치 인류가 이미 도덕적 완전함을 충분히 소유한 것처럼 말이다. 이것이 은혜에 대한 칸트의 생각이다. 곧 우리가 우리의 삶에서 예상했던 것에 대해서만 그 공로를 인정받아야 한다.

그럼에도 칸트는 이 은혜가 공로로 얻어져야 한다고 단호하게 주장한다. "우리는 인간의 모든 의무를 수행하기 위해서 우리 자신의 노력을 통해 그것에 대한 적합한 자격을 얻음으로써 다른 이가 행한 속죄의 공로와 구원을 전유하는 데 참여하기를 확실히 희망할 수 있다. 그리고 이런 복종은 반드시 우리 자신이 보인 행위의 결과여야만 한다. 다시 말해 그것은 우리가 다른 사람의 영향을 받는 수동적인 결과여서는 안 된다."[37] 우리가 이런 은혜를 필요로 하는 것은 부정할 수 없다. 우리가 이 삶에서 그러한 도덕적 완전을 획득하는 것은 명백하게 불가능하기 때문이다. 우리가 언젠가 최고선에 도달한다면(우리가 이것을 가능하다고 생각해야만 한다. 그렇지 않다면 도덕법

36 Ibid., 68.
37 Ibid., 108-9.

의 전체 생각은 붕괴될 것이다), 그렇다면 우리는 하나님의 은혜가 필요하다는 것을 알게 된다. 반복하자면 최고선은 행복을 덕에 걸맞게 하는 데 있다. 이것은 지금의 생애에서 분명하게 실재하지 않고 오직 다음 생애에서만 실재한다. 따라서 우리가 언젠가 최종적인 행복을 상으로 받고자 한다면, 우리의 피할 수 없는 부족한 도덕적 노력과 진보는 하나님의 은혜에 의해 반드시 도움을 받아야 한다.

알리스터 맥그래스는 화해론과 칸트의 도덕론 사이의 일관성을 다음과 같이 훌륭하게 요약한다.

> 칸트에게 화해론이 중요한 것은 그것이 도덕적으로 보상받은 사람에게 그가 이전에 악하게 살던 생활 방식에 결부되어 있던 죄책에 대한 완전한 절망을 피하는 수단을 제공하기 때문이다. 그런 영원한 죄책이 가진 불가피한 도덕적 결과는 사람들이 도덕적 무관심 혹은 정적주의(quietism)에 빠지게 하는 것이다. 이런 결과에 빠진 당사자는 죄책이 해소될 수 없을 정도로 너무 크기 때문에 자신이 도덕적 삶을 시도할 이유가 거의 없어 보인다고 주장할 것이다. 따라서 용서와 동등한 도덕적인 것을 발전시키는 것이 칸트에게 가장 중요하다. 그 결과 그 개인의 도덕적 죄책은 그의 새로운 삶의 방식이 방해받지 않고 계속 진행될 수 있도록 과거의 것이 될 것이다.[38]

나는 속죄에 대한 칸트의 입장을 간략히 설명하는 데 국한하고 이 입장에 대한 비판은 이번 장의 마지막 부분에서 할 것이다. (1) 속죄는 최고선을 성

---

38 Alister McGrath,"The Moral Theory of the Atonement: An Historical and Theological Critique," *Scottish Journal of Theology* 38 (1985): 216.

취할 가능성 때문에 도덕적으로 필요하다. 이것은 도덕법의 분명한 개념을 보강한다. (2) 새로운 자아는 하나님의 아들의 성향 아래에서 옛 자아의 처벌로 발생하는 삶의 고난을 감수한다. (3) 하나님은 은혜를 받을 만한 방식으로 자신의 성향을 바꾼 새로운 자아의 가치 때문에 우리에게 은혜를 베푸는 데 정당화되신다.

우리는 슐라이어마허와 리츨 두 사람이 모두 칸트의 영향을 받았다는 사실을 관찰할 수 있다. 존 K. 모즐리(John. K. Mozley)가 이런 영향에 대해 다음과 같이 적절하게 요약했다. "바우어(Baur)가 가장 잘 이야기한 것처럼, 구원론에 대한 칸트의 영향은 실로 엄청난 것이다. 그것은 틀림없이 그가 사변적인 관심을 넘어 윤리적인 관심에 부여했던 우선성에서 나온 것이다."[39] 칸트의 부정할 수 없는 업적은 죄, 도덕적 악 그리고 하나님의 은혜에 대한 의식을 완전히 혐오하던 시대에 죄책과 처벌의 개념을 주시한 것과 더불어 도덕법의 탁월함을 보존한 것이다.

슐라이어마허의 윤리 체계 안에서의 속죄론(1768-1834)

슐라이어마허의 윤리

재클린 마리나(Jacqueline Marina)는 프리드리히 슐라이어마허(Friedrich Schleiermacher)의 윤리학과 신학에 대해 통찰력 있는 논의를 했고, 그녀의

39 John Kenneth Mozley, *The Doctrine of the Atonement* (New York: Charles Scribner's Sons, 1916), 161.

논의는 그의 사상에 대해 가장 설득력 있는 분석 중 하나라고 평가를 받는다. 그녀는 슐라이어마허의 윤리학이 "그의 신학과 가장 근접한 통일성을" 이룬다고 주장한다. 그녀는 다음과 같이 말한다. 그것은 "결국 신적인 인과성이 어떻게 개인들을 통해 자연 세계에서 그 자신을 표현하는지를 묘사하는 것이다."[40] 나는 슐라이어마허의 속죄론의 독특한 형태가 그의 윤리 체계에 기인한다고 주장할 것이다. 특히 칸트의 의무론에 대한 슐라이어마허의 거부, 정신과 자연의 관계에 대한 그의 다른 견해, 그리고 그에 따른 처벌의 개념 모두가 속죄에 대한 독특한 관점에 영향을 끼친다. 그의 속죄론을 조성하는 모든 요소를 철저하게 설명하는 것은 이 책의 범위를 훨씬 넘어서는 것이다. 그의 속죄론의 윤리적 출처를 강조하면서, 나는 관련 요소들이 그의 특별한 신학적 방법론에서 시작하여 그의 신론 및 기독론의 이해에 이르기까지 그의 지적 체계의 다른 부분에서 발견될 수 있음을 부정하지는 않는다. 이것은 말할 필요도 없다. 하지만 나의 관심은 법에 대한 그 특별한 개념과 기능이 속죄에서 자신의 설명 방식을 스스로 결정할 수 있는 방법을 이해하는 것이다.

슐라이어마허의 윤리를 당대의 설명들과 관련하여 살펴보는 것에서 시작해보자. 첫째, 슐라이어마허는 칸트가 제기한 것과 같은 이유로 행복론을 거부한다. 행복론은 이성을 본성으로 끌어내리고, 우리의 현재 모습과 우리가 되어야 할 목표를 혼동한다. 하지만 슐라이어마허는 칸트에 대해 그의 가장 신랄한 비판을 유보한다. 앞서 우리가 칸트에게 보인 관심은 슐라이어마허에 대한 우리의 이해에 도움을 줄 것이다.

---

40 Jacqueline Marina, *Transformation of Self in the Thought of Schleiermacher* (Oxford: Oxford University Press, 2008), 147.

의무론의 근본적인 문제는 그것이 도덕적 자아를 경험적이고 역사적인 세계에서 분리시키고 고립시킨다는 것이다. 정말로 우리가 살펴보았던 것처럼 칸트는 정언 명령이 구체적인 자연이 아닌 말하자면 초월적 자아에 부과된 의무에서 발생하는 것으로 이해한다. 하지만 도덕법을 목적으로 하는 의지 자체는 완전히 중립적이다. 그것은 내부에 있는 것으로부터도 강요받지 않는다. 자유주의적 자유(libertarian freedom)라는 칸트의 개념은 그러한 거부할 수 없는 힘을 의지에 두는 것을 배제한다. 슐라이어마허는 칸트와 달리 본성과 관련한 이성은 그 자신의 긍정적인 윤리적 실체를 만들지 못하고 충동만을 억제하기 때문에 근본적인 법적 기능, 곧 "부정적인" 기능만을 가졌다고 지적한다. 다른 말로 하자면 의지가 욕구, 곧 자신의 도덕적 성향 자체와 "관련을 맺지 않는" 한, 의지에 제약을 받지 않는 선택은 이런 도덕적 본성을 변하지 않는 것으로 남겨둔다. 따라서 의지의 자유가 이런 엄밀한 칸트식 의미에서 유지되는 한 도덕적 변화는 결코 일어날 수 없다. 이에 대응하여, 슐라이어마허의 양립가능론(compatibilism)은 만일 결정론의 일부 견해가 유지된다면 우리는 행위자에게 어떤 행동만을 전가할 수 있다고 제안한다. 나의 행위들이 나의 자아에서 필연적으로 발생하지 않는 한, 즉 그것들이 나라는 존재에 의해 결정되지 않는 한 그것들은 나에게 속한 것이 아니다. 슐라이어마허는 오직 이것에 근거해서만 처벌과 책임이 가능하다고 생각한다.

슐라이어마허가 도덕적 책임에 대한 칸트의 설명에 문제가 있다고 지적하는 것은 타당하다. 우리가 칸트의 자유주의 견해를 받아들인다면, 우리가 어떤 행위자가 도덕적 변화를 경험한 것으로 생각해야 하는 이유가 불분명하다. 의지가 자유로운 것으로 남아 있다면, 우리는 항상 옛 자아로 되돌아갈 수 있다. 칸트 자신은 이런 도덕적 변화가 경험적 사실이 아니며 따라서 오직 가정만 될 수 있음을 인정해야 한다. 우리는 결코 우리 자신의 도덕적 변화를 확신할 수 없다. 하지만 문제는 우리가 변화되었다는 것을 확신할 수 없다는 것뿐만 아니라 의지가 이전의 선택에서 나온 어떤 관성을 부정하는 한에서는 변화라는 분명한 개념도 의미가 없다는 것이다. 그 의지는 본성상 자신이 내린 선택에 의해 결정되지 않는다. 그것은 순전히 형식적인 능력으로 남는다. 이와 같이 변화는 자유주의 논리에 맞지 않는다.

슐라이어마허는 칸트의 사고에서 이 문제를 발견한다. 도덕법은 "본성에서 벗어나" 선택을 내리는 의무에 관련한 모든 것이다. 그것은 우리의 충동에 복종하는 것을 거부하는 것과 독립적이며 보편적인 의무를 얻으려고 노력하는 것으로 이루어진다. 하지만 의지가 본성을 벗어나면서 본성은 변하지 않은 채로 남는다. 이것이 칸트의 근본적인 문제다. 다른 한편, 슐라이어마허와 관련해서 우리의 자연적이고 가장 기본적인 성향에 복종하거나 혹은 도덕법에 복종하도록 우리를 강요하는 충동이 우리 자신의 본성 안에 있다. 의지는 중립적이지 않고 욕구에 영향을 받는다. 따라서 윤리적 임무는 사람들이 도덕법을 적절하게 인식할 수 있도록 비전을 명료하게 하는 합리적인 것이 아니다. 합리적인 것만으로는 결코 충분하지 않다. 비록 우리가 도덕법을 알 수 있다 해도, 무엇이 우리를 그 법에 복종하도록 강제할 것인가? 칸트와 관련해서 이 질문에 대한 답변은 도덕법이 우리의 초월적 자아들(noumenal selves)의 분명한 본성 안에 존재한다는 것, 곧 우리가 도덕법을 선택함으로써 우리의 인격을 포기하기보다는 유지한다는 것이다. 슐라이어마허는 설득되지 않았다. 그가 볼 때, 도덕법을 선택하도록 의지를 일으키는 것은 도덕법에 대한 욕구다. 따라서 "우리가 도덕법은 우리의 의지에 영향을 끼칠 수 없고, 그 법과 관련한 도덕적 감정이라는 수단보다는 어떤 다른 방법으로 그것을 결정하지 않는다는 것을 알게 되자마자, 우리가 이런 감정의 실제적인 영향력을 더 강화하는 것이 더 시급한 임무가 된다."[41]

마리나는 다음과 같이 주장한다. "슐라이어마허는 칸트의 윤리학에 있는 근본 문제를 정확하게 지적하는 것처럼 보이며, 그 근본 문제는 의지의 구성 요소들, 즉 칸트의 윤리적 형식주의의 내용을 제공하는 일정한 욕구들과 그것들에 수반하는 준칙들이 어떻게 변화될 수 있었는지를 설명할 수 없다는 것이다."[42]

이것은 슐라이어마허 자신의 윤리적 체계를 위한 기회를 제공한다. 이것을 이해하는 것은 그의 속죄론을 이해하는 중요한 요소를 포함한다. 나는 그의 견해를 좀 더 자세히 설명하기 전에 그것을 간략하게 요약하고자 한다. 첫째, 슐라이어마허는 도덕적 향상의 핵심은 "우리의 감정의 구조"가 변하는 것이라고 주장한다. 둘째, 이런 변화는 어떤 감각적인 수단을 통해 일어날 수 없다. 그것은 행복론으로 후퇴하는 것을 포함하기 때문이다. 우리가 살펴볼 것처럼 이것은 처벌을 도덕적 향상의 수단에서 배제한다. 셋째, 이런 변화는 우리가 하나님을 의식하는 것에 영향을 끼쳐서만 성취될 수 있고 이런 영향은 예수 그리스도의 역사적 모습에서 얻을 수 있다.

행복론과 의무론 모두 적절한 윤리적 체계를 제시하지 않기 때문에, 슐라이어마허는—존 월하우저(John Wallhauser)의 말을 빌려 표현하자면—"이성이 본성 안에 내재하는 윤리, 곧 본성을 새로운 존재로 변화시키고 고양시키는 윤리"[43]를 대안으로 제시한다. 재클린 마리나는 이 세 번째 원리

41 Friedrich Schleiermacher, *On the Highest Good*, trans. H. Victor Froese (Lewiston, NY: Edwin Mellen, 1992), 53.

42 Marina, *Transformation*, 158.

43 John Wallhauser, "Schleiermacher's Critique of Ethical Reason: Toward a Systematic Ethics," *Journal of Religious Ethics* 17, no. 2 (1989): 25-39(여기서는 30).

를 신과 같음(godlikeness)의 원리라고 말한다.[44] 필요한 변화는 우리의 분명한 감정의 차원에서 일어난다. 하지만 예를 들어 토마스 아퀴나스의 아리스토텔레스주의와 다르게 도덕적 자아의 변화는 감각의 교육, 곧 처벌 혹은 회개의 행위를 통해 일어날 수 없다. 슐라이어마허는 자연과 정신의 그런 직접적인 연결을 부정한다. 슐라이어마허 자신이 인류의 자연적 상태를 격려하는 것을 윤리학의 임무로 보지 않기 때문이다. 우리가 앞으로 살펴볼 것처럼 이것은 완곡어법에 불과하다. 사실 슐라이어마허의 입장은 마니교와 대단히 흡사한데, 이것은 충분히 예상할 수 있는 일이다.

도덕적 진보는 하나님-의식의 고양 혹은 인간 본성의 정신적 의식의 고양을 포함한다. 하나님-의식은 의무에 대한 중립적이고 객관적인 선택을 통해서 혹은 성화를 지향하는 감각들의 자극을 통해서 의무론적으로 일어나지 않는다. 오히려 그러한 변화가 일어난다면, 그것은 이런 방식을 건너뛸 것이다. 그것은 오직 하나님의 구원 행위의 효력 때문에 일어날 것이다. 마리나가 그것에 대해 다음과 같이 말하는 것처럼 말이다. "칸트와 다르게 슐라이어마허의 근본적인 윤리적 통찰은 다음과 같은 확신에서 나온다. 곧 그가 '이성이 인간 본성에 정신을 불어넣는 것'이라고 이해한 최고선은 도래할 것이다. 무엇보다도 하나님이 이 세상에서 자신의 능력을 펼치시기 때문이다."[45]

슐라이어마허는 대중적이지 않은 방식을 사용해 규범적인 방식에서 기술적인 방식으로 방향을 전환한다. 윤리학은 기본적인 인간의 본성을 단순하게 기술하는 것이 아니라 예수라는 하나님-의식의 영향을 통해 이성

44 Marina, *Transformation*, 161.
45 Ibid., 148.

이 정신을 불어넣는 과정에서 인간 본성을 기술하는 것이다. 윤리학은 이성의 안내를 받는 객관적인 선택을 내리는 일에 관계된 것이 아니라 우리 자신이 만들지 않은 역사적 힘들에 의해 형성된 의식에 귀를 기울이는 일, 곧 그것에 영향을 받는 일에 관계된 것이다. 칸트의 자유주의에서 벗어나는 데 이보다 더 완벽한 방법은 없다.

칸트의 문제는 행복을 최고선의 한 가지 요소로 만드는 것이다. 하지만 그러한 경험적 행복은 이 세상에서 불가능하며, 남아 있는 유일한 선택은 인간 본성을 완전히 초월하는 것에 대해 이야기하는 것이다. 하지만 이런 형태의 윤리 체계는 이 세상을 포기한다. "다른 한편 슐라이어마허에게 자연 세계 자체는 각각의 존재가 모든 다른 존재와 자신을 조화롭게 하는 무대가 되는 것이다. 자연 전체는 변화의 과정, 즉 윤리적 영역이 되어가는 과정에 있다."[46]

칸트와 달리 최고선은 가능하고 그 자체가 구체적인 것이 되어야 한다. 월하우저가 다음과 같이 주장하는 것처럼 말이다. "선이란 이 삶을 넘어서는 어떤 초월적 선의 주체가 가진 순종적인 의지를 의미할 뿐만 아니라 엄밀하게 객관적인 도덕적 세계에 위치한 의지의 생산물들도 의미한다."[47] 우리는 이 지점에서 이것이 신학에 무엇을 산출하는지를 어느 정도 예상해볼 수 있다. 신학적으로 말해서 그 결과는 신앙에서 도덕은 성령의 선물로 나오는 것이지 어떤 외적인 것, 곧 강요되는 객관적인 의무에서 나오는 것이 아니라는 점이다.

한편으로 칸트에게 행복은 불멸성을 가정하는 희망의 문제다. 다른 한

---

46 Ibid., 160.
47 Wallhauser, "Schleiermacher's Critique," 35.

편 슐라이어마허는 행복은 합리적 윤리학에서 설 자리가 없다고 주장한다. 칸트의 윤리학은 비록 합리적이지만 최고선과 행복을 잘못 연결하거나 결합시킨다.[48] 칸트에게 최고선은 도덕법의 의도들에 대해 완전히 적합한 것이며 행복은 그러한 적합성에 완전히 비례하는 것이다. 그러한 최고선은 이 생애에서 획득할 수 없다. 칸트는 경험적이고 감각적인 종류의 행복을 생각하는 것처럼 보이기 때문이다.[49] 그러나 도덕법은 행복을 순수 실천이성의 필연적 대상으로 성취하도록 우리를 의무화한다. 따라서 칸트는 가치와 보상의 논리 그리고 불멸성과 하나님의 개념에 의지해야 한다. 우리가 지금까지 보았던 것처럼 슐라이어마허에게 이것은 구체적인 인간의 본성을 포기하고 그것을 변하지 않은 채로 남겨둔다.

슐라이어마허는 칸트의 잘못을 지적하면서 우리는 행복 대신에 축복에 대해 논해야 한다고 주장한다. 그에 따르면 칸트는 "잘 지냄"(well-being)을 행복과 혼동한다. 축복은 욕구의 조화다. 이것은 슐라이어마허가 "본성에 영혼을 부여하기"(ensoulment of nature)라고 의미한 것이다. 그는 인간 본성 자체가 치유되는 것이 필요하다는 것을 염두에 두고 있다. 하지만 이런 치유는 보상으로 외부에서 주어지는 어떤 "행복"이 아니라 이 생애에서 구체적으로 가능한 어떤 것이다. 우리가 살펴볼 것처럼 그리스도는 우리의 욕구들을 치료하는 것을 자신의 임무로 이해하신다.

법은 어떤가? 분명 슐라이어마허의 체계에는 법을 위한 공간이 훨씬 더 적다. 칸트의 도덕법은 순수 이성과 관련해서는 내적인 것이지만 본성과 관련해서는 외적인 것이다. 슐라이어마허는 그렇게 외적으로 객관화된

---

48 Schleiermacher, *Highest Good*, 86.

49 Marina, *Transformation*, 149을 참고하라.

관계가 본성을 치료하는 데 어떤 공헌을 할 수 있다는 점에 대해 회의적이다. 신법 혹은 모세의 율법도 그런 과정에서 전혀 소용이 없다. 그는 자신의 교회사 강의에서 시민법인 모세의 율법은 모든 것이 성령에게서 기인하는 그리스도인의 경건에 아무런 도움을 주지 못한다는 아그리콜라(Agricola)의 견해를 긍정적으로 약술한다.[50] 브라그는 법적인 측면을 도덕적인 측면으로 전환한 칸트와 슐라이어마허의 차이점을 잘 포착한다. 슐라이어마허는 종교가 법적인 것으로 제도화되는 것을 금지한다. 이후에 리츨은 슐라이어마허가 법의 지위를 축소한 것을 한탄하면서 그의 도덕적 진보의 이해를 기계적인 것이라고 말할 것이다. 요점은 칸트와는 아주 많이 다르게 **도덕적 변화는 우리의 욕구를 질서 있게 하는 신적 개입을 통해 일어난다**는 것이다. 이런 변화는 인간의 자유 혹은 인간의 책임과 양립할 수 없는 것이 아니다.

그렇지만 한 가지 문제가 남아 있다. 죄책은 어떻게 되는가? 우리는 칸트의 신학적 공헌이 그의 상황에서 죄책을 다루시는 하나님에 대한 정당화뿐만 아니라 죄책의 실체에 대한 도덕적 정당화와 설명을 제공한 것이었음을 보여줬다. 슐라이어마허는 법의 중요성을 부정했지만 죄를 근본적으로 율법의 침해로 규정하는 것에 대해서는 주저한다(요일 3:4; 5:17). 하지만 그는 인간 경험에서 부정할 수 없는 요소인 죄책감을 어떻게 설명할 수 있을까?

처벌의 실체에 대해서는 어떤가? 슐라이어마허는 칸트의 응보적 정의를 반대한다. 칸트에게 행복과 덕의 관계는 어떤 악한 행위의 물리적 처벌

50 Hermann Peiter, *Christliche Ethik bei Schleiermacher: Gesammelte Aufsätze und Beisprechungen / Christian Ethics according to Schleiermacher: Collected Essays and Reviews*, ed. Terrence Tice, trans. Edwina Lawler (Eugene, OR: Pickwick, 2010), 335.

을 정당화하는 것이다. 그것은 그 행위의 유책성(Strafwürdigkeit)을 의식하는 것과 관련이 있다. 칸트는 이런 방식으로 정의에 대한 자신의 응보적 개념을 정당화한다. 모든 악한 행위는 그에 대한 반응으로 마땅히 물리적 악을 되돌려받아야 한다. 이 특정한 행위의 유책성과 나 자신의 자아를 연결해 주는 것은 나의 물리적·경험적 고난이다. 감각적인 고통은 악에 대한 적합한 반응이다. 우리는 행복 또는 고통이 자연과 정신을 다시 연결하는 칸트의 방식이라고 말할 수 있다.

칸트는 모든 처벌은 그것이 유익한 것으로 간주될 수 있기 전에 먼저 해로운 것으로 정당화되어야만 한다고 주장했다. 다른 말로 하자면, 우리가 처벌의 결과를 더 많이 생각하기 전에, 처벌은 이런 특정한 악행과 관련이 있음을, 곧 악한 행위에 대한 반응으로 그 행위자에게 해가 가해지는 것과 관련이 있음을 먼저 입증해야만 한다. 슐라이어마허는 이 개념에 동의하지 않는다. 이런 개념에 대해 유일한 진실은 우리가 적절한 권위에 의해 처벌을 받는다면 그 처벌은 정당하다는 것이다. 다른 말로 하자면 칸트의 원리는 누군가를 사랑하는 사람 혹은 처벌이 그 사람에게 유익을 줄 것이라고 생각하는 사람만 처벌을 내릴 수 있는 것은 아니라는 것이다. 칸트의 원리는 비록 처벌이 어떤 이에게 유익을 줄 수 있지만, 그것은 권위가 있는 누군가에 의해서만 집행될 수 있다고 말하는 데까지만 수용될 수 있다. 이것이 이런 준칙에 대해 올바른 것이라고 한다면, (권위를 가진) 사람은 그 권위의 행사를 정당화하기 위해 그 행위의 유익을 입증해야만 한다. 처벌과 범죄 사이의 상관관계는 더 이상 필요 없다. 다시 말해 누군가가 이 권위를 가졌다면 말이다.

따라서 슐라이어마허는 응보적 정의의 논리를 훼손한다. 신적인 처벌들은 개인의 악과 처벌이란 행위 사이의 어떤 상관관계에 의해 정당화될 필요가 없다. 하나님은 우리에 대해 권위를 갖고 계시기 때문에 이런 처벌이 유익한 것으로 입증될 수 있다는 것만으로 충분하다. 슐라이어마허는 이 논의를 통해 개인의 죄책과 관련한 칸트의 원자론의 토대를 서서히 파괴한다. 그는 인류를 형성하는 인과적인 힘으로서 하나님을 생각하고, 이런 하나님과 인류를 하나의 덩어리로, 곧 합쳐진 몸으로 다룬다. 죄책은 결과적으로 집단적이다. 이와 유사하게 죄도 집단적이다(롬 5:12, 15; 갈 3:22). 따라서 신적 정의의 대상은 개인이 아니다. 우리가 개인을 신적 정의의 대상으로 취급할 때 "우리는 신적 정의의 속성을 시민 사회의 정의에 단순히 대응하는 것으로 격하시킨다. 이것 때문에 우리가 종종 부정의를 느낀다."[51] 처벌도 비슷하게 집단적이거나 혹은 공동체적인 것이다(벧전 4:6). "우리는 모든 죄가 악을 반영하고 모든 악은 죄에 의해 설명될 수 있다는 원리에 대한 완전한 입증에 도달한다."[52]

따라서 이 세상에서 만나는 악의 총체성은 하나님의 사랑에서 흘러나오는 신적인 처벌의 결과다(잠 3:12; 계 3:19). 하지만 이런 처벌들은 응보적인 기능이 아니라 다른 기능을 가졌다. 슐라이어마허는 처벌의 유일한 역할이 억제하는 것이라고 주장한다. 억제는 감각적 의식이 인류를 지배하는 한 필요하다. 하지만 이런 의식이 신적인 의식에 의해 대체된다면, 처벌은 더 이상 필요하지 않다. 시민법은 비슷하게 그런 제한적인 역할을 위임받았다.

슐라이어마허는 처벌이 개혁적인 것일 수 없음을 다음과 같이 매우 분명하게 말한다. "하나님을 의식하는 것이 처벌에 의해 강화될 수 있다면,

---

51 Friedrich Schleiermacher, *Christian Faith* [이하 *CF*], ed. H. R. Mackintosh, J. S. Stewart (Edinburgh: T&T Clark, 1989), 84.2. 『기독교신앙』(한길사 역간).

52 Ibid.

가능한 한 완벽한 것으로서 신적 처벌의 체계는 구속 대신에 행해질 수 있다."[53] 처벌은 응보적이지 않다. 하나님(Deity)은 자극에 영향을 받을 수 없으시기 때문이다. 다시 말해 처벌의 유일한 목적은 억제다. "하나님을 의식하는 능력이 아직 죄인 안에서 활동적이지 않는 한, 그것의 목적은…지배적인 감각적 성향들이 억제되지 않는 습관을 통해 완전한 지배력을 획득하는 것을 막는 [것이다]."[54]

슐라이어마허의 속죄론

속죄론에 대한 슐라이어마허의 윤리 체계는 다음과 같이 요약할 수 있다. (1) 구원은 보상의 논리에 의해 이해될 수 없다. 칸트는 구원을 초자연적인 것으로 만드는 대가로 행복을 최고선에 잘못 연결한다. (2) 최고선은 하나님을 의식하는 것에 의해 자각된 욕구들의 조화에 내재한다. (3) 악과 죄의 힘을 고려한다면, 그러한 변화는 외부에서 영향을 받아야 한다. (4) 육체적 가해인 처벌은 감각적인 본성을 지향하고 구원론적인 목적에 도움을 주지 못한다.

슐라이어마허는 칸트의 "경험주의적 이단성"에 강력하게 반발하는데, 여기서 그는 칸트의 모범론을 염두에 두고 있다. 그리스도는 단순히 새로운 자아의 전형으로 인식될 수 없다. 그러한 외적인 모범은 우리에게 쓸모없다. 우리의 욕구는 방향을 잃었고 다시 올바른 방향에 집중할 필요가 있다. 그리스도는 역사적인 인물로서 자신의 제자들에게 하나님의 의식을 깨

---

53 Ibid, 84.3.
54 Ibid.

우는 데 있어 절대적으로 중요하다. 따라서 그리스도의 근본적인 역할은 자신이 소유한 완벽한 하나님에 대한 의식을 우리 안에 심어주는 것이다. 하지만 이것은 역사를 통해 그리고 주로 교회가 형성되는 것을 통해 일어난다. 슐라이어마허는 칸트의 원자론—인류의 보편적 이상들에 직면한 개인—을 거부할 뿐만 아니라 아주 유익하게 죄의 집단적 본질을 강조한다. 모범론은 죄의 편만성 때문에 정확하게 작동하지 않는다. 칸트는 근본악을 이해하지만, 도덕적 진보와 관련한 그의 낙관주의는 죄의 크기에 비추어 볼 때 정당화되지 않았다. 하지만 칸트의 모범론에 대한 이런 비판은 슐라이어마허가 불쾌하고 의심스러운 것이라고 생각하는 원죄론으로 회귀하는 데까지 나아가지는 않는다. 그럼에도 슐라이어마허는 죄가 인간의 본성을 바꾸는 특별한 행위에서 유전되지 않고도 보편적이고 필연적인 것일 수 있다고 주장한다.[55]

슐라이어마허가 이해한 칸트의 출발점에 따르면, 신학은 종교적 의식의 내용들을 반성한 것이고 특히 기독교의 종교적 의식은 예수라는 역사적 인물에게서 기인한다. 따라서 그가 다음과 같이 주장하는 것은 전혀 놀랍지 않다. "우리는 내적 상태의 일부분을 형성하거나 어떤 방식으로 그것에 덧붙여지는 하나님-의식이 고통으로 우리의 자아-의식을 결정할 때는 언제나 죄 의식을 가진다. 따라서 우리는 성령에 반대하는 육체의 적극적인 적의로서 죄를 인지한다."[56] 따라서 죄 의식 자체는 "우리가 그분의 죄 없는 완벽함을 심사숙고했을 때만 아주 명료하게 드러나는 것처럼 구원자의 자

55 Walter E. Wyman Jr., "Sin and Redemption," in *The Cambridge Companion to Schleiermacher*, ed. Jacqueline Marina (Cambridge: Cambridge University Press, 2005), 134을 참고하라.
56 Schleiermacher, *CF* 66.

기계시의 결과로서만"[57] 일어난다.

따라서 죄는 근본적으로 의식의 문제다. 또한 그것은 죄에 빠지기 쉬운 유전된 성향으로서 혹은 그가 "선천적인 죄의 성장"이라고 말한 것으로서 자연적으로 유전되기보다는 사회적으로 유전된다. 이것은 선에 대한 무능력을 산출한다. 이것은 칸트의 도덕적 낙관주의를 직접적으로 논파한다.

그러한 무능력은 그리스도의 영향력을 통해서만 극복될 수 있다. 그분의 완벽한 하나님-의식, 곧 "그리스도의 마음"(빌 2:5)은 그분의 제자들에게 전달될 수 있다. 마리나는 그리스도의 마음을 나눠주는 것은 단순히 모범론을 보여주는 것이 아니라, 그리스도는 새로운 인간의 인격을 적극적으로 창출하시는 분임을 보여주는 것이라고 주장한다. 이것을 칸트와 관련해서 이해해보자. 그리스도는 자신의 제자들에게 자신의 복을 나눠주신다. 이것은 슐라이어마허가 속죄에 대한 "마술적인" 견해라고 말하는 것에 위배된다. 이 견해에 따르면, 속죄는 빚을 탕감하는 것이다(골 2:14). 칸트는 정말로 이것에 근접해 있다. 비록 그가 대리인을 역사적 그리스도가 아니라 옛 자아와 지속적인 관계를 맺고 있는 새로운 자아로 보지만 말이다. 어쨌든 마술적 견해들은 심각하게 결함이 있다. 한편, 그것들은 공동체와 구원의 역사적 중재의 중요성을 설명하지 못한다(고후 5:18). 따라서 그리스도의 공로가 개인의 구원으로 전가되는 것은 "마술"이다. 다른 한편, 그러한 견해들은 마리나가 "인격을 형성하는 그리스도의 사역의 특성"[58]이라고 말하는 것을 간과한다.

이것은 최고선에 대한 슐라이어마허의 개념에 절대적으로 필요한 것

57 Ibid., 100.2.

58 Marina, *Transformation*, 207.

이다. 그리스도가 행하신 것은 축복을 나눠주는 것이다. 슐라이어마허는 축복이라는 표현을 욕구를 질서지운다는 의미로 사용하는데, 그것으로 인해 하나님-의식이 우세해지고 감각적 의식이 감소한다. 이런 축복은 엄밀히 말해 칸트의 행복과 다르다. 칸트의 행복은 감각적인 틀에서 기능하기 때문이다. 곧 그것은 경험적 행복이다. 하지만 슐라이어마허는 경험적인 것과 감각적인 것을 모두 받아들이지 않는다. 축복은 감각에서 유래하는 분열에도 불구하고 복되신 하나님을 지향하는 데 있다. 그러한 축복의 나누어 줌은 인격을 형성하는 그리스도의 활동을 통해 일어난다. 이런 활동은 쾌락과 고통에서 벗어나 하나님을 향해 나아가는 의식의 방향 전환이다.

이 견해에는 분명하게 "신비적인" 것이 있다. 인격을 형성하는 그리스도의 활동은 그분의 제자들이 그분의 가르침을 듣고 그것을 모방하려고 시도하는 "윤리적" 경로를 따라서 진행되지 않는다. 슐라이어마허는 그러한 일단의 가르침과 권고들에 대한 생각에 함축되어 있는 "당위"를 피하는 것처럼 보인다. 존 크로슬리(John Crossley)가 유용하게 지적했던 것처럼 그리스도는 이처럼 새로운 도덕이 아니라 새로운 동기를 불러일으키신다.[59] 그리스도의 근본적인 영향은 우리의 의식 구조를 "신비하게" 바꾼 것이다. 그 결과 우리의 의식은 하나님-의식을 향해 나아간다. 이런 방향 전환은 결코 완전하지 않지만, 그럼에도 하나님은 믿음에 근거해서 그것을 완전한 것으로 간주하신다. "따라서 그분과 우리의 연합은 비록 상대적인 표현 이상의 것을 결코 포함하지는 않지만 그럼에도 불구하고 절대적인 것으로 그리고 영원한 것으로 하나님에 의해 인식되고 우리의 믿음 안에 있는 것으로 확

---

59 John Crossley, "Schleiermacher's Christian Ethics in Relation to His Philosophical Ethics," *The Annual of the Society of Christian Ethics* 18 (1998): 93-117(여기서는 109).

증된다."[60]

하나님의 영원한 계획과 작정 안에서, 그러한 인간 본성의 변화는 그리스도의 영향을 통해 일어나는 것으로 규정되었다. 구속과 화해가 가능한 것은 그리스도의 인격과 사역 때문이다. 슐라이어마허는 그리스도의 인격과 사역에 대해 그분의 고난의 역사적 실재를 정당화하면서도 마술적 견해를 피하는 설명을 제공해야만 한다. 이런 종류의 영향이 가능하려면 그의 삶에 대해 무엇이 진실이어야 하는가?

슐라이어마허는 그리스도가 인류의 죄를 담당하셨다고 주장한다. "그분은 세상의 죄에 대해 공감하셨고 그 죄를 짊어지셨다."[61] 하지만 이런 "공감"은 죄에 의해 초래된 죄책의 짐을 실제로 소유한 것이 아니다. 결과적으로 그분의 죽음은 죄를 위해 신적 처벌을 받은 것일 수 없다. 이런 생각은 신적 처벌의 본질을 오직 그리스도 안에서만 공감된 것에서 나온 그 자신의 개인적 의식으로 간주함으로써 모든 인간적 진리를 그리스도의 인간의 의식에서 박탈한다.[62]

그럼에도 그리스도는 우리 죄 때문에 고난을 받으셨다고 이야기될 수 있다(롬 4:15; 벧전 2:24). 슐라이어마허는 이 고난을 그분의 인간성의 필연적인 부분으로 간주하고 그것을 "소극성"이라는 개념에 포함시킨다. "(어떤 분명한 계기는 소극적인 상태를 항상 전제한다. 그리고 그 소극적인 상태에 영향을 받는 것에 국한되지 않고서는 어떤 활동도 이루어질 수 없는 것처럼) 어떤 분명한 계기가 없이는 결코 어떤 행동도 없고 그리고 이런 한계는 고통으로 느껴진다."[63]

---

60 Schleiermacher, *CF* 104.3.
61 Ibid., 104.2.
62 Ibid., 104.3.
63 Ibid., 104.2.

그는 그리스도의 순종과 관련해서 적극성과 소극성을 엄격히 구분하기를 거부한다. 이러한 것들은 항상 적극적이고 현재에 일어난다. 그리스도의 고난은 인간 존재의 본성을 고려할 때 그것의 조건으로서 "그분의 생애 동안에 그분과 함께했다." 고난의 필요는 그가 우리의 죄에 대한 응보적인 고통을 받아야만 한다는 사실에서 기인한 것이 아니라 성육신을 위한 것이다. "고난이 없는 그리스도의 행위는 구원을 이룰 수 없고, 행위가 없는 고난은 화해를 이룰 수 없다."[64]

그리스도의 고유한 정체성은 그가 인류의 최고선을 구현했던 방식에 있다. 그의 감각적 의식은 순전히 소극적인 것이었고 그의 하나님-의식에 자리를 내어주었다. 따라서 슐라이어마허는 『예수의 생애』에서 다음과 같이 주장할 수 있었다. "그의 도덕적 발전은 분투 없는 진보였을 뿐 아니라 그의 지적 발전도 오류 없는 진보였다."[65] 마리나 역시 예수가 진짜로 유혹(참조. 히 4:15)을 받지 않았다는 슐라이어마허의 의심스러운 결론에 대해 다음과 같이 지적한다. "예수 안에 있는 감각적인 자기의식은 그가 죄와 분투해야만 했던 방식으로 어떤 것을 매혹하는 것이나 거부하는 것으로 결정할 수 있었다고 생각하는 것은 예수 안에, 비록 무한하게 작은 것이지만, 죄의 기원이 있다고 가정하는 것이다."[66] 즐거움과 고통을 가리켜 행위를 자극하는 것으로 (따라서 유혹을 일으키는 행동으로) 간주하는 감각적인 의식은 예수 안에서 완전히 부재했거나 아니면 전적으로 소극적인 것이었다.

하지만 악은 그 가해진 고통이 행위를 자극하는 동기로 작용할 수 있을 때만 처벌로 간주될 수 있다. 그러나 예수의 의식에서는 고통을 그러한

---

64 Ibid..
65 Marina, *Transformation*, 202에서 인용.
66 Ibid., 203.

방식으로 간주할 수 없었다. 그러므로 그리스도가 십자가라는 악을 형벌로서 경험했다고 주장하는 것은 문제가 있다. 그럼에도 엄밀하게는 그리스도가 우리를 대신하여 "만족시키는 대표자로서" 행동하셨다고 말할 수 있을 것이다. 그리스도는 우리의 형벌을 폐하신다. 그분은 우리의 형벌을 당하신다는 의미에서가 아니라 우리의 자기의식을 그분 자신의 형상으로 바꾸신다는 의미에서 형벌을 폐하신 것이다. 그 결과 그분이 십자가라는 악을 처벌로 인식하지 않았던 것처럼 우리도 우리의 감각적 자기의식의 영향력 아래에 놓인 삶에 있는 악들에 반응하지 않는다(살전 1:6; 벧전 2:19; 3:14). "우리는 다음과 같이 말할 수 있다. 곧, 그리스도의 형벌을 통해 처벌이 폐지되었다. 그분과의 축복된 삶의 교제에서 사라지는 과정 가운데 있는 악조차도 더 이상 처벌로서 간주될 수 없기 때문이다."[67]

슐라이어마허는 지금 자신의 체계, 곧 의식의 체계에서 근본적인 문제를 다루고 있다. 속죄에 대한 마술적 견해의 문제는 그것이—가장 강렬한 개인적 감정인—죄책과 처벌의 책임을 혼동한다는 것이다. 속죄의 마술적 견해는 처벌의 책임을 그리스도께 전가하는 것은 개인적 죄책을 치료하는 것과 일치하는 것이라고 그릇되게 가정한다. 그리스도는 우리가 더 이상 고통을 경험하지 않을 것이라는 의미로 우리의 처지에서 죽지 않으셨지만, 우리는 그분이 경험하셨던 것처럼 그것을 경험할 수 있다는 의미에서 우리의 처지에서 죽으셨다.

하지만 우리는 그리스도가 가진 하나님-의식과 결합할 때만 그리스도의 행위가 가진 유익들을 이용할 수 있다(엡 2:12). 그로 하여금 일종의 공로를 얻게 하고 그다음에 그것을 우리에게 전가할 수 있게 했던 것은 율법

67 Schleiermacher, *CF* 104.4.

에 대한 그리스도의 적극적인 순종이 아니라 십자가의 지점까지 이르는 그의 소극적인 순종이다. 마술적 견해는 인류의 근본 문제, 곧 의지의 방향 상실이라는 근본 문제를 오해한다. (그리스도의) 처벌이라는 생각은 그 자체가 문제시 되고 대체되어야 하는 틀 안에서 기능한다. 처벌은 감각적인 의식이 우선적으로 허용될 경우에만 경험될 수 있다. 이것은 해결책이 아니라 오히려 문제 자체다. 그리스도는 우리의 의식을 다음과 같은 방식으로, 곧 우리의 의식이 하나님을 우리의 박해자로 지각하게 만드는 죄에 사로잡힌 상태로부터 우리가 삶에 있는 악들을 하나님의 아들에게 적합한 것으로 멀어지게 하는 것으로 취급할 수 있도록 해주는 은혜에 사로잡힌 상태로 변화하게 해주는 방식으로 바꾸신다.

도너는 다음과 같이 말한다. 슐라이어마허의 속죄론은 "속죄의 사역과 관련해서 하나님의 정의를 거의 완전히 무시한다.…[그리고] 하나님에게 끼친 모든 영향을 배제한다."[68] 칸트는 하나님이 의무에 입각하여 정의롭게, 곧 도덕법—이것은 처벌을 요구한다—에 일치하게끔 행동하셔야 한다고 생각했지만, 슐라이어마허는 법이라는 분명한 개념이 어쨌든 핵심을 놓치고 있다고 간주한다. 우리는 슐라이어마허가 법을 내면화한 것이라고 말할 수 있다. 곧 선과 도덕적 정직함은 의무를 위해 법에 합리적이고 자유롭게 복종하는 것이기보다는 욕구를 바람직하고 질서 있게 하는 것의 문제다. 이런 설명은 칸트의 설명보다는 좀 더 인격적이고 인간미가 있는 것처럼 보이지만, 그것은 죄를 자연적이고 불행한 발생으로 여기는 대가를 치르고 채택한 것이다.

68 Dorner, *System of Christian Doctrine*, 4:51.

알브레히트 리츨(1822-1889)

리츨의 슐라이어마허, 칸트 그리고 법

칸트 학파와 신칸트 학파의 영향이 리츨의 신학 체계 전반에 걸쳐 강하게 느껴진다. 리츨의 신학적 방법론과 관련해 칸트의 영향을 세부적으로 살펴보기에는 지면이 충분하지 않지만, 리츨은 칸트의 윤리적 강조점을 선호하기 때문에 종교를 감정(Gefühl)의 영역으로 강등시킨 슐라이어마허를 반대한다는 점을 지적하는 것으로도 충분할 것 같다. 따라서 리츨은 종교적 판단을 가치 판단으로 간주한다. 형이상학은 물질과 정신을 구별해야 하는데도 그것들을 하나로 취급하는 실수를 저지른다. 우리는 관찰자와 사물의 관계를 고려하지 않고 그 사물을 이해할 수 없기 때문에 하나님 자신은 그분의 행위에서 지각될 수 없으시고, 교회의 의식(consciousness)을 통해 계시 안에서만 알려지실 수 있다는 결론이 논리적으로 도출된다. 리츨은 슐라이어마허와 거의 비슷하게 기독교 의식의 방법론적·인식론적 우선성을 강조한다. 우리는 교회에서 소개하는 그리스도의 영향을 통하지 않고서는 하나님께 접근할 수 없고, 죄에 대한 지식도 가질 수 없다.

하지만 리츨은 슐라이어마허와 다르게 이런 영향을 욕구들의 윤리 이전의 차원에서 영향을 끼치는 신비적인 것이 아니라 도덕적 원리가 되는 하나님 나라의 관점에서 이해한다. 다른 말로 하자면 예수의 영향은—슐라이어마허의 반대 주장에도 불구하고—마술적 방법에 의한 것이 아니라 역사를 통해 확대된다. 오히려 예수는 윤리적이고 역사적인 몸이라는 토대, 곧 자신의 나라를 통해 인간 역사의 과정에 영향을 끼치신다.

리츨은 기독교를 목적론적인 형태를 띤 유일신론적 종교로 간주하는 슐라이어마허를 옹호한다. 하지만 슐라이어마허는 윤리 이전의 기계론적 인 사유 방식으로 퇴보하고 칸트의 윤리학이 강조하는 **당위**를 버림으로써 이런 정의를 일관되게 적용하는 데 실패한다.

리츨이 슐라이어마허의 사상을 거부한 또 다른 측면은 그의 결정론이다. 리츨에게 종교적 문제는 자연을 벗어나는 자유의 문제다. 제임스 브란트(James Brandt)는 이 두 명의 신학적 거장이 저술 활동을 했던 서로 다른 시대적 상황을 유용하게 지적한다. 그는 우리가 이런 상황의 차이를 알면 리츨이 슐라이어마허를 격렬하게 반대하는 것에 대해 균형감을 잃지 않고 이해할 수 있다고 주장한다. 리츨은 슐라이어마허의 역사적 상황에 주의를 기울이지 않기 때문이다. 슐라이어마허는 주로 종교를 도덕으로 환원하는 경향과 그 시대의 합리주의에 반대했다. 그는 이에 대한 반응으로 기독교 경건(감정)이 가진 고유한 본질을 주장했다. 리츨에게 이것은 자연과 정신의 경계를 모호하게 하는 것이다. 하지만 리츨은 이에 대해 비판적으로 생각하고, 종교를 자연의 한 측면으로 환원하는 위협을 가한 당대의 과학주의와 유물론을 반대한다.[69]

자연과 정신의 관계에 비추어 이런 차이점을 기억하는 것이 우리에게 도움을 줄 것이다. 슐라이어마허는 궁극적인 구원론적 임무를 역사에서 하나님-의식의 영향을 통해 자연을 개선하는 것으로 이해했다. 그는 최고선을 이성이 본성에 정신을 불어넣는 것으로 생각했다. 궁극적 자유는 자연적 제약에서 자유로워지는 데 있는 것이 아니라 제지할 수 없는 필연적인 영향들을 조화롭게 하는 데 있다. 본래적인 개인의 자유와 이런 종류의 결

---

69 James M. Brandt, "Ritschl's Critique of Schleiermacher's Theological Ethics," *Journal of Religious Ethics* 17 (1989): 51-72.

정론 사이에는 모순이 없다. 한편 리츨에게 구원론적인 임무는 (다시) 정신이 자연으로부터 자유롭게 되는 것이고, 정신이 자유를 사용하여 자연의 제약으로부터 고양되는 것이다. 따라서 창조세계에서 신의 인과성(자연을 개선하는 힘)에 대한 슐라이어마허의 강조는 개인의 내적인 가치에 대한 새로운 강조에 자리를 양보해야 한다.

리츨은 결코 개인주의자가 아니었고 칸트의 원자론에 적절한 수정을 가했지만, 그럼에도 그에게 윤리는 개인의 자유를 포함한다. 슐라이어마허 역시 자연주의자와 결정론자의 관점을 선택하고 개인주의자의 관점을 버림으로써—우리가 살펴보았던 것처럼—개인의 죄책의 중요성을 이해하는 데 실패했다. 구원은 개인의 윤리적 태도를 통해 성취되는 것이 아니라 단순히 인류라는 "집단"을 치료하면서 역사에서 작동하는 신적인 인과성이다. 클로드 웰치(Claude Welch)가 다음과 같이 말한 것처럼 말이다. 감정이라는 슐라이어마허의 출발점은 "윤리적 견해보다는 오히려 미학적 견해를 나타낸다. 그것은 신자들의 공동체가 가진 도덕적 특징을 손상시키고, 자비와 용서라는 참된 감사를 배제한다."[70] 자비는 실제로 필요 없다. 죄는 자연 세계에서 우리가 발전하는 데 필요한 조건이고 실제로 법을 침해한 것이 아니기 때문이다.

따라서 리츨은 하나님 나라의 실현을 위한 조건인 칸트의 **당위**로 되돌아간다. 칸트는 하나님 나라, 곧 사람들이 덕이라는 법에 의해 하나로 긴밀하게 결속한 연합체를 위한 윤리의 중요성을 깨달았던 첫 번째 사람이었다. 슐라이어마허는 기독교의 목적론적 특성을 정확하게 이해했음에도 불

---

70 Claude Welch, *Protestant Thought in the Nineteenth Century*, vol. 1, 1799–1870 (New Haven: Yale University Press, 1972), 10.

구하고 이것을 간과했다. 하지만 도덕적으로 좋은 행위는 필요하다. 기독교는 이 세상을 초월한 하나님 나라를 궁극적 목적으로 추구하기 때문이다. 더욱이 루터와 다른 개혁가들이 하나님 나라를 깨닫지 못한 것은 선행의 문제를 해결하지 못하도록 그들을 방해했다.

슐라이어마허는 우리 행위의 자연적인 조건이 윤리 이전의 차원인 감정의 영역에서 내면화되지 않고서는 속죄가 완성된다는 것을 생각할 수 없었지만, 리츨은 속죄를 사랑의 공동체에서 하나로 긴밀하게 연합한 개인들의 행위의 차원에서 실현되는 것과 별개로 불완전한 것으로 남겨둔다. 전형적인 근대의 방식으로 기술된 이 두 가지 속죄론은 인간의 주관성을 위한 새로운 조건을 창출하는 것(슐라이어마허는 감정, 리츨은 윤리적 행동)과 관련해서 그리스도의 사역의 본질을 이해한다. 따라서 그것들은 "도덕적 영향"론이라고 표현될 수 있다. 이런 표현이 그것들 사이에 있는 중요한 차이점을 모호하게 하지 않는 한은 말이다. 그 두 가지 도덕적 영향론은 정통주의, 특히 그것의 법정주의(forensicism)를 크게 반대한다. 한편 슐라이어마허는 정통주의와 칸트식의 도덕법의 법적인 체계를 거부했다. 다른 한편 리츨은 자연의 제약을 넘어 도덕적 성품의 발전으로 이어지지 못하는 것과 관련해서 법정주의를 거부한다.

하나님 나라라는 구조에서 리츨의 윤리적 출발점을 이해하는 것이 매우 중요하다. 하나님 나라의 임무는 가족, 신분 그리고 국가 등의 특성들에 제약을 받지 않는 것이며 "사랑에 의해 촉발된 상호적이고 사회적 행위를 통한" 연합을 성취하는 것이다. 웰치는 다음과 같이 말한다. "그것은 독립된 도덕적 인간성을 성취하는 데 있다. 그 도덕적 인간성의 정신이 본성을 지배한다." 우리가 앞으로 살펴볼 것처럼 리츨은 "법적인 것"과 실정법 및 시민법을 융합하려는 경향이 있다. 그는 법적인 것과 도덕적인 것을 대조한다. "우리는 도덕법과 시민법을 완전히 구분된 것으로 유지해야만 한다."[71] 가족, 신분 그리고 국가의 관계는 (가족의 경우처럼) 자연 법칙 혹은 (국가, 신분의 경우처럼) 실정법에 의해 규정된다. 그러한 법 아래에서 성취되는 연합은 강제적인 사랑이나 칸트가 "병적인 사랑"이라고 말한 것에 의해 결정되는 자연적인 것이거나 혹은 강력한 힘(또는 합의를 통해 확립되고 힘을 통해 유지되는 사회적·민주적 연합)을 통해 유지된다. 이 두 가지는 보편적 지위에 도달하지 못하는 배타적인 연합이다. 가족의 연합은—부모와 자녀, 남편과 아내 사이의—사랑에 의해 지배를 받지만 또한 가족에 속하지 않은 이들을 배제하는 것에 의해서도 지배를 받는다. 비슷하게 국가의 연합은 외부에서 가해질 수 있는 위협에 대항하는 힘에 의해 유지된다. 자연적인 것이든 혹은 합의에 의한 것이든 이런 모든 연합은 다른 사회적 형성을 배제한다. 따라서 그것들은 덕이라는 법을 통해 유지되는 연합을 마음에 그리고 있는 사랑이라는 하나님 나라의 보편적 목적을 보여주지 못한다.

칸트의 정언명령은 이런 입장을 명료하게 하는 데 도움을 준다. 하나님 나라의 연합은 의무를 따라서 서로 사랑하도록 명령하는 개인들이 모인 집단의 연합이다(고전 12:13; 엡 2:14). 그들의 사랑은 병적이지 않고 따라서 관련 없는 조건에서 결정되지 않는다. 그것은 단순히 그 자체를 위한 사랑이다. 또한 이 사랑은 보편적이다. 사랑하라는 의무는 보편적 의무다. 그것은 자신의 신분, 인종, 가족, 국가의 제약을 넘어 확대된다.

따라서 이 하나님 나라를 수립하는 것과 관련한 그리스도의 목적은 모든 사람을 이 사랑의 공동체로 데려오는 것이다. 슐라이어마허에게 구원은

---

71 Albrecht Ritschl, *A Critical History of the Christian Doctrine of Justification and Reconciliation*, trans. John S. Black (Edinburgh: Edmonston & Douglas, 1872), 269.

본성을 개선하는 것과 관련이 있었지만, 리츨에게는 본성으로부터 벗어나는 것이다. 본성은 나에게 제한된 수의 사람만 사랑하라고 강요하기 때문이다. 성령은 그 자체로 본성에 속해 있는 윤리 이전의 차원에서 일하지 않으시지만, 그분의 역할은 본성의 요구를 넘어 인간의 성품을 고양시키는 것이며 덕의 나라로 그를 포함시키는 것이다.

몇몇 신학적 방법에 대한 리츨의 반대를 다시 살펴보자. (1) 첫째, 정통주의는 법적인 것과 도덕적인 것을 구분하지 못해 거부된다. 이 거부는 슐라이어마허가 정통주의를 거부한 것과 매우 비슷하다. 정통주의는 (매우 개인적인) 죄책과 (법률의 문제가 되고 우리의 도덕적 본성과는 관련이 없는) 처벌의 의무를 혼동했다. 하지만 (2) 리츨은 구원과 관련한 하나님 나라의 중심성과 이 나라를 수립하는 데 있어 개인의 윤리적 행위의 중요성을 이해하지 못한 슐라이어마허의 신비적 접근도 거부한다. 슐라이어마허의 낭만주의에서 제거된 윤리적 관점이 회복되어야 한다.

나는 법에 대한 리츨의 관점을 분명히 하고자 한다. 나는 근대의 법철학이 실정법을 강조하는 경향을 저버렸음을 이미 강조했다. 이것은 근대의 법철학에는 자연법 전통이 없음을 말하는 게 아니다. 정말로 스톤이 지적했던 것처럼 칸트는 이미 그러한 전통에 도움을 준 것으로 묘사되었다. 하지만 실정법에 대한 이런 강조에도 불구하고, 근대는—실증적이고, 사람들의 순전한 의지를 통해 만들어지며, 도덕과의 연관성 없이 독립적으로 합법화된—시민법과—적어도 칸트와 리츨에게는 보편적이고 이성에게 솔직하며 적용 가능한—도덕법의 관계를 약화시킨다.

리츨은 의심할 여지 없이 시민법과 도덕법의 구분을 수용한다. 그는 모든 외적인 적법성을 긍정적인 본질을 가진 것으로, 그리고 도덕적 인격을 발달시키는 데 매우 제한된 기능—설사 있다 해도—을 가진 것으로 취급한다. 도너가 명료하게 설명한 것처럼, 법적 권한은 **외적인 질서**, 곧 **특정한** 국가의 목적을 촉진하는 행위 체계를 언급한다. 다시 보편적인 것과 개별적인 것의 대조를 주목해보자. 법적인 명령은 개별적인 것이다. 도덕법은 보편적인 것이다. 결론적으로 도덕 체계는 법적 체계보다 훨씬 더 광범위하다.

여기서 우리는 법정주의에 대한 리츨의 거부를 다른 관점에서 관찰할 수 있다. 첫째, 우리는 하나님 나라가 우리의 내면에 끼친 결과라는 관점에서만 하나님의 행위를 이해할 수 있다. 하지만 둘째로 이 나라는 법적인 정의(마 23:13; 눅 16:16)가 아닌 덕과 도덕적 행위, 곧 보편적 사랑(골 1:13)과 관련이 있다. 따라서 신론은 정의 개념과 관련한 독립적인 사변에 기초하지 않아야 한다. 신적 정의에 대한 우리의 모든 개념은 하나님 나라와 관련이 없는 것으로부터 나오면 안 되고 그 나라에 대한 우리의 도덕적 경험에서 나와야 한다. 레온하르트 스텔린(Leonhard Stählin)은 다음과 같이 말한다. "하지만 본질적인 옳음이나 본질적인 필연성이라는 생각보다 리츨의 경험적 관점과 양립할 수 없는 것은 없다."[72] 이 모든 것은 그저 추상적 개념일 뿐이다.

리츨의 죄와 처벌

지금까지 리츨이 칸트 및 슐라이어마허와 맺고 있는 관계를 규정했다면, 이제는 리츨의 신학 체계 자체로 더 깊이 나아갈 상황, 즉 그의 속죄론과

---

72 Leonhard Stählin, *Kant, Lotze and Ritschl*, trans. David Worthington Simon (Edinburgh: T&T Clark, 1889), 211.

다른 적절한 조건들을 명확히 살펴봐야 하는 상황에 이르렀다. 죄에 대한 그의 견해와 처벌에 대한 그의 이론이 특별히 관련이 있다.

칸트의 도덕적 관점에 대한 리츨의 이해를 고려할 때, 리츨이 개인의 죄책에 대한 교리를 강하게 긍정하는 것은 전혀 놀랄 일이 아니다. 그는 죄책을 너무 심하게 약화시킴으로써 신의 용서와 은혜의 필요성을 부정했던 계몽주의 신학자들을 몹시 책망한다.[73] 하지만 리츨은 어느 정도 정상을 참작할 만한 상황을 발견한다. 정통주의는 죄책의 개념을 원죄와 아주 밀접하게 연결했고, 이 원죄의 전가에 대한 특정 설명, 즉 원죄 개념과 관련한 회의론은 반드시 죄책의 타당성에 영향을 끼칠 수밖에 없었다. 하지만 죄책이라는 관념은 원죄라는 관념에 의존하지 않는다. 칸트에게 죄책이라는 관념은 도덕법이라는 개념에 의해 충분히 지지를 받는다. 칸트가 도덕법을 자유의 원리에서 찾았지만, 종교개혁가들이 이 도덕법을 하나님에게서 이끌어낸 것은 신학에 전혀 문제가 되지 않는다.[74] 그런 도덕법이 존재하며, 그것을 준수하지 않는 것은 개인에게 죄책이라는 짐을 안겨준다. 칸트의 초월적 자유론은 정통주의가 도덕법 개념을 취급하는 것에서 성취하지 못한 방식으로 죄책의 보편성과 객관성을 입증한다.

리츨은 원죄가 죄책으로 알려지기 위해서는 도덕법이라는 생각이 필요하다고 주장한다(롬 5:13). 나는 이 죄가 나 자신의 죄라는 사실을 이해해야만 한다. 말할 필요도 없이 리츨은 유명론 외에도 보편적인 죄(generic sin)라는 생각을 거부한다. 모든 죄는 실제적이다. 하지만 그는 칸트에 일치해

---

73 이 문제에 관한 훌륭한 논의는 Ritschl, *Critical History*, 287을 참고하라. 또한 Alister McGrath, "The Moral Theory of the Atonement: An Historical and Theological Critique," *Scottish Journal of Theology* 38, no. 2 (1985): 20.

74 Ritschl, *Critical History*, 390.

서 근본악의 개념, 즉 죄의 깊고 만연하며 음흉한 특성을 계속 주장한다. 그럼에도 그는 한편으로 칸트에 반대해서 우리가 신의 도움 없이도 선을 선택할 수 있다는 것을 믿지 않는다. 따라서 리츨은 칸트의 도덕적 낙관주의를 강하게 거부한다.

그러나 리츨의 방법론적인 출발점은 죄를 무지로 정의하도록 그를 제한한다. 리츨은 슐라이어마허와 거의 비슷하게 우리가 오직 그리스도에 대한 우리의 의식의 관점에서만 죄에 접근할 수 있다고 주장한다. 우리는 오직 그리스도 안에서 나타난 하나님의 계시라는 렌즈를 통해서만 죄를 의식한다. 이것은 그로 하여금 죄는 근본적으로 무지이기 때문에 하나님이 용서하시는 데 어려움이 없다고 주장하게 한다.

더 나아가 객관적인 의미에서 죄를 무한한 것이라고 말하는 것은 말이 안 된다. 이것은 "순전히 이성적인 추론의 결과"다.[75] 대신에 "등급이 있는" 죄의 개념은 죄책에 대한 우리의 직관과 의식에 훨씬 더 잘 부합한다. 우리의 무지와 제한된 능력에 따라서 죄에도 등급이 있다. 우리는 어느 정도 자신을 변호할 수 있는 기회를 리츨에게 허락하자.

> "죄의 무한성"은 객관적으로 이해되는 것이다. 이 경우에 우리는 마니교에 빠진다. 또는 죄의 무한성은 주관적인 인상으로 이해되는 것이다. 이 경우에 그것은 우리가 우리의 모든 상상력을 동원해서도, 그리고 죄책에 대해 우리의 모든 가능한 강력한 인식을 가지고서도 시공간에서 발생하는 죄의 크기와 질서 정연한 인간 역사의 과정을 방해하는 죄의 힘에 도달할 수 없을 뿐 아니라

---

75 Albrecht Ritschl, *The Christian Doctrine of Justification and Reconciliation: The Positive Development of the Doctrine* [여기부터는 *JR*], ed. H. R. Mackintosh, Alexander Beith Macaulay (Clifton, NJ: Reference Book Publishers, 1966), 368. 독일어판 vol. 3의 번역임.

그러한 것을 철저하게 표현할 수도 없음을 의미한다. 하지만 이런 이유로 인해 죄는 **모든 인간의 제한된 힘의 산물로서** 아직 제한적이고 유한하며 하나님의 심판 앞에 밝히 드러난다.[76]

하지만 리츨은 하나님으로부터 용서받을 수 없는 죄(엡 4:17-19)도 있다고 주장한다. "하나님의 세계 질서로부터 추방될 것이라고 예상할 수 있는 죄의 정도가 존재한다."[77] 이것은 끝까지 완고한 자의 죄, 곧 끝까지 단호하게 신앙을 거부한 이들의 죄다. 이런 이들의 운명은 하나님 나라에서 영원히 추방되는 것일 수밖에 없다.

이런 등급이 있는 죄에 대한 개념은 끝까지 완고한 사람은 용서받을 수 없을 것이라는 리츨의 확신과 함께 하나님의 사랑과 용서에 대한 특별한 이해를 제안한다. 리츨에 따르면 하나님은 구속을 받을 수 있는 사람들만을 사랑하실 수 있다. "따라서 하나님의 사랑은 의지의 회심을 전혀 용납하지 않는 죄의 단계에 빠지지 않은 그런 죄인들과만 관련해서 이해될 수 있다."[78] 그러한 확고한 악의 존재는 그 사람 안에는 사랑할 만한 것이 전혀 남아 있지 않음을 의미할 것이다. 리츨에게, 사랑할 만한 것이 전혀 남아 있지 않음은 하나님의 형상이 전혀 남아 있지 않음을 의미한다.

리츨은 이처럼 끝까지 완고한 이들을 기다리는 운명과 관련해서는 모호한 채로 남는다. 물론 그는 그런 이들이 있다 해도 우리가 이런 사람들이 누구인지를 알 수 있다고 생각하지 않는다. 이것은 단순히 하나님의 관점에서의 심판이다(마 25:32; 롬 12:19; 히 10:30). 하지만 결국 리츨의 의도는 하

---

76 Ibid., 369.
77 Ibid., 379.
78 Ibid., 383.

나님의 용서는 가능하다는 것을 지적하는 것이다. 인류가 하나님을 거부한 것은 무지에 기인하기 때문이다(눅 23:34; 행 3:17; 7:60). 그것은 모든 요구 조건과 관련 사항들을 온전히 아는 지식에 근거하여 단호하게 거절하는 의지와는 대조되는 의지의 나약함이다(롬 6:19).

그렇다면 처벌은 어떤가? 리츨은 『칭의와 화해에 대한 기독교 교리』(*The Christian Doctrine of Justification and Reconciliation*) 제1권에서 칸트의 응보주의[79]를 도덕법의 필요한 부분이라고 높이 평가한다. 그는 모든 처벌에는 정의, 즉 물리적 악이 있어야 한다고 말하면서 쾨니히스베르크의 현자(칸트)를 떠올리게 한다. 모든 범죄는 처벌을 받아야 하고, 그것은 당연히 행복의 손실을 가져온다. 리츨은 죄를 법의 위반(요일 3:4)으로 생각하지 못하고 따라서 처벌을 당연히 받아야 하는 것으로 생각하지 못한 슐라이어마허를 비판한다. 더욱이 죄책은 영원한 처벌을 마땅히 받아야 한다. 그것은 금전채무처럼 양도될 수 있는 게 아니다. 그것은 "최고도로 개인적이며 범죄자만이 책임질 수 있는 것이다."[80] 이것은 확실히 다른 사람이 처벌을 책임질 수 있음을 부정하는 가장 강한 개인적인 종류의 응보적 정의다. 채무는 전가될 수 있지만, 이것은 어떤 방식으로도 죄책의 측면을 다루지 않는다.

『교리의 긍정적인 발전』(*The Positive Development of the Doctrine*)을 저술할 시기에 리츨은 응보라는 주제를 다루는 것을 주저하는 것처럼 보인다. 그는 그 책에서 응보는 신과 인간의 법적 관계를 가정한 헬레니즘의 사고라고 주장한다.[81] 그에 의하면 교회는 공적이자 국가적인 법 개념을 하나님과 인간 사이의 관계에 적용함으로써 응보라는 개념을 들여왔다. 그는 신체

---

79 Ritschl, *Critical History*, 396.
80 Ibid., 411.
81 Ritschl, *JR*, 478.

적 해를 가해야 한다는 칸트의 주장에서 벗어나 처벌의 본질이 하나님과의 분리라고 주장한다. 죄책 자체가 처벌이다. 죄책에 대한 의식은 "그 자체가 이미 하나님의 자녀 됨의 특권을 박탈하는 것으로서 처벌의 첫 번째 징후다."[82]

제임스 오르(James Orr)는 여기에 명백한 모순이 존재한다고 다음과 같이 주장한다. "[『칭의와 화해에 대한 기독교 교리』의] 제1권의 입장은 리츨의 후기 교리적 견해들과 특히 그가 헬레니즘의 개념이라고 간주한 '응보' 사상에 대한 거부와 조화되기 어렵다."[83] 오르가 다음과 같이 주목한 것처럼 그 책의 제2권에는 하나님의 징벌적인 의지가 적절하게 사용되지 않는다. "성품과 보상, 선과 악 사이의 기계적인 관계는 근거와 결과, 곧 씨와 열매라는 유기적 관계로 대체된다."[84] 죄책은 법을 침해한 것의 자연스런 결과다.

리츨은 슐라이어마허에 반하여 이런 개인적인 죄책의 중요성에 대해 강조한다. 그는 『칭의와 화해에 대한 기독교 교리』의 제2권 42절에서 죄와 악의 관계를 다룬다. 그는 모든 악을 죄에 대한 처벌로 간주하는 슐라이어마허에게 이의를 제기한다. 자연스럽게 우리가 슐라이어마허에게서 보았던 것처럼, 이런 악들의 기능은 인간이 죄의 길로 더 깊이 들어가는 것을 제지하는 것이다. 그것들은 응보적인 것이 아니다. 반대로 리츨은 종교적 개념이 아닌 악과 죄책에서 직접적으로 파생되는 개념인 죄를 구분하고 싶어 한다.

---

82 Ibid., 384.
83 Ibid., 478.
84 James Orr, *The Ritschlian Theology and the Evangelical Faith* (London: Hodder & Stoughton, 1897), 147.

슐라이어마허 자신이 억제적 처벌로서 죄와 모든 악을 연결지은 것은 리츨이 성경의 하나님에게 낯선 것이라고 주장하는 법적 논리에서 기인한다. "지금 법적인 의미에서 처벌은 시민 사회의 정부가 시민 사회의 절대적 주장을 확증할 목적으로 법적인 의무에 반대로 행동했던 자에게 부과한 박탈이다. 하지만 기독교는 하나님과 인간 사이의 법적인 연합체가 아니다."[85] 리츨은 법적인 체계는—어떤 법적인 체계든—하나님과 인간 사이의 도덕적 관계를 표현하기엔 부적절하다고 주장할 것이다.

반대로 악의 개념은 종교적으로 중립적인 것이다. 그것은 개인의 자유 개념에서 규정된다. "악은 우리가 목적을 갖고 행동하는 것에 가능한 제약을 가하는 전체 범위를 의미하기 때문이다."[86] 이것을 고려할 때, 이 모든 제한이 어떻게든 하나님의 처벌과 관련이 있는 것으로 생각하는 것은 문제가 있다. 우리가 그런 선언을 할 수 있는 것은 오직 법적인 근거에 의한 것이다. 반대로 "그리스도의 명시적인 선언들은 악의 정도를 법적인 형태로, 다시 말해 고통 받는 이들이 저지른 법과의 정도를 보여주는 지표로 받아들이지 말라고 경고한다."[87]

이제—비록 그러한 악들의 전부는 아니지만—일부를 하나님의 처벌의 예로 이해하는 것이 타당한 것처럼 보인다. 하지만 이것이 핵심이다. 곧 그러한 관계는 죄책이라는 기존 개념에 의존한다. "처벌로서 악에 대한 개념은 오히려 특별히 죄책에 대한 종교적 인식에 의해 좌우된다. 그것은 우리가 우리 자신으로 우리의 자유에 제한을 초래한 판단에 의해서뿐만 아니라 문제가 되는 행동이 하나님의 도덕법에 반대된다는 판단에 의해서도 좌우

85 Ritschl, *JR*, 362.
86 Ibid., 351.
87 Ibid., 362.

된다."[88]

슐라이어마허(와 그리고 정통주의)가 모든 악과 처벌을 동일시하는 것은 화해의 교리를 죄와 죄책으로부터 우리가 자유롭게 되는 것에 한정하는 것으로 이어질 수 있다. 하지만 리츨에게 화해는—참된 칸트식 표현으로 말하자면—우리가 세상에서 자유롭게 되는 것을 포함한다. 리츨은 다음과 같이 주장한다. 화해는 "세상으로부터 해방되는 것의 근거가 되며 세상에 대한 영적·도덕적 지배의 근거가 된다."[89] 정통주의의 법적인 체계는 악을 위반에 대한 반응으로서 기계적으로 적용된 처벌로서 간주한다. 이것은 적절한 이해일 수 없다. 하나님과 우리의 관계는 시민법에 기초해서 형성되는 것이 아니기 때문이다. 슐라이어마허는 모든 악을 제약적 처벌로 간주했지만, 그것은 개인의 죄책 없이도 위반과 처벌을 연관시키는 것이다. 그러나 리츨은 모든 악은 하나님의 처벌이 아니라 우리의 자유로운 행위들과—제약으로 작동하는—세상 간의 불화의 결과라고 제안한다. 이런 자유로운 행위들이 법의 위반들로 나타날 때, 죄책감이 뒤따른다. 하지만 칸트가 주장한 것처럼 죄책은 법적인 형태를 띤 객관적인 실체로서, 곧 법의 규정에 의해 기계적으로 결정된 것으로 나타나지 않는다. 오히려 죄책은 도덕법을 위반한 자연스런 결과로서 유기적으로 발생한다. 그런 의미에서, "구제되지 않은 죄책은 하나의 중요한 형벌 상태로 나타난 것이 아니라 사실 모든 외적인 형벌적 악들이 단지 부수적인 상황으로 나타난 것에 불과한 것이다."[90]

하지만 이런 죄가 최종적이지 않은 한 하나님의 용서는 가능하다. 그런 죄에 대한 반응은 엄격하게 법으로 규정된 것이 아니기 때문에 하나님

88 Ibid., 355.
89 Ibid., 357.
90 Ibid., 365.

은 모든 종류의 방식으로 죄악에 반응하신다.

리츨의 속죄론

이 부분에서 지금까지의 논의를 요약해보는 것이 좋을 것 같다. (1) 리츨은 윤리적 임무를 자유로운 인간이 본성의 제약을 넘어 스스로를 고양하는 인격의 발달로 이해한다. (2) 그리스도는 사랑의 공동체, 곧 하나님 나라를 세우심으로써 이것을 성취하신다. (3) 그리스도가 사람들을 이 사랑의 공동체로 이끄시는 방식은 윤리 이전의 방식, 곧 사람들이 가진 욕구의 차원에 신비적인 영향을 끼치는 것에 의한 것이 아니라 그들이 적절하게 도덕적 행위를 시작할 때 개인들의 자유를 온전히 사용하게 하는 것이다. (4) 도덕법에 따라 행동하지 못하는 것은 하나님으로 하여금 그 사람을 말살하게 할 의무를 초래하지 않는다. 오히려 (5) 개인이 느끼는 죄책은 그가 하나님으로부터 소외되는 것이다. 이것이 하나님이 인간에게 내리는 처벌의 본질이다. 이 모든 점이 리츨을 특정한 속죄론으로 이끈다.

첫째, 리츨은 하나님이 제공하신 용서와 예수 그리스도의 역사적 지위의 관계를 부정했던 소키누스의 견해와 함께 칸트의 모범론을 거부했다는 사실이 지금 분명해진다.[91] "소키누스주의자들은 죄의 용서를 단순히 그리스도가 선포하신 말씀에서 도출한다. 그들은 이 말씀을 그분의 개인적 덕과 관련 없는 것으로 말한다."[92] 합리주의가 예수 그리스도의 실증성을 축소하는 것은 역사적 존재인 그리스도가 인류의 도덕적 경험에 완전히 새

91 Ibid., 538.

92 Ibid., 536.

로운 것을 가능케 했다는 사실을 모호하게 한다. "모든 의심을 넘어 예수는 하나님과의 관계에서 새롭고 지금까지 알려지지 않은 것을 의식했으며 자신의 제자들에게 그렇게 이야기하셨다. 그리고 그분의 목표는 자신의 제자들이 자신처럼 세계를 향해 같은 태도를 취하고 자신들에 대해 같은 평가를 내려 이런 조건 아래에서 그들이 하나님 나라를 전 세계에 전하는 임무에 참여하도록 이끄는 것이었다. 그리고 그분은 이런 임무가 자신의 것이었을 뿐만 아니라 그들의 것이었음도 알았다."[93] 따라서 "우리는 그분에게 받았던 충동과 목표를 통해서만 그분이 하나님 및 세상과 맺었던 관계 속으로 들어갈 수 있다."[94] 알프레드 가비(Alfred Garvie)는 리츨의 견해를 다음과 같이 요약한다. "죄의 용서는 그리스도의 인성과 분리될 수 없다. 그분은 인간들로 하여금 자신이 하나님과 맺은 관계와 동일한 관계를 맺게 하시기 때문이다. 그분의 제사장직은 그분의 생애 동안에 그 관계를 유지하는 데 있다. 그분이 죽기까지 복종하신 것은 그런 관계를 유지하는 가장 분명한 표현이자 확실한 증거다. 따라서 죄의 용서는 특별히 그분의 죽음과 관련이 있다."[95]

우리는 그리스도의 죽음이 가진 특별한 중요성을 생각해보는 것으로 다시 돌아갈 것이다. 리츨은 그리스도가 가져온 새로운 차원—이것은 비록 새로운 동기를 포함하지만 단순히 그것만을 의미하지 않는다—이 그분의 제자들의 자유를 무시하지 않는다고 주장한다. 그런 점에서 그것은 매우 윤리적이고 따를 만하다. "예수는 하나님을 향한 자신의 태도가 나머지

93 Ibid., 386.
94 Ibid., 387.
95 Alfred E. Garvie, *The Ritschlian Thelogy, Critical and Constructive: An Exposition and an Estimate* (Edinburgh: T&T Clark, 1899), 319.

인류와 공유되길 원하셨기 때문에, 그분은 자신의 제자들에게 사랑을 통한 인류의 연합을 그들의 목표로서 명하신다. 다른 말로 표현하자면, 그분은 하나님 나라의 실현을 명하신다. 그리고 그분은 세상과의 관계에서 자신의 개인적인 자유를 통해 제자들이 자신으로부터 세상을 보는 관점을 수용하게 함으로써 인간 삶이 모든 세상보다 훨씬 더 가치가 있다는 강한 확신으로 그들을 이끄신다."[96]

여기서는 자유가 가장 중요하다. 그리스도의 영향은, 만일 있다면, 인간적인 용어, 곧—마술적인 혹은 신비적인 용어가 아니라—역사적인 용어들로 이해되어야 한다. 그리스도는 어떤 특정한 행동 지침을 제정하지 않으셨지만 사랑이라는 그분의 예시는 구체적이고 역사적인 다양한 방식으로 구현될 수 있다. 그리스도가 행하셔야 할 임무의 목적은 하나님 나라를 건립하는 것이었지만, "이 목적은 형제 사랑이라는 보편적 원리를 마련함으로써 이루어지기 때문에, 도덕적 삶을 살라는 개별적인 명령이 이런 최고의 원리를 자유롭게 적용하는 것은 예수의 도덕률에 있는 결함이 아니다."[97] 이것은 지혜로운 명령과 같다. 그리스도는 사랑이라는 법을 제외한 다른 법을 명령하려고 오지 않으셨다. 이 사랑을 인간 실존에서 구현할 수 있는 구체적인 방법을 찾는 것은 우리의 몫이다.

그리스도의 임무는 하나님이 우리 가까이에 계심을 우리에게 보여주는 것이다. 하나님을 향한 그리스도의 행위는 하나님이 아니라 인간들에게 변화를 가져오는 데 그 목적이 있다. 그분은 다른 사람들이 이것을 성취할 수 있도록 자신이 먼저 이것을 성취하셨다. 그분 안에 있는 "자기 보존 및

96 Ritschl, *JR*, 414.

97 Ibid., 414-15.

고통 회피 그리고 개인의 명예가 지속적으로 침범당하지 않게 보존하려는 개인적 충동들은 그분의 소명 의식에 종속되어" 있었다. 우리가 앞으로 살펴볼 것처럼, 그분의 죽음에 있는 구원의 효력은 엄밀하게 그분의 "소명 의식" 안에 존재한다. 그분의 소명의 핵심은 다시 한번 우리로 하여금 윤리적 삶을 가능하게 한다. 이런 가능성의 조건은 죄책을 인식하는 형태로 우리가 하나님으로부터 소외되는 것을 없애준다. 우리는 다시 한번 우리 자신을 받아들임으로써만 다른 사람에게 사랑으로 다가갈 수 있다. 하지만 이것은 법의 논리를 초월함으로써만 이루어진다. "수많은 영혼들은 자신들의 자연적이고 유전적인 친밀함으로 인해 자신들의 의지에 따라 실제적인 표현에서 서로 불화하는 관계를 맺을 수 있지만, 그들은 가족, 계급 혹은 민족이라는 사항들에 의해 더 이상 제한받지 않는 행위를 통해, 곧 사랑을 통해 촉발된 상호적이고 사회적인 행위를 하면서 초자연적인 연합을 획득한다(그리고 경험에서 얻은 다양성을 훼손하지 않으면서 그것을 획득한다)."[98]

법을 초월하는 것이 진심어린 사랑을 가능하게 한다(요일 4:18). 이것은 사랑의 원리를 중심으로 인류를 재구성하는 것에 지나지 않는다. 따라서 교회는 개인 구원이라는 주된 일을 위한 부속물이 아니라 그것의 최종 목적이다. 구원은 교회론과 관계없이 이해될 수 없다.

> 그리스도와 복음주의 그리스도인들의 관계는 역사적으로 그리고 논리적으로 신자들의 사귐에 달려 있다. 역사적으로 인간은 믿음에 이를 때 이미 존재하는 공동체를 항상 발견하지만, 그가 공동체의 활동 없이는 이 목적을 달성할 수 없기 때문이다. 논리적으로 인간에 대한 그리스도의 행동은 하나의 공동체

98 Ibid., 280-281.

를 세우겠다는 그분의 선행하는 목적의 기준과 일치하지 않고서는 이해될 수 없기 때문이다.[99]

그리스도는 이 공동체의 머리이며(고전 11:3; 엡 4:15; 5:23) 대표자다(히 3:1). 그런 이유로, 우리가 하나님의 사랑을 항상 부적절하게 구현하는 것이 하나님의 사랑으로 나아가는 데 장애가 되는 것은 아니다. 하나님은 예수 그리스도의 인성 안에서 인류가 재구성된 것으로 간주하신다. 여기서 다시 리츨은 대표자라는 관념을 포용할 수 없는 칸트의 "원자론적 독립성"에서 벗어난다.[100]

대표하는 것은 대신하는 것이 아니다. 그리스도는 우리가 순종할 필요가 없는 방식으로 우리의 입장을 대신하신 것이 아니라, 엄밀하게 그분은 우리가 순종하도록 하기 위해 우리를 자유롭게 하신 것이다(롬 6:8; 고후 5:14-15). 그런 대표자는 배타적이거나 대리적이기보다는 포괄적이다. 그분이 행하신 일, 그리고 행해질 수 있음을 보여주신 일을 우리도 따라 해야 한다. 리츨은 다음과 같이 주장한다. "대표자에 대한 이런 용례는 일반적으로 이해되는 것처럼 배타적인 것이 아니라 포괄적인 것이다. 이 말의 의미는 그리스도가 제사장으로 행하셨던 것을 공동체가 할 필요가 없다는 것이 아니라, 오히려 공동체는 그리스도가 제사장으로서 인간의 처지에서 그리고 공동체의 대표자로서 처음에 행하셨던 것과 동일한 일을 해야 한다는 것이다."[101] 가비가 다음과 같이 말하는 것처럼 이 주장과 전통적인 개혁파 입장의 차이가 분명하게 드러난다. "리츨에 의하면 정통주의에서 죄인

---

99 Ibid., 549.
100 Ritschl, *Critical History*, 411.
101 Ritschl, *JR*, 546.

은 그리스도가 행하신 일 때문에 용서를 받지만, 죄인은 하나님 나라의 시민이 될 것이라는 관점으로 용서받는다."[102]

리츨에게 그리스도의 죽으심은 그분의 삶과 연결해서 이해된다. "우리는 그리스도의 삶의 목적과 반대되는 원리 아래에서 그분의 죽으심의 목적을 이해하면 안 되기 때문이다."[103] 그리스도의 삶의 목적은 분명하게 순종이었다. 따라서 그분의 죽으심은 그분이 계속해서 하나님의 뜻에, 곧 죽음에 이르기까지 순종하신 것이다(빌 2:6-11). 복음서가 그분의 죽으심을 구원에 중요한 것으로 특별히 강조한 사실은 무시할 수 없는 것이다. 정말로 리츨은 그분의 죽으심이 특별히 중요하다는 사실을 인정한다. 하지만 "그리스도의 죽으심의 희생적 가치를 좌우하는 것은 그분이 죽으신 '사건'이 아니다. 하지만 그리스도가 하나님의 약속과 그분의 소명에 대한 충성을 보여주는 최고의 증거로서 자신의 적대자들에 대한 명령에 복종하신 것은 다른 이들에게 이 죽음을 중요한 것으로 만든다." 우리는 그리스도의 죽으심이 그분이 자신의 소명에 순종하신 것과 다른 이들에게 그것을 일으키려고 결단하신 것을 가장 분명하게 보여주는 것이라고 말할 수 있을 것이다.

또한 리츨은 그리스도의 죽으심이 가진 징벌적인 가치를 거부한다. 이것은 처벌의 철학에 대한 우리의 논의에서 직접적으로 도출된다. 어떤 악이 처벌로서 경험되기 위해서는 반드시 죄책감이 동반되어야 한다. 하지만 그리스도는 그러한 감정을 소유하지 않으셨기 때문에, 그분은 자신의 죽음을 처벌로 간주할 수 없으셨다. 오히려 그리스도의 희생이 가진 본질은 엄밀하게는 하나님의 심판에 대한 두려움에서 우리를 자유롭게 한 데 있다.

---

102 Garvie, *Ritschlian Theology*, 317.
103 Ritschl, *JR*, 543.

그리스도의 죽으심은 하나님의 용서를 촉진하는 데 필요한 어떤 역할을 하지 않는다. 리츨은 예수가 죽기 전에 죄를 자유롭게 용서하셨다(막 2:9; 눅 7:48)는 사실을 아주 중요하게 생각한다. 비록 그분의 죽으심과 용서 사이에 어떤 강한 연결점이 남아 있지만, 이런 용서를 가능케 한 것은 말하자면 그분의 죽으심의 사건이 아니다. "그분이 그런 상황에서 죄의 용서를 선언하셨다는 사실은 그리스도가 인간의 죄에 대한 보상으로 죽으심으로써 그들을 용서하도록 하나님의 뜻을 바꾸는 데 성공했다는 것을 보여주려고—하지만 그분의 도덕적인 평범한 삶을 자신의 의무를 표현한 것으로 보거나 또는 그것을 그분의 자발적 죽음의 결과를 끌어올린 것으로 간주하려고—고안된 모든 이론을 실제로 반박한다."[104] 그런 이론들은 그분이 미래의 고통을 대신 받은 것으로 처리되거나 재해석되어야 한다. "하지만 이것은 설명이 아니라 폭력적 수용일 것이다. 신학적 변덕이 그 자신을 비난하지 않고서는 그 자신을 도저히 허용할 수 없는 것이기 때문이다."[105]

용서는 대부분의 경우에 무조건적이다. 사랑할 만한 것이 우리 안에 남아 있는 한 하나님은 우리를 사랑하시고 용서하실 것이다. 비록 그분이 때때로 우리를 바로잡기 위해 우리에게 벌을 내리시지만 말이다. 그러나 하나님은 죄를 처벌하시면서 자신의 정의를 입증하지 않으신다. 그것은 법적인 체계 안에서만 입증될 수 있을 것이다. 오히려 하나님은 자신의 나라를 세우심으로써 정의를 입증하신다. 따라서 하나님의 용서는 예수의 사역에 의존한다. 용서는 하나님 나라를 세우기 위해 필요했다. 더 정확하게 표현하자면 용서는 이 공동체를 수용하는 것과 동일한 것이다. 하지만 이 용

104 Ibid., 537.
105 Ibid., 543.

서는 분명히 예수의 사역에 의존한다. 가비가 다음과 같이 말하는 것처럼 말이다. "그분이 율법을 지키도록 격려받고 능력을 받으셨기 때문에, 그가 율법을 어기신 것은 더 이상 그에게 불리한 것으로 여겨지지 않는다."[106]

요약

1. 근대는 도덕성과 법을 구분한다. 세속법은 일차적으로 사람들의 의지로써 정해진다. 칸트에게 도덕법은 여전히 보편적이지만, 그것을 자연 안에서 근거 지으려고 시도해서는 안 된다. 사실 자연은 인류가 자유롭고 보편적인 이성을 받아들이고 있기 때문에 엄밀하게는 초월될 필요가 있는 것이다.
2. 근대는 소위 형벌의 완화를 목격한다. 응보적 정의는 근대 국가들의 집단의식에서 어려움을 겪는다. 처벌은 제지나 시정의 기능만을 갖는다.
3. 칸트는 이런 흐름과 관련해서 다소 이례적이다. 그는 응보적 정의라는 강한 견해를 유지하고 법적인 도구주의를 반대한다. 그는 근본악과 죄책을 강하게 유지한다.
4. 그럼에도 칸트의 자유주의는 속죄와 관련해서 몇 가지 설명을 배제한다. 칸트식 구원은 우리의 외부에서 일어날 수 없고 소위 개인의 가능성 원리를 유지해야만 한다. 우리 자신을 변혁하는 힘이 우리 안에 있어야 한다. 이것은 칸트가 주장하는 도덕적 변혁과 최고선에

106 Garvie, *Ritschlian Theology*, 317.

대한 분명한 개념을 분석할 수 있게 한다. 우리가 그리스도의 태도를 취할 때, 우리는 다른 사람처럼 우리 자신의 죄책을 감당하고 우리 자신의 죄를 속죄한다.

5. 슐라이어마허는 칸트의 자유주의를 윤리적으로 부적절한 것으로 거부한다. 우리의 의지가 우리의 본성과 관련을 맺지 않는다면, 우리의 본성은 그것의 깨어짐으로부터 결코 치유될 수 없을 것이다.
6. 하지만 우리의 본성의 변혁은 감각적인 수단들을 통해 일어날 수 없다. 그것은 정확히 우리의 본성의 방향 감각을 잃어버리게 한 (쾌락 혹은 고통과 같은) 관능성에 속박되어 있는 것이기 때문이다. 따라서 처벌은 도덕적 향상을 일으키는 수단이 될 수 없는 것으로 배제된다. 우리의 본성은 하나님이 그리스도의 역사적 활동을 통해 우리의 의식에 끼치신 영향에 의해서만 치유될 수 있다.
7. 마지막으로 리츨은 다시 슐라이어마허의 신비주의와 윤리적 순간의 속임을 반대한다. 도덕적 변혁은 (슐라이어마허가 무시한) 그리스도의 도덕적 가르침과 그리스도 자신이 세우신 공동체를 통하지 않고서는 일어날 수 없다.
8. 칸트 및 슐라이어마허 그리고 리츨은 속죄에 대해 주관적 이해를 매우 중요한 것으로 강조한다. 그들은 구원을 칭찬받을 만한 혹은 칭찬받을 만하지 않은 선으로 만드는 교환의 경륜을 부정한다. 그들은 구원을 도덕적 변혁과 관련해서 이해할 필요가 있는 것으로 이해한다.

ATONEMENT,

5장

속죄와 포스트모더니즘의 법 비판

LAW, AND JUSTICE

The Cross in Historical and Cultural Contexts

주체 문제

우리의 역사적 개관의 이번 마지막 장은 지난 50여 년 동안 체계화되고 소위 "포스트모더니즘"이라고 불리지만 나는 "후기 근대"라고 부르기를 선호하는 현상의 발전에 의해 영감을 받은 다양한 속죄론을 다룬다. 오래된 속죄론들은 분명히 사라진 것이 아니다. 그것들의 영향력도 줄어들지 않았다. 사실 가장 영향력 있는 후기 근대의 십자가 신학들은 고전적인 모델, 곧 승리자 그리스도 모델을 되살린 것이라고 확실하게 말할 수 있다. 하지만 그것들은 우리가 예상할 수 있는 것처럼 현대 문화에 반향을 일으키고 고전적 모델의 세부 사항에서 상당히 벗어나는 설명적인—내가 이야기라고 말하는—체계를 채택한다.

근대에서 후기 근대로 전환되는 이야기는 지금 몇몇 사람들의 도움을 받아서 세부적인 내용보다는 전반적인 인상을 보여주는 것으로만 묘사될 수 있다. 나는 그러한 전반적인 묘사가 비록 자세한 설명을 결여하는 단점이 있지만 그럼에도 보다 큰 이념적인 경향을 포착하는 이점을 갖길 희망한다. 나는 후기 근대 속죄론들의 중요한 주제가 비폭력임을 제안한다. 내가 여기서 논하는 모든 이론은 다음과 같은 준칙, 곧 폭력은 본질적으로 비난받아야 하고, 하나님은 폭력에 가담하실 수 없으며, 따라서 결과적으로 속죄는 폭력적 정의를 표출할 수 없다는 준칙을 받아들인다. 후기 근대의 속죄론은 법의 폭력을 포함하여 폭력을 하나님이 행하시는 구원의 논리의 구성요소로 받아들이길 거부한다. 인류와 하나님 사이의 최상의 관계는 법을 초월해야만 한다.

하나님과 폭력을 연결하는 것에 대해 격노하는 것은 분명히 말해 전혀 새로운 게 아니다. 근대 신학자들뿐만 아니라 그리스 교부들과 중세 신학자들도 하나님이 어떤 보상도 요구하지 않으시고 그저 무조건적으로 용서하신다고 강력하게 주장했다. 하지만 독자들은 후기 근대 반응에서 중요한 변화가 일어나는 것을 알아차릴 것이다. 나는 근대에 대한 특정한 반응에 초점을 맞추고 어떻게 그것이 근대의 속죄론에 수정을 초래하는지를 보여줄 것이다.

근대와 후기 근대 사이에 논란의 여지가 없는 역사적인 전환점은 두 번의 세계대전과 특히 홀로코스트다. 그러한 사건들은 많은 신학자가 소금의 역할을 감당하는 모든 신학은 홀로코스트 혹은 쇼아(*Shoah*, 절멸)를 계기로 자기의식적으로 행해져야만 한다고 주장하는 것처럼 극악무도했다. 이 논의와 관련해서, **홀로코스트의 경험은 후기 근대의 정신이 적법성과 정의의 관계를 심각하게 생각하도록 만든다.** 아돌프 아이히만(Adolf Eichmann)과 이반 데마뉴크(Ivan Demjanjuk)의 경우가 보여주는 것처럼 법을 엄격하게 준수하는 것이 정의롭게 살고 행동할 의무를 대신하는 것은 아니다(아래 논의를 보라). 비록 그것이 법에 반하는 것을 의미한다고 할지라도 말이다. 포스트모던 법률이 볼 때 홀로코스트는 정의 체계가 법의 순수한 형식적 절차 뒤에 숨음으로써 도덕과 정의라는 문제를 피할 수 없음을 분명하게 보여준다. 앞으로의 논의가 보여줄 것처럼 법실증주의는 무너졌다.

나는 다음 부분에서 법에 복종하는 의무에 관한 이런 논의를 다시 다룰 것이고 법의 본질을 살펴볼 것이다. 나는 이런 논의들이 범죄(또는 죄악된) 행위와 그것의 속죄를 이해하는 데 중요한 역할을 한다고 믿기 때문이다.

홀로코스트는 법이론(실증주의)의 문제점을 드러낸다. 그뿐 아니라 만일 하이데거(Heidegger)가 옳다면, 우리는 서구 전통 형이상학이 잉태한 기술 문명의 본질에 비추어, 즉 포스트모던 철학자들이 수용한 비난에 비추어 홀로코스트를 이해해야만 한다. 정말로 우리는 근대의 형이상학적 기획을 거부한 것으로 포스트모더니즘을 이해해야 한다.

하지만 어떤 이는 이것이 어떤 방식으로 속죄와 관련이 있는지 질문할 수 있다. 우리는 이런 관련성을 이해하기 위해 몇몇 이론가들이 제기한 문제를 살펴보아야 한다. 가장 영향력이 있는 후기 근대 사상가 중 하나로 간주되는 인물이 에마뉘엘 레비나스(Emmanuel Lévinas)다. 레비나스는 우크라이나에서 태어나 프랑스에서 활동한 유대인 철학자다. 그에게 있어 전체 형이상학의 임무는 자아가 세상을 지적으로 이해하도록 만드는 것이다. 형이상학은 실재의 분명한 구조를 발견하여 세상을 중립적으로 기술하려고 시도한다. 플라톤부터 헤겔까지 그것은 보편적인 범주와 개념들을 개별자들에게 객관화하면서 타자(세상, 다른 사람들, 신)를 동일자의 언어로 해석하는 작업이었다. 레비나스는 그러한 일이 본질적으로 (세상을 타자로 만들고, 신을 자신의 이미지로 만드는) 우상숭배이며, (개별자들을 사유로 억압하는) 폭력이라고 주장한다. 형이상학은 존재를 사유의 포로로 만든다. 하지만 그것은 **로고스 중심적이다**.

근대의 자아는 자신이 가장 소중히 여기는 이상과 욕구를 비운 자아다.[1] 법에 대한 정의는 (1) 동료 인간 존재들이 가진 보편적인 인간의 권리를 존중하는 것과, (2) 사람들이 가담하는 자유로운 계약 협상을 존중하는 것으로 구성되어 있다. 근대의 자아는 근본적으로 자유론자의 것이며, 근본적인 인간 본성에 우연적으로 존재하는 구체적인 정념과 욕구들을 지닌다. 따라서 근대는 자유로운 개인의 개념에 근거한다. 정의는 이런 자유에 기초한다. 법은 (자연법으로 이해된) 도덕의 문제와 관련이 없지만 선들의 **공정**

1 이 주제에 관한 탁월한 연구는 Robert Musil's work of fiction, *The Man without Qualities* (New York: Alfred A. Knopf, 1995)를 참고하라.

한 분배와는 관련이 있다. 여기서 공정함은 개별적인 목적 및 개인들의 바람과 관계없이 묘사된다.

이것은 결과적으로 추상적인 "법적 인간"을 형성한다. 코스타스 두지나스(Costas Douzinas)는 다음과 같이 통렬하게 말한다. "법적 인간이 세상을 권리와 계약이라는 매개물을 통해 이용되거나 보호되는 적대적인 장소로 이해하는 고립되고 자기도취적인 주체라면, 그는 실체가 없고, 사회적 성이 구별되지 않으며, 기묘하게 해체된 인간이다."[2] 따라서 근대의 자아는 경계의 배제를 통해 형성된다. 다른 말로 하자면 그것은 억압적인 자아이고 억압된 자아다.

근대의 법체계에서, 어떤 행위자가 자신의 이성적 능력들을 온전하게 소유했다면, 범죄에 대한 그 사람의 책임은 냉철하게 감정에 좌우되지 않고 판단받는다. 두지나스가 다음과 같이 말하는 것처럼 말이다. "법규들은 법 앞에서의 평등을 보장하고 당사자들의 자유를 보장한다. 하지만 이런 평등은 그저 형식적인 것이다. 그것은 법 규정을 고려하고 조례를 집행하기 위해 소송 당사자가 법률에 호소하는 구체적인 이력, 동기 및 필요성을 부득이 무시한다."[3] 하지만 이 체계가 작동하기 위해서 그것은 지식의 전체적인 구조, 범죄, 상황, 범죄자, 동기 등을 완전히 포괄하는 전체 범위에 기초해야 한다. 다른 말로 하자면, 그것은 존재론에 기초해야 한다.

미셸 푸코(Michel Foucault)는 소위 사법적 혹은 법적 인간이 근대 법체계에서 갖는 중심성을 강조한다. 우리는 미셸 푸코가 지식과 권력에 대해 분석한 것을 아래에서 살펴볼 것이다. 법체계가 기능하기 위해 필요한

---

2 Constas Douzinas, "Law and Justice in Postmodernity," in *Cambridge Companion to Postmodernism*, ed. Steven Connor (Cambridge: Cambridge University Press, 2004), 212.

3 Ibid., 213.

지식의 구조는 "인간"의 중립적이고 보편적인 존재론에 기초해서 작동하는 것처럼 가장한다. 그러나 푸코에게 이런 일단의 지식은 중립적인 것이 아니라 법을 잘 따르는 "다루기 쉬운 주체들"을 만드는 장치다. 법적 인간은 개인들을 감시아래 두고 그들을 문서(서류)의 전체 관계망 안에 위치시키는 과정의 최종 결과다. 진 코헨(Jean Cohen)과 앤드류 아라토(Andrew Arato)는 다음과 같이 지적한다. "권리를 부여받은 근대의 법적 인간은 자율권을 나타내는 것과는 거리가 먼 규율적인 통제를 하는 데 효율적이고 심지어 그런 통제의 산물이 되는 근대 개인의 한 측면을 잘 보여준다. 관찰, 계속되는 감시, 분류, 분할, 서열 지움, 검사, 훈련 및 판단을 통해, 규율은 권력 관계에 힘을 부여함으로써 법적 주체라는 중요한 동지를 만든다."[4]

따라서 푸코는 자율성이라는 그릇된 통념을 없애려고 시도한다. 인간의 정체성은 주어진 것(자연법)도 아니고, 우리 자신이 선택한 것(자유주의)도 아니며, 분산된 권력이 낳은 산물이다. 이런 과정은 경계와 배제, 곧 정상/비정상, 남성/여성, 주인/노예, 부자/가난뱅이, 교육/문맹, 흑인/백인 등등의 이분법에 의해 근본적으로 작동한다. 푸코의 핵심은 이런 이분법이 인간의 정체성을 결정하는 "규율 권력" 구조의 일부분으로 탄생했다는 것이다. 푸코는 주권을 갖고, 자유로운 개인이 되며, 자기 자신의 운명의 주인이 되기 위해서는 규율이라는 자아 초월적이고 조직적인 힘 사이에 갇힌 구성된 자아에 맞서라고 강조한다. 흥미로운 것은 푸코가 폭력으로 간주한 이런 규율은 무지에서 나온 것이 아니라 엄밀히 말해 지식에서 나온 것이라는 점이다. 이것은 (1) (홀로코스트에서처럼) 절대악과 폭력 그리고 (2) 문

---

4 Jean L. Cohen, Andrew Arato, *Civil Society and Political Theory* (Cambridge, MA: MIT Press, 1994), 287.

화/지식 사이의 연관성에 대한 하이데거의 지적을 우리에게 상기시켜준다. 근대와 포스트모더니즘의 대조가 여기보다 더 명확한 곳은 어디에도 없다. 근대는 지식이 각각의 집단으로 분리되는 사태에 종말을 가져올 것을 꿈꿨다면, 푸코주의적 포스트모더니즘은 지식 그 자체가 배제되는 것을 두려워한다.

타자와의 문제는—심리학자들이 우리에게 이야기하는 것처럼—그것이 실제로 억압될 수 없다는 것이다. 포스트모더니즘은 언뜻 보기에 통일된 우리의 정체성이 분열되어 있는 것이고, 동일해 보이는 우리의 문화는 다양한 것이며, 우리의 정체성과 자아들은 우리의 해체 가능한 텍스트들보다도 더 통일되어 있지 않다는 것을 보여주는 데 뛰어나다. 정상과 비정상, 자유와 노예를 나누는 경계가 우리 각각의 중심에 빠르게 퍼진다. 여러 학자 집단 중 두 집단을 언급하자면, 페미니스트 학자와 탈식민지 학자들은 다음과 같이 모든 종류의 본질주의에 반대한다. 예를 들어 그들은 인간 본성과 여성의 본질에 반대한다. 모든 이항 대립(binary opposition)은 정상을 투사함으로써, 곧 **그저 일을 체념하는 방법**을 투사함으로써 권력을 강요하는 것으로 드러난다.

후기 근대는 이런 체계적인 "타당성 구조"를 문제의 원인으로 정확히 이해한다. (장 프랑수아 리오타르[Jean François Lyotard]의 말을 인용하자면)—자신의 이해관계와 관점에 의해 오염되지 않은 실재를 묘사하는 척하는—거대담론(meta-narrative)은 본질적으로 폭력적이다. 하지만 이것은 행위자의 개념과 책임도 반영한다. 비록 내가 나의 행위에 대해 책임이 있지만, 이것은 나의 책임을 철저하게 규명하지 않는다. 나의 행위들은 나의 정체성과 함께 나의 의지를 자유롭게 행사한 것의 결과가 아니라 부분적으로 나의 존재에 영향을 끼치는 힘들로부터 영향을 받은 것의 결과이며, 어느 정도 그런 힘들은 피할 수 없고 저항할 수 없는 것들이다.

따라서 우리는 우주적 힘과 조직적인 힘들 사이에 서 있는 인류에 대한 개념을 회복하는 과정에 있다. 이런 힘들은 더 이상 악마적인 것(이것은 이상적인 것, 곧 우리가 책임을 지지 않도록 하고 정의를 행사하는 것에 대해 변명을 해주는 것으로 끝나는 불안의 실패일 것이다)으로 묘사되지 않지만, 자아초월적이고 상징적이며 조직적인 것으로 묘사된다. 우리는 아래에서 이런 힘들을 다룰 것이다. 지금 말하고자 하는 핵심은 객관적이고 형이상학적이며 표상적이라는 가정 아래에서 기능하는 그들의 실체는 행위자와 책임의 상황을 복잡하게 한다는 것이다. 속죄의 관점에서, 진정 문제의 원인이 되는 것은 이러한 힘들이다.

이런 규율적인 수단의 근본적인 특성, 곧 푸코가 "목가적인 힘"이라고 적절하게 말한 것은 타자를 향한 폭력이다. 그러한 규율적인 수단은 홀로코스트에서 절정에 이르렀지만, 인종차별과 성차별, 교육의 권리에 대한 거부, 난민과 이주민들을 향한 태도 그리고 세계화 과정에서도 분명하게 나타난다. 다른 어떤 시기보다도 20세기는 우리를 마비시키는 폭력과 함께 이런 배제의 행위를 생생하게 보여준다.

포스트모던 법체계는 근대 기획의 이런 실패에 반응하여 자아를 구성하는 것으로서 그리고 초월적이고 길들일 수 없는 것으로서의 타자에 집중한다. 하지만 지식이 인간을 배신한 것으로 기소되고 비난받는다면, 우리는 타자를 어떤 가능한 방식으로 "알고" 혹은 이해해야 할까? 푸코가 지식의 전체 체계를 권력과 공모한 것으로 비난했다는 사실을 기억하자. 그렇다면 타자에게 "관심을 가져야 한다"는 것은 무엇을 의미할까? 또는 포스트모더니즘은 단순하게 일반적이고, 공허하며, 특색이 없는 타자에게 만족하는 것일까?

레비나스는 타자에 대한 지식이 타자와 나의 관계를 중재할 수 없다고 주장한다. 타자를 규정하는 것은 그의 고유성을 무효화하는 것이고 개념적 틀 안에서 그를 파악하는 것이다. 지식 대신에 타자와 관계를 맺는 적절한 방식은 욕망이다. 이것은 "**전적으로 다른 것**, 곧 **절대적인 타자**에게 나아가는 형이상학적 욕망"[5]이다. 그러한 욕망은 자아에서 기원하고 나의 이해관계에 비추어 타자를 다시 해석하는 필요에 근거하지 않는다. 그것은 욕망하는 이에 의해 증진하는 관계이지만, "차이의 소멸이 없는, 즉 하나로 결합하지 않는 관계다."[6] 그것은 "거리두기, 곧 분리에서 오는 긍정의 관계다. 사람들이 이야기하는 것처럼 그것은 결핍 때문에 생겨난다."[7] 내가 앞으로 지적하겠지만, 이것은 정의가 로고스 중심적인 법을 단순하게 적용하는 것에서 결코 이루어질 수 없음을 의미한다. 정의는 이 법체계의 법적 주체로서가 아니라 타자로서 타자에 관심을 기울여야 한다.

근대 후기가 정체성 회복을 위해 가질 수 있는 유일한 대안으로 레비나스의 선택만 있는 것은 아니다. 기독교 사회학자이자 도덕 철학자인 알래스데어 매킨타이어는 정의를 목적론으로 이해한 아리스토텔레스의 개념을 복원했고 정체성을 표현하는 최선의 방법으로 거기에 서사적 설명을 덧붙였다. 그는 니체와 그의 추종자들이 주장한 것을 "계보학적" 도덕론이라고 명명하고 그것을 비판한다. (푸코와 데리다가 그의 비판의 대상들이다. 비록 내가 몇 가지 단서를 갖고 레비나스도 거기에 포함시킬 수 있지만 그렇게 하지는 않겠다.) 분열되고 소멸된 자아라는 계보학자의 개념은 계보학(니체), 고고학(푸코)

5 Emmanuel Lévinas, *Totality and Infinity: An Essay on Exteriority*, trans. Alphonso Lingis (Dordrecht, NL: Kluwer Academic, 1979), 33. 『전체성과 무한』(그린비 역간).

6 Ibid., 34.

7 Ibid..

또는 해체(데리다)라는 분명한 개념을 유지할 수 없다. 매킨타이어는 다음과 같이 말한다.

> 계보학자가 자신을 위한 일련의 전략을 세울 때나 혹은 자신에게 알려진 것을 감출지, 드러낼지를 결정할 때 그는 자신의 계보학적 자아에게 신중한 목적과 그 목적에 대한 지속적인 헌신을 부여해야 하는데, 이러한 목적과 헌신은 오직 가면과 찰나로 사라져버리지 않을 자아, 위장과 은폐 및 절충을 넘어서는 그 무언가를 여겨질 수 있는 자아, 그리고 대안적인 관점들을 채택할 여지가 있는 한 그 자체의 관점에 매이지 않는 지속적이고 본질적인 자아에게만 부여되는 덕목들이다.[8]

분명한 것은 매킨타이어가 이런 말을 통해 인간의 정체성에 대한 본질주의 개념으로 되돌아가길 원한 것은 아니라는 점이다. 그럼에도 인간의 정체성은 목적론적 구조 안에서 표현될 수 있다. 그것은 포스트모던의 분열된 자아 이상의 것이다. 매킨타이어는『덕의 상실』에서 다음과 같은 점을 분명히 한다. "우리는 우리 자신의 이야기를 쓴 공동 저자들보다 그 이상은 (그리고 때로는 그 이하가) 될 수 없다.[9]

매킨타이어는 분명히 레비나스가 추구한 것보다 공동체에 대한 합리성과 공동의 목적을 더 많이 추구한다. 이것은 레비나스에게 법이 쓸모없는 것이었다고 말하는 것이 아니다. 법은 중요한 것으로 남는다. 타자와의

---

8 Alasdair MacIntyre, *Three Rival Versions of Moral Inquiry: Encyclopaedia, Genealogy, and Tradition; Being Gifford Lectures Delivered in the University of Edinburgh in 1988* (London: Duchworth, 1990), 54.

9 Alasdair MacIntyre, *After Virtue: A Study in Moral Theory* (Notre Dame, IN: University of Notre Dame Press, 1984), 213.

관계는 제3자를 포함하기 때문이다. "타자는 처음부터 모든 다른 사람의 형제가 된다."[10] 이것은 평등을 산출하는 것과 권리의 균형을 맞추는 것으로 법을 필요로 한다. 타자 앞에서의 나의 책임은 타자에 대한 나의 책임에 의해 강화된다. 하지만 레비나스 주장의 핵심은 정의는 항상 우리를 초월한 타자에 대한 지식이 아니라 단순히 타자와의 근접성에 기초한다는 것이다. 법은 정의보다 부차적인 것이며 결코 정의와 완전하게 유사해질 수 없다. 콘스타스 두지나스는 포스트모던 정의의 "난점"을 다음과 같이 적절하게 잘 포착한다. "정의롭게 행동하기 위해, 우리는 타자를 동등한 자로서 그리고 규범을 동등하게 취급하는 권리를 가진 자로서 대해야만 한다."[11] 나는 포스트모던의 맥락에서 "행위"를 논할 때 이 난점을 다룰 것이다.

죄인을 희생자로

죄의 교리에서 이처럼 주체에 대해 변경을 가한 것의 결과를 이해하기란 어렵지 않다. 지나친 일반화하는 위험이 있지만, 바라건대 후기 근대에서 책임은 희생자라는 방향으로 바뀐다고 말하는 것이 유용하다. 자아들이 더 이상 동일하지 않고 절대적이지 않다면, 그들의 잘못은 더 이상 그들에게서 기인하는 것이 아니라 그들 위에 자리 잡고 있고 그들을 속박하고 있는 보다 큰 구조들에서 기인하는 것이다. 이것은 앞선 논의의 근본적인 결론이다. 이런 체제들은 자아의 행위 이전에 있고 그것을 위한 중요한 조건이

---

10 Emmanuel Lévinas, *Otherwise than Being*, trans. Alphonso Lingis (Dordrecht, NL: Kluwer Academic, 1981), 158. 『존재와 다르게』(인간사랑 역간).

11 Douzinas, "Law and Justice in Postmodernity." 214.

된다. 그것들은 자아의 독특성과 자아를 대면하는 타자의 고유성을 억압하는 역할을 한다. 그리하여 타자를 향한 나의 식민주의적 태도와 행동은 나로 하여금 타자에 대해 죄책을 떠안도록 만든다. 그러나 그것들은 나로 하여금 내가 만들거나 선택하지 않은 방식으로 행동하도록 조건 지우는 타당성 구조의 결과다.

이것은 포스트모던 문화의 중심에 퍼져 있는 또 다른 긴장이다. 곧 문제는 권력과 이런 초월적 자아의 힘에 대한 인식이 나에게서 책임을 완전히 없애주는가 하는 것이다. 이것은 속죄의 문제와 관련이 있다. 범죄에 대한 나의 책임이 이런 구조들로 전환될 수 있다면, 나는 (존재하지 않는) 나의 죄책에 대한 처벌을 받을 의무도 없고 또한 자유를 가져오는 외적인 힘의 도움 없이 이런 속박에서 나 자신을 해방할 수도 없다. 다른 한편으로 나에게 책임이 있다면, 나는 이런 구조들로부터 자유로워질 의무가 있다. 전자(외적 자유)는 근대의 승리자 그리스도론이라는 특정한 형태의 방식이다. 반면에 후자(자아 해방)는 페미니즘의 방식이다. 우리는 아래에서 이 두 가지를 분석할 것이다.

조직적인 지배로 이해된 죄가 범죄에 대한 나의 책임을 무효화하든지 혹은 무효화하지 않든지 간에, 죄에 대한 이런 자아초월적이고 의도초월적인(transintentional) 측면으로 우리의 관심을 다시 불러일으킨 것이 후기 근대의 독특한 기여다. 죄에 대한 이해가 하나님에 대한 인격적 개념들이 포괄적인 "영성"과 관련을 맺는 하나님에 대한 훨씬 더 내재적이고 비인격적인 상징들로 바뀌는 신학적 전환과 어떻게 관련이 있는지는 흥미로운 질문이지만, 지금은 이런 이해의 근원을 탐구할 지면이 허락되지 않는다.[12] 앨

12 예를 들어 Derrida 같은 사람들은 비인격적인 유신론을 주장하는 것이 아니라 존재 너머에

런 만(Alan Mann)은 인격적 하나님이 없는 영성으로서의 전환이 인격적 존재 앞에서 책임이 있는 죄의 개념을 불쾌한 것으로 만든다고 추측한다. 계속 따라다니는 죄책이라는 개념은 도덕적 행위의 기준을 더 이상 인격적이고 초월적인 하나님 안에 고정시키지는 못하지만 다양하게 구성되고 정당화된 내재적인 인간 기준 안에 고정시키는 사회에서는 무의미한 것이 된다. 만은 다음과 같이 주장한다. 그러한 체제에서 "우리의 행위에 대한 귀결과 유일한 보상은 자기가 만들어내는 것이다."[13] 이것은 중요하다. 그것은 죄-처벌이라는 논리가 범죄가 증가하는 것을 통제하거나 혹은 (냉소적으로) 다루기 쉬운 주체들을 형성하려고 고안된 인간의 산물에 불과하다는 것을 의미하기 때문이다. 요점은 우리가 고통을 받는다면, 그것은 우리가 진노와 처벌이라는 신적인 논리를 촉발했기 때문이 아니라 우리가 통제라는 문화적 기제의 희생자들이기 때문이라는 것이다. 다른 말로 하자면, 우리는 더 이상 죄인들이 아니라 **죄를 떠안은** 희생자들이라는 것이다. 따라서 만은 다음과 같이 말한다. "우리는 희생자로서 무력하고, 사회 구조, 제도 및 공동 기관의 피해자들이다. 이것은 그 책임이 그것들의 왜곡된 행위의 '무죄한 피해자'에게 있는 것이 아니라 그것들에 있는 것을 의미한다."[14]

비록 이것은 우리가 사탄이나 개인이 가진 권력 혹은 지배력에 의한 속박이라는 친숙한 개념으로 되돌아가는 것처럼 보이지만, 이것은 실제로는 그렇지가 않다. 영과 사탄이라는 계몽주의 이전 세계로의 회귀는 없다. 내가 "복음적인 승리자 그리스도" 신학자라고 부르는 십자가 신학자들이

있는 부정의 하나님이라는 방향으로 종교적 전환을 주장하는 것을 참고하라.

13 Alan Mann, *Atonement for a Sinless Society: Engaging with an Emerging Culture* (Milton Keynes, UK: Paternoster, 2005), 20.

14 Ibid., 25.

있다. 그들은 그런 인격적인 힘과 지배력을 믿는다. 나는 그들에 대해 다른 곳에서 논한다.

영국 신학자인 콜린 건튼은 사탄이라는 성경적 언어를 은유적으로 이해하는 해석학적으로 기울어진 세대의 전형(또는 대부)이다. 그에게 이러한 언어는 단순히 비유적이거나 상징적인 것을 의미하지 않고 이중적인 차원, 곧 개인적이면서 개인을 초월한 요소를 가진 속박의 실체에 대해 이야기하는 유일하게 가능한 방식을 의미한다. 그는 다음과 같이 주장한다. 사탄이라는 언어는 "악의 객관성과 비합리성을 적절하게 표현할 수 있는 유일한 방식으로, 곧 스스로 추진력을 생성하고 인간을 자신의 힘으로 없애는 실체로 표현하려는 시도다."[15] 게다가 인간이 사탄에게 사로잡혔음을 나타내는 언어는 인간 행위자들의 무력함을 표현하기 위해, 곧 사탄의 힘이 사람들로 하여금 선과 악을 구별하지 못하도록 막는 것과 같은 상황을 표현하기 위해 사용된다.

건튼이 자신의 수정주의 해석을 성경 저자들의 사유에 대해 석의하는 것으로 정당화할 수 있을지는 확실하지 않다. 그는 성경 저자들의 의식 기저에 있는 의도들을 규명하려는 "심층 해석"이라는 전반적인 경향을 띤다. 누가, 바울 및 베드로가 그러한 원시적인 믿음을 가진 것은 매우 잘못되었다고 말하는 것이 비록 종교적으로 그리고 신학적으로 덜 유익할 수 있지만 실제적으로는 보다 정확한 표현일 수 있다. 건튼은 형이상학과 존재론을 유지하지 않으면서 그에 따른 언어를 고수하고 싶어 한다. 그는 분명히 우리가 그러한 힘들을 인간적인 세력으로 구체화할 필요가 있다고 생각하

---

15 Colin Gunton, *The Actuality of Atonement: A Study of Metaphor, Rationality, and the Christian Tradition* (New York: Continuum, 2005), 69.

지 않았으며, 그리고 그들의 실체와 현현에 대한 내재적인 설명을 할 필요가 있다고 생각하지 않았다.

"세력들"을 내재적으로 구체화하는 과정이 존재론적으로 더 수용 가능하고 훌륭한 것인지 여부는 또 다른 문제다. 나는 존재론적 간결성이라는 이런 논의 속으로 지금 들어가고 싶지 않다. 현재로서는 이런 자아를 넘어선 혹은 자아를 초월한 "것들"이 무엇이든지 간에 그것들의 의도가 잘못된 방향으로 사용된 정도로 혹은 앨리스테어 맥패디언(Alistair McFadyen)이 표현하는 것처럼 그것은 "방향 감각을 상실했다"는 정도로 인간 행위자들을 조작하고, 통제하며, 그리고 영향을 끼친다는 것을 이해하는 것이 중요하다.[16] 이런 방향 상실은 무지, 희미해진 눈, 선, 욕구할 만한 것을 이해하고 인식하는 데 있어서의 실패와 관련이 있다. 우리는 그런 방향 상실의 원인이 인식론적이라고 말할 수 있다. 이것은 우리가 사탄에게 속박되어 있다는 더 오래된 고대의 이해와는 또 다른 차이점이다. 건튼, 맥패디언 및 내가 앞으로 논할 다른 모든 신학자에게 속박은 인식론에 의해 좌우된다. 어떤 이는 속박이 지식에 의해(gnostically) 좌우된다고 말할 것이다. 우리를 노예로 만드는 것은 우리의 눈이 분명하게 보지 못하는 데 있다. 결과적으로 우리를 자유롭게 할 수 있는 것은 이런 희미해진 눈을 치료하는 것, 곧 선을 분명하게 볼 수 있게 하는 것이다. 이것이 사실이라면, 우리의 견해는 소위 도덕적 모범론 혹은 도덕적 영향론과 그리 다르지 않은 것처럼 보일 것이다. 하지만 몇 가지 차이점은 적절한 때에 분명하게 드러날 것이다.

희미해진 눈이라는 개념(요 12:40; 고후 4:4)은 우리로 하여금 푸코에 대

16 Alistair McFadyen, *Bound to Sin: Abuse, Holocaust, and the Christian Doctrine of Sin* (Cambridge: Cambridge University Press, 2000).

한 논의로 되돌아가게 한다. 우리는 선을 욕망하지 못한다. 우리는 선을 단순하게 보지 못하는 그런 방식으로 교육을 받았고, 훈련을 받았으며, 훈육을 받았기 때문이다. 따라서 우리의 인식론적 장애는 우리가 이항 대립, 개념적 도식, 이미 고착화된 정의의 이해 그리고 행동을 결정하는 다른 개념적 구조들처럼 물려받은 "타당성 구조"에 의해 결정된다. 예를 들어 우리는 이방인, 외국인, 타인들을 끊임없이 배제하는 우리 자신을 발견한다. 우리는 낯선 이들을 우리의 "외부인"으로, 그리고 "이방인"(행 10:28)으로 보도록 조건이 갖추어져 있기 때문에 그들을 그렇게 배제한다. 우리는 스스로를 비정상인, 곧 이방인에 반대되는 정상인 그룹에 속하는 것으로 규정했다. (구조주의의 중요 개념 중 하나인) 이런 이항 대립은 잠재의식적인 차원에서 작동하며 타자를 배제하는 행동을 초래한다.

이항 대립은 우리의 존재론을 준비할 뿐만 아니라 우리의 행동 방침을 규정하는 갈등을 다루는 확고한 방식들도 준비한다. 그래서 그것은 푸코가 주장하는 것처럼 죄-처벌이라는 논리를 가진다. 범죄 또는 악행이 죄책을 초래한다(요 16:8)—이것은 처벌을 통해 잘못을 객관적으로 바로잡는 것을 요구한다(롬 5:16)—는 사실은 문화적 산물이다. 그것은 우리를 원수를 갚는 자로 만든다. 그것은 폭력을 조장한다. 따라서 그것은 배타적인 폭력을 제공하고, 강화하며, 강요한다. 비슷하게 고대와 중세의 유산으로 간주되는 희생양을 만드는(scapegoating) 행위는 실제로 법체계와 정치 체제 내에서 확고해졌다. 마크 하임이 다음과 같이 설명하는 것처럼 말이다. "(규모와 범위가 모두 같지 않은) 몇 가지 예를 들어보자면, 우리는 소련의 스탈린주의자의 테러, 독일의 국가 사회주의자의 테러, 제1차 세계대전 이후 미국에서 있었던 적색공포, 인종차별 행위, 어린이집 아동 학대를 생각할 수 있다. 이런 모든 사례에 공통되는 한 가지 흥미로운 특징이 있는데, 원칙적으로는 희생적인 위기를 억제해야 할 법체계와 정치 제도들이 사실상 다양한 방식으로 그러한 위기에 의해 소진되고 말았다는 점이다."[17] 따라서 우리는 실제 문제의 원인이—하늘의 영역에 있는 것이 아니라 우리가 만드는—제도, 구조적 악, 권력자와 주권자들이라는 요점으로 되돌아온다. 아마도 더 중요한 것은 이런 것들이 그저 모호한 힘들, 즉 음모론이 제기하는 허튼 소리가 아니라 실정법과 정치 체제, 실제 정의 체제, 실제 교육, 의료, 형벌 제도들, 심지어 속죄에 대한 특정 신학들이라는 것이다. 제닝스가 주장하는 것처럼 문제가 되는 것은 법에 대한 분명한 개념, 즉 하나님이 죄와 죄인들에게 진노하실 것이라는 분명한 개념이다.

지금부터 속죄에 관한 몇 가지 구체적인 신학을 살펴보자. 도덕적으로 비난받을 일이 무엇인지를 이해하는 것은 왜 속죄가 정말로 필요한지를 이해하는 첫 번째 단계이기 때문에, 나는 신학자들이 죄에 대한 책임을 이해하는 것에 초점을 맞추고자 한다. 나는 이런 이해를 보여주는 몇몇 신학자를 선택했다.

박승호

점점 더 적극적으로 활동하며 존경받는 한국계 미국인 신학자 박승호(Andrew Sung Park)는 『삼위일체적 속죄: 죄인, 희생자 그리고 우주 만물을 치료하시는 그리스도』(*The Triune Atonement: Christ's Healing for Sinners, Victims,*

---

17 S. Mark Heim, *Saved from Sacrifice: A Theology of the Cross* (Grand Rapids: Eerdmans, 2006), 60.

and the Whole Creation)에서 속죄 대상의 범위를 확대한다. 그는 전통적인 속죄론이 거의 전적으로 죄인들에게 맞추어져 있다고 주장한다. 그러나 죄인들이 존재하지만, 죄에서 나오는 죄책감은 인류의 보편적인 경험이 아니다. 반대로 인류에게는 중요한 부분이 있다. 그것은 인류의 존재에 근본적인 경험이고 그들의 실존의 모든 측면을 결정하는 또 다른 경험, 곧 죄를 지은 경험이다. 죄인에 대한 전통적인 몰두는 인류라는 전체 범주를 무시했을 뿐 아니라 사실 그들의 비참함도 악화시켰다. **속죄를 다루는 부적절한 신학들이 배제하고 주변화하는 데 도움이 되는 억압적인 구조의 일부분이 되었다는 생각은 십자가에 대한 포스트모던 사유의 중요한 양상이다.** 모든 사람을 죄인으로 취급하는 것은 희생자의 고통은 다소간 그들이 마땅히 받아야 할 몫(렘 3:39)이라는 인상을 조장한다. 이것은 그들이 자신들의 상황에서 스스로를 자유롭게 하려는 모든 시도를 좌절시킨다. 더욱이 그것은 그들의 고통을 어떻게든지 구원적인 것으로 미화한다. 또한 그것은 침략자를 하나님이 세우신 대리인으로 정당화하고, 따라서 희생자들의 지향성을 왜곡하여 그 대리인을 신과 유사한 존재로 섬기게 한다. 이런 통념에 반대해서 "예수의 십자가는 죄-처벌의 공식이라는 개념을 거부하면서 희생자들의 고결함과 존엄성을 회복한다"(요 9:2).[18]

박승호는 희생자들에게 가한 범죄의 결과를 설명하기 위해 한(恨)이라는 개념을 사용한다. 그는 한이라는 개념이 특별히 한국적인 개념이고 서구의 용어로는 번역할 수 없다고 주장하면서도 다음과 같이 그것의 의미를 최대한 설명하려고 노력한다.

---

18 Andrew Sung Park, *Triune Atonement: Christ's Healing for Sinners, Victims, and the Whole Creation* (Louisville: Westminster John Knox, 2009), 69.

> 한국에서 한은 희생자에게 맺힌 깊고 치유되지 않은 상처다. 그것은 정치적 억압, 경제적 착취, 사회적 소외, 문화적 멸시, 불의, 빈곤 혹은 전쟁 등이 야기한 사회적·경제적·정치적·물리적·정신적 상처 혹은 영적 상처다. 그것은 개인적 혹은 집단적 차원에서 느끼는 극심한 비통함 혹은 무기력감, 절망 혹은 체념일 수 있다. 한은 나치 홀로코스트의 생존자들, 정복당한 땅에 거주하는 팔레스타인 사람들, 배고픈 사람들, 인종적으로 차별을 당하는 사람들, 실직한 사람들, 폭행당한 아내들, 희롱당한 사람들, 학대받는 사람들, 착취당한 사람들, 멸시받는 사람들 그리고 비인간적인 대우를 받는 사람들에게서 나타날 수 있다. 한은 좌절된 희망이다.[19]

한은 벌어진 상처이고, 희생자에게 남아 있는 흔적이며, 더 많은 한을 불러오는 비관적인 산물이다. 박승호는 한과 죄의 변증법을 보여준다. 한을 가진 희생자들은 스스로 죄인들이 된다. 마약 중독자 혹은 알코올 의존자가 된 노숙자부터 테러 행위, 앙갚음 및 복수를 경험한 사람까지, 죄는 그릇된 폭력의 악순환을 낳는다. "죄 혹은 부정의가 한을 초래하고, 한은 죄 혹은 부정의를 낳는다. 억압하는 이들의 죄는 억압받는 이들의 한을 통해 연쇄반응을 일으킬 수 있다. 더욱이 방치되거나 치유받지 못한 한은 악을 초래한다. 이런 악이 한과 죄를 되살아나게 할 수 있다. 또한 죄와 한은 악을 야기시키는 데 협력한다. 그것들은 삶을 이루는 많은 비극적인 영역에서 중첩된다.[20]

박승호는 죄의 실체와 그것에 대한 책임을 배제하지 않는다. 하지만

19 Ibid., 39.
20 Ibid., 41.

그는 이런 책임이 "죄-처벌의 공식"을 요구한다고 생각하지 않는다. 그는 죄의 개념을 받아들이지만, 그럼에도 그는 자신이 왜 죄 개념의 "법적" 결과를 부정할 수 없는지를 분명하게 설명하지 않는다. 우리는 그것을 설명하는 것이 행위자와 책임이라는 이 복잡한 그림이라고 추론할 수 있다. 우리는 죄에 대해 책임을 지지만, 그런 책임을 지는 것은 많이 약화된 환경이라고 말할 수 있다. 매킨타이어가 다음과 같이 주장한 것처럼 말이다. "우리는 우리 자신의 이야기를 쓴 공동 저자들보다 그 이상은 (그리고 때로는 그 이하가) 될 수 없다." 우리는 한 때문에, 배제와 억압의 구조 때문에 죄를 짓고 부정의를 저지른다.

그럼에도 어떤 이는 박승호가 우리의 남아 있는 책임을 설명하기 위해 "죄"의 개념을 계속 고수하는지 궁금할 수 있다. 죄라는 분명한 개념은 신의 거룩함, 신의 진노, 처벌, 죄책 등을 포괄하는 전체 개념의 일부분으로 이해된다. 박승호가 하나님이 죄인들을 처벌하실 것이라는 생각을 거부한 것은 개념들의 전체 연결망을 뒤엎는다. 동시에 그것은 정의에 관심을 가진 모든 사상가로 하여금—박승호가 어려움을 겪는 것처럼—어떤 행위자를 범죄자 혹은 죄인이라고 말하지 않으면서 그가 한 행동을 악행으로 또는 범죄로 명명하는 것을 어렵게 할 것이다. 그럼에도 죄는 여전히 신성에 대립하는 것이라기보다는 인성에 대립하는 것으로 남아 있다. 문제는 박승호가 이런 구분을 할 수 없고 해서도 안 된다는 것이다. 그리고 그가 사람들이 동료 인간들에게 죄를 짓는 것 외에도 또는 그것을 통해서 하나님께 죄를 짓고 있다는 것을 받아들인다면, 그에 수반하는 죄책 개념과 그에 대해 마땅히 받아야 하는 하나님의 처벌은—양도되든 혹은 집행되는 간에—피할 수 없다.

죄의 수직적 측면(왕상 8:46; 롬 3:23)은 그것의 수평적 측면에 의해 거의 완전히 혼란스러워졌다. 박승호는 인간의 부패와 관련해서 이런 무시된 측면을 전면에 부각시킨 것에 대해 칭찬을 받을 만하지만, 인간의 부패와 죄의 수직적 측면의 관계가 분명하게 남아 있지 않는다면, 죄의 개념은 무의미해진다. 따라서 하나님 앞에서 저지른 인간의 죄책을 분명하게 다루지 않는다면, 박승호는 속죄의 범위에 대해 풍성한 설명을 제시하지 못한다.

죄에 대한 페미니스트의 비판

박승호가 죄라는 개념을 완전히 포기하는 데 주저한 반면에, 많은 여성 신학자에게는 그런 꺼림이 없다. 로즈마리 래드포드 류터(Rosemary Radford Ruether)는 타락, 곧 원죄라는 분명한 개념이 여성들을 희생양들로 만든다고 주장한다. 리타 나카시마 브록(Rita Nakashima Brock)은 다음과 같이 말한다. 그 개념은 "사람들의 손에서 펼쳐진 행동에 대해 개인적인 책임을 지우고 곧이어 당신에게 명령한 어떤 권력에게 그것을 다시 전가한다." 이것은 예민한 독자들에게 자아가 보다 높은 권력의 통제 아래 있다는 생각에서 나왔다는 주목할 만한 출발점을 보여준다. 우리가 앞으로 살펴볼 것처럼, 많은 페미니스트가 승리자 그리스도론을 분명하게 거부한다. 그것은 우리가 외적인 힘으로부터 구원을 필요로 한다는 생각을 조성하기 때문이다. 페미니스트들은 이것이 혁명적인 행동과 자유를 억압한다고 주장한다.

그럼에도 페미니스트들은 지배 구조에 대해, 특히 박승호가 가부장적 문화에 대해 주장한 것에 동의한다. 하지만 이것은 일반적인 사람들이 반대할 수 있는 헤게모니다. 그렇다면 우리는 "십자가가 가진 구원의 목표는 무엇인가?"라고 질문할 수 있을 것이다. 그것의 목표는 전혀 없다. 십자가는 정의의 비극적인 유산(miscarriage)으로 이해될 것이다. 그것은 구원의 경륜에서 아무런 역할을 하지 않는다. 십자가의 고통과 죽음에는 구원 또는 구속적 요소가 전혀 없다. 십자가, 고통과 죽음은 비극적인 실체들이다. 그리고 그것이 그 이야기의 끝이다. 우리는 다음과 같은 브록의 말을 들어보자.

> 나는 이 무력감이 우리를 근본적으로 피해자의 상태로 유지하게 한다고 생각한다. 그것은 끔찍한 일이 일어났을 때 저항할 권리가 당신에게 없다고 말한다. 그것은 우리의 심리적 건강에 중요한 요소를 차지하는 비극과 슬픔을 적절히 표현하지 못하도록 방해한다. 우리는 로마 제국이 예수를 못 박은 것에 대해 분노해야만 한다. 이것은 예수가 우리를 위해 죽었다고 감사하거나 기뻐하는 것이 아니라 정의가 희화화된 것에 대해 분노하는 것이다.[21]

나는 다음 장에서 페미니스트가 속죄를 긍정적으로 해석한 것을 살펴볼 것이지만, 지금은 그들이 행위자, 책임 및 죄에 대해 이해한 것을 계속 살펴볼 것이다.

브록은 예수가 자기희생적인 사랑의 모범을 우리에게 제공한 것으로 묘사하는 도덕적 영향론에 있는 잘못된 생각에 대해 논하면서 다음과 같은 말도 한다. "그것은 역겹고,…의도적인 기만이며, 회피하는 것이다. 이런 전략은 다른 이에게서 죄책감을 이끌어내고 그에게 큰 빚을 지우는 힘 이외에는 나에게 다른 어떤 힘도 이용할 수 있는 게 없다고 가정한다. 이것

---

21 Rita Nakashima Brock, "Can We Talk?," *Re-Imagining: Quarterly Newsletter of the Re-Imagining Community* 1 (November 1994): 5. 다음에서 재인용. Inna Jane Ray, "The Atonement Muddle: An Historical Analysis and Clarification of a Salvation Theory," *Journal of Women and Religion* 15 (1999): 105.

은 고통을 통해 다른 사람을 속박한다. 이것은 자유의 전략이 아니라 속박을 각색한 것이다."[22] 슬라보예 지젝(Slavoj Žižek)은 이와 같은 생각에 공감하면서 다음과 같이 말한다. "다른 이로 하여금 희생자의 지위를 잃게 하는 것보다 가련한 희생자를 위해 자신을 희생하는 것이, 그리고 어쩌면 심지어 우리 자신보다 그를 더 성공적으로 만드는 것이 훨씬 더 만족스러운 일이다." 이런 전략은 희생자를 그의 은인이신 하나님에게 속박시킬 때조차도 그 희생자의 지위를 강화할 뿐이다. 페미니스트들은 에로틱한 사랑의 이름으로 모든 그러한 위계 구조를 싫어하고 심지어 신과 인간의 위계조차도 싫어한다. 류터는—우리가 하나님을 어머니라고 부를 때조차도—일종의 가부장적 관계에서 우리 위에 하나님을 위치시키기 때문에 신적인 부성이라는 개념을 폐기해야만 한다고 주장한다. 샐리 맥페이그(Sallie McFague)는 우리로 하여금 인간과 상호관계를 맺으면서 존재하시는 하나님을 친구로 생각하도록 권고한다.[23]

그렇다면 죄는 자신을 하나님과 등등한 존재라고 주장하는 태도가 아니라 이런 상호관계와 인간들 사이의 동등성을 장려하지 않는 태도다. 류터는 『성차별과 신-담론』(*Sexism and God-Talk*)에서 다음과 같이 주장한다.

> 여성신학의 비판적 원칙은 여성이 지닌 온전한 인간성을 증진하는 것이다. 신학적으로 말하자면, 여성이 지닌 온전한 인간성을 손상하거나 부정하는 것은 하나님 혹은 하나님의 진정한 관계를 반영하지 않는 것, 사물들의 진정한 본

22 Rita Nakashima Brock, Rebecca Ann Parker, *Proverbs of Ashes: Violence, Redemptive Suffering, and the Search for What Saves Us* (Boston: Beacon, 2002), 48.

23 Sallie McFague, *Models of God: Theology for an Ecological, Nuclear Age* (Minneapolis: Fortress, 1987), 61.

성을 반영하지 않는 것 혹은 진정한 구원자의 메시지나 일이 아닌 것 혹은 구원의 공동체의 메시지나 일이 아닌 것으로 간주되어야 한다. 이러한 부정적인 원칙은 긍정적인 원칙도 포함한다. 여성이 지닌 온전한 인간성을 증진하는 것은 성령의 일이고, 그것은 하나님과의 참된 관계를 반영하며, 그것은 사물들의 진정한 본질이고, 구원의 진정한 메시지이며 구원의 공동체의 임무다.[24]

따라서 본질적인 죄는 여성을 하위 주체로 고착화하는 것이다.

그러한 위계 구조를 강조하는 신학은 그 자체가 죄를 범하는 것이다. 이것은 라인홀드 니버(Reinhold Niebuhr)처럼 죄를 근본적으로 반역과 교만으로 본 죄론을 포함한다. 앤서니 티슬턴(Anthony Thiselton)이 주장한 것처럼,[25] 니버는 서구 신학의 의식에 죄의 구조적 차원을 가져오는 데 중요한 역할을 했다. 특히 니버는 『도덕적 인간과 비도덕적 사회』[26]에서 그런 역할을 잘 보여주고 있다. 이것은 죄책감, 비난 및 자기 증오를 불러일으키고 무력감을 조장한다. 그것은 자기주장을 문제가 있는 것으로 보기 때문이다. 하지만 니버는 지배 및 통제 그리고 폭력의 구조를 분석했고, 그런 분석을 『인간의 본성과 운명』(*The Nature and Destiny of Man*, 1941)에서 발전시킨 개념, 곧 본질적인 죄는 "인간의 교만과 권력 의지"라는 개념으로 표현했다.

하지만 여성신학자들은 니버의 주장을 죄에 대한 남성 중심의 이해

---

24 Rosemary Radford Ruether, *Sexism and God-Talk: Toward a Feminist Theology* (Boston: Beacon, 1993), 19.

25 Anthony Thiselton, *The Hermeneutics of Doctrine* (Grand Rapids: Eerdmans, 2007), 301. 『기독교 교리와 해석학』(새물결플러스 역간). Thiselton은 Paul Ricoeur, John Macquarrie 그리고 Alistair McFadyen이 죄의 이런 측면에 대해 훌륭한 논의에 공헌했다고 말한다. 『도덕적 인간과 비도덕적 사회』(문예출판사 역간).

26 Reinhold Niebuhr, *Moral Man and Immoral Society: A Study in Ethics and Politics* (New York: Scribner, 1932).

라고 생각하고, 그것을 여성에게 적용할 수 없는 것으로 인식한다. 여성들의 근본적 "죄"는 다른 본질을 갖고 있기 때문이다. 발레리 세이빙(Valerie Saving)은 구체적으로 여성에게 있는 죄들 가운데에는 "하찮음, 산만함, 장황함, 조직 중심이 아닌 것과 집중력 부족, 다른 이들에게 의존해서 자아 정체성을 형성하는 것" 그리고 자아의 부정이 있다고 주장한다. 자존심, 자기주장, 용기, 결단력, 자기 과신과 같은 교만과 관련되고 왜곡된 특성들은 엄밀히 말해 여성들이 자신들의 온전한 인간성을 획득하기 위해 필요한 것들이다. 인류의 근본적인 곤경을 교만으로 묘사하는 것은 이런 특성들의 발전을 억제한다.

죄에 대한 전통적인 이해는 지배자/종속자, 신/인간, 아버지/자녀와 같은 이분법에 객관성을 부여한다. 브록은 가부장적 이념들이 분열을 초래한다고, 곧 자기-의(self-righteous)의 분열은 자신과 세상을 분리하고, 그 결과 심리학적인 자아 성찰과 개인적 책임은 제도화된 억압이라는 정치적 현실을 반대한다고 주장한다. 나와 하나님과의 개인적 관계가 안정적인 한 이런 체제들은 나의 관심의 영역에 있지 않다. 하나님 아버지의 은혜는 선택된 집단이 하나님 아버지와 호의적인 관계를 점유할 수 있도록 해주지만, 그런 가부장적 가족의 억압적인 구조에 있는 파괴적인 성향은 온전히 남아 있다. 브록은 이런 "위계 구조의 권력"에 "에로틱 권력"을 대립시킨다. 전자는 사람들에 대한 지배, 지위, 권위 그리고 통제에 관한 모든 것, 즉 줄리아 크리스테바가 "하나님 아버지의 율법"(Law of the Father)이라고 말한 것이지만, 후자는 관계를 회복하고 양육하는 것이며 취약함, 개방성, 돌봄에 관한 모든 것이다.

우리는 행위자, 책임 및 죄에 대한 페미니스트의 생각에 대해 무엇이라고 결론 내릴 수 있을까? 페미니스트들은 권력이 존재한다는 박승호에 대해 동의한다. 하지만 그들은 우리가 외부의 도움을 받아 이 권력에서 자유롭게 될 필요가 있다는 박승호의 생각에는 반대한다. 원죄 개념을 조장하는 신학은 가부장제 권력에 대항하는 진정한 혁명 정신을 억누른다. 그리스도는 자신과 착취당하는 이들과의 연대를 보여주기 위해 십자가에서 죽지 않으셨다. 그가 그것을 보여주기 위해 죽지 않으셨다면, 그러한 행동에는 구원과 관계된 것이 전혀 없다. 그리스도의 죽으심은 어떻게 정의가 인간사에서 실패했는지를 보여주는 또 하나의 사례일 뿐이다.

탈식민주의의 공헌

탈식민주의 신학이라는 떠오르는 분야는 새로운 도전을 갖고서 속죄 신학을 제시한다. 박승호처럼 조원희(Wonhee Ann Joh)도 한국계 미국인으로서 저술 활동을 하고 있다. 2006년에 출간된 그녀의 『십자가의 마음: 탈식민주의의 관점에서 본 기독론』(*Heart of the Cross: A Postcolonial Christology*)은 특히 정체성은 결코 단일하지 않고 항상 파편화된 것이라는 깨달음에 비추어서 행위자 개념을 더욱 복잡하게 한다.

그녀는 호미 바바(Hommi Bhabha)의 "혼종성"(hybridity) 개념을 가져와서 우리의 정체성은 언제나 식민 지배자와 식민 피지배자들의 담론 같은 여러 갈등적인 담론들의 교차점에서 형성된다고 주장한다. 하지만 조원희는 호미 바바, 가야트리 스피박(Gayatri Spivak), 그리고 줄리아 크리스테바(Julia Kristeva)의 연구를 따라서 한동안 페미니스트의 의제를 지배했던 "정체성의 정치"와 "사회적 성(gender)의 정치"에 도전한다. 나는 그 주장 중 일부, 예를 들면 특히 남성의 죄에 반대되는 것으로 여성의 죄들이 있다는 세이빙의 주장을 살펴보았다. 페미니스트 작가들의 새로운 동향에 비추어 볼 때, 이것은 "본질주의" 곧 "여성의 본질"을 부활시키는 것이다. 조원희는 모든 종류의 정체성은 "고정되지도 않고 단순화할 수도 없다"고 주장한다. 이 점에서 그녀는 페미니스트 학자들의 사회 구성주의 전통에 합류한다.[27] 본질주의는 때때로 전략적으로 유용할 수 있지만,[28] 그것은 결코 정체성의 분열을 모호하게 해서는 안 된다. 우리는 단순히 인종이나 사회적 성에 기초해서 정체성을 형성하는 것에 대해 조심해야 한다. 이런 경고는 수잔 프랭크 파슨스(Susan Frank Parsons)의 "적절한 보편주의"[29]로 돌아가는 신호를 의미하는 것이 아니다. 하지만 조원희는 다음과 같은 것을 알고 있다. "인종과 같은 한 가지 대상에 근거해서만 정체성을 형성하는 것이 가진 위험 중 하나는 우리가 정체성을 구성하는 복잡한 연결망 내에서 발생하는 '인식론적 폭력'을 간과하는 경향이 있다는 것이다."[30] 사회적 성은 단순히 차이가 아니라 보다 더 다양한 상호관계와 간극을 담아낼 수 있는 훨씬 보편적인 "관계성"으로 바뀌어야 한다. 따라서 차이의 철학에 근거한 초기 페미니즘의 비판은 그것이 "연합 정치에 방해가 되는 깊은 분열을 만들었다"는 점에서 실패한다.[31] 조원희는 차이의 철학을 수용하는 동시에, 서로 다른 정체성들을 통합하는 심오한 관계성에 대한 이해를 통해 그러한 차이를 완화시키기를 희망하는 것처럼 보인다. 그런 일반적인 관계성을 떠나서는 참

---

27 Susan Frank Parsons는 다음과 같은 책에서 페미니즘에 있는 자유주의적 구성주의와 사회적 구성주의의 궤적을 구분한다. *Feminism and Christian Ethics* (Cambridge: Cambridge University Press, 1996).

28 Wonhee Anne Joh, *Heart of the Cross: A Postcolonial Christology* (Louisville: Westminster John Knox, 2006), 2에서 묘사된 Gayatri Spivak의 "전략적 본질주의"를 참고하라.

29 Parsons, *Feminism and Christian Ethics*, 180.

30 Joh, *Heart of the Cross*, 14.

31 Ibid., 16.

된 자유는 불가능할 것이다. 우리는 편협한 자아 속에 갇혀 있을 것이기 때문이다. 조원희는 수잔 프리드만(Susan Friedman)의 주장을 긍정적으로 인용한다. "차이의 담론이 가진 배타성은 정치적으로 위험한 분할화를 촉진하고 관계에 대한 유토피아적 갈망과 다른 문화들 간의 혼합이 이루어지는 일상적 현실의 가시성을 모두 억제한다.…혼종성의 담론이 가진 배타성은 다시 한편으로는 집단 정체성을 구성하는 것에, 그리고 다른 한편으로는 그것을 구성하는 권력의 구조를 숨기는 낭만화에 빠질 수 있다."[32]

이런 관계성의 반대는 분명하게 한(恨)이다. 조원희는 한과 정(情)을 대조하고서 다음과 같이 정의한다.

> 정은 삶에 본질적인 것으로서 공감, 사랑, 상처 입기 쉬움 그리고 이질성을 수용하는 것과 깊은 관련이 있는, 타자와 자신의 종종 복잡하게 얽혀 있는 관계를 이해하는 한국인의 방식이다. 그것은 혐오나 증오와 같은 불쾌한 감정을 부드럽게 하고, 억압자와 피억압자와 같은 실체에 대한 이분법적인 반대 개념에서 벗어나 풍성하고 복잡한 관계를 만드는 방식이다. 나는 정이 구원의 관계에서 구현된 힘이라고 주장한다. 심지어 구원은 우리를 삶으로 이끄는 정의 힘과 존재를 인정하는 관계성 안에서 나타난다고 주장할 수도 있다.[33]

한이 죄와 부정의에 의해서 비롯된 상처를 훨씬 악화시키는 것이라면, 정은 상호관계와 모든 것을 아우르는 관계성 속에서 그 상처를 치유하는 힘이다.

그런데 이 모델에는 신에게 저지르는 죄 개념의 여지가 없다. 사실 근

---

32 Ibid., 18.
33 Ibid., xxi.

본적인 선과 인류의 관계성은 억압된 "결속"으로 계속 존재한다. "엄마와 자녀의 관계는 엄마가 인식하려고 애써야만 하는 그런 것이 아니다. 여기서 주체와 객체는 하나의 몸을 이루고 있기 때문이다. 곧 다른 한쪽은 마음 속에 있고, 다른 한쪽과의 차이는 절대적이지 않다."[34] 조원희는 자신의 속죄에 대한 설명을 위해 반드시 필요한 매우 중요한 추론을 곧바로 도출한다. "강제가 아닌 사회적 연대가 상징적 질서를 위협하는 것이다."[35] 의미는 이중적이다. 첫째, 죄는 우리가 우리 외부의 힘에 의해서만 구출받을 수 있는 것처럼 그렇게 회복 불가능할 정도로 인류를 파괴하지 않았다. 이것은 페미니스트가 인류를 포함하지 않는 구원의 "사고방식"(spectacles)을 혐오하는 것과 매우 많이 비슷하다. 둘째, 구원은 갑자기 난입한 완전히 새로운 개념이 아니다. 그것은 이전에 알려지지 않는 가능성을 개방하는 것이 아니라 정에 따라서 사는 것, 즉 오래전부터 계속 있었던 억압된 관계성에 따라 사는 것이다. 예수는 십자가로 나아가셨다. 이 연대(정)에 일치한 그분의 삶은 "하나님 아버지의 율법"을, 곧 엄밀하게는 반대와 배제의 유지에 근거한 상징적 질서를 참을 수 없었기 때문이다.

행위자와 책임에 대한 조원희의 관점을 약술하자면, 우리는 그가 죄에 대한 직접적인 책임을 더 많이 약화시키는 것을 알 수 있다.

34 Ibid., xxi.

35 Ibid., 103.

법과 정의의 해체

행위자와 책임 개념이 후기 근대에 처한 운명을 살펴보았기 때문에, 지금은 정의와 법에 대한 최근 논의로 우리의 관심을 돌릴 때다. 속죄론은 역사적이고 문화적인 구성물이기 때문에 정의와 법이라는 중요한 개념들을 틀림없이 이용할 것이라는 것이 이 책의 명제다. 신적 정의에 대한 논증의 해석은 법의 규범적인 생각 및 법과 정의의 관계에 호소한다.

그런데 나의 의도는 법률의 지위와 정의에 대한 사유를 포괄적으로 분석하는 데 있지 않다. 오히려 나는 법에 대해 어느 정도 폭넓은 태도들을 포착하고 싶다. 비록 이런 태도들이 법적인 영역에 영향을 확실히 끼쳤지만, 그런 영향이 결정적이라고 말할 수는 없다. 법체계 안에 있는 법령에 정해진 하부 구조와 개념적 틀은 대부분 영향을 받지 않고 있다. 그럼에도 이런 태도들은 보다 더 큰 문화적 힘과 일치하고, 그것들은 전 세계 지식인들에게 영향을 끼치고 있다. 우리의 경우와 관련해, 나는 속죄 신학자들이 정의를 시행하는 법의 능력을 이해하는 것과 관련해서 회의적인 태도에 결정적으로 영향을 받았다고 주장할 것이다. 법 그 자체가 약화되지 않았다 하더라도, 그것은 확실히 사람들의 마음을 사로잡는 힘을 잃어버렸다. 법이 공정하다는 가식적인 주장은 은밀한 정치로 그 정체를 드러냈다. 나는 이처럼 법의 신뢰성이 악화된 사실이 우리가 속죄에 대한 대부분의 포스트모던적인 접근법에 공통된 태도를 이해할 수 있는 방법 중 하나라고 주장한다. 하나님이 정의로운 분으로 여겨진다면, 이것은 "적법성"을 포함할 필요가 없다. 법은 본질상 하나님의 사랑이나 그분과 인류의 궁극적인 관계에 적합하지 않기 때문이다. 만일 그것이 적법성을 포함할 필요가 있다면, 법은 반드시 초월되어야 하는 것이다.

우리는 어떻게 이 부분까지 오게 되었을까? 나는 여러 곳에서 나의 이야기를 시작할 수 있지만, 홀로코스트와 관련한 정의의 두 가지 사례를 통해 이야기를 시작하고자 한다. 첫 번째 사례는 꽤 잘 알려진 것이다(또는 알려져야만 하는 것이다). 그것은 아돌프 아이히만의 사례다. 아이히만은 제2차 세계대전 당시 중령으로 히틀러의 최종 해결(Final Solution), 곧 유럽 거주 유대인들을 나치 강제수용소로 이송하는 대규모 학살 작전의 실무 "책임자"였다. 미군에 체포된 그는 가짜 이름을 사용해 포로수용소에서 탈출했고, 1950년에 가족들과 함께 아르헨티나의 부에노스아이레스로 도주했다. 그는 이후 1960년에 이스라엘 정보기관 모사드의 정보망에 걸려 체포되어 이스라엘로 압송되었고 1961년 4월 11일에 공개 재판을 받았다. 그 재판은 법의 본질과 우리가 법에 복종할 의무가 있음을 잘 보여주는 상징적인 사건이 되었다. 두 번째 사례는 훨씬 더 최근에 벌어진 일이다. 이반 데마뉴크(Ivan Demjanjuk)는 우크라이나에서 태어났고 1940년에 소비에트 연방의 붉은 군대에 입대했으며, 독일과 소비에트 연방이 전쟁을 하는 동안에 독일 군대의 포로가 되었다. 나치는 포로 중 자원자들을 선발해 전선이나 군수 공장에 배치했다. 데마뉴크는 강제수용소 봉사자(교도관)의 기회를 제안받았고 이를 수용했다. 그는 제2차 세계대전이 끝나고 1952년에 미국으로 이주하여 1958년에 시민권을 받았고 성을 존(John)으로 바꿨다. 구 소련 정부 자료에 의해 그가 나치 트레블링카 학살 수용소에서 "이반 뇌제"(Ivan the Terrible)라 불린 악명 높은 교도관이라는 의혹이 불거진 건 1980년대 중반이었다. 전범 용의자로 이스라엘로 송환된 그는 1988년 4월 18일 이스라엘 법원에 의해 유죄로 인정돼 며칠 뒤 사형 선고를 받았다. 당시 법원은 "한 점의 의혹도 없이" 그를 트레블링카 가스실의 "이반 뇌제"라고 선언했다. 데마뉴크는 사람을 오인한 것이라고 부인하며 즉각 항소했다. 그가 이반 뇌제가 아닐 수 있다는 증거와 구 소련의 자료가 조작된 정황이 드러나면서 그는 1993년에 이스라엘 대법원에서 무죄 판결을 받았다. 미국에 재입국한 그는 1998년에 시민권을 회복했지만, 2001년에 트레블링카가 아닌 다른 수용소에서 교도관으로 일한 사실이 드러나 미국 재판에 회부됐다. 그는 시민권 박탈과 함께 강제 추방을 당한 후 2009년에 독일 재판정에 섰고, 2년 뒤 뮌헨 지방 법원으로부터 최소 28,000명의 유대인 살해에 연루된 혐의로 금고 5년형을 선고 받았다.

아이히만은 입법가도 지도자도 아닌 그저 고위 관료였을 뿐이다. 데마뉴크는 죽음의 기관의 다른 극단에 서 있었던 사람이었다고 말할 수 있을 것이다. 그 두 사람이 필사적으로 주장했던 것처럼 그들은 그저 법에 복종해 명령을 따랐을 뿐이다. 한나 아렌트(Hannah Arendt)는 아이히만의 재판을 참관하고 그것을 자세하게 보도했는데, 그중 하나에서 다음과 같이 말한다. "그가 경찰과 법정에서 계속해서 이야기했던 것처럼, 그는 명령에 복종했을 뿐만 아니라 법에도 복종했다."[36] 데마뉴크의 변론도 예상대로 비슷했다. 그는 선택의 여지가 없었다. 그는 전쟁 포로였고, 자신의 삶을 좀 더 편하게 할 수 있는 행동 방침을 따랐다. 그의 선택은 이런 행동이 자신에게 유일한 선택이었을 정도로 제한된 것이었다.

이 두 사람은 모두 궁극적으로 자신을 변호하는 데 성공하지 못했다. 하지만 이 두 가지 사례와 관련해서 아주 흥미로운 것은 그 재판들이 두 사람의 재판이었을 뿐 아니라 법체계 전체에 대한 고발이었다는 것이다. 더욱이 그것은 법철학(법실증주의) 전체에 대한 고발이기도 했다. 이 두 사람

---

36 Hannah Arendt, *Eichmann in Jerusalem: A Report on the Banality of Evil* (New York: Penguin, 2006), 135. 『예루살렘의 아이히만』(한길사 역간).

의 재판, 특히 아이히만의 재판은 법이 욕망에 굴복하는 방식을 폭로한다. 푸코가 말하는 것처럼, 그것들은 법이 생체권력(biopower)의 규율적 구조의 일부분이 되는 방식을 확실하게 보여준다. 한나 아렌트도 다음과 같이 말한다. "그 문제의 슬프고 매우 불편한 진실은 아이히만이 보여준 광신적 행위가 아니라 그가 타협하지 않는 태도를 취하도록 부추긴 그의 확고한 양심이었다는 것이다."[37] 그는 자신이 조국의 법, 곧 나치 독일의 총통의 법에 복종할 의무에 속박된 존재라고 생각했다. 아렌트는 이 상황, 곧 법은 법을 준수하는 시민들의 자연적 성향을 완전히 뒤바꾸는 도덕 의무를 만들 수 있는 상황을 깊이 숙고한다.

> 문명화된 나라들이 가진 법은 비록 인간의 자연적 욕구와 성향이 때때로 살인의 충동이 일어난다고 하더라도 양심의 소리는 모든 사람에게 "살인하지 말라"고 말하는 것을 당연한 것으로 취하는 것처럼, 히틀러가 지배하는 나라의 법은 비록 살인이 대부분의 사람의 정상적인 욕구와 성향에 반한다는 것을 대량학살의 조직자들이 아주 잘 알고 있다고 하더라도 양심의 소리가 모든 사람에게 "너는 살인할지어다"라고 말하기를 요구했다. 제3제국의 악은 대부분의 사람이 그 악을 인식하는 특성, 곧 유혹의 특성을 상실했다는 것이다. 수많은 독일인과 많은 나치 당원, 아마도 엄청나게 많은 이들이 살인하지 않으려는, 도둑질하지 않으려는, 그들의 이웃이 죽음의 길로 가지 않도록 하려는, 그리고 그들로부터 이익을 취함으로써 이 모든 범죄의 공범자가 되지 않으려는 유혹을 분명히 받았을 것이다. 그러나 맙소사, 그들은 그러한 유혹에 어떻게 대

37 Ibid., 146.

항하는지를 배워버렸다.[38]

요점은 아이히만이 자신이 저지른 죄에 책임이 없다는 것이 아니다. 하지만 우리가 그의 책임의 본질을 이해하기 위해서는 그의 "곤경"을 이해할 필요가 있다. 또한 주목할 만한 것은 국가 체제의 전체 적법성에 의문이 제기되었다는 사실이다. 무엇보다도 아이히만은 국가의 법에 따라 자신의 임무를 수행하고 있었다. 지금 그는 무엇을 근거로 사형 재판이라는 판결을 받았는가? 어떤 이는 새로운 적법성의 이름, 곧 승리자의 법의 이름으로 판결을 받았다고 주장할 것이다.

적어도 데마뉴크의 재판과 관련해서 몇몇 비평가는 그 판결을 자연법의 승리와 회귀로 보도했다. 이들에 따르면, 이 두 사람의 재판에서 일어나는 것은 "자연법"과 "법실증주의" 사이의 대결이었다. 어떤 작가는 새로운 세대의 독일 판사들이 마침내 법실증주의의 영향을 받은 구세대의 독일 판사들을 대체했을 때 데마뉴크의 유죄 판결이 정말로 가능했었다고 지적했다.

하지만 법실증주의는 무엇인가? 존 오스틴(John Austin)의 정의에 따르면, "법은 한 사람 혹은 사람들에게 부과하는 명령이다. 하지만 임시적이거나 특별한 명령과 구별되거나 반대되는 것처럼, 법은 한 사람에게 혹은 사람들에게 지우는 의무이고, 그리고 일반적으로 어떤 계급이 관용을 행하도록 의무를 지우는 것이다. 훨씬 더 대중적이지만 보다 덜 명료하고 덜 엄밀한 말로 표현하자면, 법은 어떤 행위 과정을 한 사람 또는 사람들에게 부과하는 명령이다. 법과 다른 명령들은 상급자들에게서 내려온다고 말해지며,

---

38 Ibid., 150.

그리고 하급자들을 구속하고 그들에게 의무를 지운다고 말해진다."[39] 실증주의의 두드러진 특징은 법을 특정한 상황 아래서 상급자들에게서 내려오는 일단의 규칙들로 규정하는 것이며 이런 사실의 순수한 결과로써 하급자들에게 복종할 의무를 부여하는 일단의 규칙으로 규정하는 것이다.

우리가 앞 장에서 살펴보았던 것처럼 법실증주의는 법과 도덕을 구분한다. 그것은 근대의 본질적인 법철학이고, 원래 갖추어야 할 법의 모습과 현행법을 구별하지 못한 자연법을 비난한다. 이것은 제러미 벤담(Jeremy Bentham)과 존 오스틴 같은 법실증주의자들이 두 가지 법의 관계를 무시했다는 것이 아니라, 그들은 법의 분명한 본질을 명확하게 확립하길 원했던 실용주의자라는 것이다. 따라서 그들은 어느 정도는 본질주의자들이다. 그들은 법이 본질을 가졌고, 부적절하게 법이라고 이야기되는 것들이 있다고 주장했다.[40] 우리가 오스틴의 주장에서 보았던 것처럼, 어떤 명령이 법이 되기 위해서는 특정한 **형식적** 조건들이 있다. 이런 조건들은 특정한 법규의 도덕성을 갖고 있다고 말할 수 있는 게 아니다. H. L 하트(Hart)가 다음과 같이 말한 것처럼 말이다. "벤담과 오스틴이 주장하고 싶었던 것은 다음과 같은 두 가지 단순한 것이었다. 첫째, 명시적인 헌법적 또는 법적 규정이 없을 때, 도덕성이라는 기준을 위반한 규칙이라는 단순한 사실에서 그것이 법의 규칙이 될 수 없다는 결론이 도출되지는 않는다. 그리고 거꾸로 말하자면, 어떤 규칙이 도덕적으로 바람직하다는 단순한 사실에서 그것이 법의 규칙이 된다는 결론이 도출되지도 않는다."[41]

---

39 Austin, "A Positivist Conception of Law," in *Philosophy of Law*, 5th ed., ed. Joel Feinberg and Hyman Gross (Belmont: Wadsworth, 1995), 36.

40 Ibid., 37-38에서 Austin을 참고하라.

41 H. L. A. Hart, "Positivism and the Separation of Law and Morals," *Harvard Law Review* (1958): 593-629 (여기서는 599).

이 형식주의의 결말은 법이 도덕으로부터 단절되었고 따라서 사회적이고 역사적인 삶에서의 근원과 관계가 끊어졌다는 것이다. 그것은 추정에 의하면 객관적인 형식, 곧 목적과 욕구로부터 중립적인 것이 되었다. 근대의 허상은 이런 형식의 순수한 적용이 완전한 공정성을 보장할 것이라는 것이다. 하지만 제2차 세계대전이 보여준 것은 법이 목적들 사이에서 반드시 중립적이지 않다는 것이다. 나치의 법체계는 적극적으로 홀로코스트를 조장했다. 한편, 어떤 이들은 이것이 모든 법체계에 부정적으로 반영되어서는 안 되는 예외적인 것이라고 주장할 것이다. 다른 한편, 우리가 포스트모던 사유의 중심이라고 논하고 있는 사상가들은 비록 다른 법체계가 가진 폭력이 홀로코스트처럼 그렇게 정말로 말도 안 되는 것은 아니지만, 이런 체계는 여전히 배제에 근거하고 있고, 그 자체로 잘못된 것은 엄밀히 말해 이런 배제라고 주장한다. 하지만 포스트모던 철학자들이 법실증주의를 비판할 때, 그들이 자연법으로 회귀하자고 주장하는 것처럼 생각하지 말아야 한다. 법의 순수한 형식은 선에 대한 자연법적이고 신학적인 관점이 아니라 타자성의 철학으로 대체되어야 한다.

하트가 다음과 같이 주장하는 것처럼 사상의 흐름은 법실증주의를 급격하게 외면하고 있었다.

> 현재 미국과 그보다는 덜 하지만 영국에서 법과 도덕의 분리는 인위적이고 잘못된 것으로 여겨진다. 일부 비판가들은 그런 분리가 사람들로 하여금 법의 참된 본질과 법의 근원이 사회생활에 있음을 분명하게 보지 못하게 한다고 생각했다. 다른 이들은 그것이 지적으로 오해를 불러일으킬 수 있을 뿐만 아니라 실제로도 오류를 초래했으며, 최악의 경우에는 국가의 폭정이나 절대주의에 저항하는 것을 약화시키고, 최고의 경우에는 법을 무시하게 하는 경향이

있다고 생각했다.[42]

하트는 그 당시에는 몰랐지만 법적 사고가 포스트모더니즘으로 전환하는 첫 번째 징후를 목도하고 있었다.

구스타프 라트브루흐(Gustav Radbruch)는 전쟁 전이나 전쟁 후에도 독일의 가장 영향력 있는 법학자 중 한 사람이었다. 초기에는 법실증주의자였고 상대주의자였던 라트브루흐는 전쟁을 경험한 이후에는 실증주의에 완전히 환멸을 느꼈다. 그가 실증주의자의 입장에 있었던 초기에는 다음과 같이 말한다. "나는 무질서를 견디느니 오히려 부정의를 저지를 것이다." 하지만 전쟁을 경험한 이후에 그는 다음과 같이 주장한다. "정의를 얻으려고 노력조차 하지 않는 상황에서, 즉 정의의 핵심인 평등이 실정법 중 하나로 입법되는 것이 끊임없이 거부되는 상황에서, 법은 '부정의한 법'일 뿐 아니라 법의 본질을 완전히 결여한 것이기도 하다."[43] 첫 번째 진술은 라트브루흐가 법의 도덕성과 관계없이 법은 의무를 가진다고 생각한 점에서 실증주의적이다. 두 번째 진술은 법의 분명한 본질, 곧 적법성의 조건 중 하나로 법의 본질에 도덕성을 다시 끼워 넣는다.

아이히만과 데마뉴크의 사례를 잠깐만 다시 살펴보자. 이 사건들이 지금까지 법률의 이런 측면을 다룬 유일한 것들은 아니었다.[44] 질문이 다시 제기된다. 아이히만은 법의 어떤 근거로 사형을 선고받았는가? 그는 자연법에 근거해서 사형 선고를 받았는가? 아니면 그는 승리자의 법을 근거로

42 Ibid., 594-95.

43 Julius Stone, *Human Law and Human Justice* (Stanford, CA: Stanford University Press, 1965), 249에서 재인용.

44 Lon L. Fuller는 다음 책에서 전후의 있었던 예를 추가로 제시한다. "Positivism and Fidelity to Law-A Reply to Professor Hart," in Feinberg and Gross, *Philosophy of Law*, 80-84.

사형을 선고받았는가? 우리가 법실증주의가 실패했다는 것에 동의한다면, 이제 우리는 앞으로 무엇을 해야 하는가? 긍정적이고 건설적인 방법이 우리 앞에 있는가?

근대의 법체계에 대한 환멸은 이런 사례에만 국한된 것이 아니다. 헬렌 스테이시(Helen M. Stacey)는 근대의 법체계가 사회 및 사회의 가치와 함께 법은 자율적인 것이라는 생각에 기초해 있다고 지적한다. 또한 그것은 자율적인 인간이라는 생각에 기초해 있다. 우리는 이미 포스트모더니즘이 이런 생각을 비판한 것을 살펴보았다. 스테이시는 포스트모더니즘이 보여주는 법의 새로운 방향에 대해 다음과 같이 묘사한다. "사회학적인 법체계의 규정 아래에서, 법률 기관들은 그들의 위계 구조와 그들의 불가사의한 용어 및 그들의 소외시키는 결과에 대해 비판을 받았다."[45] 그녀는 그 새로운 비판적인 방향에 대해 다음과 같이 요약한다.

> 따라서 법은 포스트모더니즘으로 변모하기 시작했다. 해체와 사회적 구성의 분석은 영어를 사용하는 서구의 사법권에 있는 지배적인 사유 방식이 여성이 남성에게 복종하고, 식민 지배자가 피식민 지배자 위에 군림하며, 백인이 유색인종 위에 군림하고, 부자가 가난한 자들을 억압하고 고용주가 피고용인을 억압하는 위계질서에 기초했다는 것을 폭로했다. 법률 기관과 관련해서, 그러한 분석은 판사와 변호사가 원고와 피고인 위에 군림하는 위계질서에 기초한 결과라는 것을 강조한다.[46]

45 Helen Stacy, *Postmodernism and Law: Jurisprudence in a Fragmenting World* (Aldershot: Ashgate, 2001), 51.
46 Ibid., 57.

조셉 델라페나(Joseph Dellapena)와 케슬린 파렐(Kathleen Farrell)은 이 독창적인 제임스 보이드 화이트(James Boyd White)의 책에 대해 논평하면서 사법부의 유감스런 상태와 관련해 합의가 이루어진 것으로 보이는 것을 다음과 같이 지적한다.

> 많은 이들이 법을 논하면서 법률가들이 공동체를 세우거나 유지하기 위한 관계를 중재하기보다는 오히려 개인의 이익을 위해 가장 기본적인 인간 거래조차도 매우 복잡하게 만들었다고 불평했다. 또한 그들은 법원이 꽤 간단한 문제에 대해서도 상식적인 해결책을 채택하지 못하는 무능력에 대해 놀라워했다. 또한 그들은 사법부가 법전이나 법전의 맥락에 대한 의심스러운 해석을 맹목적으로 고수하는 것을 보면서 부정의가 영속화되는 것에 대해 무척 실망했다.[47]

지금까지 살펴보았던 것을 정리하면 다음과 같다. 법의 정의와 관련해서, 특히 법이 분열된 세계에 존재하는 개인들 사이의 관계를 중재하는 능력에 대해 문화적으로 불신하는 태도가 팽배해 있는 것처럼 보인다. 나는 아래에서 법과 정의에 대한 미셸 푸코, 에마뉘엘 레비나스 및 자크 데리다의 생각을 소개할 것이다.

---

47 Joseph W. Dellapena, Kathleen Farrell, "Law and the Language of Community: On the Contributions of James Boyd White," *Rhetoric Society Quarterly* , no. 3 (1991): 38-58(여기서는 42).

미셸 푸코

푸코에 따르면, 법이란 법적인 주체를 형성하는 매우 분명한 권력의 형태다. 지적했던 것처럼 푸코는 주권(sovereignty)을 절대군주에게 집중된 것이나 동일시되는 것으로 더 이상 취급하지 않는다. 오히려 권력은 사회와 문화를 통해 분산되고 확산된다. 또한 이런 권력은 항상 지식과 연결되어 있다. 사심 없는 객관적 지식과 같은 것은 존재하지 않는다. 푸코에 따르면, 법은 엄밀히 말해 개인이라는 주체들에게 권력을 행사하는 도구다. 스테이시는 다음과 같이 말한다. "푸코는 법이 개인들을 유순한 주체들로 바꿈으로써 그들의 행위를 감시하는 보다 더 큰 '사법 담론'과 불일치하는 담론(예를 들어 성명 발표, 실천, 분류 체계 및 분석 대상의 수집)을 억압하는 '규율적인 기술들'(disciplinary technologies)을 돕는 데 중추적인 역할을 한다고 주장했다."[48]

법은 이런 방식으로 권력과 공모하면서 그것의 규율 밖에 있는 대상(예를 들어, 자연)에 호소함으로써 그 자체를 정당화할 수 있는 방법을 갖고 있지 않다. 조셉 루스(Joseph Rouse)가 지적하는 것처럼, 푸코는 "인문학에서의 강한 유명론에 의해 특징지어진다. 곧 인문학의 영역에 있는 대상들의 형태는 이미 정해진 것이 아니라 그것들에 대해 논하는 것을 가능케 하는 담론 형식과 동시에 발생하는 것으로 존재한다."[49] 이것은 우리가 앞으로 데리다에게서 들을 수 있는 것과 같은 주장이다. 즉 텍스트 밖에는 아무것도 없다. 법은 완전한 권력이다.

---

48 Stacy, *Postmodernism and Law*, 63.

49 Joseph Rouse, "Power/Knowledge," in *The Cambridge Companion to Foucault*, 2nd ed. (Cambridge: Cambridge University Press, 2005), 96.

아이히만과 데마뉴크의 소송과 관련해서, 법과 권력의 동일시는 이런 소송에서 그런 판결을 정당화하는 것은 또 다른 권력, 곧 독재적인 권력이라는 냉소적인 결론을 지지하는 것처럼 보일 것이다. 푸코의 비관주의와 냉소주의는 포스트모더니즘의 윤리적 반성의 궤적 중 최소한 하나를 보여준다. 자연적 목적, 곧 공동선에 대한 메타내러티브가 포기되자마자, 하나의 대안은 "차이의 정치"(politics of difference)로 물러나는 것이다. 이 차이의 정치에서 진리는 국지적이고 번역될 수 없다. 이런 시나리오에 있는 어려움은 만일 정치 체제와 독립된 진리가 없다면 어떻게 공동체와 관계들이 계속해서 유지될 수 있는지를 이해하는 것이다. 푸코의 견해는 포스트모더니즘이라고 불릴 수 있는 모든 것에 대한 규범은 아니지만 그럼에도 확실히 영향력이 있는 제안이다. 비록 그것이 긍정적인 재건보다 비판적인 것에서 훨씬 더 성공하지만 말이다. 해체로서, 그것은 확실히 법체계에 대한 현대의 환멸을 자유롭게 하는 것보다는 억압하는 것으로 설명한다. 푸코가 주장하는 것처럼, 법이 보호할 의무가 있는 자유의 영역은 이미 또 다른 형태의 권력이 차지하고 있다. 따라서 법은 주로 해로운 범죄를 예방하는 일에 더 이상 적용되지 않고 오히려 시민 구성원들의 사이의 관계를 훨씬 더 효율적으로 배치하는 데 적용된다.[50]

푸코가 대체로 보여준 부정적인 입장을 요약하자면 다음과 같다. 법은 자연에 대한 재현도 아니고 그렇다고 해서 순수하고 중립적인 형식적 행위도 아니며, 법 그 자체가 궁극적으로 폭력적인 차이, 반대 및 위계질서를 강요하는 권력의 형태다.

---

50 Victor Tadros, "Between Governance and Discipline: The Law and Michel Foucault," *Oxford Journal of Legal Studies* 18, no. 1 (1998): 75-103을 참고하라.

에마뉘엘 레비나스

푸코가 법의 그릇된 가식을 폭로하고 싶어 하는 반면에, 레비나스는 정의에 관한 긍정적인 논의를 펼치는 데 관심이 있다. 하지만 레비나스는 지식 및 재현 그리고 형이상학이 정의 자체에 대해 해로운 담론을 구성한다는 근본 전제를 수용한다. 그는 다음과 같이 법에서 정의를 분리한다. "정의는…인간 집단을 통치하는 자연적인 익명의 적법성(이것으로부터 사회적 기술이 나왔다)이 아니다. 즉 정의는 일시적인 잔인함과 폭력(정당화하는 것이 불가능한 그 자체의 필요성에 양도된 상태)을 통해 적대적이고 맹목적인 힘을 조화롭게 배치하는 것이 아니다."[51] 그러한 맹목적 추론의 적용은 항상 타자의 타자성에 해롭다.

때때로 레비나스는 법의 정의, 곧 예를 들어 동해보복법의 정의를 윤리와 대조한다. 한편으로 정의의 요구는 합리적이고, 질서정연하며, 항상 엄하다. 그것들은 어떤 해석도 허용하지 않는다. 다른 한편으로 거기에는 보복의 논리를 뛰어넘는 무언가가 있다. 레비나스는 그 무언가를 윤리라고 말한다. 용서와 자비가 윤리의 표현이다. 윤리적인 것은 타자와의 만남에서 일어나는 것이다. 이런 만남 이전에는 윤리가 기초하는 지식도 없고 표상도 없다. 윤리적인 것은 사람들 사이의 합법적 관계의 특징을 나타내는 교환의 논리를 자발적으로 중단하는 것이다. 우리가 지금 레비나스에게서 볼 수 있는 것은 정의상 완전히 자발적인 순간을 묘사하려는 시도다. 곧 그것은 계산에 근거한 것이 아니며, 개념으로 포착하는 게 불가능한 것이다.

---

51 Emmanuel Lévinas, "Peace and Proximity," in *Emmanuel Lévinas: Basic Philosophical Writings*, ed. Adriaan Theodoor Peperzak, Simon Critchley, Roberto Bernasconi (Bloomington: Indiana University Press, 1996), 169.

하지만 레비나스는 여기서 멈추지 않는다. 그는 정의와 윤리를 단순히 반대되는 것으로 생각하지 않는다. 반대로 그는 정의 그 자체는 타자의 근접성에서 나온다고 주장한다. 내가 타자의 현존에 의해 소환되고 노출되며 불편해지는 것은 윤리적 만남 안에서다. 자비와 용서는 이런 순수한 근접성에서 나온다. 내가 타자에 직면했을 때, 나는 용서하고 수용하길 욕망한다. 하지만 이런 욕망은 "이성"에서 생기지 않는다. 그것은 순전히 선물이다.

하지만 나와 타자의 만남은 항상 제3자를 포함하기 때문에 이 용서와 자비는 완화될 필요가 있다. 숙고가 개입해야 할 것이다. 따라서 법에 구현된 정의는 피할 수 없게 된다. 하지만 레비나스에게 있어 법에 구현된 것으로서의 정의는 이런 만남을 정의하고, 구성하는 타자의 초월과의 만남에 우선하지 않는다. 따라서 정의는 윤리보다 이차적이고 도구적이다. 레비나스가 법에 복종하는 의무에 관한 논쟁에 개입하지는 않지만, 그가 라트브루흐의 견해를 받아들인다고 생각하기란 어렵지 않다. 법이 타자에게 폭력을 행사한다면, 그것은 법으로서의 특성을 잃는다.

그렇다면 레비나스에게 정의는 법을 요구한다. 하지만 이상적인 정의는 법이 나눠주는 부분적인 정의와 항상 구분된다. 법은 필연적으로 추상적이기 때문에 법적 판단은 개별적인 상황을 고려하는 것이 필요하다. 마티 슬로터(Marty Slaughter)는 다음과 같이 주장한다. "따라서 법은 윤리적으로 말해서 비교할 수 없는 것—개별자, 곧 윤리적인 만남에서 발견되는 절대적인 타자—을 비교하고 그렇게 하면서 법적인 질서가 '자비를 부정한다.' 그것은 자신 앞에 개별자, 곧 고유한 개인이 아니라 오히려 추상적인 것을 가져온다. 개별자는 서사 및 범주 그리고 표상의 시대 밖에 있었다. 정의는 자신 앞에서 타자의 '지금'을 가질 수 없다."[52]

법과 관련한 이런 실재론에도 불구하고, 레비나스는 법과 정의에 대해 두 가지 중요한 주장을 펼친다. 첫째, 그는 정의를 시행하는 법의 능력에 대한 푸코의 냉소주의를 받아들이지 않는다. 둘째, 그는 정의와 용서 및 자비가 서로 반대되는 것임을 부인한다. 정의와 용서 및 자비는 타자와의 만남이 이루어지는 윤리적 상황에서 나온다. 그것들은 보편적이고 추상적인 법이 아니라 타자 또는 타자의 공동체의 재판 앞에서 반응한다.

자크 데리다

스테이시는 다음과 같이 주장한다. "주체 중심의 이성에 대한 데리다의 비판은 1980년대 동안의 영미의 법학계에서 큰 의구심을 불러일으켰다."[53] 텍스트의 편재성, 곧 텍스트 밖에는 아무것도 없다는 그의 주장은 크게 잘못 해석되고 있다. 그의 작업은 신학교에서는 말할 필요도 없고 분석철학 분야에서 여전히 많은 의심을 받고 있다. 우리는 자기 작업의 희화화에 대해 어리둥절해하는 데리다에 동의할 필요가 없다.

데리다는 포스트모던 법체계에 몇 가지 기여를 한다. 푸코처럼 그리고 어느 정도는 레비나스처럼 그의 기여는 대부분 부정적이다.

첫째, 데리다는 법의 폭력적인 기원에 대한 푸코의 핵심을 반복한다. 그는 "법의 힘: 권위의 신비적 기초"에서 근대의 법사상을 통렬하게 비판한다. 그는 (1) "법의 궁극적인 토대의 순간 혹은 기원"은 정의로운 것도 부

52 Marty Slaughter, "Lévinas, Mercy, and the Middle Ages," in *Lévinas, Law, Politics, ed. Marinos Diamantides* (London: Routledge, 2007), 57.

53 Stacy, *Postmodernism and Law*, 89.

정의한 것도 아닌 그저 난폭한 **권력행사**(coup de force)일 뿐이라고 주장한다. 그는 (2) 더 긍정적으로는 아포리아를 경험하지 않은 정의는 없다고 주장한다. 이 두 번째 점은 사실 법과 정의에 대한 레비나스의 변증법을 모방한 것이다.

> 타자에게 타자의 언어로 자신을 전달하는 것은 모든 가능한 정의의 조건처럼 보인다. 하지만 이는 엄밀히 말하자면 불가능할 뿐만 아니라(나는 타자의 언어를 전유하는 한에서만, 그리고 암묵적인 제3자의 법에 따라 이를 동화하는 한에서만 이 언어를 말할 수 있기 때문이다), 심지어 법으로서의 정의(권리)가 배제된다. 권리로서의 정의가 관용어의 일반성이나 독특성을 의심하는 제3자에게 호소하는 요소를 함축하고 있는 한에서는 말이다.[54]

법은 "합법적이거나 적법하고, 안정적이며 법제적이고, 계산 가능하며, 규제되고 법제화된 규정들의 체계이지만", 정의는 "무한하고, 계산 불가능하며, 규칙에 반항적이고, 균형에 맞지 않으며, 이질적이고, 이질 지향적이다."[55] 데리다는 이상적인 정의를 모든 계산으로부터 구출하려 한다는 점에서 레비나스를 따른다. 그는 선물에 비추어 그것을 이야기한다. "내가 보기에 이런 '정의 개념'은 그것이 가진 확정적인 성격과 또한 그것이 교환도, 순환도, 인정 혹은 감사도, 경제적 순환도, 계산과 규칙도, 이성과 합리성도 없는 선물을 요구한다는 점에서 환원 불가능한 것이다." 우리는 어쩌면 이것을 "광기"라고 말할 수 있다. 그는 다른 곳에서 무조건적인 환대에 비추

54 Jacques Derrida, "Force of Law: The 'Mystical Foundation of Authority,'" *Cardozo Law Review* 11, no. 5 (1990): 919-1045(여기서는 949). 『법의 힘』(문학과지성사 역간).

55 Ibid., 959.

어, 즉 외부인의 신원을 먼저 확인조차 하지 않는 환대에 비추어 이런 이상적인 정의에 대해 말한다. 이런 생각은 윤리는 형이상학이 필요하지 않으며 그것을 초월한다는 레비나스의 생각을 유지하는 것이다. 데리다에게 이것은 "당신이 타자 및 이민자 그리고 손님에게 어떤 것도 돌려달라고 요구할 수 없다는 것, 심지어 그의 신분을 확인해주길 요구할 수조차 없다는 것을 함의한다. 비록 타자가 당신의 집에 대한 지배권을 당신에게서 빼앗을지라도 당신은 그것을 수용해야만 한다."[56]

법은 본질상 사유라는 요새를 통해 타자를 식민지화한다. 그것은 타자를 언어 속으로 끌어들인다. 따라서 그것은 타자에게서 타자성을 박탈한다. 데리다에 따르면, 자아들 사이에 있는 진정한 윤리적이고 정의로운 관계는 법을 초월한다. 사실 법의 초월성은 엄밀하게 말해 해체다. 데리다는 정의를 해체와 동일시한다. 법과 법적인 개념의 해체는 "정의의 이름에서 일어난다. 정의는 법을 요구한다. 따라서 정의는 단순하게 법 밖에 있는 것, 즉 법을 초월하는 것이 아니라 동시에 법을 요구하는 것이다."[57] 데리다는 해체와 정의를 동일시하면서 이런 개별적인 해체 행위가 정당하다고 주장하지 않고, 해체의 분명한 계획과 방향이 정의와 일치한다고 주장한다. 해체는 법의 한계를 폭로하면서 정의를 목적으로 삼는다.

법체계에 대한 해체의 결과는 무엇인가? 스테이시는 매우 낙관적이다. "지금 법철학의 목표는 포스트모더니즘의 허술한 이론이 제안할 수 있는 잠재적으로 파멸을 초래하는 정치적 결과들을 갖지 않는 법체계를 발전시

---

56 Jacques Derrida, "Hospitality, Justice, and Responsibility: A Dialogue with Jacques Derrida," in *Questioning Ethics: Contemporary Debates in Philosophy*, ed. Richard Keaarney, Mark Dooley (New York: Routledge, 1999), 70.

57 Ibid., 72-73.

키는 것이며, 그리고 이것이 전통적인 근대 사유의 보편적인 가정들을 피하는 법체계를 발전시키는 것이다."[58] 비판가들은 데리다가 더 건설적인 방향으로 나아가기 시작했다는 것에 대해서는 의견이 일치하지만, 이런 종류의 철학에 대한 실제 법적인 결과는 아직 이행되지 않았다는 합의도 여전히 존재한다. 법적 절차의 맹목적인 형식주의에 대해 (이론상) 일반적인 불만족감이 있다는 것은 부인할 수 없다. 법과 법적 절차는 소외시키는 것, 분열시키는 것, 그리고 부패한 것으로 넓게 인식되고 있다. 법은 정말로 그것의 성스러운 분위기(aura)와 신뢰성을 잃어버렸다. 이것은 법적인 보수주의의 구심력이 법에 없다는 것을 의미하지 않는다. 나는 법의 영역에 대한 종합적인 설명을 제시하려는 게 아니라 폭넓은 문화적 정서를 포착하는 것으로 여겨지는 중요한 반응을 설명하고자 했다. 나는 이런 정서가 속죄를 다루는 현대의 신학들에 아주 많이 반영되어 있다고 주장할 것이다.

찰스 테일러는 우리가 아이히만과 데마뉴크가 유죄 판결을 받는 것이 정당한지를 다루는 우리의 논의에 적용했던 푸코의 계획에 대해 우려를 표현한다. 테일러는 다음과 같은 것을 두려워한다. 곧 푸코에 따르면, "'진리'의 이름을 가진 자유는 이 권력 체계에 대한 또 다른 권력 체계의 대체일 수 있다."[59] 자아들 사이의 관계를 중재하는 것으로 대리의 부적절함을 부정하면서, 우리는 결국 보편적인 권력 의지에 우리 자신을 내어주는 것이 아닐까? 존 밀뱅크의 용어를 사용하자면, 폭력의 존재론이 정의 개념을 유지할 수 있을까? 우리가 살펴보았던 것처럼 어떤 탈식민주의 작가들은 비슷한 의구심을 표출한다. 우리는 일단의 보편 개념들을 사용하지 않고 우

58 Stacy, *Postmodernism and Law*, 89.

59 Charles Taylor, "Foucault on Freedom and Truth," in *Foucault: A Critical Reader*, ed. David C. Hoy (Oxford: Blackwell, 1991).

리를 공동체로 결속하는 연대를 이해할 수 있을까? 무엇보다도 법이 어떤 역할을 계속 유지할 수 있을까? 이 논의 속으로 들어가는 최적의 장소는 사도 바울이다.

십자가에 관한 포스트모더니즘의 비전

르네 지라르

프랑스의 인류학자이고 사회학자인 르네 지라르(René Girard)는 십자가의 명백한 폭력으로부터, 더 중요하게는 유대교의 희생적 체계에 함축되어 있는 신적인 폭력으로부터 하나님을 해방시키길 바라는 신학자들에게 상당한 호소력을 가진 속죄에 대한 새로운 해석을 제공한다. 우리가 이번 장에서 다루는 다른 속죄론들처럼, 지라르의 해석의 근본 전제 중 하나는 법이 인류를 다루시는 하나님에 대한 최종적인 형이상학적 배경이 될 수 없다는 것이다. 법에 대한 지라르의 특별한 비판은 모든 문화에는 법이 필수 요소로 포함되어 있기에 실제로는 문화 일반에 대한 비판이다. 우리가 이 부분에서 풀어놓을 수 있는 그의 명제는 법, 곧 법체계는 만인에 대한 만인의 더 일반적이고 자기 파괴적인 폭력을 억제하는 본질적이지만 은연중에 이루어지는 폭력적인 시도라는 것이다.

지라르는 자신의 이론을 "권력"에 대한 푸코의 사회적이고 정치적인 비판과 같은 것에 근거 지우지 않는다. 비록 이 두 사람은 그와 관련해서 유사점이 많지만 말이다. 지라르의 출발점은 우리가 "욕망의 고생물학"(paleontology of desire)이라고 말할 수 있는 것이다. 그는 다음과 같은 질문을 던진다. 인간들은 어떻게 폭력에 도달했는가? 그들은 그것을 예방하기 위해 무엇을 하는가? 이것은 어떤 초월적인 설명이 없는 내재적인 차원에서 이루어진 인류학적이고 사회학적인 설명이다. 거기에는 인간의 곤경을 설명하는 (그리고 해결하는) 어떤 인격적인 악한 힘들이 없다. 그것에 대한 모든 설명은 순전히 내재적인 용어로만 이해되어야 한다.

지라르에 따르면 욕망은 **모방적**이다. 우리는 특정한 대상을 욕망한다. 우리는 동일한 대상을 욕망하는 타자들을 보고서 그들을 모방하길 원하기 때문이다. 어떤 아이는 자신의 형제나 친구가 갖고 노는 장난감을 보았을 때 갑자기 관심이 없었던 그 장난감을 갖고 놀고 싶어진다. 하지만 이런 모방은 보다 더 높은 문화적 차원에서도 작동한다. 유행이 그것의 한 가지 예다. 비록 독창성이 어느 정도 소중한 것이지만, 그것은 어떤 규칙, 곧 어느 정도 획일성을 존중할 때만 멋진 것으로 수용될 수 있다. 우리는 우리가 존경하는 사람을 모방하고 싶어 한다. 이런 모방하려는 욕망은 확실히 사회를 가능하게 만드는 것이다.

이런 욕망에 대한 설명이 어떻게 신학에 반대되는지를 주목해보자. 우리는 본질적으로 욕망할 수 있는 것은 욕망하지 않는다. 아름다움과 가치는 우리가 사물들에 부여하는 존경과 같은 것으로 간주될 수 있다. 왜냐하면 우리는 먼저 그것들을 우리가 존경하는 사람들이 추구하는 것으로 보기 때문이다. 이 사람이 그것을 욕망한다면, 그 대상에는 가치 있는 것이 실제로 있어야만 한다. 따라서 나 역시 그것을 욕망할 것이다. 이것은 모방적 욕망이 필연적으로 경쟁으로 이어지고 따라서 폭력으로 이어진다는 깨달음을 우리에게 준다. 사람들이 욕망하는 재화의 부족을 고려한다면, 경쟁에는 지라르가 "만인에 대한 만인의 폭력"(violence of all against all)이라고 말하는 것의 위협이 계속 일어난다.

거기에는 본질적으로 욕망할 만한 것이 없기 때문에, 거기에는 본질적으로 불쾌한 대상도 없다. 사람들은 자신들의 악한 행동에서 동일하게 서로를 모방한다. 그것은 우리가 우리의 모델로부터 모방한 것에 대한 욕망일 뿐만 아니라 그것을 반대하는 욕망이기도 하다.

지라르는 욕망의 모방적 특성에 대한 이런 관찰 이상으로 탐구하지는 않는다. 거기에는 인간 본성에 대한 형이상학적 설명, 곧 우리가 이런 특별한 방식으로 "연결된" 존재라는 것으로 설명하려는 시도가 없다. 그는 모방을 단순히 인간 본성의 요소로서, 즉 어떤 평가에 독립된 것으로 받아들인다. 따라서 우리는 신학적 관점에서 이런 무차별적인 욕망, 즉 이런 근본적인 동물적 조건이 엄밀하게 죄일 수 있는지를 질문할 수 있다. 지라르의 설명에 따르면 그런 욕망은 죄는 아니다. "죄"란 교양 있는 인간의 본성을 특징지을 수 있는 가치 판단이다. 그것은 타락한 인간 본성과 같은 "자연적" 인간의 조건을 묘사하는 것일 수 없다. 대신에 죄는—우리가 앞으로 보게 될 것처럼—폭력에 대한 문제 있는 문화적 대응을 말한다.

모방 경쟁에 의해 발생한 이런 폭력이 공동체 전체를 집어삼킬 만한 위협을 가하기 때문에 공동체는 그것을 억제하는 방법을 찾아야만 한다. 지라르가 인류학에 남긴 중요한 공헌 중 하나는 희생양 기제에 관한 분석이다. 그는 사회계약이라는 홉스의 해결책을 조롱한다. 마이클 커완이 다음과 같이 분석한 것처럼 말이다. "지라르는 서로 심하게 다툰 사람들이 **정확히 갈등이 최고조에 이르렀을 순간에** 적대 행위를 중단하고 그들이 사회계약을 맺을 필요가 있음을 인식할 수 있는 능력을 갖게 될 것이라는 생각을 경멸한다."[60] 오히려 공동체가 스스로를 파괴하는 것을 예방할 수 있는

---

60 Michael Kirwan, *Discovering Girard* (London: Darton, Longman & Todd, 2004), 45.

것은 폭력을 단일한 희생자에게 쏟는 능력을 갖는 것이다. 선택된 희생자는 일반적으로 이방인, 외국인, 낯선 이, 곧 공동체를 자극하기에 충분한 반감을 불러일으키는 사람이다. 비록 그가 (공동체를 파괴하려고 시도했다고) 기소된 범죄는 너무 사악해서 믿을 수 없지만, 그는 확실히 잘못이 없지 않다. 많은 희생자가 역사적으로 이런 운명을 겪었다. 그리스도인들은 로마의 화재를 일으켰다고 박해를 받았고, 유대인들은 독일의 양차대전 동안에 경제를 악화시켰다고 비난받았으며, 미국의 불법 체류자들은 미국의 노동 시장과 심지어 경제를 악화시킨다고 비난받는다.

(보통 무언의) 희생자가 마침내 살해를 당하면, 그 공동체는 새로운 통일감을 발견한다. 지라르는 희생을 삼는 것의 문제는 그것이 실제로 효과를 보이는 것이라고 주장한다. 공동체는 자신의 대량살육적인 분노에서 돌아서고 지속적으로 공동 거주할 수 있는 방법을 발견한다. 더욱이 그들은 이제 그 살해당한 침묵의 희생자를 신과 같은 존재로 삼는다. 곧 그 희생자는 공동체의 구원자다. 이런 움직임은 분명 범죄에 대한 "유용성"을 발견하는 욕망에서뿐 아니라 그것에서 나오는 죄책감을 약화시키려는 욕망에서도 나온다(결국, 희생자는 신성시되고 공동체에 의해 영원히 기억될 것이다). 또한 신화들은 이런 야만적인 범죄를 치장하고 재해석하기 위해 고안된 것이다.

지라르의 중요한 점은 그의 희생양 분석이 엄밀하게는 문화의 분명한 토대가 되고 있는 폭력, 곧 희생양을 희생시키는 형태를 취하는 폭력의 위협에 대해 대응한다는 것이다. 종교는 희생양의 효과를 사람들에게 안심시키는 데 사용되는 문화적 방법이다. 그것은 살인을 숨긴다. 그 결과 그것은 구원을 베푸는 사건, 곧 구세주의 사건으로 보인다.

분명히 우리가 지금까지 지라르에게 배운 것은 "심층 해석학", 즉 사회의 근원적 신화들의 문자를 넘어서 그것들이 실제로 숨기고 있는 것을 이해하려는 시도다. "창세로부터 감추어진 것들"은 정말로 사악하다. 문화 자체는 끔찍한 행위들에 바탕을 두고 있다. 더욱이 문화는 정기적으로 그런 사건을 재현한다. 희생양을 통해 획득된 "평화"는 지속되지 않기 때문이다. 이처럼 희생에 바탕을 둔 위태로운 평화를 유지하기 위해서는 점점 더 많은 희생이 필요하다.

지라르에게 이런 희생양 기제는 고대의 원시 문화를 단순히 보여주는 것이 아니라 약간 다른 방식이지만 우리 현대 사회의 특징을 많이 보여주는 것임을 깨닫는 것이 중요하다. 지라르는 갈등을 해결하는 방식과 관련해서 근대인들은 "복수법"을 사용한 고대인들과 매우 다른 "합리적인" 방법에 도달했다는 가정을 통렬하게 공격한다. 엄밀히 말해 홉스가 적법성을 폭력에 대한 자유롭고, 방해받지 않는 합리적인 해결과 저지로 이해한 반면에, 지라르는 폭력에 대응하는 보다 정교하고 효과적인 방식이면서도 폭력적인 방식이 적법성에 들어 있음을 본다. 폭력과 다투는 방식은 폭력이라는 신화는 근대에서조차도 계속 유지된다.

나는 이 부분에 대해 좀 더 설명하고자 한다. 근대의 입장은 원시 문화가 임의적으로 희생자를 찾는 것과 관련해서 비이성적이었다는 것이다. 따라서 원시 문화는 정의롭지 못하다. 고대인들은 비난을 정확하게 배분하지 않았기 때문이다. 하지만 근대의 정의 체계는 마땅히 받아야 하는 곳에 비난을 중립적으로 그리고 정확하게 돌리고, 그다음에 처벌을 집행한다. 근대는 정확하게 이런 정의 체계의 추상성, 간결함, 계산 가능성 그리고 공정성으로 정의를 이해한다.

지라르에게 법, 곧 법체계가 공정하고 정의롭다는 생각은 또 다른 종류의 폭력을 은폐하는 신화일 뿐이다. 원시적인 희생양의 경우에서처럼 은폐는 법체계가 시행되기 위한 필요조건이다. 법은 정의로운 것으로 여겨져야만 하고, 법체계는 신뢰할 만한 것으로 여겨져야만 한다. 그런 것이 없다면, 무질서가 위협한다. 따라서 지라르에게 폭력 및 원시적 복수 그리고 근대의 법적 처벌 사이에는 근본적인 동일성이 있다. 근대 사회는 훨씬 더 합리적으로 보인다. 하지만 그것은 법제도에서 주관성을 배제했거나 법제도를 이상화했기 때문이다. 법은 우리의 충동과 욕망에 의해 손상되지 않고 따라서 정의를 실행할 수 있는 추상적 제도를 말한다. "모든 사람이 인정하는 그 제도의 초월적 특성만이 폭력의 예방이나 치료를 보장할 수 있다."[61] (죄에 대한 대응으로) 정의에 대한 점증하는 "합리성"은 그것의 본질에 있는 것보다 훨씬 더 적은 투명성을 수반한다.

> 표면적으로 복수를 향한 충동을 억제하기 위해 고안된 "치료법들"은 효과적으로 진보함에 따라 그것들의 활동에서 점점 더 신비롭게 된다. 그 체계의 중심이 종교에서 벗어나고 예방적인 접근이 사법적 보복으로 바뀌는 것처럼, 희생 제도를 둘러싸는 보호의 가면이 되어주곤 하던 오해의 아우라도 사법 제도와 관계되는 형태로 바뀐다.[62]

따라서 법은 초월적이고, 신비롭게 된다. 하지만 정치적인 것으로부터 자율성을 유지하고 "모든 적대자를 초월하는"[63] 사법 제도는 범죄에 비례하여 처벌을 시행할 수 있다. "근대인은 상호 폭력에 대한 두려움을 잃은 지 오래되었다. 결국 이것은 우리에게 그 구조로 사법 제도를 제공한다. 사법부

---

61 René Girald, *Violence and the Sacred* (London: Continuum, 2005), 24. 『폭력과 성스러움』(민음사 역간).

62 Ibid., 22.

63 René Girald, *Things Hidden since the Foundation of the World* (London: Continuum, 2004), 12.

의 강력한 권위는 그 유죄 판결이 끝없는 보복으로 이어지는 첫 걸음이 되는 것을 막았기 때문에, 우리는 원시 사회에 살았던 사람의 마음에 깊이 자리 잡은 순수하고, 순전한 폭력의 두려움을 더 이상 이해할 수 없다."[64]

흥미로운 방식으로, 우리는 아이스킬로스의 『오레스테이아』로 되돌아간다. 많은 방식에서 포스트모더니즘은 고대의 정의 개념으로 돌아간다. 이것은 속죄론에도 해당된다. 우리가 최근에 관찰한 것처럼 말이다. 지라르는 원시 사회에 살았던 사람은 죄인을 처벌하지 않으려는 분명한 마음이 있었다고 말한다. 아이스킬로스가 자신의 비극에서 묘사한 사법 제도의 근거는 폭력의 악순환을 없애는 필연이다. 우리가 보기에 무죄한 희생자에게 눈을 돌리는 것은 "잘못되고 어리석은" 것처럼 보이지만, 원시 사회의 사람들에게 그것은 자기를 보존하는 방법이었다. 하지만 지라르가 옳다면, 원시 사회의 사람과 근대인의 차이를 과장하는 것은 잘못이다. 만약 그렇다면, 현대인들은 폭력을 은폐하는 더 복잡한 수단을 획득했다. 역설적으로, 우리는 원시 사회의 사람들이 자신들의 희생적 신화에 대해 속았던 것보다 근대인들이 자신의 법적 신화에 대해 훨씬 더 속기 쉽다고 비웃을 수 있을 것이다.

우리는 완전하지는 않지만 더 많이 좋아지고 있다고 말할 수 있다. "정의 속의 부정의"가 때때로 계속해서 폭로되고 있기 때문이다. 더욱이 "체제의 간파와 탈신화화는 반드시 그 체제의 붕괴와 동시에 일어난다."[65] 이것은 우리를 십자가 신학에 좀 더 가까이 가도록 해준다. 지라르에 따르면 그것은 엄밀하게 유대교와 기독교 전통이며, 그리고 이런 폭로를 양산하는

64 Girald, *Violence and the Sacred*, 28.
65 Ibid., 24-25.

것은 본래 십자가이기 때문이다. 우리 문화와 그것의 토대가 되는 신화에 대한 그러한 "심층 해석학"을 수행하는 우리의 분명한 능력은 십자가의 계시적 사건에 의해서만 가능하다.

법과 희생에 대한 지라르의 일반적인 비판은 그가 성경을 분명히 반대하는 것처럼 보이게 한다. 그럼에도 그의 해석학은 표면적으로는 희생을 정당화하는 텍스트와 관련해서 명백한 저자의 의도를 우선으로 생각하지 않는다. 오히려 마크 하임(S. Mark Heim)은 철저한 지라르 지지자의 입장에서 쓴 자신의 『희생에서 구함』(*Saved from Sacrifice*)에서 이렇게 주장한다. "성경은 성스러움을 위한 투쟁에 관여하고 있다. 그것은 텍스트 자체의 본질에서 벌어진 투쟁이다."[66] 희생을 감추고 있는 신화들은 이런 행위를 정당화하기 위한 시도로써 신에게 호소한다. 성경에서도 폭력의 행위를 정당화하기 위해 신에게 호소하는 것으로 나타나는데 그런 호소는 수용되기도 하고 거부되기도 한다. 해석학적으로 말하자면, "필요한 것은 문제가 되는 텍스트 주변의 것들이 아니라 텍스트 안으로 들어가 그것을 정확하게 해석하는 방법이다."[67]

지라르는 구약성경은 이미 희생 논리를 훼손하는 방향으로 잘 나아가고 있었다고 지적한다. 우리가 이삭, 욥, 요셉 그리고 시편의 이야기(어떤 이들은 입다의 딸의 이야기도 추가하고 싶을 것이다)에서 볼 수 있는 것처럼, 희생자들이 침묵하고 있는 것은 아니다. 이 모든 경우를 살펴보면, 희생자는 저항하고, 도전하며, 따지고, 자신의 무죄함을 호소한다. 살해하기로 결정하는 것과 그것을 실행하는 것 사이에는 잠깐의 시간적 간극이 존재한다. 이 시

---

66 Heim, *Saved from Sacrifice*, 68.
67 Ibid., 7.

간적 간극에서 희생자의 사건이 형성된다. 이것이 희생양의 논리를 훼손한다. 그것은 사람들이 올바른 사람을 선택했다는 군중의 심리를 혼란에 빠트릴 위험이 있기 때문이다.

또한 성경은 희생을 매우 생생하게 묘사한다. 희생을 외면했던 고대 근동의 다른 신화들과 다르게, "성경에는 위험할 정도로 희생에 관한 정직함이 가득하다."[68] 이것은 이런 이야기들을 나쁜 신화들로 만든다. 그것은 그 이야기를 멋지게 꾸미지 못하고 너무나 직접적이고 구체적으로 말하기 때문이다.

마지막으로, 예언자들은 희생 제도를 비판한다. 호세아는 하나님의 말씀을 다음과 같이 전한다. "나는 인애를 원하고 제사를 원하지 아니하며 번제보다 하나님을 아는 것을 원하노라"(호 6:6). 본질적으로 예언자들의 메시지는 하나님을 아는 것은 희생의 원인을 아는 것임을 전한다(미 6:8). "암묵적으로 그리고 명확하게 그들은 사회적 희생과 제의적 희생의 직접적인 관계를 인식했다." 따라서 하임은 다음과 같이 주장한다. "제의적 희생이 대부분 우리 사회의 갈등에서 시작된다고 주장한 지라르가 옳다면, 예언자들만이 유일하게 갈등의 근원까지 파고 들어가고 있다."[69]

권위자로 알려진 어떤 사람의 해석을 따르기보다는 성경의 행간을 읽는 것이 텍스트의 본질, 곧 하나님의 본성과 그분이 용납하시고, 격려하시며 혹은 법률로 제정하신 명령들에 대한 논의에서 벌어지는 이런 논쟁을 일으킨다. 이런 해석학이 옳다면, 법에 대한 지라르의 회의주의는 적어도 성경적 증언의 요소와 일치한다. 동해보복법(출 21:24)은 무엇보다도 신의

68 Ibid., 65.
69 Ibid., 95.

원리가 아니라 폭력에 대한 인간의 잘못된 반응을 미화하는 것이다. 섬세하게 그리고 깊이 있게, 구약성경의 본문은 폭력에 대응하는 최선의 방식은 그 이상의 폭력을 가하는 것이라는 생각뿐 아니라 이런 잘못된 행위도 약화시킨다.

희생에 대한 구약성경의 이런 해체의 절정은 예수 그리스도의 수난에서 일어난다. 십자가는 법이라는 틀 안에서 해석되면 안 된다. 성경이 법이라는 분명한 용어로 십자가를 설명하는 것처럼 보이는 것은 사실이지만, 십자가가 어떻게 그 틀과 관련을 맺는지를 정확하게 이해하는 것이 중요하다. 지라르와 하임은 (예수가 십자가를 지도록 하는) 하나님의 의지와 예수를 십자가에 처형하라고 말한 인간들의 의지(행 3:13; 5:30)를 구분하는 것이 중요하다고 주장한다. 하임은 예수를 처형한 인간들의 의지에 하나님의 의지가 중첩된 측면이 있으며, 이런 중첩은 그들의 논리의 정당성을 입증해 주는 방식이 아니라 그것을 고발하는 방식이라고 주장한다. "예수는 하나님의 정의의 사건에 자발적으로 들어오신 게 아니다. 하나님이 우리 가운데로 자발적으로 들어오셨다. 그분은 우리를 구원하시기 위해 우리의 죄를 사용하셨다."[70]

지라르와 하임은 속죄를 다룬 다른 포스트모던 작가들처럼 십자가에 관한 노골적인 성경의 언어, 곧 꽤 분명하게 희생적이고, 형벌적이며 정말로 가부장적인 언어와 씨름한다. 아직도 성경의 신뢰성을 주장하길 바라는 신학자들은 이런 언어를 설명할 방법을 찾아야만 한다. 하임과 지라르는 정체를 드러내는 개념, 곧 계시 및 폭로 개념에 몰두한다. 탈식민주의 작가들은 이후에 모방 개념을 사용한다. 이런 것들은 각각 하임이 "텍스트 안

70 Ibid., xi.

으로 들어가 그것을 정확하게 해석하는 방법"이라고 말하는 것을 분명하게 발견하려고 노력한다.

하임은 우리의 상황이 오직 그런 용어들로만 이해될 수 있기 때문에 그러한 언어가 불가피하게 사용되었다고 주장한다. 십자가에는 어떤 희생적인 것도 없었지만,

> 우리는 희생, 무죄, 죄책, 처벌, 대속 그리고 피라는 언어 없이는 우리의 상황과 하나님이 우리를 자유롭게 하신 일에 대한 진리, 곧 십자가가 우리에게 새로운 방식으로 이용할 수 있게 하는 진리를 말할 수 없다. 그것과 함께 우리는 처방에 대한 진단을 받을 위험을 항상 무릅쓴다. 희생은 우리가 가진 질병이다. 그리스도의 죽으심은 우리가 무시할 수 없는 시험의 결과이며 동시에 치유적 저항을 자유롭게 하는 예방 접종이다. 치유는 더 이상 같지 않다.[71]

이제는 지라르와 하임 모두에게 폭력은 근본적인 인간의 병폐인 것 같다. 아마도 그들에게 인간의 병폐는 폭력이 아니라 폭력에 대한 적절한 반응은 "거의 동일한 것", 곧 더 많은 폭력이라는 특정한 신화다. 예수는 의심할 여지없이 무고한 희생자로 나타나 그 신화를 폭로하신다.

지라르는 도덕적 모범론과 유사한 것에 훨씬 더 기울어져 있는 것처럼 보인다. 예수의 중요한 업적은 우리 문화의 폭력적 본성을 드러낸 것이었다. 지라르는 인간들이 이것을 깨닫고 그분의 모범을 따를 충분한 능력이 있음을 가정하는 것처럼 보인다. 이런 설명에 따르면, 예수는 다른 모방, 곧 비폭력적인 모방을 불러일으키기 위해 동일한 모방적 기제를 사용하신다.

---

71 Ibid., xii.

하지만 예수의 모범에는 본질적으로 욕구할 만한 것이 아무것도 없기 때문에, 우리가 우리의 모델을 바꾸지 않을 것, 말하자면 우리가 (1930년대에 미국 중서부에서 크게 악명을 떨친 커플인) 보니와 클라이드를 모방하는 것으로 우리의 모델을 바꾸지 않을 것을 보장하는 것은 무엇인가? 지라르의 설명에 따르면, 예수는 "인간 본성"의 근본적인 모방적 구조를 영향을 받지 않는, 즉 바뀌지 않는 것으로 남겨두신다. 예수에게 있는 실제적으로 유일한 매력은 자기보존에 대한 우리의 욕망, 즉 사회 전체가 예수를 따르는 것이 훨씬 더 유익할 것으로 (왜냐하면 훨씬 더 평화를 가져올 것으로) 계산될 수 있는 욕망인 것 같다. 그렇다면 그리스도를 욕망하는 것은 정언명령의 한 가지 예일 것이다.

하임은 그리스도의 모범이 여러 상품이 놓인 선반에 위에 놓일 또 다른 상품일 수 없다는 것을 지라르보다 훨씬 더 잘 이해한다. 그리스도에게는 우리가 복종해야만 하는 객관적인 것이 있는 게 틀림없다. 우리는 이런 모범 그 이상의 것을 설명하려고 노력하는 도덕적 모범론자들을 보았다. 이렇게 이들의 마음을 끄는 것은 무엇인가? 제임스 앨리슨(James Alison)은 『잘못됨의 기쁨』(*The Joy of Being Wrong*)에서 그리스도의 "보복하지 않음"(non-reciprocation)의 "힘"에 대해 다음과 같이 말한다. "이 놀라운 보복하지 않음은 그것을 경험한 사람으로 하여금 보복하는 존재의 방식에서 벗어나게 해주는 것이며 그 사람이 사랑을 그저 단순히 선물로 주어진 것으로 받아서 다시 나눠주는 사람이 될 수 있게 해주는 것이다."[72] 앨리슨은 그리스도가 자신의 부활을 통해 우리가 이용할 수 있게 된 "새로운 지성"에 대

---

72 James Alison, *The Joy of Being Wrong: Original Sin through Easter Eyes* (New York: Crossroad, 1998), 76.

해서도 이야기한다.

하임은 그리스도가 새로운 공동체를 세우신 것에 비추어 이런 모범 그 이상의 것을 이야기하는 것을 좋아한다. 그럼에도 하임이나 앨리슨 혹은 지라르도 순수하게 내재론자의 논리를 벗어나지 못한다. 하나님은 단순히 폭력이 폭력을 치유한다는 오래 지속된 망상을 이해하도록 우리를 도와주신다. 그분은 그런 기제가 무죄한 희생자를 살해하는 것으로 이어진다는 것을 보여주심으로써 우리를 도와주신다. 하지만 신학적 관점에서 보자면, 욕망에 대한 지라르의 설명은 완전히 부적절하다. 우리가 이 복잡한 논의에 충분히 관여하는 것이 불가능하지만, 나는 몇 가지 요점을 정리하고자 한다.

첫째, 속죄에 대한 희생양 이론은 내가 보기에 인간 욕망의 무차별적이고 방향 감각을 잃은 것처럼 보이는 본성이라는 훨씬 더 근본적인 문제를 해결하지 못하는 것처럼 보인다. 우리로 하여금 완전히 무가치한 것을 욕망하도록 하고 사소한 것에 대해 격렬한 갈등으로 빠져들게 하는 것은 무엇일까? 아마도 지라르는 이런 질문에 대해 답변하는 것을 중요한 것으로 생각하지 않았을 것이다. 그에게 욕망은 문화 이전의 것이거나 가치 이전의 것으로 이해되었기 때문이다. 다른 말로 하자면 욕망 자체는 도덕적으로 중립적이다. 하지만 비록 욕망이 도덕적으로 중립적일 수 있지만, 그것은 인간의 본성에 있는 문제가 되는 성향에서 나온다. 지라르의 도덕적 모범론의 변형은 이 문제에 대한 해결책을 제시하지 못한다. 법, 문화 그리고 전체 상징의 질서는 이 첫 번째 본성(욕망)을 한 가지 가능한 것으로 실현한 것일지 모른다. 법은 인간 존재의 악한 성향을 보여준다. 문제가 되는 것은 부패한 법이나 혹은 문화가 아니라 상징적 질서다. 그것은 타락한 첫 번째 인간 본성을 예시해주기 때문이다.

둘째, 정의에 대한 욕망은 어떠한가? 널리 인정되고 있는 것처럼, 지라르는 문화와 사회에 대한 자신의 긍정적인 비전에 대해서는 결론을 내리지 못하고 있다. 우리가 어떤 종류의 법 없이도, 즉 그것이 부정의한 법이라고 할지라도 그런 법 없이도 서로 함께 긍정적으로 잘 살 수 있을까? 우리는 범죄에 대해 무엇을 할 수 있을까? 조건 없는 사랑과 변함없이 보복하지 않음은 데리다의 제한 없는 환대와 함께 여전히 악이 가득한 세상에서 사려 깊지 못한 행위처럼 보일 뿐만 아니라 응보에 대한 우리의 욕망을 설명하지 못하는 것처럼 보일 수 있다. 이 욕망은 순전히 모방적이고 따라서 "배우지 않고도 알 수 있는" 것일 수 있다. 그럼에도 정의로운 응보가 때때로 복수를 은폐할 수 있지만, 지라르가 그랬던 것처럼 우리는 정의로운 응보와 복수를 동일시하지 말아야 한다. 사법 체계가 때때로 희생양을 만들고, 오심을 내리며 부패한다고 할지라도, 우리는 사법 체계 전체를 잘못된 것으로 취급하지 말아야 한다. 법이 우리의 가장 밑바닥에 있는 욕망을 폭로하는 것처럼, 또한 그것은 종종 우리의 가장 고귀한 성향들을 구현한다.

다른 말로 하자면, 응보에 대한 우리의 욕망은 단순히 모방이 아니라 길들일 수 없고 그리고 길들이지 말아야 하는 "가치 있는 욕망" 중 하나일지 모른다.

존 밀뱅크

법과 처벌의 도덕에 대한 후기 근대의 비판은 존 밀뱅크(John Milbank)의 작품에서 일관되게 나타난다. 밀뱅크는 인간의 법이든 모세의 법이든지 간에 법을 극복되어야만 하는 권력 중 하나로 묘사한다. 그는 케어드(G. B. Caird 및 알랭 바디우[Alain Badiou])의 관점을 반영하면서 다음과 같이 말한다. "법은 다양하며(갈 4:9) 하나님으로부터 온 것이 아니라 공중의 권세를 잡은 다양한 (그리고 약한) 자들에게서 유래한 것이다. 비록 하나님이 그런 법이 시행되는 것을 허락하셨지만 말이다"(갈 3:19)."[73] 따라서 법은 폐해져야 할 적 중 하나다(엡 2:15). 밀뱅크는 이런 개별적인 적을 포스트모더니즘이 인간의 곤경이라고 진단한 것과 일치하는 본질적인 죄, 곧 폭력, 적대감, 배제와 연결한다.

법의 근본적인 실패 중 하나는 그것이 매우 높은 차원의 보편성과 추상성을 다루고 있다는 것이다. 법에 대한 이런 포스트모더니즘의 근본적인 비판은 일반적으로 형이상학과 인식론의 비판과 결부된 것이며, 지금쯤이면 독자들도 이에 대해 매우 친숙할 것일 것이다. 우리가 앞으로 살펴볼 것처럼 밀뱅크는 형이상학 전체를 거부하지는 않고, 실재의 구조를 객관적이고 중립적으로 묘사한다고 주장하는 형이상학의 허위성만을 거부한다. 그럼에도 그는 모든 법이 폭력적인 것이라는 비판에 동의한다. 그는 이런 보편성과 관련하여 두 가지 점을 지적한다. 그것들은 단순히 "법"에 대한 철학적 비판에 근거한 것이 아니라 신학적 상상력에 근거한 것이다.

첫째, 법과 죽음의 보편성 사이에는 연관성이 있다(스 7:26). 밀뱅크는 다음과 같이 주장한다. "그런 보편성은 외적 위협 및 내적 연약함, 죽음과 기근이라는 우선적 전제 때문에 요구된다. 통일성에 대한 영원한 요구는 역설적으로 전적으로 추상적인 종류의 단일성을 보존하기 위한 긴급 조치다."[74] 법은 앞선 (그리고 존재론적) 폭력의 전제에 근거한다. 그것은 사회를

---

73 John Milbank, "Can Morality Be Christian?," in *The Word Made Strange: Theology, Language, and Culture* (Oxford: Blackwell, 1997), 227.

74 Ibid., 226. 이 부분은 바울의 논리와는 맞지 않는 것으로 보인다. 바울에게는 율법이 죄에 앞선다. 롬 7:13과 5:13도 참고하라.

구성하는 개인들은 대립과 경쟁이라는 필연적 관계, 곧 만인에 대한 만인의 투쟁으로 악화될 위험이 있는 관계를 맺고 있다고 가정한다. 법 자체는 이런 투쟁에 외재성(externality)으로, 곧 그 투쟁을 예방하고 관리하는 방식으로 요구된다(갈 3:19). 법은 인간 본성의 동물성을 억제하기를 제안한다.

하지만 이런 억제는 법을 관리하려고 애쓰는 개인들에게 엄중한 요구를 함으로써만 작동될 수 있다. 사실상 욕망이 개인들로 하여금 서로를 향해 투쟁하게 한다면, 그것은 확실히 해소되어야만 하는 욕망이다. 하지만 이것은 결국 개인 자신을 파멸하게 할 것이다. 법의 요구가 충족될 수 없는 것은 엄밀히 말해 바로 이런 이유 때문이다. "법의 추상성은 우리가 항상 더 완벽하게 구현될 수 있는 법의 요구를 결코 만족스럽게 따를 수 없음을 확고히 한다. 우리는 소유, 다른 이들, 자기표현 및 기타 등등에 대한 우리의 구체적인 욕망들을 어느 정도 지금 **포기해야** 하지만, 자신의 성향에 반대되는 것으로 그리고 구체적인 이익이 아니라 추상적 원리를 위한 것으로 지금 정의되는 이런 포기는 세상의 이치상 결코 완결될 수 없다."[75] 법은 죽음에 근거하고 죽음을 초래한다. 죽음은 법의 분명한 본질이다.

법이 진짜 문제라고 생각하는 의견이 등장하기 시작했다. "법조문은 항상 우리를 위협하고, 우리 자신의 죽음을 요구하며, 추상적인 비인격적 정의는 위협받고, 확립된 이해관계에 의해 이루어지는 구체적인 복수 안에 그것의 실제 진실을 항상 갖고 있어야만 한다. 그 결과 바울이 갈라디아서(3:10-13)에서 말한 것처럼 율법 아래 있는 것은 저주 아래 있는 것이고, 부도덕한 저주의 자리에 잔존하는 것이며, 우리에게 닥쳐오는 더 많은 비방의 위협을 갖고 살아가는 것이다." 그러한 것들이 법의 필요조건들이다. 하

---

75 Ibid., 227.

나님은 이런 필요조건들에 따라서 행동하실 수 없고 행동하지도 않으시지만, 그것들을 파괴하기 위해 행동하신다.

본능적·동물적 폭력의 위협은 엄밀하게는 법이 자신을 지속시키기 위해 필요로 하는 신화일 뿐이다. "모든 적법성은 본질적으로 상상의 산물에 불과한 혼돈을 자신이 저지하고 있다고 강변함으로써 그 정당성을 확보했다."[76] 지르라와는 달리 희생은 근원적 질서가 아니라 엄밀하게 "위계질서를 지탱하는 기제"[77]가 될 필요가 있다. 따라서 법은 죽음 및 자기파괴와 공모한 거대한 속임이다. 그것이 요구하는 무자비한 교환의 논리는 그 자체가 생명을 파괴하는 것이며 그 누구보다도 더 많은 것을 요구하는 것이다.

밀뱅크는 법의 보편성에 대해 두 번째 지적을 한다. 그는 법이 공중의 권세를 잡은 다양한 존재들에게서 유래한 다면적인 것이라는 생각을 계속 유지한 채 다음과 같이 결론 내린다. "따라서 적법성은—심지어 유대인에게조차도—일신론자가 아니라 **다신론자**다. 그것은 **충분히 다양하지 않기** 때문에—절대적으로 신적이지 않기 때문에—그리고 그 결과 절대적으로 하나 안에 많은 것을 포함하기 때문이다."[78] 삼위일체는 법의 범주 아래에 포함되지 않은 채 각 위격의 동일성을 보존하면서 기독교의 보편성을 확립한다. 적법성은 그것이 억제될 필요가 있는 상호 경쟁하는 신들, 가치들 및 개인들의 존재론을 전제한다는 점에서 다신론적이다. 하지만 기독교는 심지어 도덕성도 초월한다. 만일 우리가 도덕성에 의해 보편법에 복종하는 것으로 이해한다면 말이다. 그런 보편성은 치명적이다. 부활은 "도덕

---

76 John Milbank, *Theology and Social Theory: Beyond Secular Reason* [여기서부터는 *TST*] (Oxford: Blackwell, 1993), 398. 『신학과 사회이론』(새물결플러스 역간).

77 Ibid., 397.

78 Milbank, "Can Morality Be Christian?," 227-28.

적 질서를 회복하지 않고, 그 어떤 도덕적 질서라도, 즉…모든 반발하는 도덕적 질서의 가능성을 파괴한다. 그것은 죽음의 절대성을 전제한다." 기독교는 또 다른 국가다. 이곳의 시민 의식은 강제 및 억제 그리고 배제의 논리와 전혀 다른 논리를 통해 성립된다.

지라르가 이와 관련해서 주장한 것 중 어떤 것은 옳지만, 밀뱅크는 지라르의 이론에서 두 가지 근본적인 문제를 제시한다. 첫 번째는 밀뱅크가 실증주의라고 간주하는 지라르의 종교 이론과 관련된 것이다. 종교는 사회를 "보호한다." 그것은 사회의 결속력을 가능하게 만든다. 다른 말로 하자면 종교는 순수하게 사회적 기능을 한다. 그것은 그 사회의 근간을 이루는 사회적 폭력을 은폐한다. 하지만 지라르는 모든 욕망은 모방적이라고 가정함으로써 종교의 사회적 기능만을 주장할 수 있다. 밀뱅크는 이것이 분명하게 근대적 생각이라고 지적한다. 따라서 지라르는 원래 원시적 사회는 평등주의 사회였다는 개념을 정당화하기 위해 후대의 사람들이 사회의 갈등을 은폐하기 위해 종교를 고안한 것이라는 근대적 개념을 사용한다. 하지만 최초의 평등한 사회가 왜 "특정한 지위와 가치가 다른 것에 비해 객관적으로 더 중요하고 바람직하다고 간주되는 위계적 성격을 띤 원초적 사회"[79]보다 더 바람직한가? 밀뱅크의 보다 자유로운 종교적인 특징은 "적법성"이 자연적인 것에 반대되는 이차적인 현상, 곧 문화적 현상이 아니라 원시 사회의 분명한 구조의 일부분이라는 것을 알려주는 것처럼 보인다. 문화의 실제 토대가 폭력적이라면, 지라르는 모든 가능한 비폭력의 문화를

---

79 Milbank, *TST*, 397. Milbank는 너무 쉽게 배제와 희생을 혼합했다고 Girard를 비판한다. 그는 희생적 제의를 부정하지만 특정한 종류의 배제, 곧 하나님의 새로운 도성의 외재성으로서의 배제를 받아들이는 경향이 있다. 그는 위계적 성격을 띤 원초적 사회가 필연적으로 희생적이지는 않지만 구조적으로 배재적이라고 생각한다.

부인한다. 종교와 문화에 대한 지라르의 이론은 대부분 부정적이고 정치적 대안을 제시하지 못한다.

이것은 우리를 지라르에 대한 밀뱅크의 두 번째 비판, 곧 기독론적인 비판으로 안내한다. 따라서 우리는 밀뱅크가 속죄 신학에 긍정적으로 기여한 면도 보게 된다. 문화와 관련한 지라르의 비관주의는 예수의 정체성을 이루는 "하나님 나라"라는 요소와 관련해서 그 나라가 정의를 실현하는 데 실패하는 것으로 이해한다. 내가 밀뱅크의 책에서 다소 긴 (그리고 전형적으로 난해한) 내용을 인용하는 것에 대해 독자들이 이해해주길 바란다.

> 지라르가 문화를 모방적 욕구와 동일시하면서 객관적 욕구 내지 유순한 에로스의 존재 가능성을 부인하는 것을 감안할 때, 모든 문화적 차이와 더불어 욕망에 대한 거부라는 부정적인 몸짓 외에 "하나님 나라"가 실제로 지향하는 것이 무엇인지를 깨닫기는 사실 어렵다. 지라르가 실제로 우리에게 두 도성에 관한 신학을 제시하지는 않으며, 그 대신에 단지 한 도성의 이야기와 한 독특한 개인이 그것을 최종적으로 거부하는 이야기를 들려줄 뿐이다. 이 말이 의미하는 바는 그의 메타내러티브가 실로 정치적으로 비판적인 함의를 지니는 것은 맞지만, 모든 문화가 자동적으로 희생제의적이며 따라서 "불량"하다고 보는 까닭에 그 함의하는 바가 지나치게 무차별적이라는 점이다.[80]

나는 인용한 내용 중 일부를 설명하고자 한다. 밀뱅크의 최종적인 제안에 따르면, 기독교는 한 도성, 곧 하나님 나라의 토대다. 이 나라에 있는 어떤 것들(예를 들어 하나님)은 본질적으로 욕망할 만하다. 하지만 이런 욕망들

80 Ibid., 398.

은—비록 위계적 질서를 갖추고 있고 따라서 문화를 구성하고 있지만—폭력으로 이어질 필요가 없다. 폭력은 엄밀하게 말해 "신화"에 의해 길러진다. 이것은 문화적 차이가 반드시 억제되어야 한다는 것을 제안한다. 이와 다르게 평화의 존재론에 따르면, 차이들은 개인이 "전체성"에 통합되어 사라지거나 공격적으로 타자와 대결하여 자신을 방어할 필요가 없는 조화 속에서 평화롭게 공존한다. 예수가 이런 사회를 시작했다. 이것은 하나님 나라라는 생각이 분명하게 말하는 것이다. 그리고 그것은 분명 지라르가 깨닫지 못하는 것이다. 이 새로운 사회는 죽음에 근거하지 않는다. 윤리적 공존은 (레비나스식의) 자아의 부정을 요구하지 않는다. 하지만 그것은 타자를 향한 자아로부터 흘러나오는 사랑(이것은 선물로 주어진 것이다)에 의해 유지된다.

우리는 그리스도의 사역과 정체를 어떻게 이해할 수 있을까? 나는 아래에서 밀뱅크의 속죄 신학의 주요 요소를 설명하고자 한다.

첫 번째 밀뱅크는 그리스도의 죽으심과 관련해서 "제의적" 해석을 거부한다. 법은 하나님의 창조물이 아니라 엄밀하게는 평화의 공동체가 누리는 유쾌함을 방해하는 것이기 때문에, 십자가는 이런 맥락에 반대되는 것으로 이해되지 말아야 한다. 폐기될 필요가 있는 것은 명확하게 법이다. 이것은 바울이 거부한 반율법주의적 의미로 이해되어서는 안 된다. 오히려 그리스도의 시기(the Christ moment)가 하나님을 욕망하는 행위, 곧 프레데릭 크리스티안 바우어슈미트(Frederick Christian Bauerschmidt)가 "제자도"라고 부르는 행위를 유발한다. 보다 평범한 용어로 설명하자면 다음과 같다. 십자가는 하나님과 우리의 관계 그리고 우리와 다른 사람의 관계가 (죽이는) 법이 아니라 그리스도가 우리 안에 일으키신 풍성하게 넘치는 욕망에 의해 중재되는 시대를 개시한다. 때때로 밀뱅크는 바디우가 "법을 넘어선 법"이라고 말한 것처럼, 그리고 바울이 "그리스도의 법"이라고 말한 것처럼 이것을 "새로운 법"이라고 묘사한다. "'모세'는 그저 율법의 중재자일 뿐이지만, '예수'는 새로운 법 자체를 의미한다. 지금 하나님의 말씀은 육신의 권력에 대항하는 죽은 율법 조문[법은 독단적인 사람을 억제하기 위해 필요하다는 지라르의 잘못에 대한 암시]이 아니라 예수의 행위와 함께 시작한 참되고 강하며 평화로운 관계에 자리 잡고 있는 것으로 발견되기 때문이다."[81] 예수의 강림은 우리의 죄가 하나님의 직접적인 처벌을 일으킨다는 생각이 거짓임을 증명한다. 그것은 법의 속임수다. "우리에게 닥쳐오는 더 많은 비방이 있다고 위협하는 것"은 법이다. "하지만 우리가 하나님의 **은혜**를 받지 못하고 동시에 다른 사람에게 자비를 베풀지 못한다 할지라도, 여전히 그분으로부터 심판도, 처벌도 일어나지 않는다. 단순히 우리는 더 이상 아무것도 받지 못하고, 우리는 지옥에서 홀로 자신을 판단한다."[82]

이것은 C. H. 도드(Dodd)와 다른 이들[83]이 아주 정교하게 주장했던 것, 곧 하나님의 분노는 사실 하나님의 은혜를 철회하는 것이며 사람들이 저지른 자기 자신의 죄가 가진 관성의 결과를 겪게끔 내버려두는 것이라는 생각과 아주 유사하다. 하나님 안에는 폭력이 존재하지 않고, 처벌도 존재하지 않으며, 오직 확고하게 제공되는 은혜만 존재한다.

이것은 우리를 두 번째 요점으로 이끈다. 십자가가 하나님의 율법을 적용한 것이 아니라면, 십자가는 무엇을 의미하는가? 밀뱅크는 죄-처벌이라는 신적 논리와 관련해서 십자가를 다루지 않지만, 그는 정의의 실패를

81 John Milbank, "The Name of Jesus," in *Word Made Strange*, 157.
82 Milbank, "Can Morality Be Christian?," 227.
83 C. H. Dodd, *The Epistle of Paul to the Romans* (London: Hodder and Stoughton, 1944), 22-23.

보여주는 단순한 비극적 사례로 십자가를 평가하는 페미니스트를 단순히 따르는 것도 아니다. 예수가 십자가로 나아가는 것에는 어떤 의도적인 것이 있다. 나는 밀뱅크를 도덕적 영향론과 연결하는 일부 저자들에게, 특히 예수의 죽음을 통해 무언가를 상징화하려는 자신의 바람 때문에 그를 도덕적 영향론과 연결하는 저자들에게 동의한다. 하지만 우리는 이 죽음이 촉발한 용서의 **행위**와 독립된 것으로 그 죽음의 의미를 생각하면 안 된다. "그리스도의 죽으심이 용서의 행위와 더불어 반드시 필요한 것이라면 무시무시한 결과가 도출된다."[84] 그것은 폭력의 가해자들을 "구원의 필요한 주체들"로 만들 수 있기 때문이다. 이 문제와 관련해서 밀뱅크를 정확히 이해하기란 어렵다. 역사적 사실들에 대한 성찰들을 바탕으로 밀뱅크를 이해하기는 쉽지 않다. 그는 역사적 사실들을 이후에 점점 더 명확하게 밝혀지는 그것들의 결과와 분리해서 객관적으로 설명하는 게 불가능하다고 주장한다. 이것은 그의 교회론의 방향과 어울린다. 우리는 교회를 설명하지 않고서는, 곧 예수가 시작한 행위를 묘사하지 않고서는 그가 누구인지를 알 수 없다. "예수는 신약성경에서 새로운 모세, 곧 새로운 혹은 회복된 율법과 공동체의 창시자로 나타난다. 그에게 어떤 특별한 내용을 부여할 수 없는 것은 이런 이유 때문이다. 곧 어떤 새로운 행위의 창시자는 이미 존재하는 행위에 비추어 묘사될 수 없다. 그가 새롭게 보인 새로운 행위와 이미 존재하는 행위를 동시에 상정하는 것은 서로 모순되기 때문이다."[85]

요컨대 밀뱅크는 지금 십자가의 의미를 상징과 은유로 설명하기 위해 그것의 역사적 사실성과 고유성을 없애면서 십자가를 거의 "재신화화하

84 Milbank, "Name of Jesus," 159.

85 Ibid., 152.

는" 중이다. 십자가 사건의 역사성을 확신하는 것에서 물러서려는 경향이 확실히 존재한다. 이것은 속죄의 범위를 확대하려는 밀뱅크의 바람에 의해 자극된 것처럼 보인다. 그는 다음과 같이 질문한다. "하나님이 성육신을 통해 우리와 같이 되셨다는—매우 놀라운 것이지만—단순한 **사실**이 그분이 우리에게 원하시는 우리의 삶에 혹은 하나님은 어떤 분이신지에 대한 우리의 생각에 무슨 차이를 만들어내는가? 속죄의 사건을 믿는 단순한 믿음이 어떻게 그것을 믿는 개인을 고유하게 변화시키는가?…성육신과 속죄가 어떻게 단순한 사실로서가 **아니라** 이런 명칭들을 **본질적으로** 요구하는 특징적인 존재의 방식으로 우리에게 전달될 수 있을까?"[86]

요점은 속죄 혹은 십자가조차도 구체적인 역사적 사건을 (단순하게?) 말하는 것이 아니라 하나의 암호, 곧 교회가 계속해서 실천하는 행위를 나타내는 상징이라는 것이다. 이것은 아무래도 예수의 유일성을 위태롭게 하는 게 아닐까? 사실 밀뱅크는 지라르의 입장이 예수의 속죄의 필요성을 결과적으로 훼손한다고 주장한다. 희생에 대한 환멸의 과정이 구약성경의 역사에서 이미 일어나고 있었기 때문이다. 죄가 모방 욕구로 일어난다면, 그것은 또 다른 모범에 의해 충분히 일어날 수 있다(펠라기우스). 지라르에 따르면 죄는 완전히 순응된 것이고, 길들여진 것이다. 죄에 대해 설명할 수 없는 것은 아무것도 없다. 만일 그렇다면, "왜 성육신한 하나님만이 타락한 인류의 쓸데없고 죄 많은 사회적 구조를 '폭로'할 수 있는지가…불명해진다."[87] 밀뱅크는 본질적으로 압도하고 변혁하는 폭로와 같은 것이 필요하다고 여전히 믿는다. 하지만 하나님-인간만이 유일하게 그 일을 할 수 있다.

---

86 Ibid., 148.
87 Ibid., 160.

죄는 말하자면 그리스도의 새로운 행위의 관점을 제외하고는 "말로 표현할 수 없는" 것, 곧 정의하기 어려운 것이기 때문이다. 그러나 우리가 다음과 같은 점을 주목해야 한다. 곧 밀뱅크는 원죄의 "잠재의식"의 측면을 설명했지만, 그는 죄가 근본적으로 무지와 어리석음의 문제이고, 본성의 부패가 주요한 문제가 아니라고 생각한 유사 영지주의 설명에 여전히 빠져 있다.

그리스도의 죽음은 그가 로마 제국을 반대한 것의 필연적 결과였다. 하지만 밀뱅크는 복음서 이야기에서 그리스도의 죽음에 대한 논리적 부분을 최소화하기 위해 많은 노력을 기울인다. 그는 모든 강조점을 부활에 둔다. 죽음이 매우 이례적인 것이며, 최대한 빠르게 극복되어야 하는 것이라면, 부활은 교회를 세우고 용서의 행위를 실천하는 것이기 때문이다. "바울에게 완전히 죽는 것은 이미 그리고 자동적으로 부활하는 것을 의미한다." 죽음 그 자체는 속죄의 기제를 방해하지 않는다. "이미 그리스도는 하나님이시기 때문에, 죽으실 때 그분은 완전히 버려지신 것이 아니라 명백한 포기를 통해 마침내 그리고 가차 없이 우리에게 되돌아오셨다." 그리고 "그리스도가 지상에서 보이신 자기희생은 하늘의 장막에서 펼쳐지는 참된 영원한 평화를 이루는 과정의 그림자일 뿐이고, 구원은 그리스도가 이런 그림자에서 실재로 바뀌는 것에서 이루어진다."[88] 그리스도는 자신의 "희생"의 참된 대상인 권세들에게 복종하시지만, "오직 희화적인 의미에서"만 그렇게 하신다. "그리스도는 법과 국가를 보호하는 수호자인 부패한(혹은 반만 부패한?) 천사들에게 넘겨지셨다. 하지만 바울의 지적은 이런 권세들은 아무것도 아니며, 그들이 거부한 신적인 권능 밖에서는 무력하다는 것이다.

---

88 John Milbank, *Being Reconciled: Ontology and Pardon* (London: Routledge, 2003), 100.

그러나 그런 희생은 기독교의 용어로 표현하자면 부조리한 것이다."[89]

결론을 내리자면, 첫째, 밀뱅크는 십자가가 (1) 특별한 권능을 부여하는 표지를 제공함으로써, (2) 그리고 어떤 행위를 시작함으로써 모방 경쟁을 없앤다고 주장한다. 밀뱅크에 따르면, 예수의 정체성은 정말로 설득력 있고 가능성 있는 이야기들, 상징들 그리고 은유들을 모은 것이다. 그리스도는 우리가 중립적인 태도를 취하고 자유롭게 선택할 수 있는 단순한 모범이 아니다. 정말로 그렇지 않다. 그리스도는 진정으로 욕망할 만한 것으로 우리 앞에 자신을 드러내신다. 인간 존재들이 진정으로 욕망할 만한 것을 인식할 수 있는 능력을 갖고 있다고 가정하는 것이 밀뱅크에게는 극히 중요하다. 둘째, 밀뱅크는 그리스도와 그분이 세우신 공동체를 혼동한다. 속죄는 우리가 믿어야만 하는 과거의 사건이 아니라 교회가 하나님과 함께 하면서 계속 진행되는 행위다.

페미니스트의 속죄론

스티븐 핀란(Stephen Finlan)은 "지라르가 십자가에 대해 말한 것 중 잠재적인 치명적 모순"[90]에 대해 지적한다. 하나님은 희생양 삼는 인간의 행위를 폭로하시면서 그것을 이용하시는 것처럼 보인다. "하지만 이것은 하나님이 **단 하나**의 희생양 사건을 명령하셨다는 것을 함의한다면 신적 차원에서 희생양 기제를 다시 은폐하는 것일 수 있다."[91] 사실 하나님은 우리의 행위

89 Ibid.

90 Stephen Finlan, *Problems with Atonement: The Origins of, and Controversy about, the Atonement Doctrine* (Collegeville, MN: Liturgical Press, 2005), 93.

91 Ibid.

의 어리석음이 드러날 수 있는 유일한 방식으로 예수의 희생을 바라신다.

페미니스트 신학자들은 십자가가 결코 하나님의 계획의 일부분이 될 수 없다고 강하게 주장한다. 하나님은 결코 십자가를 원할 수 없으시다. 그분이 십자가와 무죄한 예수의 고통을 바라셨다면, 그것은 구원을 어떻게 해서든 고통으로 만들 것이다. 하지만 페미니스트 작가들은 신학이 어떤 종류의 고통도 인정하지 말아야 한다고 주장한다. 그렇다면 주요 난제는 십자가의 의미와 정말로 그리스도의 십자가가 가진 가능한 구원의 의미를 이해하는 것이다. 지금 페미니스트들은 다음과 같이 서로 구별된다. 어떤 이들은 십자가는 그저 비극적인 사건일 뿐 구원하는 의미를 갖고 있지 않다고 주장하지만, 다른 이들은 십자가 자체는 속죄와 관련한 것을 성취했다고 계속 주장한다.

페미니스트들은 때때로 기독교 전통 전체에 심한 독설을 퍼부으면서 세 가지 주요한 속죄론 모델에 대해 몇 가지 이의를 제기했다. 페미니스트가 속죄에 가하는 대부분의 비판은 "결과주의적"(consequentialist)이라고 표현할 수 있다. 즉 어떤 특정한 이론이 특정한 "나쁜 결과들"을 가진 것으로 드러날 수 있다면, 그렇다면 그 이론 자체는 그릇된 것이다. 십자가에 대한 전통적인 교리들은 그것들의 중심 상징들이 조작 및 강제 그리고 지배의 이념을 지지한 점에서 잘못된 것으로 보인다. 일부 페미니스트들은 객관적 진리와 거짓 개념을 이용하는 그런 표현이 적절하지 않고 그것은 자신들의 논증을 오해하고 있다고 제안할 것이다. 그들의 논증에 따르면, 진리는 효용 및 유용성 그리고 적용의 문제다. 그것은 표현을 기다리는 정적 세계와 그 세계의 구조를 반영하는 언어 사이에서 얻어지는 관계의 이름이 아니다. 다른 말로 하자면, 진리는 실재와 언어가 일대일로 대응하는 것이 아니다. 더 적절하게 말하자면, 진리성은 우리의 언어와 믿음을 정말로 정적인

세계에 일치시키는 문제가 아니라 창조에 대한 궁극적인 신의 의도에 일치시키는 문제다.[92]

특정한 속죄론들이 창조에 대한 신의 계획(내가 아래에서 살펴볼 것처럼 이것은 인간과 동떨어져서는 결코 성취될 수 없는 것이다)을 궁극적으로 좌절시키는 고통의 이미지를 조장하는 진술이라면, 그것들은 진실하지 않고 거부되어야 한다.

조앤 칼슨 브라운(Joanne Carlson Brown)과 레베카 파커(Rebecca Parker)는 신적으로 승인된 폭력의 이미지는 다음 세 가지 은유에 각각 나타난다고 주장한다. 승리자 그리스도께 고통은 부활의 승리에 필수적인 것이고 심지어 환상의 서곡인 것 같다. 그리스도는 비천한 모습으로 나타나셔야만 한다. 그 결과 그분은 자신이 가진 권위를 한계 너머까지 사용하는 사탄의 손에 의해 고통을 당하신다. 페미니스트들이 보기에, 이것은 희생시킴에 복종하는 모델을 지지한다. 지라르 자신은 신이 폭력을 용인했다는 것을 반대하는 자신의 모든 주장에도 불구하고 하나님이 예수의 고통을 원하신 것으로 설명한다. 페미니스트들이 보기에 신이 승인한 고통과 폭력에 대한 그런 예들은 너무나 많다. 속전론은 신과 인간의 관계의 관점에서도 문제가 있다. 그것은 수동적인 인간과 능동적인 신의 이미지를 이용하며 따라서 여성의 무력감과 자아 존중감의 결여를 강요하고 영구화한다. 구원은 우리를 반대하여 감시하는 힘에 의해 이루어진다. 더욱이 그것은 우리를 포함하지 않는 전투에서의 승리인 것처럼 보인다. 브록이 주장한 것처럼 그것은 현세에서 이루어지는 억압의 구조를 그대로 남겨둔 채 그리스도의 승리를 내세적이고 영적인 것으로 만든다. 고통에 대한 신적 승인과 더불어, 수

92 Ruether, *Sexism and God-Talk*, 19을 참고하라.

동성과 의존성을 승낙하는 것은 여성의 현재 상태를 승낙하는 것과 동일하게 유죄다.

아벨라르두스(와 근대)의 도덕적 모범론은 페미니스트의 비판적 입장에서 보면 동일한 문제가 있다. 그것은 죄 없이 고통을 당하는 희생자만이 죄의 상태에서 우리를 구원할 수 있다는 가정에 근거한다. 따라서 브라운과 파커가 지적했던 것처럼,[93] 희생자들은 누군가의 도덕적 함양을 위해 이용된다. 어떤 무죄한 개인은 진정한 삶의 모범을 제공하기 위해 고통을 당해야 한다. 그것은 자기희생적 삶을 조성하고, 더욱이 희생자에게 고통을 받아들이라고 격려함으로써 가해자의 행위를 지지한다. 그것은 신적인 것이며 다른 이들(자녀들, 폭력적인 남편 등)의 유익에 도움을 주기 때문이다.

페미니즘의 입장에서 보자면, 틀림없이 가장 혐오스러운 속죄론은 만족/형벌 대속론이다. 방금 간단히 언급했던 이 두 가지 속죄론은 필연적인 고통 혹은 신성한 희생자를 미화하지만, 형벌 대속론은 가해자도 미화한다. 형벌 대속은 그리스도인들이 그리스도처럼 고통을 인내함으로써, 그리고 여성들에게 자신들의 종속적인 현실을 받아들이라고 격려함으로써 그리스도와 같이 되라고 가르칠 뿐 아니라 가정 폭력과 학대 관계를 정당화하기도 한다. 그것은 하나님의 사랑의 최고의 모범은 폭력의 요소를 포함한다고 가르치기 때문이다. 그것은 폭력과 사랑의 대립을 약화시킨다. 하나님의 구원하시는 사랑이 무죄한 인간 존재의 처벌에 의해 좌우된다면, 그렇다면 그것은 폭력적인 남편이 신적인 사랑을 반영하는 방식으로 여전히 자신의 아내를 사랑하는 것일 수 있다. 따라서 남성 억압자들은 강한 아버지의 이

93 Joanne Carlson Brown, Rebecca Parker, "For God so Loved the World?," in *Christianity, Patriarchy, and Abuse: A Feminist Critique*, ed. Joanne Carlson Brown, Carole R. Bohn (Cleveland: Pilgrim, 1989).

미지를 가진다. 학대당하는 여성들은 그들이 위해를 받지 않을 때 그런 은혜의 순간을 즐기고 감사한다.

리타 나카시마 브록은 전통적인 속죄 신학을 가리켜 분열을 조장하는 가부장적 이데올로기가 구체적으로 예시된 것으로 이해한다. 그녀는 가부장적 이데올로기와 창조적 종합을 조성하는 "에로틱 능력"을 대조한다. "가부장적 체계는 자신을 이루는 부분들을 분열시킨다. 자기-의의 분열은 자아와 세계를 나눈다. 그 결과 심리학적 자기-성찰과 개인적 책임은 제도화된 억압을 이루는 정치적 현실을 반대한다."[94]

페미니스트들은 형벌 대속의 가부장적 이데올로기가 가정 폭력을 용인하는 몇 가지 방식을 지적한다. 첫째, 그것은 여성들에게 고통은 가치 있는 것이며 그리스도를 닮는 것이라고 말한다. 도덕적 모범론도 이런 생각을 지지하는 것처럼 보일 수 있다. 둘째, 그것은 희생자들에게 그들이 죄인이고 어쨌든 마땅히 고통을 받아야만 한다고 말한다. 일부 페미니스트들은 형벌 대속이 폭력적인 남편의 손에 여성들이 고통을 당하는 것은 자신들의 죄를 속죄하는 방식이라는 것을 의미한다고 (그릇되게) 말한다. 셋째, 브록이 지적하는 것처럼, 그것은 영적 영역과 억압의 힘을 해체하는 투쟁이 일어나는 물질적 영역을 구분하는 것을 포함하는 것으로 구원을 묘사한다. 이런 구원에서 그것은 희생자들의 고통당하는 몸의 자유를 포함하지 않는 "플라톤적인" 구원이라는 희망적인 기대감에 그들의 관심을 돌림으로써 그들에게 계속 진정제를 제공한다. 마지막으로 그것은 당신이 당신의 구원을 위해 할 수 있는 게 아무것도 없다고 속삭인다. 하지만 당신의 무가치함

---

94 Rita Nakashima Brock, *Journeys by Heart: A Christology of Erotic Power* (Eugune, OR: Wipf & Stock, 2008), 42.

과 사악함은 그리스도의 무죄함과 구원의 능력에 의해 균형이 잡힌다. 이로써 남아 있는 저항의 불꽃은 회개의 눈물에 의해 소멸된다.

십자가는 로즈마리 류터가 "가정 폭력을 정당화하는 최상의 도구"[95]라고 부르는 것이 되어버린다. 레베카 파커는 위의 요소들에 다음과 같이 여성들을 희생키는 것을 지지하는 명제들을 덧붙인다. 사랑이 고통을 받는다. 말없는 순종은 고결하다. 고통 받는 사랑이 구원을 가져온다. 하나님은 고통당하는 사람들 옆에 더 가까이 계신다. 억압자는 거룩한 사람이 된다.

다비 캐슬린 레이(Darby Kathleen Ray)는 전통적인 속죄론에 대해 더 많이 인정하지만, 그녀는 그와 관련해 세 가지 문제가 수정될 필요가 있다고 주장한다. 첫 번째 문제는 죄를 반역과 교만으로 보는 전통적인 견해다. 반역과 교만은 죄책감 및 비난 그리고 자기 증오를 초래한다. 또한 전통적인 견해는 자기주장을 문제가 있는 것으로 보기 때문에 무력감을 유발한다. 레이는 세상을 돌보시는 하나님께 대항하는 것에 대한 반역으로 확대된 죄의 개념을 제안한다. 이 두 번째 문제는 인간의 유아적인 행동 경향(infantilism)을 묵인하는 대가로 신의 절대 주권을 유지하는 전통적인 하나님 개념과 관련이 있다. 레이는 아버지로서 하나님과 더불어 이런 생각에 잠재적으로 내재하는 학대는 논의할 여지가 없이 확실하다고 주장한다. 그리고 세 번째 문제는 그것이 죽음을 낭만화한다는 것이다. 자기희생의 개념은 폭력의 희생자들에게 결코 적절하지 않다. 희생자들은 그리스도가 무죄한 것만큼 그렇게 무죄할 것을 요구하는 요구에 맞추어 살 수 없다. 지금 레이는 흥미로운 주장을 펼치고 있다. 곧 그녀는 용서하라는 요구는 종종

95 Rosemary Radford Ruether, *Introducing Redemption in Christian Feminism* (Sheffield: Sheffield Academic Press, 1998), 99-100.

참된 정의를 훼손한다고 주장한다. 우리는 다음과 같이 질문할 수 있다. 왜 희생적 정의가 부정의한가? 그것은 학대자가 처벌받지 않도록 하기 때문에 부정의한 것이 아닌가? 또는 그것은 학대자의 영향력 안에 희생자를 계속 놔두기 때문에 부정의한 것이 아닌가? 레이가 정의를 처벌의 필연적 시행으로 이해한 것 같지는 않다. 하지만 처벌이 아닌 다른 선택(희생자가 그 관계를 떠나는 것)도 분명히 가능하지 않을까? 그것은 아내가 물리적으로 보복하지 않는다는 점에서 확실히 물리적 처벌을 가하지 않는다. 하지만 많은 경우에 페미니스트 신학자들은 이런 희생자들이 경찰에 신고하지 못하는 것, 그리고 법에 호소하지 못하는 것, 다른 말로 하자면 응보적 기제에 호소하지 못하는 것에 대해 안타깝게 생각한다. 하지만 형법이 행사되지 않을 수 있는 경우조차도, 남편을 떠나는 것은 일종의 폭력을 남편에게 가하는 것으로, 심지어 처벌을 가하는 것으로 이해될 수 있다. 가정을 떠나는 것은 가정 폭력의 가해자에게 비물리적인 형태의 폭력, 감정적 스트레스를 겪게 한다.

이 모든 것의 요점은 우리가 비물리적 강제(비폭력)와 물리적 강제(폭력)라는 상당히 문제가 있는 위버의 구분을 채택하려고 하지 않는 한, 페미니스트 자신들도 가해자에게 어떤 폭력적이고 정당한 반응을 취하는 것처럼 보인다는 것이다. 여기서 그들의 반응은 관련법을 취하는 형태일 수도 있고 가정을 떠나는 것일 수도 있다. 우리의 질문으로 다시 돌아가면, 범죄에 정당하게 반응한다는 것은 무엇인가? 그에 대한 이해가 폭력적이거나 비폭력적인 반응과는 관계가 있는 것처럼 보이지는 않는다. 타락한 실재의 본성을 고려한다면, 범죄에 대한 모든 반응은 누군가에게 폭력이 될 것이다.

나는 마지막 장에서 이런 문제들을 다시 다룰 것이다. 지금은 속죄에 대한 페미니스트들의 긍정적인 제안을 살펴보고자 한다. 우리는 속죄론에 대한 대부분의 페미니스트 설명을 다음과 같은 방식으로 요약할 수 있다. 예수의 고통과 죽음은 그 어떤 구원의 가치도 갖고 있지 않다. 그의 구원 사역의 초점을 형성하는 것은—독립적으로가 아니라 상호적으로 그리고 교회적으로 이해된—예수의 목양 활동이다. 십자가는 예수를 반대한 이들이 보인 예견할 수 있는 비극적인 결과다. 모든 페미니스트 신학자들이 십자가의 의미에 대해 이런 견해를 주장하지는 않는다. 하지만 대부분이 그것을 주장한다.

로즈마리 류터는 예수의 죽으심과 부활은 부정의한 고통과 죽음에 대항하는 삶을 위해 그분이 투쟁한 맥락에서만 구원으로 간주될 수 있다고 주장한다. 그녀는 예수의 죽으심이 구원에 "영향"을 끼치지 않았다고 주장한다. 그것은 단순히 "실용적"이고 모범적인 삶의 방식이다. 사실 류터는 그녀가 다음과 같이 주장할 때 속죄에 대한 또 다른 중요한 페미니스트 주제를 취한다. "하나님의 구원하시는 위격으로서 그리고 말씀으로서 그리스도는 역사적 예수 안에서 '단 한 번으로' 나타날 수 없다. 그리스도가 보여주신 구원은 구원하는 공동체를 통해서 계속 진행되고 전달된다. 이것은 그리스도가 모든 사람과 집단 그리고 그들의 다양한 해방 전략의 모양을 취할 수 있음을 의미한다." 이것은 상호관계의 주제다. 즉 하나님도 그리스도도 우리를 위해서, 우리 대신에 혹은 우리와 무관하게 무언가를 성취할 있는 것으로 묘사되지 말아야 한다. 분명 이런 이항 대립이 복종 및 의존 그리고 자기혐오 등과 같은 "분열"을 초래한다. 예수의 사역은 혁명적이었고, 그것은 성공을 위해 우리의 모방에 의존한다. 하지만 그것은 의도된 고난과 죽음의 모방이 아니다. 오히려 그것은 우리가 권세들에 대한 예수의 저항을 모방하는 것이다.

브록은 상호성이라는 동일한 주제를 상기시켜준다. 예수가 우리의 자리에서 고통을 당하실 때, 결여된 것은 "상호의존과 상호관계다. 우리는 우리 자신의 고통을 수용하라고 부름받지 않았다." 그녀는 예수 자신이 반대한 "위계질서의 권력"과 이에 대항하는—예수의 사역에서 드러난—"에로틱 능력"을 대조한다. 한편, 에로틱 능력은 취약성, 개방성 및 돌봄을 양성하고, 회복하며, 그러한 덕목들로 특징지어진다. 다른 한편, 위계질서의 권력은 사람 및 자연 그리고 사물에 대한 지배, 지위, 권력 및 통제를 나타낸다.

형벌 대속의 십자가 이미지는 다음과 같은 방식으로 성부와 성자의 관계를 묘사한다. 곧 "그들은 교회의 가부장적 '가족'을 포함하여, 폭력적이고 역기능적인 가부장적 가족을 보여주는 거울이 되었다."[96] 페미니스트들은 삼위일체 신학에 대한 보다 넓은 이해의 폭을 보여준다. 로즈마리 류터는 비록 우리가 하나님을 어머니로 말할 수 있을지라도 하나님의 부모됨(parenthood)이라는 개념이 없어져야 한다고 주장한다. 그것은 가부장적 관계의 종류와 관련해서 하나님을 우리 위에 두기 때문이다. 류터에 따르면, 하나님은 더 이상 전능하신 분이 아니다.

하나님과 세상의 상호의존은 삼위일체 관계에도 적용된다. 자기충족적 주체인 성부가 자기충족적 주체인 성자에게 영향을 끼칠 수 있다는 것은 상상할 수 없는 일이다. 상호관계는 성부가 성자가 하는 모든 것과 관련해서 성자 안에 나타나는 것이며 성자와 함께하는 것을 필요로 한다. 따라서 내재적 삼위일체의 관계에 대한 특정한 이해는 이런 상호관계의 개념에 의해 배제된다. 내가 앞으로 보여줄 것처럼, 이런 삼위일체 신학을 재구성

---

96 Inna J. Ray, "The Atonement Muddle: An Historical Analysis and Clarification of a Salvation Theory," *Journal of Women and Religion* 15 (1997): 100.

한 것에는 많은 귀중한 요소가 들어 있다. 이것은 페미니즘에만 있는 고유한 것이 아니다. 페미니스트들은 모든 위계 구조, 특히 하나님과 세상의 위계 구조를 없애버리면서 고전적인 정통 신학에서 크게 이탈한다.

우리가 전통적인 모델들에 대한 진가를 더 잘 파악하는 두 가지 페미니스트의 제안을 살펴보기 전에, 나는 지금까지 논의한 것을 요약해보고자 한다. 페미니스트 신학자들은 다음과 같은 주요한 특징적인 견해를 주장한다.

1. 속죄에 관한 전통적인 생각은 고통이 구원을 가져온다는 신화를 조장한다.
2. 특히 형벌 대속론이 피조물을 향한 하나님의 의도와 돌봄을 좌절시키는 이념을 지지한다.
3. 십자가에는 구원의 의미가 없다.
4. 예수의 사역은 혁명적이고 구원을 불러오는 평등한 삶의 방식을 보여주는 하나의 모범이다.
5. 하지만 예수의 구원은 완성된 "영웅적인" 사건이 아니라 "구원의 공동체"로서 우리의 참여를 필요로 하는 것으로 이해되어야 한다.

내가 지금까지 넌지시 말했던 것처럼, 모든 페미니스트 신학자가 십자가가 가진 구원의 의미를 무시하지는 않는다. 나는 이 단락의 나머지 부분에서 캐스린 태너(Kathryn Tanner)의 연구를 페미니스트가 속죄의 전통을 희망적으로 이용하는 것으로 언급하고자 한다.

태너는 "성육신과 십자가 그리고 희생: 페미니스트의 영감을 받은 재평가"라는 논문에서 십자가는 어느 정도 구원의 의미를 유지한다는 일관된 주장을 펼친다. 비록 태너가 십자가에 대한 페미니스트의 비판들을 (우리가 이미 논의했던 이유 때문에) 존중하지만, 그녀는 그런 비판들은 목욕물을 버리면서 아기도 함께 버리는 것과 같은 오류를 저지르는 경향이 있다고 지적한다. "페미니스트 신학자와 여성 신학자(womanist theologian, 흑인 여성신학자들이 백인 여성신학자들이 사용하는 Feminist Theologian이라는 표현을 거부하고 사용하는 표현)의 일반적인 의지는 십자가에는 지속적으로 구원에 관계된 어떤 것이 있다는 생각을 거부하는 것"이지만, 이런 거부는 "어떻게 예수가 자신의 임무가 직면했던 극도의 반대와 모순을 통해 구원할 수 있는지에 대한 그 이상의 신학적 설명을 무색하게 할 수 있다."[97] 태너가 복음을 설명하는 것과 관련해서 십자가의 중심성을 강조하는 것은 바람직한 일이다. 그녀는 페미니스트들이 십자가의 중심성을 정당하게 다루지 못하는 것과 그것의 긍정적인 위치를 설명하지 못하는 것을 걱정한다. 하지만 이에 대한 대응책은 하나님이 최고의 처벌자의 역할을 맡지 않으시는 십자가의 논리를 제공하는 것이다. 속죄 신학의 과제는 고통을 미화하는 것으로 끝나지 않는 십자가의 긍정적인 기능을 발견하는 것이다.

태너는 "성육신"이라는 개념에 훨씬 더 중요한 역할이 결합된 승리자 그리스도 모델로 돌아가면서 속죄 신학의 과제를 분명하게 시도한다. 그녀는 다음과 같이 주장한다. "나는 성육신이 페미니스트와 비페미니스트 관점에서 분명하게 문제가 되는 대리 만족 혹은 형벌 대속 모델을 대체하는 속죄의 첫 번째 기제가 되었음을 제안한다." 사실 태너는 인간이 그리스도를 통해 하나님과 연합한 것의 중요성을 긍정한다. 권세들과의 싸움이 시

97 Kathryn Tanner, "Incarnation, Cross, and Sacrifice: A Feminist-Inspired Reappraisal," *Anglican Theological Review* 86, no. 1 (2004): 39.

작되는 것도 성육신을 통해서고, 인류가 하나님의 구원하시는 능력에서 완전히 유익을 얻는 것도 속성들의 "행복한 교환"을 통해서다. 분명히 태너는 류터나 맥페이그 같은 이들의 범신론적 페미니즘에서 벗어난다. 하나님은 전능하신 주님이시고, 인류는 여전히 하나님의 구원이 절실히 필요하다.

하지만 성육신은 십자가 없이는 절대적으로 성공할 수 없다. 아마 필요로 했던 것은 특별히 십자가가 아니라 쳐부숴야 했던 최후의 적으로서 죽음 그 자체였을 것이다(고전 15:26). "말씀의 능력이 죄와 죽음의 권세 아래 고통당하는 인간에게 도달하기로 되어 있다면, 그 말씀은 그와 같은 삶, 곧 예수가 십자가 위에서 고난당하시고 비참해지신 것과 같은 삶을 당연한 것으로 가정해야만 한다."[98]

태너가 말하는 십자가의 역할에 대해 좀 더 자세하게 살펴보자. 그리스도의 수난은 인류를 용서하기 위해 하나님이 부과하신 법적인 요구 사항이 아니다. 태너는 성육신에서 하나님과 인류의 하나 됨에 비추어볼 때, 법정주의가 작동하기 위한 "충분한 외재성"이 없다고 생각한다. 수난은 인류를 용서하기 위한 조건이 아니다. 대신에 그것은 치료를 필요로 하는 인간 조건의 한 가지 측면이다. 태너는 다음과 같이 멋지게 주장한다. "예수는 어떤 이가 용서받도록 하기 위해서 자신의 자존심을 억누르고 변상을 해주는 방식, 곧 다른 이의 선한 은혜를 구하는 방식이 아니라 어떤 사람이 의사에게 가려면 아파야 하는 것처럼 구원을 위해 십자가에서 굴욕을 당해야만 하셨다."[99] 법률 체계는 여기서 적용되지 않는다. "법 앞에 서 있는 예수보다는 그의 성육신적 정체성이 우리가 고발당한 사건에서 그분을 우리의

98 Ibid., 44.
99 Ibid..

대리자로 만드는 것이다."[100] 태너는 어빙처럼 그리스도는 타락한 인간 본성을 "부패한 상태에서 부패하지 않는 상태"[101]로 점진적으로 이끌기 위해 그것을 취하신다고 지적한다.

태너의 견해에는 내가 진심으로 긍정하는 것이 많이 들어 있다. 나는 6장에서 그리스도가 필멸성의 조건 아래에 머무심, 곧 그분이 성육신에서 취하신 것으로서 그분의 죽으심에 대해 비슷한 주장을 할 것이다. 그럼에도 태너는 이런 필면성이 저주라는 것에 대해서 아무런 언급도 하지 않는다. 비록 그녀가 인류의 모든 참상을 취하신 그리스도와 관련해서 아타나시오스를 언급하지만, 그녀는 다른 교부들처럼 아타나시오스에게 이런 참상은 형벌적 측면을 가진다는 점을 지적하지 못한다. 법적 결과로서, 죽음과 필멸성은 죄와 관련이 있다. 그리스도가 성육신하신 그 분명한 순간부터 우리의 필멸성을 취하신 것—십자가 위에서만 최후의 적으로서 그것을 없애실 수 있는 것—은 십자가의 형벌적 측면을 결코 배제하지 않는다. 그럼에도 그것은 페미니스트 신학이 제기하는 많은 정당한 우려에 대해 만족할 만한 답변을 제공하는 방식으로 십자가 위에서 펼쳐지는 실제 처벌에 대한 우리의 이해를 의미 있게 재구성한다. 하지만 우리는 이런 문제들에 대한 보다 충분한 논의를 다음 장까지 기다려야만 한다.

탈식민주의 속죄론

속죄에 대한 페미니스트와 탈식민주의 접근 사이에는 상당한 연관성이 있

---

100 Ibid.
101 Ibid., 46.

다. 이것은 놀랄 만한 일이 아니다. 두 가지 접근은 "해방신학"이라는 사상으로 분류될 수 있기 때문이다. 하지만 그 둘 사이에는 중요한 차이점도 존재한다. 페미니즘은 전통적인 자유의 이미지에 반대하는 방향으로 나아가는 해체주의의 영향을 점점 받으면서 최근에 내홍을 겪고 있지만, 탈식민주의는 처음부터 서구 자유주의의 기획에 반대한 것으로, 그리고 가야트리 스피박과 호미 바바의 영향을 받으면서 중요한 포스트모던 전환을 이룬 것으로 자신을 규정했다. 하지만 후기구조주의자의 개념들은 페미니즘보다는 탈식민주의와 더 많이 친숙하다고 주장하는 것이 신중한 태도일 것 같다.

우리가 이미 깨달은 것처럼 이런 개념 중 하나는 혼종성이다. 주체들은 일원화되지 않는다는 생각이 기독론과 속죄론에 영향을 끼쳤다. 하지만 혼종성 개념은 이항 대립을 해체하는 포스트모더니즘의 배경과 관련해서 의미가 있음을 아는 것이 중요하다. 때때로 혼종성은 "남성성"을 반대하여 잘 규정된 "여성성"이 결정되어 있다고 생각하는 페미니스트의 "정체성 정치"(politics of identity)에 직접적으로 반대하는 역할을 한다. 비록 탈식민주의 작가들이 때때로 그것이 정치적으로 편리하다는 것을 인정하지만, 그들은 최근에 그러한 "본질주의"에 대해 의심한다. 하지만 대체로 스피박과 바바의 영향을 받은 탈식민주의 사상은 식민지와 피식민지, 권력자와 약자들, 주인과 종, 착취하는 자와 착취당하는 자의 엄격한 이항 대립을 넘어 발전한다. 그런 엄격한 이항 대립은 억압하는 이들도 억압받는 이들에게 영향을 받는다는 역사적 사료로 남아 있는 다면적인 측면을 간과한다. 따라서 많은 페미니스트 사상과는 달리, 범죄자들은 분명하게 규정될 수 없고, 희생자들도 명료하게 밝혀지지 않는다. 인간의 현실은 비극적이다. 선과 악이 뒤섞여 있다. 일부 페미니스트들이 볼 때 정치적 현실주의로 나아가는 이런 성향은 대중이 충분한 권력을 갖고 있다고 생각하게 만들어 저항의 동기를 제거하도록 그들을 속여서 현상을 유지하게 한다.

이항 대립의 해체는 법을 손상시킨다. 탈식민주의 작가인 조원희는 줄리아 크리스테바의 저작과 그녀의 저작에 나오는 상징계와 기호계의 대조를 상기시킨다. 상징계(the symbolic)는 그녀가 "아버지의 법", 관계에 부과한 질서, 개념적 구분, 금지, 전례 그리고 자신의 정체성을 형성하는 행동들이라고 말한 것을 언급한다. 기호계(the semiotic)는 오이디푸스 이전 단계, 상징계에 의해 억압되고 조정되지만 그럼에도 끊임없이 재현하려는 언어 이전의 유대를 나타낸다. 법은 그러한 이항 대립을 만들어냄으로써 엄밀하게 시행되는 영역으로서 인간 존재들을 연결해주고 브록의 "에로틱 능력"이 재확립하려고 추구하는 자연적인 유대를 억제한다. 하지만 속죄와 관련한 것이라면, 법은 십자가를 이해할 수 있도록 해주는 궁극적인 근거일 수 없다. 조원희는 다음과 같이 말한다.

> 하나님이 고통을 직접적으로 혹은 간접적으로 일으키신 것으로 보려는 모든 시도는 하나님과 사디즘을 연결하려는 위험에 처한다. 신론 및 그와 관련된 교리에 대한 전통적인 남성지배적인 구조를 고려한다면, 사디즘이 상상된 신의 일부분이 되는 것은 결코 놀랄 일이 아니다. 상징계는 기호계의 억압을 통해서뿐만 아니라 [또한] 처벌과 응보의 규율을 통해서도 그것의 정연함과 질서를 유지한다. 이 논리에 따르면, 속죄는 고난의 결과로서만 가능하다.[102]

이것은 내가 현대의 속죄론에서 발견하는 법에 대한 일반적인 접근법에 대

102 Joh, *Heart of the Cross*, 84-85.

해 주장하는 모든 것과 일치한다. 법이 시행하는 처벌은 법의 권한을 촉진하는 기능을 가진다. 그것은 마땅한 응보를 시행하지 않는다. 범죄의 다양한 유형은 날조, 곧 낯선 질서가 중첩된 것이기 때문이다.

혼종성은 인간 조건의 한 양상일 뿐 아니라 하나님과 그리스도를 적절하게 묘사하는 것이기도 하다. 이 개념은 모든 위계질서와 속죄에 대한 남성 중심적이고 영웅적인 개념들에 가하는 페미니스트들의 비판과 관련이 있다. 그리스도 혹은 하나님은 영웅으로 묘사된 반면에, 인간 존재들은 어린아이처럼 그리고 수동적인 존재로 묘사된다. 곽 푸이-란(Kwok Pui-lan)은 전통적인 기독론은 정치적 목적을 위해 그리스도에게 강압적인 획일성을 부여했다고 주장한다. 반대로 우리는 그리스도 자신의 자아의 기본적인 불확정성을 기꺼이 수용해야 한다. "예수와 그리스도 사이의 간격은 단순한 범주화나 폐쇄성을 거부하는 불안정하고 유동적인 것이다. 그것은 인간과 신, 일자와 다자, 역사적인 것과 우주적인 것, 유대적인 것과 그리스적인 것, 예언자적인 것과 성례전적인 것, 정복자의 하나님과 온유하고 비천한 자들의 하나님 사이의 '접촉점' 혹은 '경계선'이다."[103]

인성과 신성 사이에 존재하는 예수의 이런 혼종성은 소외된 이들, 이민자들 그리고 심지어 다문화 가족의 혼종성을 떠올린다. 이상현은 이 공간을 "경계성"(Liminality)[104]이라고 말한다. 그는 죄의 영역에 속한 "주변화"와 하나님 자신의 내재적 삶을 묘사하는 "경계성"을 대조한다. 사실 경계성 개념은 삼위일체 하나님의 분명한 삶을 나타낸다. 이상현은 다음과 같이

103 Kwok Pui-lan, *Postcolonial Imagination and Feminist Theology* (Louisville: Westminster John Knox, 2005), 171.

104 Sang Hyun Lee, *From a Liminal Place: An Asian American Theology* (Minneapolis: Fortress, 2010), 특히 63-89.

말한다.

> 성부의 사랑이 그분으로 하여금 (계속 자신으로 존재하는) 자기 자신을 성자에게 내어줄 때, 성부는 (자신의 신성과 신적 지위들을 계속 갖고 있음에도) 그것들을 포기함으로써 경계적인 장소로 나아가신다. 성부가 (성자 안에 계속 머물러 있음에도) 성자로부터 벗어나시는 것처럼, 그분은 성자가 성부에게 완전한 타자가 될 수 있게 하기 위해 곧 온전한 자유를 행사할 수 있는 존재를 위한 "유희 공간"(Spiel-Raum) 혹은 가능한 공간을 허락하신다.[105]

비록 이상현이 "법"과 주변화를 특별히 연결하지는 않았지만, 그것들이 서로 연결되었다는 것을 암시하는 것은 피할 수 없다. 인류의 타락한 조건을 성찰하면서, 이상현은 타락을 경계성을 수용하지 못하는 것으로 해석한다.

> 인간 존재들은 새로운 생각에 마음을 열기보다는 특정하게 한정된 원리들을 절대화하고 다른 생각들은 잘못된 것으로 비난했다. 그들은 경계성을 통해 공동체와 유대관계를 형성하는 대신에 자신들이 만들어 서로를 소외하면서 살아가는 영역에 집착했다. 그들은 사회의 절대화된 중심에 경계 공간에서 들려오는 예언자적 비판을 가하는 대신에 권력의 중심에 있는 자들과 하나가 되었고 주변부에 있는 자들을 억압했다.[106]

따라서 경계성의 조건은 어떤 위계적 제약도 없는 타자를 향한 완전한 개

---

105 Ibid., 59.
106 Ibid., 60.

방성으로 묘사될 수 있다. **공동체**(*communitas*)는 엄밀하게 이런 조건에서 나온다. 사람들이 자신들의 집의 안락함을 포기할 때, 곧 자신들의 사회적 질서에서 자유롭게 될 때, 그들은 다른 소외된 개인들과 자유로운 연대를 형성하고자 한다. "공동체는 서로가 서로의 완전한 타자성을 온전히 존중하며 수용하는 둘 혹은 그 이상의 사람들 사이의 평등하고 친밀한 교제다."[107]

조원희 역시 근본적인 인간의 문제를 폭력 및 지배, 주변화로 이해한다. 예수의 구속적 사역은 이러한 상징적 지배 체계를 해체하는 것으로 이해되어야만 한다. 나는 이번 장의 나머지 부분에서 조원희가 속죄 신학에 특별히 기여한 부분을 설명하고자 한다.

조원희는 예수의 혼종성을 한과 정의 조합으로 묘사한다. 말하자면 예수의 자아(personality)는 비천함의 이미지, 곧 한의 이미지와 정의 이미지가 구현된 것이다. 특히 십자가는 "비참함과 사랑, 곧 한과 정의 구현으로서의 기능을 구현하고 지속한다."[108] 십자가라는 상징은 "이중적인 표현을 수행하고 이중적인 해석을 요구한다."[109] 십자가는 단순히 외부적으로 건전하게 보이도록 만드는 승리가 아니라 최악의 비참함을 반영하는 것 이상으로 이해되어서는 안 되며, 십자가는 하나님의 구원론적 변혁의 관계(정)를 보여주는 것으로 이해되어야 한다. 조원희는 페미니스트와 해방신학자들이 서로 교류할 수 있는 지점을 만들려고 노력한다. 우리가 지금까지 살펴보았던 것처럼 페미니스트들은 십자가에는 어떤 구원적인 것이 없고 전적으로 비참한 것이라고 한탄한다. 하지만 해방신학자들은 십자가의 상징에서 큰

---

107 Ibid., 70.
108 Joh, *Heart of the Cross*, 83.
109 Ibid., 104.

힘을 얻는다.[110] 따라서 조원희는 "왜 십자가는 그것이 나타내는 모든 고통과 함께 전 세계에 걸쳐 고통당하고 억압받는 많은 이들에게 해방을 위한 상징으로 계속 힘을 주고 기능을 하는지를 질문할 필요가 있다"[111]라고 생각하는 몇몇 탈식민주의 작가 중 한 사람이다. 이와 관련해서 탈식민주의 신학자들은 십자가는 종교적 상징으로 전혀 기능할 수 없다는 페미니스트의 주장에 동의하지 않는다. 나는 아래에서 어떤 방식으로 십자가가 구원의 기능을 여전히 제공하는지를 보여줄 것이다.

비록 조원희가 십자가의 구원하는 기능을 완전히 무시한다고 페미니스트들을 비판할 때조차도, 그녀는 구원의 계획에 수난의 역할이 있다고 이해한 것 때문에 위르겐 몰트만(Jürgen Moltmann)을 비난한다. 그녀는 고통을 내재적 삼위일체의 사건으로 이해한 몰트만의 견해가 삼위일체 안에 비참함을 포함한다고 주장한다. 따라서 십자가는 "흠이 없고", "그것은 말끔한 것처럼 보인다."[112] 몰트만은 "십자가는 인간 존재들이 다른 인간 존재들을 거부하는 것을 의미한다"[113]고 이해하는 대신에, "구원의 사역은 삼위일체 하나님의 관계성 안에서 이루어지는 것으로 내버려둔다."[114] 하지만 이것은 우리로 하여금 인간이 구원에 참여하는 것을 허용하지 않는 영웅적 틀로 되돌아가게 만드는 것을 의미한다. 더욱이 십자가의 폭력은 다시 신의 폭력으로 간주되는 것처럼 보이며, 몰트만의 최고의 통찰을 반대하는 것처럼 보인다.

이런 "내재적 삼위일체의 속박의 논리"는 성부와 성자의 부적절한 상

---

110 조원희는 탈식민주의 학자 중 한 사람이다.
111 Ibid., 79.
112 Ibid., 77.
113 Ibid.
114 Ibid., 78.

호관계로 되돌아간다. 몰트만에게 그들의 관계는 일방적이다. "이해되는 것은 상호관계가 아니라 성부가 주도하는 일방적 관계다. 성자는 여전히 수동적으로 남아 있고 변함없이 비참한 상태로 머무른다." 하지만 조원희는 "성부가 성자만큼 비참함을 수용하여 비참해진다면 내재적 삼위일체의 관계성은 강화되지 않을까?"[115]라고 생각한다. 그녀는 몰트만이 성부와 성자를 충분히 "융합하지" 않았다고 생각한다. 그녀는 내재적 삼위일체의 속박의 전체 논리가 몰트만이 주장하고 싶어 하는 것에 불리하게 작용한다고 주장한다. 우리가 적극적인 성자와 수동적인 성자를 고수한다면, 이런 지배적인 생각은 그것을 해체하려고 목표하던 그런 분명한 기획으로 다시 돌아가게 된다. 조원희는 다음과 같이 도발적인 주장을 덧붙인다. "**변혁적이고 위협적인 것은 '성부에 의해 구원받는 성자가 아니라 비참한 성자다'라는 것이 내 주장이다**. 그는 자신을 비참하게 한 권세들을 쏘아보고 모방하며 비웃는 비참한 사람이다. 이것이 십자가에 대한 초월적이고 변혁적인 것이다."[116]

조원희에 의하면, 영웅적 속죄는 고통에 적극적으로 참여하는 것 없이 구원하는 신의 권능을 함의한다. 예수의 고난은 삼위일체에 실제로 영향을 끼치는 것 없이 삼위일체의 삶 속으로 흡수되어 정화된다. 구원은 실제로 고통에 참여하지 않으면서, 곧 십자가 위에서 자신을 비참하게 하지 않으면서 고통을 흡수하는 성부에 의해 이루어진다.

요약하자면, 한편으로 페미니스트 속죄론에 있는 문제는 그것이 구원의 의미를 십자가에 부여하지 않는다는 점이다. 다른 한편으로 몰트만이

115 Ibid., 81.
116 Ibid. 굵은 글씨는 조원희의 것이다.

대변하는 해방신학 계열의 속죄 신학에 대한 이해가 지닌 문제는 그것이 의도치 않게 고통을 정화하고 없앤다는 것이다. 하지만 우리는 십자가에 비참함을 도입하지 않으면서 동시에 그것에 종교적 기능을 부여할 수 있을까? 이 질문의 어려움은 분명히 혼종성과 경계성에서 기인하는 것이다. 예수의 정체성은 다양한 담론, 곧 법에 대한 담론, 제국에 대한 담론, 비참함에 대한 담론 등을 포함한다. 마리온 그라우(Marion Grau)가 지적했던 것처럼, 담론 속에 불가피하게 깃들인 그분의 파괴적인 목소리를 알아채는 것은 항상 어려운 일이다. "권세의 형태로 알려진 것과 유사한 것이 남아 있는데, 그것은 앙갚음으로 남아 있다. 하나님의 경륜의 이미지는 특정한 형태의 선호 및 나이, 사회적 성 그리고 계급 체계를 위협하고 도전하지만, 그것들은 (이념이 포함된) 특정한 권력과 지식의 구조를 지닌다."[117] 우리가 포스트모더니즘 작가들에게서 계속해서 받는 메시지는 하나님이 이런 다양한 담론들을 복잡한 방식으로 사용하신다는 것을 이해해야 한다는 것이다. 하임과 지라르는 희생 개념과 관련해서 이것을 다음과 같이 설명했다. 말하자면, 예수는 이런 기제 속으로 들어가 내부에서 그것을 폭로하신다. 희생 개념에 내재된 위험은 그런 기제 자체와 하나님의 의도를 결합하는 것이다. 비슷하게 조원희와 같은 탈식민주의 작가들은 예수의 사역은 이런 "이중적 표현"을 수행한다고 주장한다. 예수는 죄와 처벌, 위계 구조 그리고 사회적 지배의 기제 속으로 들어가지만 동시에 그것을 해체하신다.

몰트만 자신은 이것을 인정하는 것처럼 보인다. 예수는 자신의 죽음을 수동적으로 수용하지 않으셨다. 그의 포기의 외침은 어떤 실재에 대한 인식

---

117 Marion Grau, *Of Divine Economy: Refinancing Redemption* (New York: T&T Clark, 2004), 214.

과 그것에 저항하는 것이었다. 하지만 몰트만은 그 외침 자체에서 어떤 해방도 보지 못한다. 해방은 내재적 삼위일체의 교환의 논리 안에서 고통을 받아들이고 그것을 치유하시는 하나님에게서 시작한다. 이와 달리 조원희는 십자가의 구원의 의미를 엄밀하게 이런 비참함에 놓아두고 싶어 한다. 그녀는 모방의 개념, 곧 호미 바바의 탈식민주의 작품에서 발전된 개념에 의지한다. 나는 이와 관련해서 조원희의 말을 조금 길게 인용하고자 한다.

> 로마 제국의 통치자들은 사람들이 공포에 사로잡혀 복종하도록 십자가를 적절하게 사용했다. 초기 기독교가 로마 제국을 모방하고 조롱하기 위해 동일한 상징을 사용했다는 사실은 초기 교회 운동의 일부분이었던 십자가의 전복적인 이해를 보여준다. 그러므로 모방이라는 탈식민주의 개념은 십자가가 모방할 때 위협으로서 그것에 대한 우리의 이해를 명확히 밝혀주고 따라서 제국 권력의 억압적인 질서와 법에 대항하는 강력한 반대 해석을 뒷받침한다. 로마 제국이 사람들을 십자가에 매달아 처형하는 행위는 결코 훌륭한 형태의 처벌이 아니었다. 사람들을 십자가에 매달아 처형하는 것은 언제나 억압받는 사람들을 철저한 지배 아래 두고자 그들에게 공포감을 심어주는 은폐된 위협이었다. 하지만 모방의 권력을 통해서, 이런 비참함의 상징은 가해자를 포괄하는 사랑/정(情)의 상징이 되었다. 십자가 위에서 속이는 것은 이것이다. 곧 비록 십자가가 비참함을 구현하지만, 그것은 동시에 예수가 정(情)의 구현을 통해 비참함을 반대한다는 것이다.[118]

예수는 자신의 비참함으로 권력자들의 흉내를 내면서 그들을 비판하신다.

---

118 Joh, *Heart of the Cross*, 76.

그분은 권력자들이 사용한 지배의 도구를 구경거리(골 2:15)로 만드셨다. 십자가는 하나님의 구원의 방편이 아니라 인간의 억압의 도구다. 하지만 예수는 그것을 단순히 수동적이고 절망적으로 받아들이지 않으셨고, 그것에 저항하셨으며 조롱하셨다. 십자가와 관련한 구원적인 것은 인간의 고통이 신적인 삶으로 흡수되고 인간의 행위와 관련 없이 어느 정도 치유된 것이 아니라 그것은 엄밀하게 예수의 인간적 행위, 곧 고독하고 비참한 행위였으며, 이런 행위가 그런 지배 구조를 조롱하고 그것에 저항한 수단이라는 것이다.

하지만 정치적 상황에 대한 탈식민주의의 예민함은 완전한 정의, 그리고 지배의 완전한 전복이 단지 불가능한 꿈으로 남아 있을 뿐이라는 조언으로 이어진다. 비참한 인간으로서 하나님 자신은 이런 권력 구조에 대해서는 하실 수 있는 일이 제한되어 있는 것처럼 보인다. 인간 존재로서, "우리는 결코 완벽하게 전복할 수는 없지만, 오직 현재의 구조들 안에 모방적으로 살아가고 내부에서 그들을 전복하기 위해 그것들 안에 거주할 뿐이다. 또한 우리는 새로운 구조들을 조성하기 위해 그런 구조들 안에 거주한다."[119] 하나님 자신은 정말로 고립된 상태가 아니라 인간 존재들과 함께 상호관계 속에서 그리고 동등함 속에서 행동하셨기 때문에 속죄의 결론은 분명하다. "그렇다면 하나님의 교섭에 대한 탈식민주의 견해는 그리스도가 사기꾼처럼 주인과 노예의 경계를 모방하고 조롱하는 교류를 보여준다."[120]

정말로 탈식민주의 속죄는 (레이와 태너를 제외한) 페미니스트 사상과는

---

119 Grau, *Of Divine Economy*, 214.
120 Ibid.

달리 신의 속임이라는 주제를 전혀 부끄러워하지 않고 당당하게 사용한다. 조원희의 모방 개념은 "거룩한 사기꾼"이라는 그라우의 개념에 나타난다.

> 거룩한 사기꾼처럼, 그는 충격적인 것을 선보이고, 배신을 행하며, 히스테리를 일으키고, 과장된 해석과 풍자적인 맥락을 제공하며 역설적인 표현들을 고안한다. 사기꾼들은 모방하는 자들이며 양가감정을 구체화한다. 그렇다면 이런 추악하게 다른 그리스도는 피의자 및 주변 "인물" 혹은 가장한 신적 집행자이기보다는 거룩한 바보, 즉 신적인 사기꾼으로 나타난다. 사기꾼인 그리스도는 사탄을 속이고, 사기꾼들에게 사기를 치면서 우리로 하여금 우리 시대의 사기꾼들을 폭로하고 그들에게 저항하는 방법을 고안하도록 도우신다.[121]

이것은 결국 영웅적 속죄를 포기하는 것이다. 이와 관련해서 말하자면, "그리스도는 전능하시고 만유의 주재의 메신저가 아니라 억압적인 상황 안에서 그리고 그런 상황을 겪으면서—사기꾼처럼—일하는 신중하고, 현명하며 정의로운 힘의 메신저로 나타나실 것이다. 하나님의 섭리를 행하는 자(divine economist)는 항상 창조의 경륜 안에 나타나시고(감추어져 있고), 구현하시며, 인간의 모습으로 존재하신다."[122]

우리가 비폭력의 의무를 지키려면, 모방 및 속임 그리고 사기가 우리에게 가능한 유일한 행동 방침이다. 다비 캐슬린 레이가 다음과 같이 말한 것처럼 말이다. "[신의 속임수는] 폭력적인 수단을 피하려고 하거나 상대

121 Marion Grau, "Divine Commerce: A Postcolonial Christology for Times of Neocolonial Empire," in *Postcolonial Theologies: Divinity and Empire*, ed. Catherine Keller, Michel Nausner, Mayra Rivera (St. Louis: Chalice, 2004), 177.

122 Ibid., 183

적 무력감의 상황에서 발생하는 억압과 불의에 저항하는 어떤 투쟁도 부여받은 권위와 권력보다는 교활함과 교묘함에 의지해야만 한다는 현실을 지적한다."[123]

우리는 이런 창조적인 제안에 대해 어떤 말을 할 수 있을까? 첫째, 탈식민주의 신학은 인간의 정체성에는 문제적 특성이 있다는 점에 우리의 관심을 불러일으킨 것에 대해 칭찬받을 만하다. 속죄의 신학자들은 탈식민주의가 소유적인 자아 정체성의 허상을 폭로하는 것에서 확실히 교훈을 얻을 수 있다. "관계성으로의 전환"은 신학에서 환영할 만한 새로운 방향이다.

둘째, 모방 개념은 기독교의 구원론에 내재한 한 가지 중요하고 대단히 경시되었던 요소를 보여준다. 하나님은 정말로 인간의 희생 행위들을 이용하시지만, 이런 행위들은 하나님에 대한 최종적인 설명이 될 필요도 없고 창조에 대한 하나님의 의도를 매끄럽게 구현하지도 않는다. 만일 희생 행위의 기획이 성경적으로 구현된 기획으로서 구원론적·역사적인 하나님의 의도의 제약 아래에 있는 것이라면, 거기에는 심층 해석학을 위한 공간이 있을 것이다. 그럼에도 이런 기제와 행위들은 완전히 인간적인 것도 아니고 잘못된 것도 아니다. 창조 신학은 비록 그것들이 죄라는 실체와 전적으로 관련된 것이지만 그것들에도 가치 있는 요소들이 있다고 제안한다. 법과 죄와 처벌의 논리는 하나님이 최종적으로 만드신 실재의 세계를 보여주는 것은 아니지만, 그럼에도 그것은 하나님이 타락한 세상을 다스리기 위해 고안하신 방법이다. 나는 다음 장에서 이런 생각을 다시 다룰 것이다.

---

123 Darby Kathleen Ray, *Deceiving the Devil: Atonement, Abuse, and Ransom* (Cleveland: Pilgrim, 1998), 138-39.

우리는 탈식민주의와 관련해서 몇 가지를 비판할 수 있다. 나는 기독론과 삼위일체론에 대한 그들의 제안에는 큰 결함이 있다고 생각하지만 그것에 대해서는 다음 장에서 자세히 논할 것이다. 여기서는 조원희와 궉 푸이-란이 교부들의 기독론적 합의에 대해 그것이 신학적이고 성경 말씀에 대한 엄격한 논의를 통해 궁극적 합의에 이른 것임에도 불구하고 그것을 단순하게 정치적인 것으로 일축한다는 점만 지적할 것이다. 이 두 신학자가 교부들이 기독론적 범주들을 도구화했다는 점을 지적하는 것은 옳다. 그럼에도 그들은 정통 신학이 고수하는 이런 (도구적) 개념들이 유지하는 직관과 믿음의 규칙들을 설명하지 못한다.

몰트만에 대한 조원희의 비판은 그녀가 성부의 위격과 성자의 위격의 융합을 제안한 것처럼 불완전한 삼위일체 신학을 드러낸다. 그녀는 삼위일체 각각의 위격이 어떤 방식으로 고유성과 개별성을 지니고 있는지를 설명하지 않으며, 상호성과 혼종성이라는 그녀의 개념은 양태론으로 전락할 위험에 처해 있다.

나는 몇 가지 신학 외적인 문제들을 언급한 이후에 이런 교리적 비판의 일부 요소들을 다룰 것이다. 탈식민주의자들은 페미니스트와 여기서 다룬 모든 포스트모던 신학자들처럼 "폭력"에 대한 모든 긍정적인 평가를 교리적으로 비난한다. 폭력에 폭력으로 대항하는 것을 제외하고서 그것에 대항하는 유일한 방법은 모방과 조롱밖에 없는 것처럼 보인다. 참된 힘은 이런 모방에 있다. 그것이 정에 있는 것처럼 말이다. 이것들은 "미약한" 대안들이 아니다. 하지만 압제자들이 이 비참한 자를 마주했을 때 정말로 도전받을 수 있지만, 나는 그들이 혁명과 같은 폭력적인 방법보다는 오히려 모방이라는 평화적 방법을 선호할 것이라는 점을 거의 의심하지 않는다. 독재자들은 대중들이 자신들의 정권을 때때로 조롱하는 것을 충분히 의식하고 종종 묵인한다. 조롱은 대중들이 현실에서 느끼는 좌절감을 발산할 수단을 제공한다. 따라서 억압받는 이들은 정권의 안정성을 위협하지 않는 자리로 되돌아온다. 정권의 분열은 최소화되고 둔화된다. 좌절감을 발산할 수 있는 그런 수단들은 압제 정권의 중요한 요소들이다. 속죄에 대한 탈식민주의의 영향들은 다소 암울하다. 예수는 더 이상 권력 체제를 조롱하고 붕괴하는 인간이 아니라 철저하고 완전하게 그 체제가 관용한 그 체제의 기제의 일부분이 된다. 게다가 그가 만든 **공동체**들은 권력 체제를 조롱하는 것에 만족하지만 어떤 실제 권력이 없는 "미약한" 인간의 집합체다. 이런 절망적이고 비관적인 메시지가 권력자들로부터 해방을 추구하는 사람들에게 실제로 반향을 불러일으킬 수 있을까? 나는 억압받는 이들이 십자가라는 상징에서 동기 부여를 발견하는 이유가 그것의 무력하고 극적인 모습 때문이 아니라 존재론적이고 최종적인 승리가 실제로 (폭력적인 방식으로) 일어났기 때문이라고 생각한다.

요약

1. 포스트모더니즘은 두 가지 이유에서 근대가 법과 도덕을 괴리시킨 것에 대해 아쉬워한다. 첫째, 근대는 도덕을 보편타당한 것(예를 들어, 칸트의 정언명령)으로, 곧 개별적인 것에서 추상화한 담론으로 그릇되게 이해한다. 둘째, 포스트모더니즘은 법이란 강자의 이익을 은폐하는 것으로 이해하기 때문에 모든 법을 비도덕적인 것으로 해체한다.
2. 근대가 자유주의자들의 자유를 강조한 것은 자아가 사회적 구성물

이며 주체(agent)의 해체라는 인식을 심어준다. 따라서 죄책감은 사라지고 아마도 수치심으로 대체된다. 인간의 근본적인 처지는 더 이상 죄인의 것이 아니라 죄를 떠안은 희생자의 것이다.

3. 법은 본질적으로 폭력적인 것으로 간주된다. 그것의 체제들은 위계질서에 근거하고 그것들은 모호한 언어를 사용하며 그것들은 소외시키는 결과를 낳았다. 정의는 법 혹은 도덕과 관계없는 것으로, 즉 타자에게 근접한 것으로(레비나스) 묘사되어야 한다.
4. 모든 법체계는 필연적으로 폭력적이기 때문에, 하나님은 법과 관련이 있는 것으로 생각되실 수 없다. 포스트모더니즘의 속죄론의 근본적인 동력은 법의 기제를 비판하는 것이다. 속죄는 지금 모든 종류의 폭력을 확실히 폭로하는 것으로 이해된다.
5. 지라르는 이런 비판을 하나님의 법 자체에까지 확대하고 그것을 인간의 기획과 자기 정당화로 간주한다. 그리스도는 허상을 드러내시며 그 감춘 것을 폭로하신다. 하나님은 희생양을 필요로 하지 않으신다. 인간이 희생양을 필요로 한다.
6. 밀뱅크에 따르면, 그리스도는 사람들이 따를 수 있는 표지를 제공하시고 어떤 행위를 출범시킴으로써 모방적인 경쟁을 폐지하신다. 하나님은 예수를 처벌할 필요가 없으시다. 곧 응보의 법은 인간의 고안물이다.
7. 페미니스트의 속죄론은 그리스도의 죽으심을 하나님이 원치 않으신 비극적인 사건으로 묘사한다. 형벌 대속의 논리는 오직 학대적인 관계를 정당화하고 그런 현재의 상황에 도전을 가하지 못한다.
8. 마지막으로 속죄에 대한 탈식민주의 비판은 그리스도의 혼종성에 초점을 맞춘다. 그리스도의 삶과 사역은 혼란에 빠진 이들, 곧 유배

된 이들의 운명을 여실히 보여주는 것이다. 그리스도는 법(형벌 대속)의 조항을 제공하거나 법을 초월하는 영웅적 인물이 아니라 본질적으로 희생자 자신이다.

ATONEMENT, LAW, AND JUSTICE

6장

속죄와 하나님의 행위의 완전함

The Cross in Historical and Cultural Contexts

개요: 하나님의 행위의 독특성에 대해

나는 앞에서 속죄 전통에 대해 비판적 해석을 시도했다. 모든 이야기는 하나의 관점에서 논의되었고 이 책도 다르지 않았다. 나는 속죄론과 정의론의 상호관계성 및 그것들과 법에 대한 태도의 상호관계성의 관점에서 여러 속죄론에 대해 설명했다. 하지만 나는 서로 원인과 결과가 무엇인지를 보여주는 포괄적 설명을 제공한다고 주장하지 않았으며 속죄와 정의의 역사 중 어느 한 가지 이론의 역사적 경로가 다른 하나를 **설명한다**고 제안하지도 않았다. 신학이나 법과 같은 문화적 담론은 서로 긴밀하게 연결되어 있다. 비록 나는 몇 가지 담론만 언급할 수 있었지만 그런 담론이 다양한 방식에서 해명되기를 바란다.

첫째, 속죄론은 정치와 법의 영역에서 이루어진 역사적 발전에 의해 많은 영향을 받았다. 따라서 십자가 이론들은 매우 정치적이다. 그것들은 정의로운 사회, 범죄에 대한 정당한 대응, 어떤 공동체의 목표와 관련한 법의 지위와 통치에 대한 비전을 갖고 있다. 따라서 이 특별한 신학적 담론은 매우 실천적이다.

둘째, 이런 관점이 가진 이점은 우리가 속죄와 윤리의 관계를 지금 더 분명하게 이해할 수 있다는 것이다. 정의에 대한 성찰은 우리가 지금까지 살펴보고 있는 것처럼 선에 대한 성찰과 밀접하게 관련이 있다. 그리스도 안에서 하나님의 행위가 도덕적인지 그리고 어떻게 십자가가 실제로 도덕적 변화에 기여하는지와 관련한 질문들은 항상 속죄론의 역사의 중심이 되고 있다.

셋째, 우리는 정치적 상황과 정의 체계가 철저히 신학적이라는 사실을 어느 정도 인식할 수 있다. 즉 그것들은 본질상 인간의 본성에 대해, 선을 행하려는 인간의 능력에 대해, 죄와 용서에 대해 신학적으로 가정한다. 정의라는 변화하는 개념들에 비추어 속죄를 **설명하는** 주장들은 법과 정치적 발전 자체가 종교적 가정들에 의해 부분적으로 형성된다는 사실을 잊어버리는 경향이 있다. 학제 간 연구는 이런 교차하는 역사들 사이에서 양방향으로 진행된다.

마지막으로 아마 가장 중요한 것은 속죄론의 역사가 하나님의 본성에 대한 논의에서 실제로 시작했다는 점이다. 이것은 지금 논의 중에 있는 담론의 근본 문제다. 하지만 잘 생각해보면, 우리가 하나님의 본성에 대해 가진 확신들은 우리가 정의론에 대해 주장하는 가정들에 근거하지 않을 수 없다. 하나님의 본성과 정의론의 관계를 부각하면서 이 이야기를 간략하게 살펴보고자 한다.

우리가 살펴보았던 첫 번째 시기, 곧 소위 교부 시대 패러다임은 다른 시기들과 마찬가지로 하나님의 정의를 유지하는 데 관심이 있음을 보여준다. 그러나 그 시기에 하나님의 정의는 하나님의 법, 곧 신과 인간의 관계 자체를 규정하는 법과의 관련성 속에서 이해되지 않는 경향이 있다. 하나님의 법이 관련되는 한, 그분의 일차적 관심은 자신이 인간관계에서 명령하신 질서를 보존하시는 것이다. 하나님의 정의는 법을 엄격하게 준수하는 것으로 성취되지 않는다. 정말로 때때로 그것은 이런 분명한 법을 초월하는 것을 의미했다. 따라서 니사의 그레고리오스와 아우구스티누스 같은 신학자들이 십자가에 못 박히시고 부활하신 그리스도 안에서 하나님의 행위를 해석하려고 시도했을 때, 그들은 법의 준수를 엄격하게 요구하는 정의를 주장하는 그런 종류의 행위자이신 하나님을 가정하는 것에서 출발하지 않았다. 그들이 각별하게 하나님의 정의를 보존하는 데 관심이 있었지만, 그들의 관심은 "법률중심주의적" 교환의 경륜을 포함하지 않는다. 하나님의 정의는 그분이 속박에서 인류를 구원하는 것에서 보존되며(니사의 그레고리오스), 따라서 질서를 회복하고 인간 본성을 그것의 목적에 적절하게 맞추어 다시 질서지우는 것에서 보존된다(아우구스티누스).

두 번째 패러다임인 중세 시대는 하나님에 대한 경쟁적인 개념들 간의 논쟁을 증언했다. 그런 대립은 하나님의 정의를 포함해 정의의 근본적인 측면으로 법이 출현한 것을 배경으로 하여 발생했다. 우리가 지금까지 논한 모든 신학자가 법이 하나님 자신에게 적용되는 어떤 것이라는 주장에 동의한 것은 아니다. 안셀무스는 12세기와 13세기의 법 혁명이 일어나기 전의 사람이지만, 그럼에도 그는 중세 시대를 특징짓는 보편적 정의에 대해 점점 커지는 열망을 공유했다. 하나님의 정의는 죄를 다루시는 그분의 선택을 제한한다. 하나님은 인류를 처벌하시든지 혹은 인류와 관련한 만족을 수용하신다. 안셀무스에게서 인간의 정의는 봉건적 생각과 잘 맞는 것 같다. 안셀무스의 생각에 반대한 아벨라르두스는 하나님의 본성에 대해 완전히 다른 개념을 보여준다. 그가 보여주는 개념에는 하나님의 사랑을 제약하는 것이 아무것도 없다. 아벨라르두스는 하나님의 정의와 관련해서 사랑이라는 하나님의 속성을 우선시한다. 아퀴나스의 견해는 죄에 대한 하나님의 반응이 그분의 본성에 "부합해야" 한다는 안셀무스의 견해와 훨씬 더 유사하다. 더욱이 하나님의 단순성이라는 안셀무스의 교리를 고려한다면, 다른 속성, 곧 정의와 같은 다른 속성들보다 사랑이라는 한 가지 속성만을 우선시하는 것은 솔직히 말해 나쁜 신학이다. 정의에 대한 인간의 의미와 영원한 법 사이의 연관성은 아퀴나스와 함께 강화된다. 말하자면, 인간의 법은 유비적으로 하나님의 영원한 법에 참여한다. 따라서 (영원한) 법은 하나님과 인간 사이에 관계를 맺어주는 틀이고 인간의 목적(하나님과 인간의 법)으로 나아가는 수단 중 하나다. 둔스 스코투스는 하나님의 영역과 인간의 영역의 이런 연관성을 완전히 없앴다. 둔스 스코투스의 하나님은 순수 의지의 하나님이시다. 그분은 자신이 창조하신 목적에 관한 생각과 관련해 (아퀴나스의 하나님과 반대로) 어떤 방식으로도 제약받지 않으시면서 자신이 원하는 대로 창조하시고 명령하신다. 인간 정의의 질서(예를 들어 응보의 원리)는 하나님의 정의에 대해 어떤 것도 보여주지 않는다. 따라서 하나님은 자신의 의지 외에는 다른 외적인 요인에 의해 어떤 특별한 방식으로 행동하도록 강요받을 수 없는 존재시다. 둔스 스코투스는 하나님의 정의를 무시하지 않고 그가 하나님의 자기사랑이라고 명명하는 것에 비추어 그것을 설명한다. 다시 말하지만 하나님의 한 가지 속성(사랑, 자기사랑)이 어떤 다른 속성(예를 들어 거룩함)보다 훨씬 더 고양되는 것처럼 보인다. 하나님의 "이차적 정의", 즉 제한된 의미에서 다른 것을 향한 그분의 올바름은 하나님의 자기사랑에 의해서만 결정된다.

종교개혁 시기에 루터와 칼뱅은 일반적으로 법을 하나님과 인간이 관계를 맺는 틀로 간주했지만, 그들은 법에 접근하는 방식과 관련해서는 서로 매우 달랐다. 한편 루터는 하나님의 분명한 본성 안에서 사랑과 정의가 갈등을 일으킨다는 개념에 대해 문제를 제기하며 법을 죄의 결과로 인해 생긴 하나님의 낯선 일로 생각하는 경향이 있다. 다른 한편 칼뱅은 법을 하나님의 본성에 훨씬 더 가까이 있는 것으로 생각하고, 법의 세 번째 기능에 대해 더 많이 주장한다. 하지만 루터와 칼뱅은 사랑과 정의라는 하나님의 속성의 일관성에 대해 충분히 설명하지는 못했다. 루터는 하나님께 대립하는 하나님이라고 말하는 경향이 있지만, 칼뱅은 "하나님은 우리를 싫어하실 때조차 우리를 사랑하셨다"와 같은 은유적 표현들에 의지한다.

근대는 우리가 두 명의 신학자, 곧 슐라이어마허와 리츨을 중심으로 살펴본 네 번째 패러다임이다. 이 두 신학자는 하나님의 본성을 우선 사랑으로 체계화하여 정리한다. 하나님의 법이 인간의 도덕적 성격을 파괴한다면, 그것은 하나님과 인류의 관계를 친밀하게 만들지 못한다. 도덕법은 자연법뿐만 아니라 실정법과도 분리된다. 칸트는 자연과 도시 국가를 가로막고 있는 영역에 인간의 자유와 도덕을 위치시킨다. 슐라이어마허와 리츨은 칸트의 유산을 영속시키면서 동시에 그것에 도전한다. 슐라이어마허는 칸트의 가언명령과 정언명령이 인간의 본성과 충분히 관련을 맺지 못하고 따라서 인간의 욕구에 변화를 가져오지 못하며 다시 질서정연하게 하지 못한다고 주장한다. 리츨은 슐라이어마허에 반대하고 칸트를 지지하지만, 칸트의 단순한 모범론에 대해서는 비난한다. 인류의 변화는 자율성이라는 단순한 모범을 따라서 일어날 수는 없고 예수가 시작하신 하나님 나라라는 특별한 타율성을 포함하기 때문이다. 슐라이어마허와 리츨은 모두 칸트의 모범론에 반대하고 속죄와 관련해서 예수 그리스도라는 역사적 인물의 중심성을 강조한다. 그럼에도 그 두 사람은 예수가 우리와 하나님 사이를 가로막은 어떤 것을 개선시켰다는 것을 부정한다. 그들은 하나님의 용서하는 방식에 어떤 장애물이 있다는 것을 이해하지 못한다. 문제는 분명 우리에게 있다.

다섯 번째, "포스트모더니즘"(혹은 내가 제안하는 "후기 근대) 시기라는 마지막 패러다임은 법을 훨씬 더 심하게 비판한다. 칸트의 계몽주의는 모든 사람이 보편적 도덕 법칙에 따라서 자신의 법을 입법하고 그 법칙을 따를 의무가 있다고 생각했기 때문에 각자가 입법한 도덕법의 이름으로 실정법을 비판했지만, 우리는 지금 보편적인 도덕 법칙의 개념이 분명하게 없어졌음을 목격하고 있다. 실정법도 도덕법도 정의를 위한 타당한 근거가 될 수 없다. 근대는 또 다른 종류의 폭력(사회적 통제 기술)을 은폐하는 것으로 입증된 정의의 (응보적 개념에 반대되는) 시정적 개념에 몰두한다. 만일 정의가 존재한다면, 그것은 모든 형태의 법을 회피하고 해체해야만 한다. 포스트모더니즘이 주장하는 하나님의 정의로운 목표는 법의 분명한 해체로 이루어지는 것처럼 보인다. 따라서 우리는 우리를 속박에서 구원하시는 승리자 그리스도라는 형태의 하나님께로 되돌아가고 있다. 하지만 그러한 속박은 외부에서 발생한 것이 아니라 하나님이 벌하시는 것으로 추정되는 자기 스스로 가한 속박이지만 실제로는 인간의 강제적인 체계들, 곧 희생과 응보가 부과하는 것이다.

우리가 지금까지 살펴본 역사적 여정과 관련해서 몇 가지 질문이 제기될 수 있다. 첫째, 인간적으로 이해되고 **시행되는** 정의와 신적 정의 사이의 관계는 무엇인가? 내가 주장하는 것처럼 법이 정말로 신과 인간이 맺는 관계의 근거를 구성하는 것이라면, 우리는 인간의 정의로운 법 기관들이 하나님의 정의를 어느 정도 완수하는 것으로 생각해야 할까? 국가 권력 기관들은 우리가 그것들로부터 벗어나야 하는 권세들인가? 아니면 그것들은 "하나님이 정하신 것"(롬 13:1), 곧 "하나님의 종들, 즉 악을 행하는 자에게 벌을 부과하는 진노의 집행자"들일까?(참조. 롬 13:4) 기독교의 속죄 신학은 국가의 폭력을 공정하게 인정하고 있는가? 아니면 우리는 부정의한 국가에 저항할 것을 요구받고 있는가? 우리는 예수에게 십자가형을 선고했던 로마 법정에 더 적절한 질문을 제기할 수 있다. 빌라도는 하나님의 집행자로서 그분의 뜻을 행한 것일까? 아니면 우리가 사도행전에서 볼 수 있는 것처럼, 그것은 베드로가 자신의 청중들을 다음과 같이 비난한 것과 일맥상통하는 사건이었을까? "너희가 생명의 주를 죽였으나, 하나님이 그를 죽은 자 가운데서 살리셨다"(행 3:15).

이와 관련된 두 번째 질문은 다음과 같은 것이다. 하나님의 정의와 모세의 율법은 무슨 관계인가? 우리가 신약성경이 모세의 율법을 높이고 그것을 초월하는 것처럼 보이는 것을 고려한다면, 이것은 분명 복잡한 문제다. 우리는 율법에 따라서 구원받는 것일까?(고전 15:3; 히 5장), 아니면 율법과 관련이 없이 구원받는 것일까?(롬 3:21) 형벌 대속 모델과 만족 모델을 강하게 반대하는 이유는 그리스도가 율법을 긍정하기보다는 해체하는 것처럼 보인다는 데 있다. 우리는 이 질문을 이후에 논할 것이다.

마지막으로, 우리를 용서하시는 하나님은 어떻게 정당화되는가? 많은 신학자가 주장하는 것처럼 하나님은 아무런 대가 없이 우리를 용서하신 것과 관련해서 어떤 정당화가 필요하실까? 나는 이것이 엄밀하게는 신의 속성들 간의 관계에 대한 문제라고 주장한다. 그것은 내가 다섯 시기로 나눈 역사에서 계속해서 등장했다. 아이스킬로스조차도 신들의 대가 없는 용서에 대해 가해지는 비난을 기록한다. 신들이 용서한다면, 이런 용서를 정당화하는 어떤 것이 있어야만 한다. 그렇지 않으면 그들은 죄인을 처벌하지 않은 정의롭지 못한 존재들이 될 것이다.

우리가 지금까지 열거했던 역사는 하나님의 두 가지 속성, 곧 정의와 사랑이라는 관점에서 다양한 방식으로 이야기될 수 있다. 내가 지금까지 주장했던 것처럼, 다음과 같은 것을 예상할 수 있다. **속죄론은 하나님께 특별한 행위를 부과하려는 시도다.** 그것은 인간의 법정에서 어떤 이에게 행위의 책임을 부과하기 위해 법적 다툼이 발생하는 것과 같다. 하지만 속죄의 경우와 관련한 상황은 조금 다르다. 인간의 법제와 관련해서 우리는 **우리가 이미 파악하고 이해한 행위에** 책임을 부과하려고 시도한다. 확실히 이런 지식은 일부분만을 설명하는 불완전한 것이고 그것은 좀 더 정확하게 말해 우리가 어떤 사건(예를 들어 살인)을 묘사하는 것이다. 확실히 우리는 우리가 어떤 특정한 개인의 의도와 이유를 알고 그것을 다시 그가 행한 행위와 관련해서 묘사할 때까지 그 사건을 완전하게 설명했다고 말할 수 없다. 그리스도의 죽으심이라는 사건은 위에 묘사한 패턴과 관련해서 유사한 점과 유사하지 않은 점을 갖고 있다. 유사한 점을 설명하자면, 우리는 예수의 경우와 관련해서 부분적으로만 이해할 뿐이다. 곧 우리는 그 사건을 로마 법정이 명령한 것, 유대교의 제사장들이 선동한 것, 군인들이 실행한 처형으로 이해한다. 하지만 이것은 좀처럼 그 행위가 종교적인 의미를 가진 것으로 이해하는 것은 아니다. 대부분의 그리스도인이 주장하는 것처럼 하나님이 이 행위를 행하신 행위자인 한에서는, 그분의 행위의 특별한 점은 무엇이었는가? 하나님은 우리가 방금 로마인의 처형으로 묘사했던 그 행위와 관련해서 어떤 방식으로 책임을 지셔야 할까? 그리고 그리스도의 죽으심이라는 사건은 위에 묘사한 패턴과 관련해서 유사하지 않은 점도 갖고 있다. 속죄와 관련해서 우리는 아직 설명되지 않은 행위를 하나님이 행하신 것으로 여겨야 한다.

하지만 속죄론의 역사는 두 가지 경우(인간의 법정과 속죄론들)에서 책임이 부과되는 방법이 또 다른 중요한 유사성을 갖고 있음을 보여준다. 그 두 가지 경우에서 행위자와 책임을 서로 연결해서 생각하는 것은 추정된 행위자의 성격에 대한 가정에 근거해서 이루어진다. 추정된 용의자는 실제로 이런 종류의 범죄를 할 수 있는가? 그런 추정은 다른 증인들이 그의 도덕적 지위에 대해 증언하는 것에 부합하는가? "속죄의 법정"에서 하나님의 속성들은 그분의 행위를 기술하는 데 중요한 기초가 된다. 하나님의 도덕적 특성은 우리로 하여금 그분의 행위에 대해 특정한 종류의 서술을 할 수 있게 해주는가? 따라서 속죄 행위에 대한 생각은 하나님의 속성에 대한 어떤 특정한 묘사를 항상 전제한다. 하나님의 행위와 하나님의 속성에 대한 설명은 확실히 공존한다. 우리는 어떤 특정한 행위들을 하나님께 부과하지 않고 하나님의 속성들을 독립된 것으로 먼저 주장할 수 없다. 오히려 속죄론은 신론과 밀접한 관련이 있다.

속죄론 논의에서는 좀처럼 인지되지 않지만 내가 거대한 차이점을 만드는 것이라고 생각하는 비유사성이 있다. 인간 행위자들은 물리적인 속성과 관련해서 도덕적 속성을 소유한다. 내가 앞으로 설명할 것처럼 그들의 행위는 이런 도덕적 속성과 그것이 인간의 물리적 한계와 맺는 관계에 의해 좌우된다. 기독교 전통은 하나님이 특정한 형이상학적 속성들을 소유하신 것으로 항상 생각한다. 이런 형이상학적 속성들은 하나님과 어떤 다른 창조된 존재를 구분해준다. 나의 제안은 이런 속성들—특히 단순성—이 하나님의 행위에 전혀 다른 방식으로 자격을 부여하며 그것을 모든 인간 행위와 구별해준다는 것이다. 이것이 그렇다면, 이런 자격들은 우리의 논의에 적절하다. 속죄론은 하나님께 행위를 부여하는 것을 추구하기 때문이다.

나는 이 마지막 장에서 다음과 같은 것을 논하고자 한다. 기독교 전통은 대체로 인간의 속성과 달리 하나님의 속성들은 하나님이라는 존재에 고유한 방식으로 귀속된다고 항상 주장했다. 우리는 이것을 "하나님의 단순성"이라고 명명했다. 이런 속성은 특정한 철학 학파와 신학 학파에서 최근에 비판을 받았지만, 그것은 교리적 정통성과 관련해서 중요한 요소다. 나는 이것에 대해 앞으로 설명할 것이다. 하지만 하나님께 행위들을 귀속시키는 것이 그분의 도덕적 특성에 대한 우리의 이해에 근거한다면, 그리고 단순성 교리가 신의 속성들 사이에 성립되는 특별한 관계를 기술한다면, 그렇다면 이 교리가 하나님의 행위를 묘사하는 방식에 영향을 미칠 가능성이 매우 높다. 나는 이 개념이 속죄 신학을 매우 생산적으로 논할 수 있게 해줄 것이라고 제안한다. 그것은 하나님의 행위들에 대한 특정한 종류의 주장에 제한을 가할 뿐만 아니라 그런 행위들에 대한 특정한 종류의 묘사를 가능하게 만들기 때문이다.

그것을 간단히 설명하자면 하나님은 어떤 다른 행위자처럼 행동하지 않으신다. 다른 말로 하자면, 하나님은 여러분과 내가 행하는 방식으로 "행동하지" 않으신다. 그분은 자신의 행위와 관련해서 고유한 관계를 맺으신다. 그분의 행위들은 유일하게 그분의 본성에서 일어난다. 마지막으로 그것들은 인간의 행위들과 다르게 통일성을 갖는다. 하지만 속죄 신학자들이 종종 십자가를 묘사하고 설명하려고 할 때, 그들은 하나님의 행위를 의인화하여 표현했다. 그 결과는 그들이 인간 행위자들의 특성을 하나님께 부여함으로써 우상숭배에 연루되었다는 것이다.

나는 하나님의 행위의 고유성은 두 가지 종류의 생각과 관련해서 표현될 수 있다고 생각한다. 첫째, 하나님이라는 존재는 다른 종류의 존재와 완전히 다르다. 특히 하나님의 속성들은 그분의 존재의 구성 요소들이기보다는 그분의 존재와 동일한 것이다. 둘째, 하나님의 행위들은 다른 존재들의 행위들과 완전히 다르다. 그것들은 특별한 종류의 완벽함을 보여준다. 이것은 우리가 세상에 있는 모든 것을 묘사하고 해석하는 방식에 영향을 끼친다. 나는 소위 하나님의 행위의 완벽함에 대해 변론하면서 이런 주장들을 분석하고자 한다. 나는 하나님의 본성 혹은 속성에 대해 어떤 새로운 주장을 하려는 게 아님을 분명히 밝힌다. 나는 속죄론과 관련해서 하나님에 대한 고전적 사유 방식이 적합하다는 것을 단순히 보여주고자 한다.

기독교 신학은 시종일관 하나님이 단순한 존재시라고 주장했다. 단순성 교리의 일차적인 의도는 하나님의 자존성을 보존하는 데 있다. 단순성이 자존성을 함의한다고 말하는 것이 더 정확할 것이다. 단순성 교리는 하나님의 속성은 인간 존재들과 달리 그분의 존재를 구성하는 것이 아니라 오히려 하나님은 그분의 모든 속성과 동일하시다고 주장한다. 아리스토텔레스의 용어를 차용해 설명하자면, 신학자들은 하나님이 "복합적인" 부분들로 "결합"하지 않으셨다고 주장했다.

하나님이 선하시다면, 그것은 선함이 그분에 대해 술어화할 수 있는 것이기 때문이 아니라 그 선함이 하나의 독립된 존재이기 때문이다. 자존성을 상기해보자. 하나님은 완전히 독립된 분이시고 자유로운 분이시다. 지금 존재하는 모든 것은 자신들이 존재하기 위해 하나님께 의존한다. 전통적으로 신학자들은 선함, 정의, 사랑 등등의 속성들이 이런 범주들에 속한다고 주장했다. 하나님이 선하신 분이라고 말하는 것은 하나가 다른 하나에 술어화되는 것처럼 그 두 가지가 구분되는 실체라는 것이 아니다. 두 가지 구분되는 실체라고 말하는 것은 하나님이 이미 존재하는 어떤 것, 곧 선함이라고 불리는 "것"에 의존하신다고 주장하는 것이다. 그러면 이것은 하나님이 완전히 독립적이고, 자유로우며, 자존적 존재가 아님을 의미한다.

우리가 이런 관념에 대해 사고하기가 어렵다는 것은 매우 자연스러운 일이다. 여기에는 여러 이유가 있지만 특히 그중에서도 인간의 지식과 언어의 본래적 한계를 들 수 있겠다. 하지만 우리가 인간 행위자들의 도덕적 속성을 설명하는 방식과 그 개념을 대조한다면, 우리는 그 개념에 대해 더 잘 이해할 수 있다. 정말로 내가 주장할 것처럼 단순성 개념은 우리가 하나님에 대해 부여하는 모든 것과 관련해서 긍정적 의미를 갖고 있기보다는 오히려 소극적이고 부정적인 의미를 갖고 있다.

내가 학생들이 제출한 학기말 보고서를 평가하고 성적을 주는 것을 예로 들어 생각해보자. 어떤 학생이 보고서를 제출했는데 나의 기대보다 살짝 못 미치게 글을 썼다. 나는 그 학생을 매우 잘 알 뿐만 아니라 그의 가능성도 잘 안다. 나는 그가 제출한 보고서에 실망했다. 나는 그가 보고서를 훨씬 더 잘 쓸 수 있는 능력이 있음을 알고 있기 때문이다. 나는 몇 가지 행동을 취할 수 있다. 나는 그가 앞으로 학업에 더 많이 힘을 쏟고 다음에는 더 좋은 보고서를 제출할 수 있는 동기를 부여하고자 그가 받아야 할 것보다 더 높은 점수를 줄 수 있다. 또는 나는 그가 나의 기대에 못 미치는 보고서를 제출한 것을 지적해주고자 그 담당 과목을 수강한 다른 학생들과 비교해서 낮은 점수를 그에게 줄 수도 있다. 아니면 나는 그 과목을 수강한 학생 전체의 점수를 산출하여 공정한 점수를 그에게 줄 수도 있다. 이 중 어떤 선택지도 본원적으로 강제성을 갖지 않는다. 물론 그것들은 다양한 방식의 가치를 갖고 있다. 나는 세 번째보다는 첫 번째 생각을 선택하면서, 나는 공정한 사람이 되기보다는 훨씬 더 자비로운 사람이 되기를 선호한다고 말할 수 있다. 나는 두 번째보다는 세 번째 행동을 선택하면서, 나는 지혜로운 사람이 되기보다는 더 공정한 사람이 되기를 선호한다고 말할 수 있다. 이런 예는 우리의 행위들은 우리가 갖고 있는 어떤 특정한 도덕적 특성들로부터 일어나지만, 그것들은 대부분 이런 속성들을 완벽하게 통합하지 못한다는 것을 보여준다. 우리는 우리에게 동등한 선택을 강요하는 "속성들의 갈등"을 종종 느낀다.

나는 우리가 이것을 우리의 창조되고 타락한 본성의 한계로서 올바르게 봐야 한다고 생각한다. 하지만 우리는 하나님도 우리와 동일한 갈등을 느끼신다고 생각하지 말아야 한다. 말하자면 하나님은 외부에서 자신의 본성에 이런 요구를 강요하는 것을 느낄 수 없으시다. 예를 들어 그분이 어떤 행위를 하실 때 사랑이 아닌 정의를 보여주셨다면, 그것은 하나님 안에 가능태가 있음을, 곧 (어떤 특정한 행위와 관련해서) 하나님이 선택하지 않으신 어떤 것들이 존재할 수 있음을 의미할 수 있다. 세심한 독자는 이러한 논증이 속죄론을 훨씬 더 생산적으로 논의할 수 있게 해준다는 것을 이미 눈치챘을 것이다. 하나님의 행위에 사랑은 있지만 정의가 없다면, 혹은 정의는 있지만 사랑이 없다면, 그렇다면 우리는 하나님의 모든 행위를 그분의 모든 속성에 의해 똑같이 일어나는 것으로 가정해야 할 것이다. 그것은 그분의 존재로부터 나오기 때문이다. 이런 방식으로 하나님의 행위를 정당화할 수 없는 이유는 하나님의 행위를 인간의 행위의 차원으로 축소하는 결과를 초래할 수 있기 때문이다.

나는 단순성 개념은 그저 형이상학적이고 비성경적인 것이라는 비난에 맞서 그 개념을 확실하게 옹호하고자 한다. 하지만 지금 나는 이 교리의 이면에 있는 의도, 곧 하나님과 인류의 존재론적 구별을 보존하겠다는 의도를 먼저 주목해보고자 한다.

스티븐 홈즈(Stephen Holmes)는 단순성 교리의 요점을 다음과 같이 요약한다. "하나님을 '단순한' 분으로 묘사하는 것은 하나님이 존재론적으로 근본이 되신다는 것을 의미한다.…우리가 하나님의 본성을 역동적인 행위, 곧 순수 현실태로 이해하는 스콜라주의 설명을 수용한다면, 단순성 교리는 하나님이 하나의 행위를 하셨고, 그것이—완벽하게, 영원히 그리고 불가해하게—하나님을 보여준다는 것을 의미한다."[1] 우리가 앞으로 살펴볼 것처럼 하나님의 단순성을 설명하는 그릇된 방식이 있다. 하지만 요점은 그 개념이—직접적으로 말하는 것보다는—보존하려고 시도하는 것을 이해하는 것이다. 홈즈가 암시하는 것처럼 신의 단순성은 하나님의 존재(그분의 속성들이 하나 된 방법)를 이해하는 데 적합할 뿐 아니라 하나님의 행위의 통일성을 이야기하는 데도 적합한 방법이다. 단순성 교리의 이 두 번째 측면은 속죄와 관련해서 매우 중요한 것임이 입증될 것이다.

홈즈는 하나님이 오직 한 가지 일만 행하셨고 그것이 완벽하게, 영원

1 Stephen Holmes, "Something Much Too Plain to Say': Towards a Defence of the Doctrine of Divine Simplicity," *Neue Zeitschrift fur systematische Thelogie nd Religionsphilosophie* 43, no 1(2001): 139.

히 그리고 불가해하게 하나님을 보여준다고 주장한다. 이 개념에는 분명한 어려움이 있지만, 나는 일반적으로 하나님과 인간의 행위를 구별해주는 것에 다시 집중하고자 한다. 논의를 시작하기 전에 나는 이것이 제안적인 것임을, 곧 독자들로 하여금 하나님과 인간의 행위에는 상당한 차이가 있음을 이해하도록 충분히 문제를 제기하는 것임을 강조한다.

첫째, 인간의 행위와 하나님의 행위는 시간과 관련해서 다르다. 인간의 행위는 의도/의지와 행위 사이에 시간적 간격이 있는 방식으로 제약을 받는다. 이런 간격은 어떤 이가 "신중함"이라고 말하는 것을 설명한다. 시간적 간격은 우리가 종종 충동적으로 행동하는 것에 항상 나타나지는 않는다.

때때로 인간 행위자들은 자신들의 행위의 결과가 분명해질 때까지 기다려야만 한다는 의미에서 행위와 행위의 결과 사이에는 간격이 있다. 어떤 왕에게 독을 먹인 스파이의 행위를 예로 들어 생각해보자. 그 독이 그 왕의 몸에 퍼져 효과를 보이기까지는 며칠이 걸릴 수 있다. 우리는 시간적 존재들이고, 우리의 행위들은 시간 안에서 일어난다. 하지만 우리는 시간이 우리의 행위와 관련해서 온갖 종류의 장애물을 가져올 수 있다는 의미에서 시간을 한계라고 생각한다.

이와 다르게 하나님은 인간처럼 시간의 제약을 받지 않으신다. 그런데 하나님과 시간의 특별한 관계는 명확한 결과를 도출하지 못하고 적지 않은 논쟁을 일으키는 문제였다. 하나님이 시간 밖에 계시는지 아니면 다른 시간성[2] 안에 계시는지는 별개의 문제다. 하지만 우리는 하나님과 시간의 관계를 이해할 수 있다. 성경이 시간은 하나님께 어떤 제약도 부과하지 못했

2 Thomas F. Tracy, *God, Action, and Embodiment* (Grand Rapids: Eerdmans, 1984), 130을 참고하라.

다고 분명하게 말하기 때문이다. 하나님은 시간을 다스리는 주님이시며, 누군가 시간이 하나님의 계획을 좌절시킬 수 있을지 모르겠다고 생각하는 것처럼 시간과 관련하여 수동적이지 않으시다. 따라서 시간 안에서 일어나는 하나님의 행위는 인간의 행위와 달리 완전히 하나님의 지배 아래 있다.

이것은 그와 관련된 두 번째 차이점을 우리에게 알려준다. 각각의 인간 행위는 능동성과 수동성이 결합한 것이다. 예를 들어 왕에게 독을 먹이는 스파이의 행위는 어떤 의도를 행동으로 옮긴 것으로서의 능동성과, 그 독이 왕의 몸에 효과적으로 퍼지는 것을 기다리는 의미로서의 수동성을 보여준다. 모든 인간의 행위에는 가장 기초적인 차원에서조차도 수동성이라는 측면이 반드시 포함되어 있다. 예를 들어 내가 움직이려면, 나는 잘 기능하는 나의 몸에 부분적으로 의존한다. 어떤 의도하는 행위를 성공시키기 위해서는 나의 통제를 받지 않는 필요조건들이 항상 있다.

하지만 하나님의 행위는 하나님의 지속적인 의지와 독립되어 있는 어떤 것에 의존하지 않는다. 하나님이 어디에서 그것을 행하기로 결정하시는 것을 제외하고는 하나님의 행위에는 의도와 실제 결과 사이에 어떤 시간적 간격이 없다. 이것은 단순히 하나님은 자신이 원하는 것을 무조건적으로 행하신다는 것을 의미한다. 하나님은 순수 현실태이시기 때문에, 하나님이 어떤 것을 하시기로 단순히 의도한 것과 그것을 실제로 행하시는 것 사이에는 어떤 차이도 없다. 이것은 하나님 안에는 어떤 가능태도 없다고 말하는 것이며, 이것은 또다시 하나님은 완전히 그분 자신이시고 그분의 각각의 행위를 완전히 지배하신다고 말하는 것이다.

순수 현실태라는 개념을 사용하는 것과 관련해서 약간의 주저함이 있다. 예를 들어 가능태가 없다는 것은 실제로 하나님은 오직 하나의 일만 행하셨다는 것을 의미하는가? 즉 하나님의 행위는 단 한 번뿐인가? 이것은 역설적으로 세상은 영원해야만 한다는 것을 수반하고, 따라서 단순성 개념 자체를 모순된 것으로 만드는 것은 아닐까? 나는 이후에 단순성을 반대하는 특정한 논의들을 다룰 때 이 질문들에 대해 논할 것이다. 토마스 트레이시(Thomas F. Tracy)는 단순성과 하나님의 행위를 다음과 같은 방식으로 연결한다. "하나님의 모든 행위가 단 하나의 의도와 관련해서 하나로 통합되는 한 그분은 단순하시다. 그분은 불일치하거나 조화되지 않는 것 없이 자신의 삶을 사실 수 있다. 하나님의 단순성은 하나의 목표로서 하나님이 통일성 있는 삶을 사시는 것으로 구성된다."[3] 이것은 하나님이 오직 하나의 행위만 하신다는 것을 의미하지 않는다. 이것은 문제를 해결하기보다는 오히려 더 많은 의문을 제기할 수 있다. 하지만 하나님의 행위의 통일성은 그분이 자신의 행위를 완전하게 지배할 수 있음을 의미한다. 다시 말해 하나님은 자신의 존재에 반대하는 어떤 강제도 느끼지 않으시면서 자신의 의도를 완전하게 시행하신다. 앞서 내가 예로 들었던 기말 보고서를 채점하는 세 가지 가능한 방법을 다시 생각해본다면, 세 가지 중 어느 하나를 선택할 때 나는 실제로 부담을 느낀다. 나의 행위의 결과를 완전히 통제할 수 없기 때문이다. 나는 그 결과가 어떻게 전개될지 모르기 때문에 선택할 때 고심하고 심사숙고한다.

하나님의 행위와 관련한 이런 순수 현실태는 하나님의 행위에는 어떤 종류의 수동성과 우연성이 있을 수 있음을 거부한다는 것을 의미한다. 하나님은 자신의 의도를 실행하기 위해 어떤 물질에 의존하지 않으신다. 또한 하나님은 잠재적으로도 언제나 기대에 부응하지 못하는 다른 행위자들의 협력을 필요로 하지도 않으신다. 물론 나는 하나님이 이차적인 인간의

3 Ibid., 129.

행위를 통해 자신의 행위를 이행하지 않으신다고 주장하는 것은 아니다. 나는 하나님은 그와 같은 이차적인 인간의 행위와 같은 도구들을 사용하심에도 불구하고 자신의 행위를 완전히 지배하실 수 있다고 주장한다. 대통령이 자신의 대사를 통해 어떤 특별한 의도를 수행하고자 할 때, 엄밀히 말해 그는 자신이 보낸 대사의 행위를 완전히 지배하지 못한다. 단순성은 하나님이 그러한 대리인들을 통해 행동하실 때조차도 그들의 행위를 완전하게 지배하신다는 것을 의미한다.

마지막으로 하나님의 경우에는 행위의 완전한 통일성이 드러나지만 인간의 경우에는 언제나 행위의 불완전한 통일성이 드러난다. 인간 삶의 통일성은 항상 정도의 문제다. 다시 말해 그것은 능동성과 수동성의 결합으로 이루어진다. 어떤 행위자의 목표들은 더 많이 혹은 더 적게 통일되고 통합된다. 트레이시는 이와 관련해 다음과 같이 주장한다. 곧 인간 행위의 불완전한 통일성은 "부분적으로 한 행위자의 삶이 본래적으로 갖추고 있는 변경 가능성, 곧 그의 새로워질 수 있는 능력에 기인하며, 더불어 그것은 의심할 바 없이 우리의 관점의 한계와 우리의 자기기만이라는 능력에 기인한다."[4] 트레이시가 다음과 같이 계속해서 주장하는 것처럼, "하나님은 단 하나의 통일된 삶을 사시면서 최고의 조화로운 행위를 보이신다. 그분의 삶은 행위의 통일성과 관련해서 이론의 여지가 없는 완벽함을 선보일 것이다. 그분은 최고 수준의 자아(즉 통일된 개인)가 되실 것이다."[5] 트레이시에게 단순성은 실제로 행위의 완벽함이나 통일성과 같은 의미다. 그는 다음과 같이 말한다. "그분의 경험의 어느 부분도 간단히 포기될 수 없고, 그분의 행

4 Ibid., 134.
5 Ibid., 135.

위와 관련해서 각각의 새로운 단계에 의해 성취된 통합도 제외되지 않는다. 오히려 그분이 지금까지 했던 모든 것은 그분의 행위의 각각의 맥락 안에서 일어날 것이고, 그분이 행하신 각각의 행위는 그것에 선행하는 기획에서 작동하는 목적들을 확증하고 촉진할 것이다.”[6] 트레이시가 여기서 주장하는 것은 다름 아닌 하나님의 불변성이다. 하나님은 인간들처럼 갑자기 발생하는 사건들에 대응하면서 변화하지 않으신다. 그분은 자신이 지배하실 수 없는 것을 단 한 번도 경험하지 않으셨다. 더욱 중요한 것은 그분에게 있는 모든 것은 그분의 모든 행위의 상황 안에서 항상 일어날 것이라는 점이다.

하나님의 행위의 이런 통일성은 인간 행위의 “혼합성”과 분명히 대조된다. 인간들은 다양한 종류의 구성 요소들을 가진다. 한편 그것들에는 정신적인 요소와 더불어 신체적인 요소도 있다. 다른 한편 “행위 요소들”이라고 불릴 수 있는 것도 있다. 나는 방을 환하게 **밝히기 위해**, 책을 **읽기 위해**, 시험 준비를 위한 공부를 **하기 위해** 그리고 기타 등등을 위해 형광등 스위치를 나의 손으로 누른다. 이런 행위들 각각은 내가 다음 행위를 하기 전에 어떤 목적에 도달하여 완료해야만 한다. 나는 내가 먼저 하고 있는 행위에 의존하지 않고서는 그다음 행위를 수행할 수 없다. 이것은 부분적으로 시간 안에서 펼쳐지고 있는 인간 행위와 관련이 있다. 더욱 중요한 것은 그것이 “힘”과 관련이 있다는 것이다. 우리가 세상에서 어떤 결과를 창출하기 위해서는 “인과적 순서”에서 “우리의 차례를 기다릴” 필요가 종종 있다. 하지만 하나님이 인과 관계를 포함해서 우주를 유지하고 계신다는 것을 고려한다면, 그분은 인과적 순서를 기다릴 필요가 없으시다. 적어도 그분은 그와 같은 행위 과정에 필연적으로 속박되어 있지 않으시다. 그분은 정말로

6 Ibid., 굵은 글씨는 Vidu의 것이다.

그것에 자유롭게 속박되실 수 있지만, 그분의 행위에는 우리 행위의 특성을 이루는 변경 가능성과 결정 불가능성이라는 특성이 없다.

그렇다면 인간의 행위와 하나님의 행위 사이에는 확실히 비슷하지 않은 점이 있는 것처럼 보인다. 나의 제안은, 하나님의 행위의 완벽함에 대한 우리의 이해는 하나님의 행위에 대한 우리의 묘사를 제한하고 수정해야만 한다는 것이다. 우리는 인간 존재들에 대해 단정하는 것과 같은 방식으로 하나님의 행위를 단정하지 말아야 한다. 그렇다면 단순성 교리는 다음과 같이 말하는 방식이다. (1) 하나님의 존재는 그분의 속성들이 질서를 갖추고 있는 방식과 관련해서 다른 존재들과 다르다. (2) 하나님의 행위는 그분의 행위들 자체가 일반적으로 인간 행위의 한계와 공유될 수 없다는 의미에서 완벽하다.

하지만 단순성 교리는 정통 교리의 중요한 부분을 차지하고 있음에도 불구하고 그것을 반대하는 이들이 없는 것은 아니다. 나는 앞으로 단순성 교리의 기원과 그것의 가장 중요한 반대자 중 일부를 살펴보고자 한다.

단순성 교리와 그것의 반대자들

기독교 신학자들은 항상 하나님이 단순한 존재라고 주장했다. 하나님의 단순성은 그분의 자존성의 직접적인 결과로 간주되었다. "하나님보다 더 큰 이가 없으므로"(히 6:13), 하나님의 존재는 부분들로 결합된 것으로 생각될 수 없다. 많은 이들이 단순성을 플라톤주의나 신플라톤주의의 부산물로 생각하여 그것을 반대하지만, 그것은 그런 철학적 주장들의 부산물이 아니다. 내가 보여줄 것처럼 기독교의 단순성은 직접적으로 그러한 철학적 전제들을 배격하기 위해 형성된 것이다. 하나님의 절대적 위대함과 유일성(출 18:11; 삼하7:22)은 인간이 찾아낼 수 없는 것이며 이해할 수 없는 것이다(시 145:3). 성경은 하나님의 삶의 충만함을 묘사하기 위해 형용사뿐만 아니라 명사까지도 사용한다. 하나님은 "공의로운" 분이시고(렘 23:5), "사랑"이시다(요일 4:8). 예수는 자신이 "길이요 진리요 생명"(요 14:6)이라고 선포하신다. 바울은 더 나아가 그리스도가 "하나님으로부터 나와서 우리에게 지혜와 의로움과 거룩함과 구원함이 되신 분"(고전 1:30)이라고 외친다.

이런 성경 구절을 언급하는 것 자체가 단순성 교리를 확증하는 것은 아니다. 하지만 단순성 교리의 진술 방식이 하나님이라는 존재를 표현하는 성경의 방식에 적합하다는 점은 인정되어야 한다. 단순성은 하나님의 절대적 자존성과 절대 주권을 함의한다. 하나님이 "사랑"이시라고 이야기하는 것은 단순히 멋진 수사적 표현이 아니라 하나님과 "사랑"—그리고 다른 속성들—을 연결하여 하나님의 본질이 아니라 사랑의 본질을 분명하게 드러낸다는 점에서 "계시적 은유"다.

기독교 전통은—자존성 및 불변성(그리고 여기서 유래한 속성인 불가고난성)과 같은 속성들이 성경에 나오는 "하나님의 이름들"에 근거하는 것처럼 그런 개념들과—단순성 개념을 우리가 성경을 잘 이해할 수 있도록 도움을 주는 것으로 이해했다. 성경이 갖고 있는 특별한 의미의 양태(*modus significandi*)는 성경의 주제, 곧 하나님께 적합하다. 성경의 언어는 하나님의 절대적인 고유성에 비추어 이해되어야 한다.

이레나이우스는 하나님에 대해 다음과 같이 말한다. "그분은 단순한 분이시고, 다양한 부분들로 결합하지 않은 존재이시며 그분은 전적으로 같으시고, 자기 자신과 동등하시다. 경건하고 독실한 이들이 하나님에 대해 이야기하고 싶어 하는 것처럼 그분은 완전한 이해, 완전한 영, 완전한 사유,

완전한 지성, 완전한 이성, 완벽하게 들으심, 완벽하게 보심, 완전한 빛 그리고 모든 선한 것의 완전한 근원이시기 때문이다."[7]

우리가 앞서 살펴보았던 것처럼 아우구스티누스는 자신의 교리들과 관련해서 단순성에 중요한 기능을 부여한다. 단순성은 삼위 하나님의 본성과 모순되지 않는다. "삼위일체의 본성이 단순하다고 불리는 것은 다음과 같은 이유 때문이다. 그것은 잃어버릴 수 있는 것이 없고, 그것은 컵과 그것의 액체, 혹은 어떤 물체와 그것의 형태, 혹은 공기와 빛 또는 빛의 열기, 혹은 지성과 그것의 지혜처럼 어떤 한 가지와 그것의 내용이 다르지 않기 때문이다. 삼위일체의 본성은 이런 다름들을 하나도 갖고 있지 않다."[8] 또한 아우구스티누스는 하나님의 존재가 그분의 실존과 같은 것이어야만 한다고 결론을 내린다.

> 하지만 하나님이 그분의 선과 독립적으로 존재하시고 자기 선의 밑바탕을 이룬다거나, 선이 그분의 실체 혹은 더 적절하게 말하자면 그분의 존재가 아니라거나, 또는 하나님이 자신의 선이 아니라 선이 그분 안에서 하나의 밑바탕을 이루는 기체라고 말하는 것은 불경한 것이다. 따라서 분명한 점은 더 일반적인 단어를 사용하여 존재를 표현하려고 하나님을 부적절하게 실체로 부른다는 것이다. 그분은 오직 하나님만 "존재"로 불리는 방식으로 참되고 올바르게 존재로 불린다.…하지만 그분이 존재(이것은 그분을 적절하게 말하는 것이다)라고 불리든지 혹은 실체(이것은 그분을 부적절하게 말하는 것이다)라고 불리든지 간에, 각각의 단어는 자아에 관해서만 서술하지 다른 것과 관련해서

7 Irenaeus, *Haer* 2. 13. 3.
8 Augustine, *City of God* 11.10.

> 는 서술하지 않는다. 따라서 하나님이 존재하신다는 것은 자존하는 것과 같고, 그러므로 삼위일체가 하나의 존재라고 한다면, 또한 그것은 하나의 실체가 된다.[9]

아퀴나스는 하나님이 부분들로 결합되어 있음을 부정하기 위해 자존성을 유지하고자 한다. "모든 결합은 그것을 이루는 구성 요소들보다 뒤에 형성된다. 더 단순한 것은 그것에 어떤 세 번째 요소가 결합되기 전에 그 자체로 존재하기 때문이다. 하지만 어떤 것도 첫 번째 것보다 먼저 있지 않다. 따라서 하나님은 제일원인이시기 때문에, 그분은 결합되지 않으셨다.""[10]

개신교의 신앙고백은 주저 없이 그 개념을 받아들인다. 웨스트민스터 신앙고백은 다음과 같이 선언한다. "살아 계시고 참되신 하나님은 오직 한 분이시다. 그분은 무한하시고 완전하시며 지극히 순결하신 영이시고 눈에 보이지 아니하시며 육신이나 지체나 성정이 없으시다"(2.1). 제임스 돌레잘(James Dolezal)은 이 교리의 중요성을 다음과 같이 유익하게 잘 설명한다.

> 이런 유별난 표현은 웨스트민스터 신학자들이 그리스도인들로 하여금 하나님이 그분의 존재와 속성과 관련해서 최고의 절대자이심을 의미 있게 고백하도록 하나님의 단순성에 헌신했음을 보여준다. 이 교리의 옹호자들은 하나님이 어떤 의미에서 부분들로 결합되어 있으시다면, 그분은 자신의 분명한 존재를 위해 그런 부분들에 의존할 것이며, 따라서 그 부분들이 그분보다 존재론

9 Augustine, *Trin.* 7.10.

10 Thomas Aquinas, *Scriptum super libros Sententiarum* 1.8.4.1; James E. Dolezal, *God without Parts: Divine Simplicity and the Metaphysics of God's Absoluteness* (Eugene, OR: Peckwick, 2011), 2에서 인용.

적으로 앞서는 것일 수 있다고 추론한다. 이것이 정말 그렇다면, 그분은 **최고의** 절대자, 즉 완전하게 자기충족적인 존재이자 만물의 제일원인은 아닐 것이다. 따라서 하나님이 "부분들이 없을" 경우에만, 그분은 "최고의 절대자"가 되실 수 있다.[11]

아우크스부르크 신앙고백(1530)은 다음과 같이 단순성 교리를 다시 확증한다. "하나님이라고 불리고 하나님이신 단 하나의 신적 본질이 계신다. 그분은 영원하시고, 육체가 없으시며, 부분으로 나뉘지 않으시고, 권능과 지혜와 인자가 무한하시며, 모든 보이는 것과 보이지 않는 것들의 창조주시다"(1.2).

우리는 하나님의 완벽함과 관련해서 대단히 중요한 일치가 기독교 전통에서 이루어졌다고 결론 내릴 수 있다. 하지만 이것은 하나님의 단순성 교리의 문제를 완전히 해결한 것은 아니다. 최근에 단순성은 다양한 관점에서 비판을 받고 있다. 이제 이런 비판 중 일부를 살펴보자.

나는 여기서 잠시 멈추어 내가 단순성 개념과 관련해 나의 입장을 설명하면서 이루고 싶은 목표가 무엇인지를 독자들에게 상기해주고자 한다. 아주 간단하게 말하자면, 나는 특정한 하나님의 속성들—전적으로는 아니지만 일차적으로는 단순성—에 대한 이해는 그분의 행위가 고유한 종류라는 것을 함의한다고 생각한다. 만일 그렇다면, 하나님께 행위를 부과하는 것은 하나님을 묘사할 때 술어를 잘 사용해야 하는 것처럼 조심스럽게 이루어질 필요가 있다. 나는 (하나님에 대한 것을 술어화하는) 일반적인 방법에서 하나님이 그 행위의 원인이시라고 말하는 유비의 원리를 그저 보다 넓게

---

11 Dolezal, *God without Parts*, 1-2.

적용하는 중이다. 하나님이 정말로 단순한 존재시라면, 그분의 단순한 행위에는 두 가지 결과가 뒤따른다. 첫째, 그분의 모든 속성은 그분의 모든 행위에 영향을 끼친다. 둘째, 그분의 모든 행위는 완벽한 행위자가 될 만한 통일성과 일관성을 보여줄 것이다. 하지만 질문은 다음과 같은 것이다. 근대의 비판가들은 이런 일을 할 수 없도록 단순성 개념을 약화시키지 않았는가?

단순성 교리를 반대하는 것은 여러 유형이 있다. 내가 이 교리를 완벽하게 변론할 수는 없지만, 나는 적어도 이런 비판들이 효과적이지 않은 이유를 말할 수는 있다.

내가 다루고 싶은 첫 번째 주장은 **단순성이 하나님의 인간성(personhood)을 훼손한다**는 것이다. 크리스토프 슈뵈벨(Christoph Schwöbel)은 이런 우려를 다음과 같이 표현한다. "성경적 전통과 기독교 신앙의 담론에서 표현된 의미에서의 행위는 형이상학적 속성들의 개념으로 표현된 하나님께 적용될 수 없다."[12] 슈뵈벨은 형이상학적 속성들의 개념으로 하나님을 표현한 전체 전통을 비난한다. 그가 생각하는 하나님의 속성들은 기독교 전통이 말하는 것과 모순된다. 이것은 잘 알려진 주장이다. 슈뵈벨의 주장은 형이상학과 구체적인 삶을 묘사하는 것과 관련해서 형이상학적 범주들의 적절함에 대한 일반적인 의심에서 비롯된다. 하나님의 인격적 삶은 하나님이 자유롭고 다양하며 그리고 각각의 개별 행위에 참여하실 수 있어야 한다는 것을 함의한다. 다른 말로 하자면, 자유, 반응, 우연성 등과 같은 인간 행위의 특정한 측면들이 하나님의 행위에 적용될 수 있다면, 우리는 하나님의 인격적 행위를 의미 있게 설명할 수 있다. 성경 자체는 하나님을 그런 방식으로 묘사한다. 그러한 언어는 은유적이거나 비유적인 것으로 치부

12 Christoph Schwöbel, *God: Action and Revelation* (Kampen, NL: Kok Pharos, 1992), 52.

되거나 그렇지 않으면 하나님의 인간 대리자를 잃어버리는 고통과 관련해서 사용될 수 있다.

슈뵈벨의 주장은 나의 주장과 관련해서 매우 중요하다. 나의 주장은 아주 실제적인 의미에서 우리는 하나님과 관련한 특정한 형이상학적 속성을 고려하여 우리가 성경에서 마주하는 "인격주의자" 언어에 명확히 자격을 부여할 필요가 있다는 것이기 때문이다. 슈뵈벨이 옳다면, 나는 지금 하나님의 인격적 행위를 완전히 잃어버리는 위험을 감수하고 있는 것이다. 이것을 좀 더 단순하게 설명하자면, 나는 하나님을 일종의 비인격적 원리로 바꾸는 위험을 감수하고 있다.

하지만 슈뵈벨은 훨씬 더 정확한 지적을 가한다. 단순성 같은 속성들이 획득된다면, 그것은 하나님의 행위를 구별하지 못할 것이다. 단순성과 같은 속성들은 자유로운 행위의 가능성을 도려내는 것처럼 보인다. 슈뵈벨은 영원성이란 "단번에 비한정적 삶을 완전히 풍성하게 소유하는 것"이라는 보에티우스의 정의가 하나님의 행위를 구별하는 것을 불가능하게 한다면서 다음과 같이 주장한다. "하지만 엄밀하게 이런 방식에서 배제된 것은 행위를 구별하는 데, 그리고 행위자들을 식별하는 데 필요한 조건을 구성하는 것이다. 결국 철학신학에서 말하는 하나님 개념이 무시간성으로 해석된 하나님의 영원성을 함의한다면, 그것은 우리로 하여금 성경이 보여주는 하나님의 행위를 인격적인 의도를 가진 행위로 이해하지 못하게 한다."[13]

이것은 중요한 주장이다. 슈뵈벨은 단순성을 직접적으로 겨냥하지는 않았지만, 단순성은 다른 속성들과 연관됨으로써 죄가 있는 것으로 간주될 여지가 있다. 형이상학적 속성들은 서로 내적으로 매우 밀접하게 관련을

13 Ibid.

맺고 있기 때문에, 이런 연관성은 단순히 우연적인 것이 아니다. 단순성 자체는 이 논증의 전적인 힘을 느낄 것이다.

그 논증은 다음과 같이 진행된다. 하나님이 순수 현실태라면, 그분의 존재가 그분의 실존과 동일하다면, 그렇다면 한 가지 혼선이 발생한다. 우리는 어떻게 하나님이 보이신 하나의 행위와 다음에 보이신 다른 행위를 구별할 수 있을까? 정말로 단순성은 창조와 구원이 동일하다는 것을 수반하지 않는가? 아마도 더 문제가 되는 것은 다음과 같은 질문이다. 곧 하나님의 행위, 말하자면 그분이 성자를 사랑하는 것은 창조하는 행위와 동일한 의미를 수반하지 않는가? 이것은 창조 자체를 영원한 것으로 만들며 따라서 자유로운 행위가가 없다고 말하는 것은 아닐까?

크리스토퍼 프랭크스(Christopher Franks)는 영원성에 문제가 있다면서 다음과 같이 지적한다. "역사에서 나타난 하나님의 단순한 행위는 무의미한 것처럼 보인다. 단순성은 하나님이 역사의 한 순간에 행하신 행위가 그분의 본질과 같고, 또한 이것은 그분이 역사의 다른 순간에 행하신 행위와 같을 수 있음을 요구하기 때문이다."[14] 이것은 "**삼위일체의 외향적 사역들은 분리되지 않는다**"(*Omnia opera Trinitatis ad extra sunt indivisa*)라는 서구 신학의 원리가 의미하는 것인가? 그것은 하나님이 실제로 경륜에서 하나의 행위만을 완수하신다는 것을 의미하는가?

사려 깊은 독자는 아마도 이런 비판 자체가 속죄와 관련한 단순성 개념의 논의를 풍성하게 해준다는 것을 예상할 것이다. 단순성이 어떤 특정한 깨질 수 없는 통일성과 하나님의 행위, 말하자면 십자가 처형과 부활, 칭

---

14 Christopher A. Franks, "The Simplicity of the Living God: Aquinas, Barth, and Some Pilosophers," *Modern Theology* 21 (2005): 275-300(이 부분은 283).

의와 성화, 하나님의 용서하심과 분노라는 행위 간의 연결을 수반한다면, 그것은 나쁜 것인가? 이것이 바로 내가 바라는 것, 곧 그 개념이 우리로 하여금 볼 수 있도록 해주길 바라는 것이다. 다른 말로 하자면, 나는 이런 비판을 환영한다. 그것은 내가 주장하고 싶은 것을 분명하게 인지하고 있기 때문이다.

물론 비판을 무력화하는 것이 쉬운 일은 아니다. 비판가들은 단순성이라는 속성이 하나님의 행위에는 통일성이 있다는 단순한 진술을 넘어선다고 주장한다. 그것은 단순히 행위의 통일성에 대한 비판을 암시할 뿐만 아니라 하나님의 행위의 일관성에 대한 비판도 암시한다. 어떤 행위에 대해 확고한 형이상학적 일관성이 진술된다면, 하나님의 인간성은 더 이상 의미가 없다. 이렇게 추론하는 이유는 하나님의 인간성 혹은 그와 관련한 모든 종류의 인간성은 서로 간에 오고가는 인격적 교류가 이루어지는, 곧 행위자들이 상호관계적으로 서로를 수용하는 맥락에서만 의미가 있기 때문이다.

하지만 단순성이 하나님의 "행위들"의 형이상학적 동일성을 강하게 주장할 필요가 있을까? 반드시 그렇지는 않다. 엘리노어 스텀프와 노만 크레츠만(Norman Kretzmann)은 다음과 같이 주장한다. 하나님은 단순하시고, "순수 현실태"지만, 다양하게 "시간적 현시나 결과들"을 갖고 계신 분이다. 스텀프와 크레츠만은 자신들이 발표한 두 논문에서 토마스 아퀴나스의 단순성 교리에 대한 해석을 옹호한다.[15] 스텀프는 하나님의 행위를 개별화하는 가능성을 반대하는 것에 맞서 분명하게 다음과 같이 반응한다.

---

15 Eleonore Stump, "Dante's Hell, Aquinas's Moral Theory, and the Love of God," *Canadian Journal of Philosophy* 16, no. 2 (1986): 181-98. 그리고 Eleonore Stump, Norman Kretzmann, "Absolute Simplicity," *Faith and Philosophy* 2, no. 4 (1985): 352-82.

하나님은 단 하나의 보이지 않는 것과 동일하시지만, 그 보이지 않는 것은 다른 결과와 현상들을 가진다. 하나님이 가인에게 말씀하시는 것은 그분이 아브라함에게 말씀하시는 것과 같지 않다. 하지만 그 의문의 여지가 없는 구분은 하나님의 단순성을 손상시키지 않는다. 이런 사건들은 하나님이 행하신 단 한 번의 영원한 행위의 다양한 시간적 결과들로 이해되어야 한다. 비슷하게, 우리가 하나님의 전능성 혹은 전지성이라고 말하는 것은 다른 설명의 관점에서 이해된 혹은 그것에 대해 다른 종류의 표현을 사용하기로 선택된 단 하나의 영원한 행위다.[16]

스텀프의 해결책은 단 하나의 순수한 행위(pure act)와 그것의 다양한 시간적 발현을 구분하는 것이다. 다른 말로 하자면, 인간 존재의 우연성에 대한 하나님의 반응(일시적인 세상에서 그분의 행위)은 단순히 그분의 영원한 행위의 발현이다. 이 특별한 해결책과 그것이 필연적으로 지닌 문제를 더 자세히 살펴보는 것은 다른 곳에서 이루어질 것이다. 하지만 한 가지 문제는 그런 주장은 역사적 우연성에 대한 하나님의 반응을 자극과 반응이라는 물리적 방식으로 이해하는 것처럼 보인다는 것이다. 이런 행위의 발현이라는 모델은 하나님이 어떤 행위를 하시기 전에 어떤 한 가지를 결정하지 않고 여러 행위의 과정을 열어놓을 수 있다는 가능성을 허용하지 않는 것 같다. 그것은 역사에서 이루어지는 하나님의 행위를 보다 반사적인(automatic) 것으로 이해하는 경향이 있다.

토마스 트레이시는 하나님의 모순될 수 없는 행위의 통일성이라는 관점에서 이야기하는 것을 선호한다. 그는 정확하게 "순수 현실태"라는 어려

---

16 Stump, "Dante's Hell, " 186; Stump, Kretzmann, "Absolute Simplicity," 356도 보라.

운 개념을 피하고 싶어 한다. 그는 그것이 그로 하여금 하나님의 인간성을 보존하지 못하게끔 할 것을 우려하기 때문이다. 나는 단순성의 언어를 재구성하기 위한 일부 유용한 제안들을 제시하는 시점에서 트레이시가 말한 하나님의 행위의 통일성 개념을 다시 언급할 것이다.

다른 논증들을 살펴보면, 단순성은 **하나님에 대해 다양한 술어들을 사용하는 것을 불가능하게 한다**고 비판받는다. 다른 말로 하자면 단순성은 하나님의 속성들을 구분하지 않는 것처럼 보인다. 앨빈 플랜팅가(Alvin Plantinga)는 "하나님은 본성을 갖고 계시는가?"[17]에서 단순성 교리에 대한 반대를 명확히 서술했다. 그는 하나님이 자신의 속성들과 동일하시다면, 이런 속성들은 서로서로 동일하다는 결론이 도출된다고 주장한다. 하지만 이것은 모든 속성이 실제로 하나이고, 따라서 하나님은 어떤 하나의 속성과 동일하다는 것을 의미한다. 하지만 하나님이 분명 하나의 속성을 갖고 있다고 말하는 것은 하나님으로부터 인간성을 없애는 것이다.

지금 나는 하나님의 사랑은 그분의 정의와 분리될 수 없다고 주장하기 때문에, 나는 소위 속성들의 동일성(identity of attributes)이라는 분명한 결과에 대해 먼저 답변하고자 한다. 몇몇 작가들이 이런 비판에 대해 적절한 답변을 제시했다. 이런 답변에서 밝혀진 것은 단순성을 하나님과 그분의 속성들 간의 완전한 동일성을 확증하는 것으로 받아들이면 안 된다는 것이다. 다른 말로 하자면 단순성은 하나님이 어떤 분이신지를 우리에게 긍정적으로 말하는 방식이 아니라 오히려 우리가 하나님에 대해 말하는 하나님 담론과 관련해서 부정적인 제한을 말하는 방식으로 의도된 것이다. 하나님

---

17 Alvin Plantinga, "Does God Have a Nature?," in *The Analytic Theist: An Alvin Plantinga Reader*, ed. James F. Sennett (Grand Rapids: Eerdmans, 1998).

이 그분의 속성들과 동일하다고 말하는 것은 하나님으로서 독립적으로 존재하는 일단의 속성들이 있다는 것과 그다음에 그것이 그분의 존재를 정의한다는 것을 부정하는 것이다.

단순성 교리는 우리가 하나님에 대해 다양한 술어를 사용할 수 있다는 것을 부정하기 위해 의도된 것이 결코 아니다. 토마스 아퀴나스는 의미의 양태(*modus significandi*, 하나님을 표현하는 우리의 방법)와 의미된 대상(*res significandi*, 이런 표현이 의미하는 대상)을 구별한다. 우리가 하나님을 다양한 표현으로 언급하는 것이 우리에게는 적절하지만, 우리는 이런 표현들이 존재론적으로 동일한 단순 실재를 언급한다는 사실을 안다. 이런 구분들은 실제적인 것이 아니라 단순히 형식적인 것이다. 그것들은 하나님에 대해 말하는 적절한 방법이다. 하지만 단순성은 하나님 안에 있는 실제 구분과 그런 표현들을 혼동하지 않도록 우리에게 주의를 준다.

K. 스캇 올리핀트(K. Scott Oliphint)는 이와 유사한 주장을 다음과 같이 전개한다.

> 우리는 지금 부정신학을 논하고 있음을 기억해야 한다. 말하자면 우리는 하나님이 아닌 것에 대해 초점을 맞추고 있다. 다른 말로 하자면, 우리는 지금 하나님에 대해 생각하는 방식과는 다른 특정한 방식이 있음을 주장하고 있다. 한 가지 그러한 방식은 자신을 구성하는 수많은 부분을 가진 어떤 하나가 있다는 것이다. 따라서 단순성 교리의 논증과 관련하여, 우리는 하나님이 **제한 없이** 그분의 속성들과 동일하다고 말하는 것이 아니다. 오히려 단순성에 대한 논증은 어떤 방식에 있어서는 삼위일체에 대한 논증과 유사하다. 우리는 하나님이 한 분이심을 주장하지만, 동시에 우리는 그분이 그분의 본질적 존재와 어떤 방식으로도 다르지 않은 실제 구분들을 갖고 계신 것에 주목한다. 그럼에도

비록 그것들이 정당하게 수행되어야만 하는 구분들을 갖고 있지만 말이다. 따라서 선함은 우리가 하나님과 동일한 것으로 간주하는 하나님의 속성이 아니다. 선함은 하나님, 즉 인격적 하나님 자신을 드러낸다. 그리고 또한 다른 속성들에 대해서도 마찬가지다.[18]

스텀프와 크레츠만은 비슷한 주장을 펼치기 위해 다음과 같이 의미와 지시체(reference)의 구분에 호소한다.

단순성 교리에 따르면, 인간 존재들이 하나님의 전능성 혹은 전지성이라고 말하는 것은 그들이 다양하게 살펴보면서 발견하거나 그에 대해 다른 종류의 결과나 표현과 관련해서 이해한 단 한 번의 영원한 행위다. 그 교리가 우리로 하여금 하나님의 속성들과 관련한 모든 명칭에 대해 이해할 것을 요구하는 것은 그것들이 지시체와 관련해서는 모두 같지만 의미에서는 다르다는 것, 곧 하나님 자신이라는 하나의 영원한 실체를 다양한 방식으로 언급하거나 그것의 다양한 발현을 나타내는 의미에서 다르다는 것이다.[19]

수정된 단순성 개념

이 교리에 대해 여러 다른 반대들이 쏟아졌지만, 나는 그것 중 적어도 두 가지, 곧 (1) 단순성 교리는 하나님의 행위들을 구별하는 것을 불가능하게

---

18 K. Scott Oliphint, *God with Us: Divine Condescension and the Attributes of God* (Wheaton: Crossway, 2011), 68.

19 Stump, Kretzmann, "Absolute Simplicity," 356.

만듦으로써, 그리고 (2) 하나님은 사실 하나의 속성을 갖고 있다고 제안함으로써 하나님의 인간성을 위협한다는 문제가 해결되었기를 바란다. 나는 단순성 개념과 관련해서 세 가지 특징을 설명하고 그런 특징들을 속죄론에 적용하고자 한다.

첫째, **단순성은 삼위일체 교리에 근거한다**. 그것은 삼위일체 교리를 위협하는 것으로 종종 이해되지만, 역사적 사실은 단순성이 삼위일체 교리를 변론하면서 항상 선택되었다는 것이다. 홈즈는 다음과 같이 말한다. "그 전통을 이루는 가장 기본적인 지식은 삼위일체 교리와 단순성 교리는 기독교 역사와 아주 오랫동안 관련을 맺고 있음을 보여준다. [다마스쿠스의 요안네스가 주장했던 것처럼] 하나님의 단순성은…모범적인 삼위일체론자의 입장에서 파생된 것일 수 있다. 각각의 위격은 하나님의 본성의 일부분이 아니라 우시아(*ousia*)의 충만함을 나타낸다. 각각의 위격은 혼동 없이 다른 두 위격 안에 내재한다. 각각의 위격은 신적인 우시아가 아닌 휘포스타시스(*hypostasis*)로 이루어진 하나의 관계적 속성에서만 다른 위격들과 구분된다."[20] 여기서 홈즈는 단순성은 사실 성경이 묘사하는 하나님이 존재론적으로 근본이시라는 것에 대한 주장임을 납득시키고 있다. 단순성은 형이상학적 유혹에 굴복한 것이라기보다는 엄밀히 말해 성경이 주장했던 것을 보존하고 확증하는 방식이었다. 성경이 고백하는 것은 존재론적 차이점이라는 개념을 공고하게 함으로써 확언될 수 있다. 성육신과 삼위일체라는 신비가 단순성을 우리에게 분명히 강조한다. 프랭크스는 아퀴나스의 단순성 교리에 대한 이해를 통해서 이런 통찰에 대해 확증해준다. "아퀴나스의 단순성

20 Holmes, "Something Much Too Plain to Say," 149.

개념은 교회가 삼위일체와 성육신에 대해 성찰한 것에 의해 형성된다."[21]

프랭크스와 홈즈는 최근에 단순성을 반대하는 주장들은 단순성이 성경을 삼위일체의 이해 방식으로 읽는 데 도움을 주는 근본적인 비판적 장치로 이해하지 못하는 것에서 기인한다고 주장한다. 단순성 교리를 비판하는 최근의 비판가와 프랭크스의 입장에서 볼 때 그 교리를 옹호하는 일부 지지자들은 그저 일의적인 방식으로 이해된 형이상학적 속성으로 그것을 취급하는 경향이 있다. 즉 마치 단순성 교리의 지지자들이 하나님의 본성에 대해 적극적인 주장을 펼치고 있는 것처럼 말이다. 이러한 입장들과 함께, 프랭크스는 스텀프와 크레츠만이 단순성을 "너무 일의적인 표현"[22]으로 묘사한다고 주장한다. 홈즈는 아마도 다음과 같은 주장을 과도하게 확신하는 것 같다. 곧 "하나님의 단순성 교리가 제기하는 문제들은 우리가 하나님의 본질을 이해할 수 있다는 부적절한 가정의 결과들이다."[23]

이것은 우리를 두 번째 특징으로 이끈다. 곧 **단순성은 부차적인 교리**이거나 혹은 하나님 담론의 부정적인 규칙이다. 프랭크스는 다음과 같이 말한다. "아퀴나스에게 단순성은 어떤 특징도 없는 존재의 속성이 아니다. 그것은 우리가 모든 존재의 원인이 무엇인지를 탐구할 때, 창조된 실체들을 이해하도록 도움을 주는 모든 특징이 어쩌면 그 존재의 원인에 대한 답을 찾을 수 있도록 도움을 줄 수 있을 것이라는 생각을 없애는 데 필요하다. 다시 말해, 단순성은 우리가 말하는 한 분이 모든 존재의 원인이라는 사실을 보증해주는 하나의 방식이다."[24] 프랭크스의 주장은 옳다. 단순성은

21 Franks, "Simplicity of the Living God," 276.
22 Franks, "Simplicity of the Living God," 276
23 Ibid.
24 Holmes, "Something Much Too Plain to Say," 141.

그저 속성들 중 하나의 속성이 아니다. 그뿐 아니라 그것은 속성들 중 가장 중요한 속성도 아니다. 오히려 단순성은 속성들을 하나로 유지해주는 하나의 수단이다. 단순성은 성경 이야기에서 제거된 또 다른 형이상학적 속성도 아니지만, 우리가 그런 이야기를 읽을 때 매우 분명하게 사용할 수 있는 하나의 적절한 수단이다. 앤드류 라드-갤위츠(Andrew Radde-Gallwitz)가 다음과 같이 주장하는 것처럼 말이다. "더 근본적으로 하나님의 단순성에 몰두하는 것은 성경적 용어를 강요하지 않고 오히려 성경의 언어에 더 깊이 그리고 더 자세하게 관심을 기울일 것을 촉구한다. 그것이 독자로 하여금 성경의 의미를 잃어버리지 않고도 성경의 하나님을—비록 희미한 부분들을 지나치겠지만—일관성 있게 그리고 통일성 있게 설명할 수 있는 더 엄밀하고 더 신실한 방식을 발견하지 않을 수 없게 하는 것처럼 말이다."[25] 성경은 수많은 다른 방식으로 하나님께 단어들을 적용한다. 성경적 의미의 다양한 방식은 순전히 일의적인 접근법에 대해 경고한다. 정말로 일의적인 접근법은 엄밀하게 4세기 유노미우스(Eunomius)와 같은 이들이 삼위일체 교리를 설명하기 위해 사용했던 방식이다. 단순성은 하나님의 본성에 대한 어떤 것을 일의적으로 진술하는 것이 아니라, 그분의 본성을 진술하는 우리의 방식의 한계를 지적함으로써 우리의 다양한 방식을 사용할 것을 촉구한다.

마지막 세 번째, **단순성은 순수 현실태의 관점에서 이해될 필요가 없다.** 전통이 때때로 설명하는 것처럼 순수 현실태의 개념은 우연적 상황에 대해 반응하는 자유로운 신적 행위를 설명하는 것을 어렵게 하거나 동전의 양면

25 Andrew Radde-Gallwitz, *Basil of Caesarea, Gregory of Nyssa, and the Transformation of Divine Simplicity* (Oxford: Oxford University Press, 2009), 172

을 구성하는 다음 두 가지 문제 중 하나를 어렵게 한다. 곧 그것은 (하나님에게는 우연성이 없기 때문에) 피조물을 영원한 것으로 만들거나 아니면 창조하는 것과 관련해서 하나님의 자유를 없앤다. 트레이시와 프랭크스는 모두 하나님의 단순성에 대해 "행위의 완벽함" 혹은 "모순되지 않는 삶"으로 이야기할 가능성을 열어둔다.

트레이시는 하나님 개념을 순수 현실태로 이해하는 것에 대해 곤란해한다. 그것은 "유대교와 기독교라는 이야기적 근원과 독실한 전통에서 나타나는 하나님과 인류가 맺는 관계의 풍성함을…공정하게 평가하는 것을 어렵게 한다."[26] 이러한 이야기에서 드러나는 것은 특정한 상황들에 대한 다양한 반응을 자유롭게 선택하시는 것과 양립할 수 있는 하나님의 일관된 행위다. 하지만 이것은 하나님의 절대 주권과 불변성을 희생하지 않는다. "하나님은 자신의 행동에서 완전한 일관성을 유지할 수 있다는 의미에서 변화할 수 없으시다."[27]

이런 점에서, "하나님의 단순성은 단일한 목표로서 하나님의 삶을 이루는 대단히 중요한 일관성을 구성할 것이다."[28] 하나님은 자기 자신과 일치하시고 자기창조적이시다. 하나님을 자기창조적이신 분이라고 말할 때, "우리는 그분이 이용할 수 있는 행위의 범위가 매순간 완전히 통일적이지 않으며 하나의 목표에 초점이 맞추어져 있지 않다고 말하는 것이 아니다. 오히려 우리는 그분의 행위의 범위가 그분이 의도적으로 규정하지 않은 삶의 양상에 근거하지 않는다고 말하는 것이다."[29]

---

26 Tracy, *God, Action, and Embodiment*, 129.
27 Ibid.
28 Ibid.
29 Ibid., 133.

또한 트레이시는 "하나님의 확고하고 모순되지 않는 삶"[30]이라는 관점에서 혹은 "하나님의 모순되지 않는 행위의 통일성"[31]을 언급함으로써 단순성을 재구성한다. 그는 하나님의 불변하시는 행위가 역설적으로 하나님의 행위에 어떤 움직임도 취할 수 없는 정적인 감옥과 같은 것을 부과하는 것으로 오해되어서는 안 된다고 주장한다. 하나님은 다양한 방식으로 자신의 삶을 결정할 수 있는 자유로운 분이시다.

우리는 이제 이런 중요한 행위 개념을 갖고 속죄 개념을 이해하고자 한다. 나는 단순성 교리의 두 가지 측면을 설명하려고 노력했다. 한편으로 단순성은 하나님의 존재가 유일하다는 것을 의미한다. 그분은 하나의 행위자로서 그분에게 고유한 방식으로 자신의 행위에 근원이 되신다. 어떤 피조물도 그와 같은 존재와 행위의 신비를 공유하지 못한다. 다른 한편으로 하나님의 행위들 자체는 인간의 행위와 비길 데 없는 완벽함과 통일성을 보여준다. 이것은 우리가 하나님이 보여주신 한 가지 특별한 행위의 발현, 곧 십자가를 어떻게 해석할지에 대해 큰 차이를 가져온다.

단순성과 속죄

이 책의 명제는 일반적으로 우리는 행위자의 성격, 그의 것으로 추정되는 의도와 가능한 이유, 능력 등등에 기초해서 부분적으로 행위를 기술하고 책임을 부과한다는 것이다. 우리는 행위자를 자아로 이해하면서 그것을 토

30 Franks, "Simplicity of the Living God," 283.
31 Ibid., 280.

대로 행위의 의미를 찾는다. 이것은 우리가 행위를 의도적인 것으로, 곧 어떤 인간 안에 근거하고 파생되는 것으로 이해하기 때문이다. 우리는 우리의 행위와 우리의 성격이 서로 지속적으로 연관되어 있다고 생각한다. 그러한 지속성이 없다면 자아라는 것은 없을 것이다. 이것은 이런 패턴에서 이탈하는 것이 가능하지 않다는 것을 의미하지 않고, 이탈하는 것은 전체적으로 예외적이라는 것을 의미한다.

하지만 하나님은 고유한 종류의 자아시다. 그분은 완전한 주체시다. 이것은 우리가 하나님이 자신의 행위의 상황에서 나타나시는 방식과 인간들이 자신의 행위의 원인들이 된 방식 사이에 어떤 연관성도 없음을 예상해야만 한다는 것을 의미한다. 나는 이 마지막 장의 시작 부분에서 그런 방식의 일부를 예로 제시했다. 그것을 단순히 설명하자면, 하나님은 우리처럼 행동하지 않으신다는 것이다. 그분의 행위는 고유하다. 이런 고유성은 하나님의 행위가 행위로 승인될 수 없다는 의미가 아니다. 단순성에 대한 일부 비판들은 그 개념이 필연적으로 하나님의 인간성을 손실하는 것을 함의한다는 점과, 그런 함의에는 하나님의 행위의 손실이 함의되어 있다는 점을 우려한다. 하지만 이것은 사실이 아니다. 단순성 교리는 기독교 전통에서 오랜 역사를 가졌다. 비록 그것이 종종 오해를 받았지만, 혹은 너무나 자주 일의적인 형태로 설명되었지만, 그것은 하나님 담론을 위해 중요한 규칙이 된다.

나는 지금 속죄론은 이런 규칙을 더 일관되게 적용해야만 한다고 주장하고자 한다. 신학자들은 유비의 원리를 하나님의 속성뿐만 아니라 행위에 적용할 필요가 있다. 진실은 우리가 하나님의 완전성과 관련해서 긍정적인 지식을 갖고 있지 못한 것처럼 하나님에게 행위를 기술할 방법과 관련해서도 긍정적인 지식을 갖고 있지 못하다는 것이다. 우리는 다양한 방식의 의미를 갖고 있음을 알고 있지만 이것들이 하나님의 행위에 적용되는 엄밀한 방식은 우리에게 이해되기 어렵다. 이것은 우리가 인간의 행동에 대해 (의도, 이성, 시간성 등과 같은) 일반적인 묘사들을 사용하여 하나님의 행위를 신뢰할 만한 방식으로 묘사할 수 없음을 의미하지 않는다. 신의 행위의 단순성과 완벽성을 고려한다면, 우리는 인간의 행동과 하나님의 행동의 어떤 비유사성을 항상 고려해야 한다. 우리가 이것을 직접적으로 비유사성이라고 말할 수는 없지만, 우리는 항상 조심하면서 그것에 접근해야만 한다. 우리는 그것에서 힌트를 얻을 수 있다. 우리는 단순성 교리와 관련해서 우리의 서술을 한정할 수 있다. 비록 그 결과가 섭리에서 펼쳐지는 하나님의 행위가 어떻게 삼위일체 하나님이라는 단순한 존재와 결부되는지에 대해서는 완벽하고 철저한 설명을 하는 것이 아니지만 말이다. 하나님의 경륜적 행위의 내적 기원은 신비로 남는다. 이런 신비가 잊히면, 단순성 교리는 부정적 교리가 아니라 복잡하기 그지없는 순수 현실태와 같은 개념을 다루는 긍정적인 교리가 되어버린다.

단순성의 규칙을 적용할 때 속죄론에 대한 세 가지 고려 사항이 대두된다. 첫째, 그것은 우리로 하여금 하나님의 완전함이라는 통일성을 하나님의 행위의 근거로 간주할 것을 강력히 주장한다. 둘째, 그것은 하나님의 행위와 관련해서 특별한 종류의 통일성을 보존한다. 마지막으로 어느 정도 그것은 하나님과 인간 행위의 관계를 결정한다. 나는 이 세 가지를 차례로 살펴볼 것이다.

하나님의 행위의 토대로서 그분의 완전함의 통일성

특정한 속성들이 다른 특성에 비해 좀 더 눈에 띌 뿐만 아니라 더 많이 현실화되는 인간의 행위와는 다르게, 하나님의 행위는 그분의 행위들 각각에서 온전하게 그분을 항상 드러낸다. 이것은 "순수 현실태" 교리에 대한 한 가지 가능한 해석이다. 즉 하나님은 인간 행위자들이 자신들의 행위의 결과에 따라서 발전하는 것처럼 발전하지 않으신다. 어떤 인간 존재가 어떤 특정한 상황에서 정의보다 사랑을 더 많이 행사할 수 있지만, 하나님은 자신의 모든 속성을 소유하셔서 동시에 행사하실 수 있다. 이것이 단순성 교리의 직접적인 결과다. 즉 속성들은 하나님 자신이 참여하는 어떤 순서가 아니며, 그것들은 그분의 존재 자체와 동일하다. 그분이 사랑하는 것이나 정의를 행사하는 것을 멈추는 것은 완전히 불가능하다. 인간 존재는 도덕적으로 불완전하다. 우리는 우리의 행위와 분명하게 구분되는 특정한 속성들에 참여하거나 구체화하여 도덕적인 존재가 된다. 선은 하나의 속성으로 존재할 것이다. 비록 그 선을 설명할 수 있는 인간의 행위가 없다고 할지라도 말이다. 우리는 단순히 선을 보여줄 뿐이지, 그것을 창조할 수 없다. 이처럼 선은 항상 인간의 행위에서 불완전하게 나타난다. 하지만 하나님의 선은 단순히 하나님의 삶의 한 측면이다. 다른 말로 하자면 우리는 하나님의 삶에서 선을 추상화하면서, 곧 다른 것 중 그것의 한 측면을 정제하면서 선을 확인한다. 하지만 이때 우리는 하나님과 구분되는 어떤 실체를 선택했다고 결코 생각할 수 없다.

그렇다면 단순성은 다음과 같은 규칙을 산출한다. 모든 하나님의 행위에서 그분의 모든 속성은 그분의 행위의 근거로서 나타난다. 완전한 하나님의 성품은 그분이 행하신 모든 것에서 지속적으로 나타난다. 하지만 그것은 거부될 수 있다. 겉으로 언뜻 보면, 다른 속성보다 어떤 특정한 속성을 보여주는 특정한 하나님의 행위가 있기 때문이다. 의식적인 고통의 영원한 장소로서 생각되는 지옥에 관한 교리를 예로 들어보자. 어떻게 이런 종류의 지옥이 하나님의 사랑을 보여주는 것일 수 있을까? 이것은 매우 중요한 논의이고, 물론 그것은 지면 관계상 여기서 논의될 수는 없다. 하지만 우리는 간략하게 두 가지만 살펴볼 것이다. 첫째, 단순성은 우리가 지옥의 문제와 관련해서 어떤 결론에 이르든지 간에 우리가 하나님을 사랑이 적으신 분으로, 혹은 사랑보다 정의를 더 많이 행사하시는 분으로 이해하지 말라고 요구한다. 둘째, 신학적으로 단순성 교리는 우리가 다음과 같이 말할 수 있도록 도와준다. 비록 하나님이 그분의 속성의 모든 위엄 속에서, 즉 그분의 각각의 행위 속에서 완전히 충분하게 나타나시지만, 우리가 그분의 그런 행위들이 나타나는 상황들의 우연성을 고려한다면, 우리는 특정한 특성을 더 쉽게 인식할 수 있다. 따라서 단순성의 규칙의 일관된 적용은 우리로 하여금 현상과 본체를 구별할 것을 경고한다. 하나님의 행위는 특정한 특성을 가진 것처럼 보이지만, 우리는 우리의 의미를 사용하여 그러한 행위를 묘사하려고 해서는 안 된다. 하나님은 자신의 행위에서 정의보다 사랑을 더 많이 보이시거나 아니면 사랑보다 정의를 더 많이 보이시지 않는다. 이것은 그저 그렇게 **보일** 뿐이다.

단순성 교리의 첫 번째 결과는 하나님이 결코 다른 특성보다 어떤 특성을 더 많이 행동으로 보여주지 않으신다는 것이다. 하나님은 단순히 그분의 특성을 드러내신다. 이것은 하나님이 이런 완전함을 완벽하게 구현했다는 것을 의미하지 않는다. 그것들은 그분의 존재와 구분되어 존재하는 실재들이 아니기 때문이다. 오히려 선, 정의, 거룩함 그리고 능력은 하나님의 행위에서 그것들의 의미를 궁극적으로 얻는다. 말하자면, 그것들은 하나님의 행위를 설명하는 데 도움을 주는 도구적인 이차 개념들이다.

기독교 신학자들이 항상 이런 규칙과 관련해서 매우 조심하는 것은 아니다. 형벌 대속의 비판가들뿐 아니라 지지자들도 이것을 간과하는 책임이 있다. 예를 들어 존 스토트(John Stott)는 하나님의 삶과 관련한 속성들에 투쟁이 있다고 주장한다. 그는 호세아 11:8-9("내 마음이 내 속에서 돌아서/ 나의 긍휼이 온전히 불붙듯 하도다./ 내가 나의 맹렬한 진노를 발하지 아니하며/ 내가 다시는 에브라임을 멸하지 아니하리니")을 해석하면서 다음과 같이 말한다. "이 본문에는 감정들의 대립, 곧 속성들의 투쟁이 확실히 하나님 안에서 일어나고 있다. '내가 어찌'라는 말과 함께 시작하는 네 개의 질문은 야웨가 자신의 의로움 때문에 해야만 하는 의무와 자신의 사랑 때문에 할 수 없는 것 사이의 갈등을 여실히 말해주고 있다. 그리고 그분의 '긍휼'과 '맹렬한 진노' 사이에 벌어지는 내적 갈등 이외에 '마음이 내 속에서 돌아서는' 것은 무엇을 말하는가?"[32]

우리는 이 책에서 둔스 스코투스가 하나님의 자기사랑을 우선시하는 것, 슐라이어마허가 은혜의 경험을 강조하는 것, 리츨이 하나님의 사랑을 그분의 첫 번째 속성으로 이해하는 것 등등에 대해 이야기했던 전반에 걸쳐 비슷한 오해를 발견했다. 이런 신학자들은 하나님의 정의를 이해하지 못한 것이 아니다. 하지만 그들은 거룩함을 포함해서 하나님의 다른 모든 속성들로부터 자신들만의 속성 개념을 분리시켜 강조했다.

단순성의 요점은 엄밀히 말해 우리가 그런 강조를 못하도록 한다는 것이다. 그것은 정의이든지 사랑이든지 간에 하나님의 어떤 특정한 속성을 우선시하는 것을 배제한다. 존 스토트는 신인동형론적 표현을 사용하여 하나님이 서로 모순된 행위 과정에 갇혀 어느 것을 결정해야 할지를 고민하고 있는 행위자로서 묘사한다. 이런 의미로 하나님을 생각하는 것은 하나

32 John Stott, *The Cross of Christ* (Leicester, UK: Inter-Varsity, 1986), 130 『그리스도의 십자가』(IVP 역간).

님의 행위의 완전함을 이해하지 못하는 것이고 하나님의 고민을 상상하는 것이다. 이것은 의도와 현실의 차이를 가져온다.

하나님은 자신의 모든 행위에서 온전히 사랑하지 못하는 분도 아니시고, 온전히 정의를 행사하지 못하는 분도 아니시다. 스텀프와 크레츠만이 다음과 같이 올바르게 주장했던 것처럼 말이다. "하나님은 단순하시기 때문에, 그분은 그분의 선과 동일하시다. 즉 어떤 의미에서 하나님의 본성 자체가 최상의 선이라고 말하는 것이 참이다. 따라서 하나님과 그분이 판단하실 때 사용하시는 기준 사이에는 본질적 관계가 있다."[33] 실제로 대부분의 신학자가 동의하는 것처럼 하나님은 자신의 정의를 없애지 않으실 뿐 아니라 그분의 분명한 정의는 거룩함을 포함해서 모든 다른 신적 속성과 관련 없이 별개로 정의될 수 없다.

토마스 맥콜(Thomas McCall)은 『버림당하심: 삼위일체와 십자가 그리고 그것의 중요성』에서 존 스토트와 같은 신인동형론적 개념이 거짓임을 증명한다. 그는 단순성이 사랑과 진노가 대립하는 것을 불가능하게 한다고 주장한다. 속성들은 형식적으로 구분되지만, 그것들은 결코 경쟁하지 않는다.[34] 이런 주장은 매우 중요하지만 다음 부분에서 살펴볼 것이다. 하나님 안에 있는 속성들 간에 대립이 없다면, 그것으로부터 속죄는 하나님의 문제가 아니라 우리의 문제를 다루는 것임이 도출된다.

단순성이라는 규칙이 가진 첫 번째 함의를 요약하면 다음과 같다. 곧 하나님의 행위에 기초하고 따라서 이런 행위들이 무엇인지를 부분적으로 보여주는 표지들인 그분의 완전성은 결코 충돌할 수 없다. 이것은 우리로

33 Stump, "Dante's Hell," 186.

34 Thomas H. McCall, *Forsaken: The Trinity and the Cross, and Why It Matters* (Downers Grove, IL: IVP Academic, 2012), 80.

하여금 하나님의 행동과 관련해서 어떤 속성들을 약화시키거나 혹은 다른 속성들을 우선시하는 그런 종류의 행동을 묘사하지 못하게끔 방지해준다. 하나님의 행위와 관련한 그 어떤 묘사도 반드시 그분의 행위 자체와 전적으로 일관되고 통일성 있는 것이어야만 한다.

그리스도 안에서의 하나님의 행위의 완전한 통일성

단순성 규칙의 두 번째 결과는 우리가 인간의 행동에서 구별하는 것처럼 동일한 방식을 사용하여 하나님의 행위의 부분과 구성 요소를 구별할 수 없다는 것이다. 우리는 이런 비유사성에 대한 근거를 이미 분석했다. 나는 역사에서 하나님의 행위에 어떤 부분도 없다고 말하는 것이 아니다. 그렇게 말하는 것은 큰 문제가 될 것이다. 그것은 하나님의 창조 행위들을 구분할 수 없도록 할 것이며 그리고 창조 행위와 구속의 행위 및 다른 것들을 구별할 수 없게끔 할 것이기 때문이다. 오히려 내가 제안했던 것은 역사에서 드러난 하나님의 "개별적인" 행위로 보이는 것에는 기초적이고 초월적인 통일성이 있다는 것이다. 하지만 이런 다양한 "개별적인" 행위들은 인간 행위의 구성 요소들이 서로 관련을 맺는 것처럼 서로 **관련이** 없다.

내가 이와 관련해서 어느 방향으로 나아갈지를 예측해보자면, 하나님이 어떤 것을 하시기 위해서는 그 전에 다른 것을 먼저 하셔야만 한다는 특정한 종류의 연속성이 부정된다. 앞서 내가 방안에 형광등을 켜는 예처럼, 책을 읽기 위해서, 시험공부를 하기 위해서, 혹은 졸업하기 위해서 불을 켜는 경우처럼 말이다. 물론 내가 앞서 이야기했던 것처럼 나는 역사에서 나타난 하나님의 행위와 관련해서 모든 종류의 연속성을 부정하지는 않는다. 오히려 나는 모든 것이 현재로 소급되는 인간의 활동과는 반대로 하나님의 의도성에는 초월적인 접근이 있음을 강조하고 있다. 이것은 하나님의 절대 주권론에 대한 하나의 측면에 지나지 않는다. 하나님의 행위는 경륜적인 혹은 내재적인 의미로 완전히 이해될 수 없다. 하나님의 존재는 시간적 순서를 초월하시기 때문에, 우리가 하나님의 의도와 관련해서 그분의 "개별적인" 행위들의 통일성을 설명하고 보여줄 수 있다면, 우리는 오직 이런 "개별적인" 하나님의 행위를 해석할 수 있다. 이것이 하나님의 행위는 모순되지 않는 통일성을 갖고 있다는 주장의 핵심이다.

사실, 하나님의 행위는 역사적인 측면에서 개별적인 순서로 진행된다. 하지만 우리는 의인화된 사유 방식을 따라서 하나님의 행위에 이런 순서를 투사하는 것을 거부해야만 한다. 스템프와 크레츠만의 언어를 반영하자면, 이런 순차성은 하나님의 이런 완전한 행위가 우리 앞에 나타난 것이다. 하지만 우리는 그것을 최종적인 것으로 생각하지 않아야 한다. 존 웹스터(John Webster)는 이것을 다음과 같이 말한다. "우리가 성자와 성령 안에서 집중된 역사적 힘을 마주하는 것은 하나님이 시간 속에서 자신을 반복적으로 움직이시는 현실이다."[35] 이것은 한 가지 중요한 사실을 함의한다. 곧 예수의 인간 역사는 "그 자체가 구원론적으로 존재하는 것이거나 구성된 것으로 허용될 수"[36] 없다는 것이다. 나는 이것을 역사상에서 일어나는 것이 하나님의 행위를 철저하게 규명하는 것으로 생각하는 것을 반대하는 인식론적 경고로 수용한다.

경륜적 순차성과 그것의 원천인 하나님의 내적 삶 사이에 있는 그런

---

35 John Webster, "'It Was the Will of the Lord to Bruise Him': Soteriology and the Doctrine of God," in *God of Salvation: Soteriology in Theological Perspective*, ed. Ivor J. Davidson, Murray A.Rae (Aldershot: Ashgate, 2017), 27.

36 Ibid., 33.

불일치를 고려하는 것은 몇 가지 중요한 결과를 얻는다. 이러한 각각의 결과가 가진 함의는 사실 특정한 희화화를 제거함으로써 형벌 대속론을 조심스럽게 규정할 수 있다는 것이다. 형벌 대속론에 대한 잘못된 생각은 바로 단순성 규칙을 잘못 적용했기 때문에 형성된다.

1. 하나님은 예수와 우리가 맺는 교제를 통해 우리를 받아들이기 **전에** 혹은 **필요조건**으로 그를 처벌(혹은 다른 것을)하지 않아도 된다. 다른 말로 하자면 예수의 처벌은 예수가 우리를 사랑할 수 있거나 받아들일 수 있는 그 시점부터 하나님께 영향을 끼치는 방식으로 작용하지 않는다. 인간 행위의 순차성(스위치를 켜고, 방을 밝히며, 책을 읽고, 시험공부를 하고 시험에 합격하는 순서)은 동일한 방식으로 하나님의 행위의 특징을 나타내지 않는다. 인간 행위자들은 특정 행위들을 함으로써 다른 행위들을 할 수 있다. 이것은 인간이 능력을 결여한 결과, 곧 각각의 인간 행위를 구성하는 능동성과 수동성을 결합해야 하는 것의 결과다. 하지만 하나님은 그분의 행위의 모든 조건을 완전히 지배하신다. 그분은 자신의 행위를 인간의 역사적 경륜에서 순차적으로 배열하시지만, 우리는 이것으로부터 어떤 특정한 종류의 조건들이 하나님을 강제하는 것으로 추론하는 실수를 하지 말아야 한다. 역사에서 펼쳐지는 하나님의 행위의 순서는 하나님의 한계를 드러내지 않는다.

더욱이 예수가 겪으신 수난은 그분의 부활과 영화만큼이나 하나님의 사랑의 표현이다. 단순성의 규칙은 다시 여기서 그 가치를 보여준다. 십자가가 하나님 안에 변화를 일으키지 않았다. 곧 예수가 십자가에 처형당한 사건을 기반으로 하여 하나님이 다른 특정한 행위를 하실 수 있는 것이 아니다. 오히려 하나님이 우리를 자신의 삼위일체적 삶 안에 받아주신 것뿐 아니라 십자가, 부활 그리고 영화까지도 모두 단 하나, 모든 것을 망라하고, 전적으로 모순되지 않는 행위의 요소들이다. 이 행위의 성공은 그분의 통제를 어느 정도 벗어날 수 있을 것이라고 추정되는 인간의 행위에 의해 크게 좌우되지 않는다. 하나님은 자신의 모든 행위 안에서 온전히 그분 자신을 드러내시며, 이것이 바로 우리가 하나님의 행위에 대한 특정한 이해에서 조심해야만 하는 점이다. 십자가는 하나님으로 하여금 자신의 속성들을 적응하게끔 해서 그분이 우리를 지금 수용할 수 **있도록 한 것**이 아니다.

P. T. 포사이스(P. T. Forsyth)는 보다 더 솔직하다. (흥미롭게도) 단순성 개념을 분명하게 사용하지 않고서도, 그는 그와 동일한 문제를 다음과 같이 지적한다.

> 하나님의 변화에 대한 논의와 관련해서 그리스도가 하나님은 자신 안에 정의와 자비라는 두 가지 속성을 적합하게 조정하여 우리를 용서하실 수 있는 분이라고 말한 것으로 서술되었다. 일부 종교개혁가들—예를 들어 멜란히톤—은 그런 방식으로 그리스도를 이야기한다. 하지만 우리는 그것에 대해 그런 방식으로 생각하는 것과 말하는 것을 완전히 탈피했다. 그것은 훨씬 더 많은 어려움과 회의적 태도를 불러왔다. 무엇 때문에 그런 방식으로 설명이 진행되었을까? 그것은 어떤 속성에 대한 특정한 뜻매김, 즉 마치 어떤 속성은 하나님이 조작할 수 있는 엉성한 것인 것처럼, 곧 하나님의 속성들은 특정한 관계에서 하나님 자신이 아닌 것처럼, 불변하시는 하나님이 아닌 것처럼 보여주는 뜻매김에서 비롯된다.[37]

포사이스는 성경에는 속성들의 충돌에 관한 것이 전혀 없다고 주장한다.

나의 요지는 단순성을 유지한다면, 우리는 역사에서 특히 인과적인 표

---

37 P. T. Forsyth, *The Work of Christ*, 2nd ed. (London: Indeendent Press, 1938), 117.

현으로 하나님의 행위를 열거하는 것을 반대해야 한다는 것이다.

2. 이것은 그저 단순성의 논리에서 나오는 것이 아니라 오히려 삼위일체의 통일성이라는 생각에서 나온다. **즉 성부는 어떤 주체가 어떤 대상을 처벌하는 것처럼 성자를 처벌하지 않으신다**. 다른 말로 하자면, 우리는 성부의 행위와 성자의 행위를 매우 명확하게 구분할 수 없다. **"삼위일체의 외향적인 사역들이 분리되지 않는다"**면, (조심스러운 제한 조건을 말하지 않고) 성부가 성자를 처벌한다고 말하는 것은 대속이라는 개념을 완전히 왜곡하는 것이다.

여기서 나는 두 가지 세부적인 요점을 설명하고자 한다. 첫째, 형벌 대속에 대한 삼위일체적 해석은 대단히 중요하다. 하워드 마샬(I. Howard Marshall)은 속죄에 관한 최근 저서에서 이러한 일부 회화적 묘사들을 수정하는 데 상당한 노력을 기울인다. 그는 다음과 같이 주장한다. 성자가 성부에게 중보기도를 하는 장면은 "죄인들의 친구로 여겨지는 예수와 하나님을 다른 존재로 생각하는 이들을 위한 성자의 낮아지심이며, 자신과 성부가 일치한다는 것을 확증하는 것이다."[38] 삼위일체가 우리가 하나님의 행위라고 간주하는 방식을 규정해야 한다. "구원의 사역을 행하시는 성부, 성자, 그리고 성령 간에는 결코 깨지지 않는 영원한 통일성이 있다. 성자 하나님이라는 인식, 아주 간단하게 말해 고난당하시고 십자가에서 죽으신 하나님에 대한 인식이 마침내 그 문제를 해결한다. 이것은 어떤 우주적 아동 학대가 아니라 하나님 자신이 죄의 결과를 짊어지신다는 것이다."[39]

하나님의 행위의 통일성에 관련한 마샬의 입장은 나의 것과 매우 유사

---

38 I. Howard Marshall, *Aspects of the Atonement: Cross and Resurrection in the Reconciling of God and Humanity* (London: Paternoster, 2007), 56.

39 Ibid.

하다. "마지막 분석처럼 우리는 삼위일체의 행위들을 분리할 수 없고, 삼위 하나님의 위격들이 독립적으로 활동하거나 서로 어떤 종류의 긴장에 처한 것으로도 생각할 수 없다. 그뿐 아니라 우리는 그리스도 안에서 신성과 인성을 분리할 수도 없다."[40] 그리고 그는 다음과 같이 하나님의 단일한 행동에 대해 더 분명하게 말한다.

> 예수의 죽으심은 아버지와 아들이 함께 행하신 단일한 행위다. 우리는 그저 인간적인 용어를 사용해서 그것에 대해 생각할 수 있다. 성부는 성자를 보내신다. 성자는 성부에게 순종하시고 성육신하신다. 성자는 십자가 위에서 죽으신다. 그럼에도 성부는 세상과 자신을 화해하는 그리스도 안에 계신다.…우리는 성자를 아버지의 요구를 만족시키는 분으로, 또한 아버지가 원하지 않는 것을 하도록 아버지를 설득하는 분으로 묘사하는 십자가 이해를 모조리 제거한다.[41]

두 번째 요지는 예수의 죽으심은 처벌의 특성을 가졌지만, 우리는 이 처벌을 하나님이 그리스도께 직접적으로 가하신 것으로 생각할 이유가 없다는 것이다. 하나님이 "그가 상함을 받게 하시기를 원하시는 것"(사 53:10)이라는 표현은 올바로 이해될 필요가 있다. 형벌적 측면이 십자가에 있지만 우리는 하나님이 직접적으로 예수를 처벌하신 것으로 생각할 필요는 없다. 포사이스는 비슷한 맥락에서 다음과 같이 주장한다.

---

40 Ibid.
41 Ibid., 56-57.

> 심판은 주로 응보이며, 그리고 직접적인 형벌이라는 생각을 버려라. 그것은 긍정적으로 영원한 공의와 거룩함을 확립하는 것이며 안전하게 하는 것임을 인식하라. 자연의 치유력을 준비하는 외과 수술이 가져온 고통처럼 처벌을 간접적이며 부차적인 필요조건으로 보아라. 그렇다면 당신은 하나님 나라가 그분 안에서 세워졌다는 것 이외에 그리스도 안에서 그리고 그리스도에게 영향을 끼치는 심판과 관련한 생각에서 도덕적으로 혐오감을 일으키는 어떤 것도 발견하지 못할 것이다.[42]

나의 주장이 포사이스의 주장과 일치하는 것은 다음과 같다. 각각의 신적 행위는 하나님의 완전한 존재를 드러내주는 것으로 간주되어야 한다. 십자가는 단순히 하나님의 정의만이 아니라 그분의 사랑을 동일하게 보여준다. 하나님의 자비와 사랑은 십자가 안에서 동일하게 나타난다. 십자가의 행위는 하나님의 더 큰 행위의 순서를 단순히 구성하는 일부 요소가 아니라 죄로 얼룩진 세상에서 하나님의 사랑의 행위를 구성하는 필연적 측면이기 때문이다. 그것은 하나님이 사랑하실 수 있기 위해서 처벌하시고 그 결과 그분의 속성 중 일부에 의해서만 움직이는 어떤 하나님의 행위가 있음을 말하는 것이 아니다. 그분의 모든 속성은 십자가를 포함해 동일하게 모든 행위와 관련이 있다.

처벌은 간접적인 것이라고 말하는 것은 단순히 처벌은 하나님의 거룩한 사랑이 취해야만 하는 형식이라고 이야기하는 것이다. 죄인이며 처벌을 받을 책임이 있는 인간의 상태를 고려한다면 말이다. 이것은 처벌을 어떤 덜 실제적인 것이나, 덜 고통스러운 것으로 만드는 게 아니다. 하지만 그

42 Forsyth, *Work of Christ*, 135-36.

것은 우리로 하여금 자비, 사랑 혹은 그 문제와 관련하여 어떤 다른 속성에 반대되는 것으로 **오로지** 법적인 측면에서 이해된 존재로 하나님을 묘사하지 못하게 한다.

3. 이미 어느 정도 기대했던 것처럼 세 번째 결과는 **하나님이 진노에서 자비로 마음을 바꾸지 않으셨다**는 것이다. 단순성 개념과 하나님의 불변성 개념은 모두 이런 의미를 아주 분명하게 보여준다.

몇몇 작가들은 비슷한 결론에 도달한다. 포사이스는 다음과 같이 주장한다. "하나님은 화해하시기 위해 어떤 제3자가 개입하는 것을 필요로 하는 대상으로 결코 간주될 수 없다.…[만약 그렇지 않으면] 하나님의 은혜라는 것이 존재할 수 없을 것이다. 아마도 그것은 구매한 것, 획득한 것, 사면받은 중개인의 행위일 것이다." 그다음에 그는 다음과 같이 분명하게 말한다. "속죄는 하나님의 진노를 달래는 것이 아니었다."[43] 홈즈도 이에 대해 다음과 같이 동의한다. 단순성은 하나님이 자신의 태도를 바꾸실 수 없다는 것과, 그분은 외부에서 일어난 어떤 것에 영향을 받지 않으신다는 것을 의미한다. 홈즈가 올바르게 강조했던 것처럼, 성경의 폭넓은 증언은 속죄가 하나님과 관련된 것이 아니라 우리와 관련되어 일어난 것임을 지적한다. 속죄는 피조물의 상태를 변화시키는 데 영향을 끼치고 하나님과 다른 관계를 맺도록 이끌어준다."[44]

하지만 바울은 "우리가 하나님의 원수가 되었고"(롬 5:10) "저주 아래에 있다"(갈 3:10)고 말하지 않는가? 하나님은 그리스도가 행하신 것에 의해 노여움을 가라앉히셨거나 진정하셨던 것 아닌가? 글쎄, 이것은 정확히 단

43 Ibid., 89.

44 Stephen R. Holmes, "A Simple Salvation? Soteriology and the Perfections of God," in *Davison and Rae, God of Salvation*, 44을 참고하라.

순성 규칙이 저지할 수 있는 그런 종류의 말이다. 이런 방식으로 하나님을 생각하는 것은 매우 기분 나쁜 희화화다. 맥콜은 다음과 같이 경고한다. 우리는 "성경적 화목과 이방 종교에서 그와 비슷한 것을 시행하는 것을 혼동하지 말아야 한다."[45] 성경의 언어는 하나님과 인류의 존재론적 차이에 적절한 주의를 기울여서 해석되어야만 한다. 하나님은 단순히 인간이 감정적으로 마음을 바꾸는 것처럼 그렇게 감정적으로 반응하는 존재가 아니시다.

토마스 토랜스(T. F. Torrance)는 속죄에 관한 강의를 했는데, 그의 강의는 사후에 책으로 출간되었다. 그것은 화목을 잘못 설명하는 것에 대해 다음과 같이 경고한다. "이 모든 것은 하나님과 관련해서뿐만 아니라 인간과 관련해서 이루어지는 하나님의 행위다. 인류가 원해서 하나님과 화목한 것이 아니다. 어떻게 모든 은혜와 사랑의 하나님이 인간에 의해 그들과 화목하실 수 있단 말인가? 마치 그분이 은혜를 베풀고 용서하실 수 있기 전에 화목이 이루어질 수 있는 것처럼 말이다. 이와 다르게 하나님은 이런 속죄의 행위를 처음부터 끝까지 주관하신다."[46] 속죄의 결과로써 어떤 객관적인 것이 바뀌었는가? 포사이스는 죄인들을 대하시는 하나님의 방식이 바뀌었다고 말한다. 인류를 향한 하나님의 감정에는 변화가 없지만, 인류를 대하시는 하나님의 방식에만 변화가 있다. 포사이스가 단순성 개념을 이용했다면, 그는 이것보다 더 훌륭하게 설명할 수 있었을 것이다. 인간을 대하는 방식은 하나님이 덜 거룩하시거나 덜 정의로우시거나 더 많이 사랑하시는 것을 의미하지 않는다. 오히려 어떤 객관적인 상황이 지금 전개되고 있다(우리는 지금 그리스도 안에 거한다). 이것은 엄격하게 말해 어떤 것도 하나님 안에

45 McCall, Forsaken, 82.

46 T. F. Torrance, *Atonement: The Person and Work of Christ* (Downers Grove, IL: IVP Academic, 2009), 121.

서 변화가 일어나지 않았지만 우리로 하여금 정의보다 사랑을 더 많이 보여주시는 하나님을 경험하게 한다.

4. 마지막 결과는 **십자가 위에서의 예수의 죽으심은 부활과 분리되어 그것보다 우선시될 수 없다**는 것이다. 정말로 하나님의 행위가 단순성에 따라 통일된다면 말이다. 소위 그리스도 사건의 "개별적인" 행위들—유혹, 가르침, 순종, 기적, 십자가 처형, 지옥 강하, 부활, 영화, 승천 그리고 재림—은 다른 "부분들"과 모든 것을 포함하는 신의 의도와 관계없이 특정한 목적을 성취하려는 독립된 행위로 이해될 수 없다. 그것들은 모두 단 하나의 양상을 구성하는 일부분이다. 이것은 창조부터 종말의 영화까지 이어진다.

따라서 대린 스나이더 빌로우섹(Darrin W. Snyder Belousek)과 같은 비판가들이 부활을 논리에 포함하지 않는 형벌 대속에 대해 비판하는 것은 부분적으로만 옳다. 빌로우섹은 그리스도가 "우리를 의롭다 하시기 위하여 살아나셨다"는 로마서 4:25의 바울의 주장을 인용하여 다음과 같이 주장한다. "죄의 용서가 예수의 죽으심이라는 완전한 충족성에 근거하는 한에서, 형벌 대속 모델은 부활을 하나님의 구원에 없어서는 안 되는 필수불가결한 것으로 강조하는 바울의 말을 적절하게 설명할 수 없다."[47] 정말로 부활은 단순한 부록, 즉 구원의 모든 틀이 십자가에 의해 움직이는 공포 이야기에 추가된 행복한 결말로 보인다.

하지만 단순성 혹은 하나님의 행위의 완전성은 우리로 하여금 역사에서 펼쳐지는 하나님의 행위의 가장 기본적인 단위가 "개별적인" 행위들(가르침, 십자가 처형, 부활, 승천)이 아니라 세상에서 이루어지는 하나님의 전체 사역이라는 것을 이해하도록 도와준다. 홈즈가 말했던 것처럼 하나님은 한

---

47 Darrin W. Snyder Belousek, *Atonement, Justice, and Peace: The Message of the Cross and the*

가지 일을 행하시고, 그것은 하나님 자신을 드러내는 것이다.

이런 행위의 부분들의 순차성과 분명한 자기충족성 그리고 완결성은 현상적인 것이다. 그것은 하나님의 궁극적인 행위가 인간 역사에서 나타나는 방식이다. 하지만 역사라는 강물에 부분적으로 그리고 희미하게 나타나는 이러한 행위에는 통일성이 있다. 하나님의 이런 행위의 "부분"은 어떤 다른 부분과 분리되거나 우선시될 수 없다. 하나님의 구원 행위를 보여주는 이런 다양한 예들 사이에는 **상호 내재적**(*perichoretic*) 통일성이 있다. "부분들"이 서로 혼동되어서는 안 된다. 부활은 십자가 처형이 아니다. 창조는 섭리가 아니다. 칭의는 성화가 아니다. 그럼에도 다른 것 없이는 어떤 것도 고수될 수 없다.

하나님의 행위와 법, 인간의 법과 하나님의 법

단순성 교리가 그것의 유용성을 시험해야 하는 마지막 영역이 있다. 하나님이 완전히 고유하신 분이라면, 그분의 존재의 단순성이 그와 같은 존재가 없음을 의미한다면, 하나님이 모든 실제적인 의미에서 인간의 행위를 초월하신다면, 하나님은 어떻게 법, 곧 인간의 법 및 하나님의 법과 관계를 맺으실까? 그분의 정의(와 사랑, 자비, 거룩함 그리고 그분의 다른 모든 도덕적 속성)와 법의 관계는 무엇일까? 5장은 정의를 실행하는 법과 그것의 능력에 대해 제기되는 수많은 현대의 의심을 중점적으로 다루었다. 법 자체가 제기하는 주장에도 불구하고, 법은 본질적으로 부정의한 것으로 드러났다고 말해진다. 이러한 생각은 하나님의 법과 하나님의 사랑을 대조하는 많은

Mission of the Church (Grand Rapids: Eerdmans, 2011), 120.

사람에게서 신학적 공감을 불러일으킨다. 우리는 속죄를 설명하는 법의 이런 태도와 관련된 결과에 대해 상세히 검토했다. 하나님의 구원은 법에 따라서 발생하는 대신에 법 그 자체를 훼손하거나 초월한다.

하나님의 단순성을 하나님 행위의 완전성으로 이해하는 것은 이런 난제에 실마리를 던져줄까? 나는 다음 두 가지 고려 사항을 가지고 이 질문을 살펴볼 것이다. 곧 (1) 하나님과 법(모세의 율법이든지 혹은 "그리스도의 법"이든지 간에 말이다). (2) 하나님, 정의, 그리고 인간의 법과 정부의 관계.

1. 하나님과 모세의 율법

지금 난제가 되는 것은 바울이 율법에 대해 보이는 상반된 태도에 의해 분명해진다. 이런 상반된 태도는 바울의 사유에서 율법의 역할이 무엇인지에 대해 알아보는 학문적 논의에 분명히 반영된다. 크랜필드(C. E. B. Cranfield) 같은 학자들은 법이 그리스도에 의해 폐지되지 않았다고 주장하지만, 헤이키 레이제넨(Heikki Räisänen)은 『바울과 율법』에서 그리스도의 죽으심이 하나님의 정의와 거룩함에 의해 필요한 것이었다는 생각에 반대한다. 그것은 갈라디아서 3:19-15과 고린도후서 3장을 양립시킬 수 없을 것이다. 헤이키는 더욱이 다음과 같이 주장한다. "그것이 바울이 의미한 것이라고 한다면, 하나님으로 하여금 '율법을 섬기게 하고' 혹은 율법을 하나님과 인간 사이에 절대적으로 필요한 것으로 만드는 사람은 당대 유대인들이 아니라 바울 자신이다." 하지만 "하나님의 행위는 법의 본질에 의해 결정된 것이기보다는 인류의 곤경 때문에 필요했다."[48]

하지만 이것이 대부분의 바울 연구가들이 공유하는 의견은 아니다. 조

48 Heikke Raisanen, *Paul and the Law* (Philadelphia: Fortree, 1986), 60.

지 래드(George Eldon Ladd)는 하나님의 의지와 연결된 율법의 영원성이 필요하다고 생각한다. "그러나 율법의 영원성은 윤리적인 것이지 의식적인 것이 아니라는 점은 아주 분명하다."[49] 그와 같은 윤리적인 것과 의식적인 것의 구분은 결코 분명하지 않지만 항상 함축적이고 대단히 중요하다. 래드와 다른 연구가들에 따르면, 율법의 도덕적 측면은 하나님의 본성과 직접적으로 관련이 있다. 반면에 율법의 의식적 차원은 하나님의 의지의 우연적 표현이다.

레온 모리스(Leon Morris)는 하나님이 항상 율법에 따라서 행동하시는 방식에 대해 상세히 설명한다.[50] 그는 율법을 하나님과 인간이 관계를 맺는 틀로 간주한다. 하나님은 항상 자신의 창조물과 맺는 관계에서 정의롭게 행동하실 것이다. "세상을 심판하시는 이가 정의를 행하실 것이 아니니이까?"(창 18:25) 그는 하나님의 경이로운 행위들이 심판으로 불린다는 점을 주목한다(출 6:6; 7:4; 12:12; 민 33:4; 렘 8:7). 하지만 법적 이미지에 대한 이런 사용은 우연한 것이 아니다. "그것은 히브리인의 사유에 깊이 자리 잡은 것에 부합한다. 율법과 주님은 항상 함께했다. 그것은 하나님께 잘 어울리며 그리고 그분의 백성에게도 그래야만 한다."[51] 율법은 법 규정으로써(말 2:7) 혹은 자연법이나 도덕법으로써 하나님과 관련을 맺는다. 이스라엘의 이웃 국가들이 섬기는 변덕스러운 신들과 하나님을 구별해주는 것이 법을 준수하시는 이런 하나님의 일관성이다. 정말로 모리스는 율법을 "하나님의 일

49 George Eldon Ladd, *A Theology of the New Testament* (Grand Rapids: Eerdmans, 1974), 510. 『신약신학』(은성 역간).

50 Leon Morris, *The Atonement: Its Meaning and Significance* (Downers Grove, IL: Intervarsiy, 1983), 179 『속죄의 의미와 중요성』(생명의말씀사 역간).

51 Ibid., 181.

부분"[52]으로 명명하는 데까지 나아간다. 이것은 기독교 전통이 신의 단순성에 대해 주장하는 것을 고려한다면 다소 부주의한 것이다.

하지만 이것은 다음과 같은 흥미로운 질문을 제기한다. 율법은 하나님 자신이 동의해야만 하는 것으로 이미 결정된 것이 아닌가? 어떻게 율법이 하나님의 존재와 관련이 있을까? 정말로 이것은 헤이키 레이제넨이 말한 것처럼 하나님이 자신의 율법에 지배를 받는 포로가 된 것을 의미하는 것 아닌가? 이 문제를 구성하는 두 가지 요소는 다음과 같다. 첫째 아퀴나스의 **영원법**(*lex aeterna*)과 같은 것이 있을까? 만약 그와 같은 것이 있다면, 어떻게 그것은 하나님의 존재와 관련이 있을까? 둘째, 어떻게 **신법**(*lex divina*, 구약법)은 이런 영원법과 관련이 있을까?

이 문제는 중세에 발생했던 토마스 아퀴나스의 주지주의와 둔스 스코투스의 주의주의 간의 논쟁을 상기시켜준다. 주지주의에 따르면, 법은 하나님의 본성 자체와 직접적으로 관련이 있다. 단순성을 고려한다면, 우리는 법이 하나님 자신과 동일하다고 이야기할 수 있다. 주의주의에 따르면, 율법은 하나님의 의지의 한 측면이고 그것이 하나님의 자기사랑과 관련이 있음을 보여주는 것을 제외하고는 하나님의 존재를 나타내지 않는다. 이것이 둔스 스코투스의 입장이다. 우리가 두 번째 입장을 받아들인다면, 하나님은 구원의 목적을 위해 자신의 율법을 어기는 자유가 있다고 말하는 데는 아무런 모순이 없다. 율법 자체는 하나님을 속박하는 것이 아니라 인간을 속박하는 것이기 때문이다. 우리가 이런 식으로 주의주의의 이해를 따라 선을 하나님이 원하시는 것으로 정의한다면, "우리는 도덕적으로 선한 누군가에게 어떤 종류의 의무가 있음을 보여주는 것은 불가능할 것이다. 새로

52 Ibid., 183.

운 정의는 정말로 성공적으로 '선'을 하나님의 의지와 연결했지만, 일반적으로 도덕적 의무로 알려진 것과 그것을 완전히 분리하는 것을 희생하는 대가로써 그 두 가지를 연결하는 데 성공한 것이다."[53]

현대 신학자들이 주의주의적 이해를 항상 명시적으로 받아들이지는 않지만, 그들의 입장은 확실히 그런 이해를 필요로 하는 것처럼 보인다.[54] 예를 들어 빌로우섹은 히브리서 9:22("피흘림이 없은즉 사함이 없느니라")을 논하면서 다음과 같이 주장한다. 이런 원리는 하나님을 "보편법"에 속박시키지 않는다. 하나님은 율법에 상관없이 자유롭게 용서할 수 있으시다. 그러한 본문은 단순히 옛 언약을 묘사한다. 이에 대해 다음과 같은 분명한 질문이 제기된다. 무엇이 하나님으로 하여금 그러한 언약을 제정하도록 강요할 수 있었을까? 빌로우섹은 교환과 응보의 논리와 사랑이라는 새로운 언약의 논리를 대조한다. 하지만 그는 내가 방금 제기했던 문제의 중요성을 경시함으로써만 그 두 가지를 대조할 수 있다. 하나님은 무엇에 근거해서, 무슨 이유로 이런 "희생적 원리"와 같은 것을 제정하신 것일까?

다른 신학자들도 율법과 사랑을 비슷하게 대조한다. 볼프하르트 판넨베르크(Wolfhart Pannenberg)는 "복음은 율법의 형태를 취하지 않는다"고 주장한다. 그는 사랑의 창조성과 율법을 대조하여 다음과 같이 말한다.

> 모든 율법은 과거 어느 때 생겨난 삶의 형태를 지속적으로 유지하려 하고, 나아가 어떤 규정이 계속해서 척도가 된다고 스스로 판정을 내리며, 그 결과 새

53 James B. Pratt, *God and the Moral Law*, repr. from *Harvard Theological Review* 29, no. 3 (Cambridge, MA: Harvard University Press, 1935), 155.

54 Milbank처럼 상당히 당혹스러운 경우들도 있다. 그는 Thomas Aquinas를 적극적으로 지지하지만, 하나님과 율법의 관계에 대한 Aquinas의 강한 이해를 벗어난다.

로운 상황들은 인과적 확장과 해석 아래 지배될 수밖에 없다. 이와 대조적으로 사랑의 작용은 자유의 특성을 갖는다. 자유는 미리 일반적으로 확고히 규정한 것을 마지못해 동의하는 대신에 "기꺼이" 행한다는 그것만을 의미하지는 않는다. 자유는 행위의 양식만이 아니라 내용에까지 도달하여 적용된다. 비록 사랑도 이미 주어진 규정들에 대한 지향을 멸시해서는 안되지만, 그 규정들에 대한 동의는 언제나 자유로운 행위로 머문다. 왜냐하면 그 규정들이 모든 상황에서 맹목적으로 지켜야 하는 법칙은 아니기 때문이다. 사랑에게는 각각 새로운 상황이 모두 자신의 창조적 능력에 대한 호소가 된다. 이 점에서 사랑은 어떤 법규를 단순히 따르는 것과 대조된다.[55]

판넨베르크는 하나님의 영원한 의지, 곧 사랑에서 율법을 떼어내고자 한다. 율법은 옳은 것(정의)에 종속된 것이다. 그것은 정의의 표현이다. 복음의 분명한 본질이 이런 구분을 요구하는 것처럼 보인다. "그리스도인의 의무인 하나님의 의지에 대한 순종은 하나님의 의로운 의지가 율법 및 자연법의 형태와는 다르다는 전제 아래서만 가능한 것으로 보인다."[56] 그리스도인은 하나님의 의지에 복종해야 할 의무가 여전히 있지만, 마찬가지로 그는 율법으로부터 자유롭다. 이것은 하나님의 영원한 의지는 율법과 동일한 것일 수 없다는 것만을 의미할 수 있다.

그렇다면 율법의 역할은 무엇인가? 하나님의 영원한 의지가 율법의 동기가 아니라면, 그것의 동기는 무엇인가? 여기서 판넨베르크는 아퀴나스에게서 벗어나서 아우구스티누스와 홉스로 나아가서 율법과 타락을 정확

---

55 Wolfhart Pannenberg, *Systematic Theology*, trans. Geoffrey Bromiley (Grand Rapids: Eerdmans, 1998), 3:75. 『판넨베르크 조직신학 3』(새물결플러스 역간).

56 Ibid., 3:93.

하게 연결한다. "법이 불가피한 것은 이 세상 안에 있는 인간 공동체가 불완전한 상태에 있다는 표현이다. 이 세상에서 사람은 모두 다른 사람들을 기꺼이 수용하지 않고, 의로운 것을 스스로 행하지도 않는다."[57]

하지만 몇 가지 중요한 문제들이 아직도 남아 있다. 동기와 상관없이 옳음과 그름의 구분은 율법이 있다는 생각을 여전히 전제하는 것 아닌가? 판넨베르크가 객관적인 옳고 그름의 개념들을 포기할 준비가 되어 있지 않은 한, 그는 여전히 그것들을 설명해야만 한다. 그것들은—제임스 프랫(James Pratt)이 주장하는 것처럼 옳고 그름의 개념에서 도덕의 내용을 없애는— 하나님의 우연적 의지와 관련이 있거나 혹은 하나님의 본성과 (비유적으로만) 관련이 있다. 후자의 경우에 우리는 율법이 하나님의 존재에 어느 정도 내재한 것이라는 생각으로 돌아간다.

아담이 타락한 이후에 소유했던 옳고 그름에 대한 지식은 그 자체로 어떤 종류의 법의 존재에 기초한다. 이런 종류의 법과 모세의 율법(혹은 실정법)의 차이는 후자가 바울이 주장하는 것처럼(롬 7:13; 고전 15:56) 죄와 죽음을 결합하거나 아니면 그런 결합을 분명하게 한다는 것이다. 그렇다면 자연법과 실정법의 차이는 모세의 율법이 옳은 것과 그른 것을 규정한다는 (선언한다는) 데 있는 것이 아니다. 오히려 그것은 불순종을 특정한 삶의 결과와 연결한다. 그것은 죄와 처벌을 연결한다. 따라서 그것은 죄와 죽음을 결합한다.

하지만 죄와 죽음을 이렇게 결합하는 것은 임의적인 것이 아니다. 그것은 하나님이 본성적으로 죄를 아주 싫어하신다는 사실에 근거한다. 이것은 그분의 거룩함에서 기인한다. 따라서 단순히 언어적 표현(처벌에 대한 표

57 Ibid., 3:94.

현주의 견해)과 같은 측면만이 아니라 물리적 해(응보)와 같은 측면을 포함하는 죄에 대한 비난은 죄의 필연적 결과다. 하나님이 우연적으로 그것이 그럴 것이라고 규정하셨기 때문이 아니라 오히려 하나님의 본성이 죄의 존재를 관용하실 수 없기 때문이다. 죄가 있었고, 따라서 율법 이전에 법이 존재했다(롬 5:20; 갈 3:19).

다른 한편으로 그리스도의 법은 판넨베르크의 주장과는 달리 하나님의 영원한 의지를 여전히 보여주는 자연법의 구조를 간직하지만, 죄는 육신에서 정죄를 받았기 때문에, 그것은 더 이상 처벌의 측면을 포함하지 않는다. 하지만 핵심은 그리스도의 구원이 율법에 따라, 곧 하나님의 본성에 내재하는 법 때문에 일어났다는 것이다. 스티븐 웨스터홈(Stephen Westerholm)은 다음과 같이 표현한다. 죄에 대한 법의 인정과 처벌은 "하나님의 창조물이 가진 선을 타락시키는 모든 것을 궁극적으로 축출하는 데 어울리고 필요한 조치"다.[58]

따라서 사랑과 율법을 단순히 대조하는 것은 오해를 불러일으킬 수 있다. 율법이 사랑의 행위에서 정화된다고 하지만, "율법의 의로운 요구"(롬 8:4)는 여전히 충족되어야만 한다. 게다가 사랑 그 자체는 순종(요일 5:3)의 상황을 벗어나서는, 더욱이 비처벌적인 상황을 벗어나서는 아무런 의미가 없다. 모세 율법의 우연적 표현에 기초하고 있는 하나님의 영원법은 변화하지 않았다. 그럼에도 그리스도는 율법의 의로운 요구를 충족하셨기 때문에 이 율법에 새로운 관계를 가능케 하셨다. 그리스도 안에 있다는 것은 우리가 더 이상 어떤 종류의 율법 아래 있지 않다는 것을 의미하지 않는

58 Stephen Westerholm, *Understanding Paul: The Early Chrisian Worldview of the Letter to the Romans*, 2nd ed. (Grand Rapids: Baker Academic, 2004), 121.

다. 하지만 그것은 우리가 처벌로서 하나님의 행위를 더 이상 경험하는 것이 아니라 자유로서 그것을 경험하는 것을 의미한다. 이것은 하나님 안에서 어떤 것이 변했기 때문이 아니다. 그것은 하나님이 인류를 향한 자신의 접근 방식을 바꾸셨기 때문도 아니다. 오히려 그것은 그리스도 안에서 새로운 교회라는 실체가 창조되었기 때문이다. 교회는 영원법과 우리의 관계 전체를 바꾼다.

신법(영원법과 구분되는 모세의 율법)은 하나님의 영원한 본성과 의지의 표현이다. 따라서 거기에는 축소될 수 없는 두 가지 측면이 있다. 신법은 하나님의 단순한 본성에서 기인한 것이라는 이유 때문에 부분적으로 필연적이다. 하지만 그것은 하나님의 완벽한 행위가 구체적인 역사적 상황과 불가피한 죄의 존재의 한가운데서 나타난다는 점에서 부분적으로 우연적이다. 따라서 신법의 우연성은 이중적이다. 첫 번째는 신법과 죄의 존재 간의 관계에서 나오는 우연성이다. 이것은 율법의 처벌적 성격과 관련된다. 두 번째는 신법과 개별적인 역사적 상황 간의 관계에서 나오는 우연성이다. 이것은 하나님이 이스라엘 역사에서 자신의 뜻을 성취하기 위해 결정하시는 개별적인 방식(의식법, 민법, 사법)을 가져온다. 하지만 율법의 우연성은 영원성의 차원에 놓인 토대에 근거한다.

죽음에 대한 규정은 그 자체가 과연 하나님의 영원한 의지와 관련이 없는 율법의 우연적인 측면인지에 관한 문제가 남아 있다. 하지만 우리가 하나님의 거룩함을 생각할 때 죽음이라는 개념 자체는 그것의 결과들(정죄를 포함해)을 그것과 연결 짓지 않는다면 아무런 의미가 없다. 에밀 브룬너가 이러한 도덕적 개념들을 더 축소할 수 없는 하나의 묶음으로 연결한 것은 옳았다.[59] 죄의 개념은 처벌의 개념과 분리되어서는 아무런 의미가 없다. 하나님의 거룩함은 하나님의 진노라는 생각과 분리되어서는 아무런 의미가 없다. 지금 이것은 하나님이 본질적으로 진노하시는 분이라는 것을 의미하지 않는다. 진노는 하나님의 거룩함과 관련이 있는 우연적 표현이다. 하지만 그것은 **우리가 인간이 죄인이라는 상태를 고려할 때**, 하나님의 거룩함은 우리에게 처벌의 의미를 부여한다는 것을 의미한다. 포사이스가 다음과 같이 주장하는 것처럼 말이다. "당신이 거룩함과 거룩한 나라라는 생각과 심판이라는 생각을 분리할 수 없기 때문에"[60] "형벌의 율법이 하나님의 인격적 의지의 표현, 곧 거룩하신 하나님 자신의 표현이다"[61]라는 결론이 자연스럽게 도출된다.

긍정적인 측면에서 구체적으로 역사적이고 문화적인 표현을 사용하자면, 모세의 율법은 이스라엘에게 (하나님의 거룩한 성품의 실체와 어떤 구체적인 역사적 지향을 가정하는) 그분의 의지를 표현한 것일 뿐 아니라 그분이 죄를 처벌하신다는 점과 더 중요하게는 죄와 죽음을 연결했다는 점에 대한 그분의 의지를 표현한 것이기도 하다. 따라서 우리는 모세의 율법은 **거룩하신 하나님이 죄에 대해 구체적으로 의식적이고 제도적인 형태로써 처벌에 대해 표현하신 것**이라고 말할 수 있다.

방금 서술한 것은 율법에 대한 바울의 상반적 태도를 설명해준다. 한편으로 "율법은 거룩하고 계명도 거룩하고 의로우며 선하다"(롬 7:12). 율법은 거룩하다. 그것은 하나님의 본성의 **표현**이기 때문이다. 하지만 다른 한

59 Emil Brunner, *The Mediator: A Study of the Central Doctrine of the Christian Faith* (Philadelphia: Westminster, 1947), 441-52.
60 Forsyth, *Work of Christ*, 127.
61 Brunner, *The Mediator*, 447.

편으로 율법은 저주이며 파멸이다. 그것은 죄악된 인간의 본성을 마주할 때 나오는 하나님의 거룩한 본성에 **의존하는 표현**이기 때문이다. 바울은 주로 율법의 정죄적 차원을 이끌어내는 인간 본성에서의 율법의 구체화에 대한 자신의 좌절을 표현하는 것만큼 율법에 대해 적대적이지는 않다.

단순성은 우리로 하여금 하나님의 거룩함과, 사랑의 본성 **그 자체**(noumenon)와, 깨어진 인간 본성의 한가운데 이런 본성이 나타나는 **현상** 또는 **표현**을 구분할 수 있게 해준다. 그것은 우리로 하여금 **율법의 외적 형태**와 그것의 **본질** 또는 **참된 내용**을 혼동하지 말 것을 명령한다. 이와 유사하게, 그것은 우리로 하여금 하나님의 진노는 삼위 하나님의 거룩한 사랑에 의존하는 표현이지만, 하나님이 단순히 없애실 수 있는 임의적인 속성이 아닌 것을 이해할 수 있게 해준다. 하나님의 진노는 죄의 한가운데 하나님이 임재하시는 것을 보여준다. 맥콜이 그것을 다음과 같이 설명하는 것처럼 말이다. "하나님은 틀림없이 자신의 거룩하고 의로운 사랑을 죄에 대한 진노로 표현하신다."[62] 하지만 진노가 하나님에게 필연적인 것 혹은 본질적인 것은 아니지만, "하나님의 본성의 단순성 안에서, 성부, 성자, 그리고 성령의 의로운 진노는 (죄에 대해 부수적으로 표현하신) 삼위 하나님의 거룩한 사랑이다."[63]

2. 하나님, 정의 그리고 인간 정부

형벌 대속에 가해진 가장 신랄한 비판 중 일부는 그것이 억압의 기제를 정당화한다는 비난이다. 우리는 이미 이 주장을 논했는데 나는 여기서 그것

---

62 McCall, *Forsaken*, 80.
63 Ibid., 88.

을 간략히 요약하고자 한다. 십자가 위에서 펼쳐지는 하나님의 정의가 로마의 법정을 통해 실현된다면, 이것은 정부가 검을 사용하는 것을 정당화한다.

속죄의 대속 모델에 공감하는 신학자들이 정치적으로 보수적인 견해로 기울어진 성향을 보인다는 것은 사실이다. 하지만 우리가 단순성 교리라는 프리즘을 통해 그리스도 안에서 일하시는 하나님의 행위를 이해한다면, 그러한 생각은 기껏해야 정당하지 않은 것으로 간주되고 최악의 경우에 문제가 있는 것으로 간주된다.

안셀무스와 아퀴나스 그리고 칼뱅 같은 신학자들은 하나님의 정의와 인간의 정의를 연결하는 경향이 있지만, 그들은 이것들의 관계가 유비적이고 일의적이지 않음을 항상 강조했다. 나는 그 결과가 인간의 정의 체계는 하나님의 정의를 실현하는 데 도움을 줄 수 있지만, **오직 부분적으로,** 말하자면 **거울을 통해 어렴풋하게만** 도움을 줄 수 있다고 생각한다. 나는 법을 고양하고 법과 법의 본질을 동일시하는 속죄론의 모델이 인간의 법과 정의를 실현하는 인간의 기관들과 하나님의 영원한 법을 혼동하는 우상숭배적인 실수를 함의한다고 생각하지 않는다. 홈즈가 다음과 같이 주장하는 것처럼 말이다. "유비의 이론은 우리 자신, 곧 정의에 대한 매우 일반적인 개념에서 예를 들어 하나님은 전적으로 정의로운 분이시기 때문에 무엇인가를 '행하셔야만 하는' 것으로 논증하려는 우리의 능력을 제한한다."[64]

문제는 이런 것이다. 어떻게 하나님의 행위가 인간의 행위와 관련이 있을까? 어떤 방식으로, 예를 들어 그리스도를 "죽이시려는 하나님의 뜻"은 로마 법정이 예수를 처형함으로써 실현된 것인가? 예수를 고발하고 처

64 Holmes, "A Simple Salvation," 38.

형한 로마와 유대의 고발자와 처형자들은 하나님의 영원한 계획(계 13:8)에 따라서 행동한 것임에도 불구하고 범죄한 것이고 따라서 여전히 용서받을 필요가 있는 것일까? 사도들은 이 질문에 대해 다음과 같이 매우 분명하고 적극적으로 답변한다. "너희가 생명의 주를 죽였도다"(행 3:15).

단순성 교리는 십자가가 어떻게 이런 상반된 의미를 가질 수 있는지를 설명하는 데 도움을 준다. 그것을 알아차리지 못하는 것은 로마인들의 행위와 하나님의 행위를 엄밀하게 똑같은 것으로 혼동하거나—정말로 기독교 역사에서는 형벌 대속을 이런 식으로 종종 희화화했다—아니면 하나님이 어떤 점에서는 그리스도의 죽으심의 원인(비극적 죽음의 시나리오)으로 밝혀질 수 있다는 것을 부정하는 것으로 이어진다.[65] 후자의 경우는 십자가가 구원을 가져오는 것임을 알아차리지 못하고, 전자는 고통 그 자체를 구원적인 것으로 이해하는 실수를 저지른다. 하지만 단순성은 하나님이 이런 인간의 행위들에 관여하시는 것으로 반드시 여겨져야 하지만, 그분의 행위는 인간의 행위와 하나님의 행위의 단순한 일대일 관계를 초월하는 것임을 조언해준다. 구원의 마법을 일으킨 것은 예수에 대한 하나님의 직접적인 처벌이 아니다. 오히려 역사를 통해 펼쳐진 완전하고 통일되어 모순이 없는—처벌과 응보의 요소를 반드시 포함하지만 그것으로 끝나거나 바뀌지 않는—하나님의 행위가 구원으로 간주되어야 한다.

하나님이 보이신 동일하고 통일된 행위에는 다양한 양상이 있다. 이 행위는 시간 속에서 실행되고, 그것은 (수동적이지 않은 것으로!) 인간 행위자들의 행위를 포함한다. 따라서 하나님의 행위와 그 행위에 대한 인간의 매

65 Gillian Rose, *Mourning Becomes the Law: Philosophy and Representation* (Cambridge: Camridge University Press, 1996), 38.

개 사이의 구별은 항상 유지되어야만 한다. 하나님의 행위를 인간이 매개하는 것은 결코 신격화되면 안 된다. 빌로우섹 같은 신학자들은 행위의 차원이 다르다는 것을 종종 고려하지 않는다. 하나님의 행위와 인간의 행위는 같은 차원에서 수행되지 않는다. 따라서 우리는 (인간의 용어로는) 범죄로 취급되는 십자가를 보면서 하나님 자신도 틀림없이 그것을 반대하셨을 것이라고 추론할 수 없다. 사실 단순성은 존재론적 차이점을 강력히 주장하고, 그것은 우리가 인간의 차원을 근본적으로 구원론적인 것으로, 그리고 하나님의 계획과 생각을 완벽하게 계시하는 것으로 절대화하는 것은 위험하다고 경고한다. 인간의 차원에서 십자가는 정말로 범죄였지만, 또 다른 차원, 곧 하나님의 차원에서 그것은 하나님의 의지였다.

법을 해체하는 데 아주 열심을 내고 있는 철학자와 신학자들의 근본적인 실수는 그들이 세상에서 정의를 (항상 불완전하게) 행하는 실제 수단을 박탈한다는 것이다. 인간의 법과 정의 제도들은 신격화되어서는 안 될 뿐 아니라 본질적으로 정의에 반대되는 것으로 폐기되어서도 안 된다. 작고한 유대 그리스도인 철학자 질리안 로즈(Gillian Rose)는 법이 사랑으로 대체된 것에 대한 자신의 좌절감을 다음과 같이 표현했다. "옛 도시[로즈가 정치, 적법성 그리고 제도적 구조를 약칭하는 표현]에 대한 새로운 윤리에 대항하는 것은 상실에 굴복하는 것이고, 슬퍼하는 것을 거부하는 것이며, 새 예루살렘의 폭력이 가져온 지속적인 불안을 사랑으로 은폐하는 것이다. 구조적인 분석과 정치적 활동의 가능성은 권력과 지식에 내재되어 있는 불안과 양면성을 회피함으로 인해 똑같이 훼손된다."[66] 인간의 법과 정부는 두

---

66 Gillian Rose, *Mourning Becomes the Law: Philosophy and Representation* (Cambridge: Cambridge University Press, 1996), 39.

가지 이유로 폐기될 수 없다. 첫째, 사랑과 정의는 구체적인 형태로 나타나야만 한다. 비록 그런 형태들이 본질적으로 배제될지라도 말이다. 한스 부르스마(Hans Boersma)가 아주 유익하게 주장했던 것처럼, 배제는 깨어진 세상 한가운데서 정의가 이루어지기 위한 필요조건이다.[67] 하지만 로즈에 따르면 인간의 법과 정부가 폐기되지 말아야 할 두 번째 이유도 있다. 형이상학이 없을 때 타자를 사랑하는 것과 정의롭게 대하는 것이 가능하다고 생각하는 것은 어떤 비판에 맞서 자신의 신념을 확고하게 하는 것이다. 하지만 그러한 비판은 사랑과 정의에 관심을 기울일 뿐만 아니라 자신의 사랑과 정의를 인간들에게 분명하고 누구나 알아볼 수 있게끔 부분적으로 행사하시는 하나님에 대한 비전을 수용할 때만 가능하다.

---

67 Hans Boersma, *Violene Hospitality, and the Cross: Reappropriating the Atonement Tradition* (Grand Rapids: Baker Academic, 2004).

속죄, 법, 정의

역사적·문화적·법률적 렌즈로 바라본 십자가 신학의 이해

1쇄 발행 2020년 4월 22일

지은이 아도니스 비두
옮긴이 신기성
펴낸이 김요한
펴낸곳 새물결플러스

편 집 왕희광 정인철 노재현 한바울 정혜인
이형일 서종원 나유영 노동래 최호연
디자인 윤민주 황진주 박인미 이지윤
마케팅 박성민 이원혁
총 무 김명화 이성순
영 상 최정호 조용석 곽상원
아카데미 차상희

홈페이지 www.holywaveplus.com
이메일 hwpbooks@hwpbooks.com
출판등록 2008년 8월 21일 제2008-24호
주 소 (우) 04118 서울시 마포구 마포대로19길 33
전 화 02) 2652-3161
팩 스 02) 2652-3191

ISBN 979-11-6129-151-2 93230

책값은 뒤표지에 있습니다.

이 도서의 국립중앙도서관 출판예정도서목록(CIP)은 서지정보유통지원시스템 홈페이지(seoji.nl.go.kr)와 국가자료공동목록시스템(nl.go.kr/kolisnet)에서 이용하실 수 있습니다. CIP2020015108